U0564631

新世纪翻译学R&D系列著作

◎ 立足于高素质翻译人才之培养创新

◎ 着重于专业化与学术化之高度结合

◎ 理论与实践相得益彰

◎ 策略与技巧有机融合

◎ 内容丰富、系统，视野宽阔

◎ 素材新颖、典型，应有尽有

新世纪翻译学R&D系列著作

R&D

总主编·主审 陈 刚

新闻翻译：
理论与实践

NEWS TRANSLATION:THEORY AND PRACTICE

主 编 吴 波 朱健平
副主编 胡德香 方 凡

ZHEJIANG UNIVERSITY PRESS
浙江大学出版社

Contents 目录

新世纪翻译学 R&D 系列著作

新世纪翻译学 R&D 系列著作

实践思考篇

Chapter 10　新闻语体、文体与翻译 …………… (270)

Chapter 11　新闻体裁、题材与翻译 …………… (306)

翻译研究篇

Chapter 15　新闻翻译研究 …………………… (479)

专业化与学术化

——学好翻译的关键

"新世纪翻译学 R&D 系列著作"
新 总 序

　　以翻译"专业化"和"学术化"为特色的"新世纪翻译学 R&D 系列著作"正陆续与广大读者见面。该系列著作是为适应全球化发展，满足国家和社会对翻译专业化或职业化的巨大需求而设计的一套丛书。

　　在全球化背景下的新世纪，翻译实践与翻译研究可谓方兴未艾，势不可挡。翻译本身，就是一种跨文化交流。作为一种语言文化交流不可或缺的手段，翻译发挥着沟通世界各国人民思想，促进政治、经济、文化、教育、科技、学术交流，促进社会发展的不可替代的作用。当今世界，翻译的重要性不言而喻，可以简洁地用三个英文单词或四个汉字来加以概括："Translate or die"（Paul Engle 语）或"不译则亡"。国际著名翻译学家尤金·奈达在一本翻译专著中开宗明义地指出：翻译工作，既复杂（complex），又引人入胜（fascinating），"事实上，I. A. 理查兹在 1953 年就断言，翻译很可能是世界史上最为复杂的一种活动"[1]。一个不争的事实是，中英互译是世界诸语言互译中最为复杂、最为困难的一种。翻译几乎与语言同时诞生，是一项历史悠久的实践活动（old practice），又是不断焕发勃勃生机的新的专业和职业（new profession）。套用笔者所在的被李约瑟（Joseph Needham）誉为"东方剑桥"的浙江大学翻译学研究所制定的口号"There is more to do in Translation Studies"，我们可以自

---

1 参见 Nida, Eugene A. *Language, Culture, and Translating* [M]. Shanghai: Shanghai Foreign Language Education Press, 1993: 1.

豪地、充满信心地说：学习翻译，大有可为；研究翻译，前途无量。

早在 1987 年，王佐良先生就卓有远见地指出："翻译研究的前途无限。它最为实际，可以直接为物质与精神的建设服务，而且翻译的方面多，实践量大，有无穷无尽的研究材料；它又最有理论发展前途：它天生是比较的，跨语言、跨学科的，它必须联系文化、社会、历史来进行，背后有历代翻译家的经验组成的深厚传统，前面有一个活跃而多彩、不断变化的现实世界，但不论如何变化都永远需要翻译，需要对翻译提出新的要求，新的课题。"不论全球化如何发展，翻译是永存的，翻译研究将与翻译实践共存，并且继续随着历史的发展而发展，随着时代的进步而进步。

翻译学，具有鲜明的跨语言、跨文化、跨社会、跨国界、跨地域、跨时空、跨学科、跨专业、跨职业、跨行业的特色，是一门开放型的综合性独立学科。翻译学研究的，不应仅仅局限于翻译(活动)本身，或仅仅是"二十年前"被认为的"培训翻译"，而应包括"与其有任何关系的一切领域"[2]，这在新的世纪里尤其需要走——而且必须走"专业化"和"学术化"的道路。翻译学这座雄伟的通天大厦不是靠一天就能建成的。"翻译学 R&D 系列著作"的陆续出版正是为了适应新世纪、新形势的发展，正是为了把翻译学大厦建设得更为壮观而添砖加瓦，把翻译学大厦装点得更加夺目而添花加卉。

"新世纪翻译学 R&D 系列著作"，顾名思义，是作者们本着在新的世纪对翻译的实践、理论及教学等进行进一步新的"研究与开发"(研发)，即 Research & Development (R&D) 的精神，注重立意新、专题多、读者广。

一、立意新

该系列著作力求"专业化"和"学术化"的有机结合；引入世界著名管理大师菲利浦·克劳士比质量管理哲学的核心内涵"零缺陷"(**zero**

---

2 原句亦可译为"与其有任何关系的全部"。参见 S. Bassnett & A. Lefevere. *Constructing Cultures* [C]. Shanghai: Shanghai Foreign Language Education Press, 2001: 1.

defects 或 ZD)等理念(被誉为"创造了质量的新符号"[3]);关注"**三大要点**"之贯彻与实施。

首先,所谓"**专业化**"和"**学术化**"的有机结合(这个问题将贯穿始终),是出于现实和发展的考虑。抓住了"专业化"和"学术化",就抓住了翻译问题的关键。当今社会,具备了专业知识和技能的人,若再具备英文能力,就更具备了找到一份好工作/好职业的竞争实力;事实上,会点英文的中国人,都具备了一定的口笔译能力,因为这一能力是从事涉外工作的必备条件。然而,问题也同时产生:取得 CET-4/6 和 TEM-4/8 资质的人,具备某些外语/翻译培训证书的人,其所具有的外语/口笔译能力或竞争力,与我们所要求达到的"专业化"标准差距仍较大;具备(非英语专业)硕士、博士研究生学历的人,具备(非英语专业)副高、正高职称的人,只会读而不会译的仍不乏其人;即使在翻译界,有实践能力但缺乏理论素养的,实践能力弱但会讲些理论的,或者主要是纸上谈兵的"理论家",也不乏其人。甚至那些在"江湖"上打拼的"中、高级翻译"、"中、高级译员",绝大部分尚不能或难以取得进入真正意义上的专业翻译市场之"准入证"。

一个不争的事实是:过去会英文、会翻译的少,但是翻译质量不见得差(起码从事翻译的一般均为懂翻译的);相反,如今翻译市场,泥沙俱下,鱼龙混杂,劣质译著,粗制滥造,学术界正遭遇着另一种学术腐败。殊不知,会英语的越来越多,"会"翻译的也的确越来越多,但是真正懂翻译的却"越来越少",或者少得可怜(起码根据在市场上流行的译作、在江湖上求生存的口译来判断)。难怪乎,专家们认为:中国目前只是一个翻译大国,却不是翻译强国,因为翻译的总体水平不高[4]。按出版标准衡量(万分之一差错为合格,可能这个标准过于"苛刻",不符合现实情况),我们的翻译出版物大都或者(说得"绝对"点)基本都是不合格产品。就文学翻译而言,翻译质量粗糙仍是令人备感头疼的问题。即便是研究英美文学的正教授暨博士后翻译的英美文学作品,

3 参见"质量管理百年历程"(中质协质量保证中心)。
4 参见 2004 年新华网北京 11 月 8 日电"中国翻译大而不强"(记者全晓书,樊曦)。

不是中文文笔一般，就是理解原著错误多多，或是知识面不够宽，即不太适合翻译文学作品（可能搞研究不错）。哲学与社会科学著作、论文的翻译，从表面上看，英译汉似乎看不出问题，但只要两种文本一比较就问题颇多，一言以蔽之，译文经不起核对；汉译英，专业人士通常一看便知，译文水准连大学本科的都达不到，一言以蔽之，压根儿不会翻译。与此相比，日常生活中的翻译差错现象更为严重。中国翻译协会顾问、原中国译协常务副会长林戊荪指出，在中国，无论是旅游指南，还是产品介绍，无论是名胜古迹的解说，还是街头巷尾的标牌，外文翻译差错已到了"俯拾皆是"的程度。

　　林先生认为，造成总体翻译水平不高的首要原因是翻译人才，特别是高水平人才匮乏，远远不能满足社会和市场的实际需求。据最新报道，中国高级翻译人才不足 5%，各类翻译全线告急[5]。要改变中国翻译界现状，建设真正的"翻译强国"，必须加大人才培养的力度，而且应该"文学翻译和实用翻译并重"。此外，应该通过翻译资格认证等手段加强行业规范，保证翻译工作的严肃性和高水准。

　　可见，翻译人才的"专业化"箭在弦上。而且，还应从"专业化"逐步过渡到"职业化"，与此同时，翻译研究——即翻译的"学术化"——要不断加强，做到"学术化"指导"专业化"和"职业化"，并且为"专业化"和"职业化"服务。这就好比"两条腿走路"，好比"车之两轮，鸟之两翼"。

　　何为翻译"专业化"？在此，我们暂不必从理论上来精确界定，并给出衡量"专业化"的详细标准，然后对各种口笔译职业所具备的专业条件的情况做出理论性、实证性的诠释。说得简单点，翻译专业化就是翻译过程和结果要符合专业、进而符合职业的标准。可以说，翻译的专业化即翻译的职业化过程（的一部分）。从市场经济角度看，它首先反映了（翻译）市场经济的基本逻辑、基本规律。一般的工作只有发展到一定阶段时，才成为职业。我们常用 professional（"专业性如何"或"是

5　参见 http://www.sina.com.cn 2005/08/30。

否职业化")来判断从业者的工作行为和工作业绩是否优于他人。若从社会学角度解释，Hodson & Sullivan(2002)认为，职业(profession)是具有较高社会地位的知识性工作，包含四个基本特征：专业化知识、自治能力、对其他次要工作群体的权威以及一定程度上的利他主义[6](详见《翻译学入门》第1章)。因此，职业化(professionalization)的过程就是从工作向职业转变的过程。

按照专业化/职业化的要求，培养口笔译人才，应该而且必须"分层教育"，即进行口笔译分层教学或培训。换言之，应该区分"翻译教学"(translation pedagogy)和"教学翻译"/"学校翻译"的概念(由Jean Delisle 首次提出，详见德利尔，1988)。德利尔指出："翻译教学所求的目标与……学校翻译的目的不同。……纯正意义的翻译的目的是要出翻译自身的成果。把学校翻译的目的与职业翻译的目的混为一谈是错误的。……学校翻译和职业翻译的最终目的不同。"(德利尔，1988：26-27)从这一基本认识出发，我们应该针对教学对象，区分翻译专业教学(本科生和研究生)、外语专业中的翻译教学(外语专业的研究生、本科生、专科生和辅/副修生，即属于教学/学校翻译范畴)和大学外语教学中的翻译教学(非外语专业的本科生和研究生)以及高等职业院校外语教学中的翻译教学(高职生等)。尽管人类从事翻译活动已有数千年的历史，但以培养翻译人才为目的的专业化/职业化翻译教学却只有大约70年(参见 Delisle，引自 Baker，2004：361)。显然，这种现象很不正常。然而，70年来，世界各国纷纷成立翻译学校/学院这一事实本身已经含蓄地表明了双语现象不足以使人们具有专业/职业翻译的能力。学校翻译先于专业/职业翻译，学校翻译只是一种教学方法，没有自身的目的，因此翻译基础课的方法论应根据专业/职业翻译的特殊目的、性质来确定，而不是根据学校翻译的要求来确定(根据参考文献中德利尔专著的部分内容改写)。总之，作为外语学习五项基本技能之一的翻译教学与作为专业/职业技能训练的翻译教学是有着本质的区别的，前者与外语

6 参见 Hodson, R. & Sullivan, T.A. (2002). *The Social Organization of Work*. Belmont, CA: Wadsworth/Thomson.

教学关系密切，后者与职业生涯(career/profession)息息相关。无怪乎，translation 与 professional translation 是同义词，即翻译是"为了建立起两种或多种语言之间的沟通而进行的将一种语言文本内容转换成另一种语言的职业"(A profession that consists of transferring ideas expressed in writing from one language to another in order to establish communication between two or more languages)，而且职业译者是需要经过培训和见习期(apprenticeship)锻炼的(Delisle，2004)。正因为如此，我们这套翻译学系列著作，不论是偏专业实践，还是偏学术思辨，或是理论与实践有机结合，其编写宗旨就是"专业化/职业化"和"学术化"。

举一个跟翻译不同专业、职业的例子：新闻发言人。清华大学国际传播研究中心主任李希光教授曾参与了大约 30 个省部级、地市级的新闻发言人培训。李教授指出："作为一个发言人，他应该比记者还要有新闻敏感。但是我们的发言人大都缺乏新闻敏感，不会使用新闻语言。"他认为："下一步新闻发言人必须专业化和职业化，希望将来有一批专业的新闻工作者能转行到政府当新闻发言人，做到与国际接轨。"[7](下画线为笔者所加)

显然，只有具备专业化的水准，才能达到职业化的标准；只要是职业化的，肯定是专业化的。其实，专业化和职业化是你中有我，我中有你。在汉语里，"职业化"就是"使成为专业性的"(2004 年版《现代汉语规范词典》)。在英文中，"专业化"/"专业水准"和"职业化"/"职业水准"更是同一个词，即 professionalization/professionalism/professional。

那么，什么人算是专业化翻译呢？说得通俗点，专业化翻译不是会两句外语，拥有大学英语 4/6 级证书，或者外语院校科班出身就能充当的。专业化口笔译最基本的能力要求就有三项：精通汉英两门语言，谙熟汉英两种文化，拥有广博的知识。此外，专业口译和笔译人才还必须具备优秀的综合素质，包括清醒的角色意识、良好的职业道德、健康的体魄(尤其针对各类会议的同传、交传和优质导译)、踏实进

---

7 参见"中国新闻发言人走上前台　专家：有待专业化和职业化"(http://news.xinhuanet.com/ 2005/04/15)。

取的工作作风和处变不惊的心理素质，等等。因此，并不是有一定中英文基础的人便能成为专业化的口笔译人才的。比如，从专业的角度出发，口译/笔译专业的口译教学，根据有关目的、需求、要求等可分为会议口译(conference interpreting)教学、商务口译(business interpreting)教学和陪同口译/导游口译(escort interpreting / guide interpreting)教学；根据工作场景和口译方式可分为导游同传(simultaneous interpreting with a tour-guide system)、交替/接续联络口译(consecutive liaison interpreting)、医疗/牙科口译(medical/dental interpreting)、法庭口译(court interpreting)、外交口译(diplomatic interpreting)、传媒口译(media interpreting)、手势语/特种教育口译(sign language / educational interpreting)、宗教口译(faith-related interpreting)，等等。

其次，上面特别提及的所谓"**零缺陷**"是世界质量大师(quality guru)克劳士比质量管理哲学的核心内涵，其四项基本原则中有两项是解释"质量"和"工作标准"的。什么是"质量"：质量即符合要求，而不是好。什么是"工作标准"：工作标准即零缺陷，而不是"差不多就好"。这就真正反映了职业化的规范和标准[8]。

那么专业化的翻译人才如何才能走向"职业化"呢？这就跟我们引进的"零缺陷"有着实质性的关系。

如果从上述诸定义出发，"翻译专业化就是翻译过程和结果要符合专业、进而符合职业的标准"，我们举三个简单的例子，使读者先有一些感性认识。

例1，以"零缺陷"作为人名、地名翻译的最低标准。俄苏文学专家蓝英年2005年7月下旬在回答林先生的一封信(该信正文最后一句是："蓝老师，六月三日的日记不足一千五百字，却有这么多的问题，你说可怕不可怕？")中指出："我对译文的质量已经麻痹，对错误译文已见怪不怪了。所关心的也仅是自己买书时不要上当。比如现在书店里卖的介绍二战的书，我翻十几页，便能从人名、地名上判断译文的

---

8 参见威肯企业管理网。

质量，不容易上当。读了你所指出的东方社出版的巴别尔《骑兵军日记》译文中的错误，仍令我惊讶不已。你所提出的不单是译者的问题。……我不知东方出版社是否也采用这种机制？我以为，东方出版社应当在译文质量急剧下降的今天给全国出版社带个好头，而不要成为出版错误百出的译著的出版社的挡箭牌。不要让那些出版社说，东方出版社出版的译著都有那么多的错误，我们怕什么？起码不要砸自己的牌子吧。"（详见 2005 年 8 月 17 日《中华读书报》）

　　例2，以"没有接受过基础翻译技巧正规训练的译者或编辑，不能承担任何学术专著的主译工作或任何学术专著译文的责任编辑工作"为最低标准。如今，参加专著翻译(主要指英译汉)的非英语专业的博士、博导比比皆是。然而他们译著质量的高低如何，学界和出版界基本处于"少有人管"之状态。无怪乎，有识之士特别关注"学术繁荣与同翻译总体质量成反比的悖论"这一问题(详见《翻译学入门》第 1 章)。

　　两名国家著名大学的法学博士(目前都是法律工作者，并有多种法学著作出版)翻译了美国法学名著《我们人民：宪法的根基》，由法律出版社于 2004 年 4 月出版。"这个中译本存在着大量的、严重的知识问题，从而使之成为一本不合格的劣质译书。"该书"已经出版一年了，偌大的法学界拥有不计其数的法学先进和青年才俊，但遗憾的是，大家都采取了默然的立场，徒然让该书畅销书界，以讹传讹，贻害读者，岂不可怜、可悲、可叹？""如此不堪卒读的译文，如何对得起这些名满天下的'专家学者'(笔者注：译者在'译后记'称曾就某个词的准确译法请教过……)？如何对得起广大的读者？如何对得起这部名著？以出版法律著作为主业的法律出版社，居然出版了《我们人民：宪法的根基》这样的不合格产品，这不是自己砸自己的牌子吗？"[9]

　　例3，以"根据正式出版物文本类型的难易程度来大致规定英译汉为 1000 word/每人所需时间不得少于……小时；汉译英 1000 字/每人所需

---

9 参见杨玉圣：术语规范与学术翻译——从查尔斯河桥译成"查尔斯·里维尔·布里奇"谈起（《出版人》2005 年第 8 期）。

时间不得少于……小时(不包括译者修改、审核时间；不包括出版社三审时间)"为最低标准。21世纪，"引进版图书中通俗类的畅销译著正日趋增多，为了抢占市场而不惜牺牲翻译质量的问题令人十分担忧。由于起用'没有金刚钻'的译者来包揽'瓷器活'，又由于'萝卜快了不洗泥'，不少这类译著出现的翻译问题受到海外媒体和国内媒体及翻译、学术界的严肃批评。这种违背翻译规律、不讲职业道德的行为同样也是我们从事翻译实践与理论研究的大学教师所十分痛恨又十分痛心的。"[10]

这样，我们也就不难发现，即使是比较专业的译者(如具有翻译学专业硕士研究生毕业的学术背景或外文编辑)，在市场经济的今天，也会"知错犯错"。比如《哈里·波特》的几册译文就存在"萝卜快了不洗泥"的现象，也同时包括不少专业和非专业性质的错误。说实在的，毕竟英语不是我们的母语，英译汉容易犯错，汉译英更容易犯错，这都是在所难免的。即使比较专业了，但从专业化转向职业化仍是一个(比较漫长的)过程，关键是我们的职业精神、职业态度和职业道德。

在拥有大量优秀翻译人才的外语教学与研究出版社，近260人毕业于外语专业，而且大都是外语专业硕士毕业，其中一些还是翻译专业出身。可以说，这个队伍都是经过基础翻译技能培训的。但外语教学与研究出版社主管编审工作的副总编还是指出，他们并不指望刚从学校毕业出来的人就是一个非常优秀的翻译，因为这还有一个对其进行"职业化"塑造的过程。

以上讲得较多的是涉及控制、管理专业化/职业化翻译质量的"内部因素"，而从特定角度说，"外部因素"更是控制、管理翻译质量的支配因素，换言之，它能从外部对翻译质量进行更为有效的监控。

有专家担心，"今天如果大学英语不改革的话，庙堂英语将逐渐被江湖英语完全包围"[11]。不过，令人欣慰的是，翻译的专业化和职业化的程度较高，会点"江湖"翻译，而对"庙堂"翻译知之甚少，是不可

10 参见陈刚、喻旭燕：《成为乔丹》"译者的话：求真实、求品位"(哈尔滨出版社，2006：272)。
11 陆谷孙教授语。参见"英语教学改革试点启动带来培训商机"(http://www.sina.com.cn 2004/05/11 10:47)。

能真正学好翻译的。由于种种原因，"庙堂英语"的香火有可能不够旺，正在被"江湖英语"蚕食，但"专业化"和/或"学术化"的"庙堂"翻译是难以被"江湖"翻译所取代的。

尽管如此，随着全国各行各业的改革进一步深入，出版业的体制改革也势在必行。改革的重要目标之一还是围绕着市场和质量。克劳士比质量管理哲学的四项基本原则中第四项是：怎样衡量质量。

质量是用不符合要求的代价（金钱）来衡量的，而通过展示不符合项的货币价值，我们就能够增加对问题的认识。这突破了传统意义上认为高质量是以低成本为代价的观念。克劳士比提出高质量将给企业带来高的经济回报。很显然，因为不符合质量要求的代价是额外的费用，是浪费的代价：浪费时间，浪费人力，浪费精力，浪费物力。这些都是不必要的代价。

中国加入世界贸易组织后，"图书召回"制度的建立势在必行，而且隐瞒图书缺陷遭受处罚更不会成为空话。新颁布的《缺陷汽车产品管理规定》（2004 年）对企图隐瞒缺陷的汽车制造商制定了惩处办法，除必须重新召回，通报批评外，还将被处以 1 万元以上 3 万元以下罚款。

出版界提出图书万分之一以上差错召回，经过加勘误表或重印后方可重新上市销售。"图书召回"这一术语开始引起社会关注是在 2004 年年初，上海译文出版社率先向全国召回存在装订缺陷的 2003 年版《俄汉—汉俄袖珍词典》。此举获得了新闻出版总署图书出版管理司的高度评价，从而引起了一阵"将图书召回制度化"的呼声[12]。当然，这对我们编好这套系列著作既是压力，也是动力。

既然是专业/职业翻译，理应做到名副其实的翻译"专业化/职业化"。为何"专业化/职业化"了，还需要"学术化"呢？这是一个理念提升的话题。任何学科专业，都具备系统理论，都需要系统理论的支撑。简而言之，翻译"学术化"包含有以下两种意义：一是需要有翻译学方面系统的、专业性很强的学问；二是译者需要培养自己的翻译观，将翻

---

12 参见"图书召回制度有望年内出台"（参见 2004 年 7 月 30 日新华网）。

译实践作为一种学术研究对象，学习一些中西译论、译学思想，与翻译相关的理论知识，从而指导翻译实践。据 G. Squires(2001)，"职业化"本身就包含理论知识、与职业相关的知识和过程知识。

本系列著作强调的"学术化"是要落实到研究、解决实际的问题上来的，而不仅仅是"悬空的"学术化。尽管我们鼓励研究生从事某些纯学术研究，但是如今能够驾驭翻译理论航船的不多，一搞翻译就会翻船的却不少。换言之，我们许多研究生"怎么译"这一关还远未通过，他们从事 pure translation studies 尚不具备火候。我们不主张"学术政治化"，却主张"学术问题民主化"，甚至"学术问题公开化"，以实现理论与实践的结合。故书中会涉及不少坦率的学术讨论，供广大读者思考、参考，并就教于方家。

强调"学术化"，还出于另外两项重要思考：

1. 反对功利主义(utilitarianism)和翻译实用主义的思想观念。世界数学大家丘成桐先生在《中国教育忧思录》中痛斥中国教育(制度)的弊端，批评目前高校实用主义大行其道，而政府有关部门看不到理论科学的重要性。他指出，"中国的学生，做学问达到一个地步，足够令他们找到一份安定的工作便会停下来，他们追求的东西只此而已，对学问根本没有热忱"；"真正有心钻研纯科学的人实在不多，跟外国的学生真心以研究为目标相比，实在相去甚远"；"现在的学生和学校变得唯利是图，这种文化气候，是中国难以孕育一流学问的最主要原因"。[13] 这也正好印证专家所言，中国并非翻译强国。如果整个译界仅仅为了实用、为了赚钱的话，中国翻译学的未来势必前景暗淡，离世界水平将愈来愈远。

2. 提倡脚踏实地的翻译研究学风。踏踏实实地做学问，搞学术，除了有助于加强翻译学学科的建设，切实提高翻译在政治、经济、社会、文化生活中应有的地位之外，也是培养翻译学研究型人才或理论与实践俱佳的翻译"全才"的必备学风。不少翻译爱好者和从业者只关注"知其然"(即"怎么译"或者所谓现成的"标准答案")，而对

---

13 参见"中国大学能培养出一流大学吗？"(2005 年 8 月 23 日《钱江晚报》A12)和丘成桐《中国教育忧思录》。

"知其所以然"（即"为何这样译"、"为何能这么译"、"为何该这样译"等翻译实施时所包含的关于实际程序的证明性知识等）不感兴趣(uninterested)，甚至认为"知其所以然"是无聊的(uninteresting)。这样他们往往偏重前者，即"知识的掌握"和"现成的照搬"，而对后者"知识的应用与迁移"则不予以重视，结果严重造成译者的理论素养、学养和综合思维能力低下，学问"偏食"，"潜能"受到抑制。无怪乎，海外批评大陆的研究生离开导师便做不了学问，难以成为栋梁之材。起码，编写翻译学系列著作的目的不是为了培养一般的"翻译匠"，而要使译者既致知又致用。

再次，所谓**"三大要点"**，就是指：

1. **出发点**：(1)有助于培养读者职业化和学术化的素质和能力；(2)有助于保持读者与时俱进的素质和能力；(3)有助于翻译教育与翻译培训的可持续发展。

2. **关注点**：(1)双语能力、百科知识、专业知识；(2)理论意识、方法论述、智力开发；(3)原则指导、专业提示、职业能力；(4)学术提升、职业发展、人文教育。

3. **设计点**：(1)有关多重成分的有机组合，应体现复合成分＋实用成分＋专业成分＋学术成分＋应用与研究指导成分等；(2)有关理论部分编著，不强调介绍中外译论面面俱到，而是精选有思想高度、有代表性、与社会实践更为密切的学派及其理论，帮助读者懂得翻译的性质、种类、标准、策略和方法等(know-what, know-how & know-why)；(3)有关研究方法的章节，培养读者自己开展课题研究的能力；(4)有关理论和实践章节，应使学生的翻译信仰跟上时代发展的步伐。

总之，翻译学系列著作的编撰不要让广大读者觉得离他们太远，要避免文字严肃有余、活泼不足的倾向，要做到雅俗共赏，可读性强。

二、专题多

该系列著作不是仅仅涉及基础(elementary)阶段的翻译实践或研究（当然这很重要），不是单纯的基础翻译(实践)教科书，而是力求符合

"立意新"的要求(专业化和学术化),并且满足翻译学习、实践、研究不同阶段的学生以及广大读者的需求,所以专题应该涉及诸多行业,涉及学校的各个学科领域,包括翻译学入门、会展英语与翻译、新闻翻译、高级商务口笔译、应用文体翻译、外事陪同口译、跨文化导译、同声传译基础、人文社科翻译、法律翻译、科技文献翻译、影视戏剧翻译、文学多体裁翻译等一二十项。这些书既适合大学本科生以及自考生,又能作为不同专业、职业的主干课程用书(详述见下)。

三、读者广

从该系列的名称看,它是专为在校的翻译专业[14]、英语专业(含翻译方向)和非英语专业的本科生、研究生而撰写的,而后者包括 MTI、非翻译专业或(非)英语专业的博士(研究生),乃至有待新鲜出炉的 DTI[15]。其实,该系列著作的读者面是非常之广的,涉及期望自己在翻译实践和翻译研究方面有质的提高(即想很好地解决所谓的"两张皮"的问题)的所有读者。

翻译在外语学习中的重要性是不言而喻的。从中小学到大学、研究生,要学外语,就少不了翻译技能的训练和考核。作为应用性很强的外语,在听说读写译这五项技能中,"译"可谓是最高境界,也是最难掌握好的,非下苦功不可。想在"译"方面有所突破的读者,这套丛书定会使您举一反三,事半功倍。

有些读者可能会说,翻译有什么大不了的,不就是把外语文字转换成汉语吗?有什么不懂的字、词,查查词典工具书不就行了吗?请看下面一句简单的话:"巨人般的儿子望着为自己衣食行住而心急如焚的父母,心里很不是滋味。"如何通过查词典来翻译画线部分——一句非常平实的话语及其风格呢?亲爱的读者,您不妨一试。

一旦亲手做起来,您就会感到事情并没有您事先想象的那么容

---

14 目前,本科翻译专业毕业生拿的是文学学士文凭(BA),笔者认为最好改为翻译学士文凭(BTI)。

15 即 Doctor of Translation or Interpreting。这是翻译专业学位的最高层次。

易。在很多情况下，词典等工具书所给出的释义未必就能解决问题。这也从另一个侧面印证了英文中的那句脍炙人口的俗话：Easier said than done（说时容易做时难）；同时也印证了中华民族富有哲理的俗语：不经一事，不长一智（One can't gain knowledge without practice）。更何况，我们还尚未涉及人文社科类、典籍类或文学类等专业翻译，以及其中涉及的社会政治、意识形态、文化价值、女权主义、后殖民心态、经济全球化等多重或综合因素呢！

即使部分读者对上述所谓翻译外部研究不十分感兴趣或者目前尚力不从心，只是对于提高翻译实践能力、找到一个自己喜欢的职业情有独钟，那么，该系列著作作为培训或自学教材应是不错的选择，甚至不妨为首选。请注意，翻译培训市场是一个高质量市场，是一个专业性/职业性很强的市场，在相当大的程度上跟一般的外语培训市场不能相提并论，并非人人均能涉猎。

作为一个加入了世界贸易组织（WTO）的国家，作为一个商业社会，作为一个市场经济的体制，专业/职业化很强的各级各类 translator training / interpreter training 等商业培训都应该是相当正规的，是受先进理论和学术化思想指导的。招收学生和培养出来的学生之目标很明确，就是培养在市场上有很强竞争力的人才。从反面角度说，从人力资源现代化管理角度考量，培养起来有困难的学生，不适合/适应当今社会、当今市场要求的学生，培训班（如同传等口译班、某些专业笔译班）完全有理由不招收。

由此可见，这套系列著作之所以是针对广大读者的，正是因为策划、编著的初衷就是既满足"下里巴人"，又不失"阳春白雪"；既要搞好"多元智能"开发，又要培养出合格的、合适的、在社会上有竞争力的高级复合型人才。具体地说，我们必须注意以下几点：

1. 既要考虑外语学习听说读写译"五项基本功"之间的互动关系，又要解决"懂"与"会"之间的关系问题。

2. 既要避免传统外语/翻译教学中教会学生的只是"识别"而不是"理解"，即被识别的是"信号"，而非"符号"，又要培养学生能真正识别社会实践中的诸多符号,具有多元智能,毕业后能受到社会、市场、职业机构的欢迎。

3. 既要围绕翻译实践、翻译技巧、翻译(理论)研究三个层面展开,又要在编写安排上尽量结合不同读者的外语水平、实践水平和学术水平的实际情况,力求做到理论深入浅出,叙述有血有肉,风格雅俗共赏;同时又要细致入微地标出课文、待译文本和练习题等的侧重面及其难度等级(实践层面:E=Easy, I=Intermediate, C=Challenging 和 A=Advanced;技巧/理论层面:T=Technical, AT=Applied Theory 和 PT=Pure Theory)。

4. 既要较好地解决翻译中"教"与"学"、"学"与"用"之间相互脱节的老大难问题,又要解决翻译学科中"汉语"与"英语"、"理论"与"实践"互不相干的"两张皮"问题。

5. 既要加强翻译的内部研究(本体研究),又要结合翻译的外部研究,以实实在在、扎扎实实的翻译实践和本体研究来带动翻译的跨学科研究,并以此促进、带动翻译本身的实践与理论之发展。翻译的内部和外部研究,应是相辅相成、相得益彰的。

总起来说,翻译学应以实践为本(practice-based),但翻译学的健康全面发展除了关注作为有目的的社会行为的翻译实践活动以外,还必须关注与其相关的任何研究活动,包括以下"你中有我、我中有你"的各个方面和层面:主体、本体,内部、外部,多学科,方法论,宏观、微观、中观,翻译观,哲学观,语言观、文化观,社会观、全球观、人生观,专业观、职业观,学术观、教育观,经济观、市场观、竞争观,质量观、管理观……

综上所述,"专业化"和"学术化"是"新世纪翻译学 R&D 系列著作"的两大焦点,是会受到国内译界欢迎的术语和学好翻译的两个关键问题。其实,归根结底,"专业化"和"学术化"即指翻译的实践和理论。有关翻译实践和理论关系之争,在现、当代的译界和学界,迄今尚未平息。翻译实践之重要性和伟大意义,早已不言而喻,而对翻译理论价值的认识,依然见仁见智。我们对这两者关系的立场、观点和态度在总序和各分册中显而易见。笔者曾在专著中归纳总结了翻译理论的

20 种功能[16]。如今我们所知的与翻译有关的理论，（大）都能对有关的翻译实践、翻译现象乃至涉及翻译的重大社会问题从各自不同的角度做出应有的或令人信服的解释，都有值得引进、介绍并加以实现之价值。

社会有分工，同样，翻译界（应包括翻译行业/职业、翻译专业、翻译学科等）也有分工。我们的翻译事业，需要理想的翻译分工——其实也是现实存在的翻译分工，具体地说，我们需要"专业化"的翻译(家)，需要"职业化"的翻译(家)，需要"学术化"的翻译(家)，需要既"专业化"又"学术化"的翻译(家)，需要既"职业化"又"学术化"的翻译(家)，需要以"学术化"为主的翻译研究者/理论家，也需要纯"学术化"的翻译研究者/理论家。各种分工所需人数肯定不同，它们之间的比例如何才是合理的，自然有(行业、专业和学术)市场法则去影响、调节、支配和控制，那是不以人的意志为转移的客观规律。

说千道万，新世纪可谓"翻译质量的世纪"，这样的描述是毫不为过的。在知识经济的新世纪，知识创新与管理创新必将极大地促进质量的迅速提高，包括生产和服务的质量、工作质量、学习质量，直至人们的生活质量。翻译质量当然包括其中，并且与这些质量息息相关。本着质量为本的精神，我们这套"新世纪翻译学 R&D 系列着作"的写作宗旨始终是"专业化"与"学术化"——因为它是符合社会不断前进、不断发展的客观规律的。

陈　刚　谨识

修改于 *2010* 年底

---

16 参见陈刚《旅游翻译与涉外导游》(中国对外翻译出版公司，2004 / 2006)。

前　言

　　不同文化和社会之间的交往总是要以翻译为手段才能完成的。而全球化的趋势使得翻译活动的发展在广度和深度上都令人惊愕。很久很久以前，翻译只是印在珍贵的纸上供少数人阅读的佛经或是圣经；现在，翻译通过广播、电视、网络、报刊等无数的渠道渗透到政治、经济、文化、社会以及日常生活的每一个细节中：我们通过翻译获知世界各个角落的大情小事，度过信息时代的每一天。

　　欧美的理论家最近几十年来试图从各种不同的视角来探视翻译行为，解读翻译活动，从而生发了各派翻译理论，而翻译作为一种具有强大社会功能的活动，也在演变成一门体系完备的学科。像所有其他学科一样，翻译学科也是理论与实践的相辅相成，翻译实践的教与学正成为外语教学中的一个热切话题。翻译活动的层面极其广泛，按内容和题材可以分为文学翻译、科技翻译、商务翻译、新闻翻译、时政翻译、外交翻译等；若按所涉及的具体领域来分，更是不能一一穷尽。翻译实践的教学势必要针对题材和细分领域，才能取得较好的效果。但是不管哪个领域的翻译教学，都追求一些共同的基本目标：其一，探讨本领域翻译的基本特点，设定翻译教学目标；其二，讨论具体的翻译策略和方法。这是对整个翻译过程的剖析，涵盖了词汇、句子、段落、篇章、修辞、文体等各个层面；其三，研究影响翻译的各种外部/宏观因素。

　　《新闻翻译：理论与实践》一书也是本着对以上三个基本目标的追求而构思并完成的。在占全书主要篇幅的"实践思考篇"中，我们首先探讨了英汉新闻写作的基础知识，对英语和汉语新闻文本的各个层面特点作了一番分析，同时在总体上提出了新闻翻译的原则、策略和技巧，为进一步讨论新闻文本翻译的细节定下了参照和依据。接着我们讨论了从词汇到篇章的每一个层次的翻译转换问题，其中由于新闻的特殊体例，还涉及了对标题、语体和文体、体裁和题材的翻译等方面的分析。由于新闻翻译所具有的鲜明时效性、目的性和社会性，翻译时，原文的行文和风格特征从来都不是最高的追求，通常相关的信息才是唯一的焦点，因此新闻翻译中使用频率最高的方法是编译和摘译。为了突出这一特点，我们将"新闻翻译的两种常用方法：编译和摘译"与"新闻翻译的目的性"列为独立的两章来讨论，以对相关的方法和内容做出特别的启发和介绍。使新闻翻译有别于其他翻译活动的还有它的媒介所产生的影响，我们将此分为"书面报道与翻译"和"口头报道与翻译"两个方面，分别探究了电视、广播、报刊、网络等不同媒介的新闻翻译各自的细分特点，以求能够在这个问题上给出比较深入的视角与启示。

可以说以上章节是关于新闻翻译内部问题的研究与实践。对于新闻翻译而言，它所受到的社会政治文化环境的影响是不容忽视的，我们把这些认为是新闻翻译的外部环境，也就是影响新闻翻译的宏观因素。我们将其中最主要的几个因素放在本书的开篇"理论指导篇"和结尾"翻译研究篇"中来讨论。翻译研究中最具社会和政治文化色彩的功能理论与意识形态和赞助人理论对新闻翻译的解释力和翻译实践的启发颇值得一提，我们在开篇中分别用了两节来讨论德国的功能理论和已故美籍比利时学者勒菲弗尔的意识形态和赞助人理论。功能学派的"翻译目的论"及其"功能+忠诚"的核心概念将翻译文本的实用性和翻译过程中各种关系的角力作为研究的视点，对译文形成过程中的取舍做出了远远超越文本层面的解释。勒菲弗尔的意识形态和赞助人理论更是把翻译置于政治和权利的网络之中，让翻译成为一种话语权力，而这其实也是新闻翻译的本质之一。此外，我们还基于新闻翻译的时效性这一根本特点，讨论了软新闻和硬新闻，提到了全译、摘译和变译等最基本的翻译方法。在开篇中，我们的意图是用翻译研究的视角去看待新闻翻译，将新闻翻译的理论和实践纳入到现有翻译理论的观照体系中来。而在结尾篇中，我们尝试用翻译研究的一些方法和视点对新闻翻译作出自己的解读。我们分别从意识形态、权利话语、译者和编辑的视角去探究新闻翻译，并结合译例对这些参与翻译的因素所产生的文本和非文本的影响及其原因作出具有一定深度的分析与说明。

在本书中，我们力求超越一般教科书以实践为主的编撰方法，让理论成为本书构建的基柱和础石，除了意识形态和赞助人理论以及功能理论之外，我们对具体翻译问题的讨论相当程度上建立在汉英对比的基础之上。本书编撰伊始，我们曾定出如下方针：力求从最基本的语言层面入手，但又不局限于语言，从新闻翻译的基本技巧入手，但又不局限于简单的技巧讲解，而是旨在通过运用翻译理论的最新成果，在高于语言的层面对新闻翻译进行全方位、全过程的讨论。其特色是宏观与微观相结合，理论与实践相结合，从语言层面出发，但又在超越语言的层面对新闻翻译进行探讨。作为编者，我们有一个奢望：编出一本既有理论深度，又有相当实用功效的教材。但是因为水平和经验有限，本书还很难达到我们的理想。就以理论指导篇来说，我们曾经想讨论福柯的权力/知识理论和费尔克劳的批判话语及其对新闻翻译的启示，但是由于编者自身能力的局限，我们最终还是放弃了，以避免贻误读者之害。

本书的定位是翻译专业的本科生、研究生(含 MA、MTI 乃至尚待出炉的 DTI[1])，英语专业(含翻译方向)的本科生和新闻专业的本科生及研究生，考研族、广大翻译爱好者和新闻翻译管理人员，专/职业新闻翻译工作者及编辑等，还可以是翻译/英语教学参考用书。因此，实践思考篇占了从第 2 章到第 14 章共 85%以上的篇幅，在这些章节中，我们用举例、分析和说明法对新闻翻译过程的每个阶段和层次的问题作了

---

1 DTI 为暂用名(模仿 MTI)，全称是 Doctor of Translation or Interpreting。还可以是 DCT、DNT 等，即 Doctor in Cultural Translation、Doctor in News Translation 等。

示范性的讨论，力求囊括新闻翻译的各种有效方法。每个章节都配有一定数量的习题或思考题，供使用者操练相关的翻译技巧和方法，同时希望读者能够培养自己的批判性、专业性、学术型等思维，我们在附录部分提供了有关练习的参考译文。读者可以在教师的指导下进行学习，也可以自学之用。

　　各位编者各司其职，经过长时间的努力，终于使得本书能够面世。华中师范大学的胡德香老师负责第 3 章、第 5 章和第 12 章的编写；浙江大学的方凡老师负责第 6 章、第 7 章、第 8 章和第 9 章的编写；华东理工大学的郑国锋老师编写了第 13 章、湖南大学的朱健平老师负责编写了第 2 章、第 10 章、第 11 章、第 14 章和"理论指导篇"的第 3 节；曾经在纽约《明报》担任编译者多年的余慧明先生撰写了"翻译研究篇"的"社会意识形态视角"和"批判话语视角"两节；华东师范大学的吴波老师负责"理论指导篇"和"翻译研究篇"剩余章节的写作与第 4 章的编写，并与朱健平老师一起对全书进行统稿。为此书提供素材的还有来自湖南大学英语系和华中师范大学英语系的研究生们，他们是(按照姓氏音序排列)：黄婷、李琳、李巧珍、马琴、庞月慧、石子娟、辛竞、周英，在此谨致谢忱！总主编、责编及其他各编辑在书稿的形式和内容方面、在宏观和微观上全面把关，数易其稿，付出了不少心血(具体见本书"后记")，我们再次表示感谢！

　　译道艰难、学无止境。《新闻翻译：理论与实践》尽管凝集了众多编者的心血，也不过是一个声音、一种尝试、一份绵薄之力，一个没有终点的追求。我们在此抛砖引玉，期待读者的批评和指正。

主　编

修改于 2010 年冬及 2011 年春

理论指导篇

Chapter 1

新闻翻译相关理论阐述

1.1 德国功能派翻译理论

德国功能派翻译理论产生于 20 世纪 70 年代，它的核心概念是"功能与忠诚"（function plus loyalty）。功能是指让译文在目的语情境中按照预定的方式发挥作用的因素。（Nord，2001：126）该理论认为翻译的首要目的是为了实现译文的某种功能，有时译文要发挥和原文相同的功能；而有时根据特定的翻译要求译文必须执行与原文不同的功能。"忠诚"是指译者和作者、目的语读者以及翻译发起人等其他翻译活动参与者之间的社会人际关系。它强调译者对其他翻译参与者所负的责任。"忠诚"是功能派理论赋予译者的义务，即译者对译语和源语双方所应尽的义务。功能派理论和其他出现于 20 世纪后期的翻译理论如解构主义翻译理论、翻译的文化学派等有一点共同之处：他们都不再把原文视为翻译活动的中心，忠实也不再是翻译的最高标准。功能派理论发现并讨论了翻译活动的一个重要事实：翻译的功能具体而微，每一次翻译活动都要实现其特定的功能，因此，评价翻译的标准不是看译文是否保留了原文的特点，而是看译文是否在特定的情境下实现其功能。功能派翻译理论为看待翻译提供了一个新视角，不但在理论上对翻译的本质有了进一步发掘，还为翻译实践提供了更广泛、更灵活的标准。

追溯德国功能派翻译理论的发展历程，我们可发现其关键词"功能"最早出现在凯瑟琳娜·赖斯 1971 年出版的《翻译批评的可能性与限制》（*Possibilities and Limitations in Translation Criticism*）一书中，该书被认为是"在德国对翻译进行学术分析的起点"（同上：9）。赖斯认为理想的翻译是"在内容、语言形式和交际**功能等**方面，译文的目的与原文对等"（同上：9）。但是作为一个经验丰富的译者，她逐渐发现在实际翻译中，有些对等不可能实现，而有些对等更是不应该去追求。因为在实际的翻译活动中，例如把散文译成舞台剧或把莎士比亚戏剧译为外语学习的教材等，译文往往需要去实现一个原文没有的目的或功能。因此，她认为如果考虑到具体的情境，各种类型的翻译都有其存在的合理性。这种观点缓解了翻译理想和翻译现实，亦即翻译理论和翻译实践之间的差距。

在此基础上，赖斯的学生汉斯·弗米尔进一步认为翻译是在特定情境下发生的一种有目的的行为。弗米尔认为翻译是翻译行为(translational action)的一种形式，所有的翻译行为都针对原文而发生。其他翻译行为的表现形式还包括诸如专家针对原文提供信息等。他对翻译行为的概念做了一个总体描述："任何形式的翻译行为，包括翻译本身，都是某种特定的行为。而每一种行为都有其目标或目的。[……]'skopos'这个词就表示目标或目的。[……]每种行为都会导致一个结果、某个新的情境或事件，更或是一个'新'的事物。"(同上：12)这就是弗米尔的翻译目的论(*skopos* theory)，译文读者在他的目的论体系中占据重要地位，相比之下，原文的地位则要低得多。目的论成为功能派理论的核心。

贾斯塔·赫兹·曼塔利把翻译行为理论往前推进了一步，她认为翻译是为了达到某个目的的复杂行为。翻译行为的目的是通过专家创造的信息传递媒介来跨越文化和语言障碍，从而传递信息。她认为译者是跨文化交流中创造合适的信息传递媒介的专家。曼塔利关注翻译参与者在翻译过程中承担的角色，尤其是译者的地位问题。

在他们之后，克里斯蒂安·诺德作为功能派翻译理论的主要倡导者，在其1997年出版的《目的性行为——析功能翻译理论》(*Translating as a Purposeful Activity—Functionalist Approaches Explained*)中系统地阐述了功能学派的各种思想和术语，回答了对功能派翻译理论的各种质疑。更清晰地描述了功能派翻译理论对译员培训和各类翻译实践所产生的意义。诺德的著作把功能派翻译理论作为一个完整的翻译学派呈现出来，更好地表现了该派理论的独特视角。

总的说来，功能学派以行为理论为基础，强调翻译活动的目的性和人在翻译活动中的作用。它把译者从被原文所奴役的困境中解脱出来，把翻译视为是关照委托人和读者的有目的的交际行为。鉴于新闻翻译本身也包含着极强的目的性，功能派翻译理论对新闻翻译的实践有相当积极的意义，因此，我们将具体介绍几个功能派翻译理论的主要思想。

1.1.1　功能派翻译理论关于翻译的阐述

　　功能派翻译理论首先区分了翻译(translation)和翻译行为(translational action)两个概念。他们认为翻译是指译者在转换原文时所发生的行为，而"翻译行为"是指译者在整个翻译过程中所做的一切。相比而言，翻译是个狭义的概念，离不开对原文的转换；而翻译行为可以是提供"文化咨询"或是为异语读者撰写使用手册或说明书等。因为翻译是一种行为，所以这种行为带有某种意图。翻译的意图通常由译者或是翻译发起人(initiator)来确定，翻译的意图有可能与原作者的意图一致，也有可能与它无关。功能派翻译理论尤其强调翻译过程中人际间的相互关系和作用。它认为参与翻译过程的所有人都发挥着某种功能，承担着某个角色。在翻译过程中，这些角色组成一个复杂的关系网，他们互相纠结，相互影响。翻译过程的参与者包括发起人和委托人、译者、原作者、译文读者和译文使用者等。在跨文化交际的翻译活动中，译者通常受客户(亦即翻译委托人或发起人)委托才开始翻译行为。委托人制定翻译要求，而译者则需要分析这些翻译要求在法律、经济和意识形态方面的可接受性与可行性，确认翻译的必要性，制定具体的翻译步骤并展开翻译行为。翻译行为的结果可能是根据原文所产生的一篇完整的译文，又或许是一篇简单的摘要；在特殊情况下，如果译者发现翻译原文并不能实现预想的翻译目的，也可能会建议翻译委托人取消翻译计划。功能派翻译理论的重要特点之一就是把译者认为是翻译过程的专家，从而赋予翻译活动更大的自主性和独立性。同时，与其他翻译理论一样，功能派翻译理论也承认翻译行为的跨文化性和交际性。

1.1.2　翻译目的论

　　汉斯·弗米尔的翻译目的论是功能学派的核心理论。目的论以行为理论为依据，而行为最重要的特征是具有一定的意图，因此目的论认为翻译行为的目的决定整个翻译过程。弗米尔用希腊语中表示目的

的"*skopos*"来替代英文词"purpose"，他的目的论在英文中表述为
"*Skopostheorie*"。弗米尔本人这样描述"目的"：

> 每篇文本都为既定目的而产生，故应服务于该目的。因此，目
> 的准则即指：笔译/口译/说话/写作要用恰当的方式使文本/译本能够
> 在其被使用的情境下发挥功能，按照想使用它的人的方式，并且完
> 全按照他们想要的方式发挥功能。(Nord, 2001: 29)

　　大部分的翻译行为允许有不同的目的存在，而这些目的又相互关
联。译者必须有能力决定在某个特定情境下最重要的目的。翻译的目的
决定翻译方法，是采用直译、意译、直译和意译相结合还是摘译、编
译等，要看哪种方法最有助于实现翻译目的。译文读者是影响翻译目
的的最重要的因素。原则上，翻译委托人向译者说明翻译目的，详细
描述译文读者，使用的时间、地点、场合，所借助的媒介以及译文的功
能等具体的翻译要求。但实际上，因为委托人并非跨文化交际的专家，
而且通常他们对需要什么样的译文并不清楚甚至持错误的看法，所以
翻译的目的常常由委托人和译者共同确定。如果委托人的翻译要求不
明确，只能由译者全权决定如何进行翻译，而翻译完成的好坏，就完
全取决于译者的责任心和能力。一个有责任心的译者，当他/她在如何
翻译才能完成翻译目的这个问题上与委托人意见相左时，他/她会宁愿
选择放弃翻译而不是盲从委托人的意见，从而损害译文的功能。

　　在目的论中，目的的重要性远远高于原文，原文仅仅被认为是译
者的信息来源。因此，在译文中对原文的删减、编辑总是随处可见。
但译文和原文之间总是存在着一致性，这一点不容否认。有时这种一
致性表现为译文对原文的忠实。译文和原文之间的联系受到译者对原
文的处理方式和翻译目的的影响。

1.1.3　功能派理论的核心概念："功能+忠诚"

　　功能理论也可以表述为："只要翻译手段有助于达到翻译目的，就
都是合理的。"但如果翻译的目的和原作者的意图背道而驰，译文所要
达到的功能和原文的功能差之千里，就会有人因此质疑功能派提倡

"不择手段达到翻译目的"的翻译行为。为了避免这种误解，更好地强调译文功能是实际翻译活动中译者必须关照的一个重要方面，功能派学者在自己的理论体系中加入了"忠诚"这个概念，来强调译者在翻译过程的人际关系中是一个值得信赖的负责任的合作者。译者并非想做什么就做什么，也不是委托人让他/她做什么就做什么。译者应该尊重并设法协调委托人、译文读者和原作者对翻译活动的期望。他们和译者一样都是翻译活动的参与者。当各方参与者对翻译的期望不同并产生冲突时，译者必须担当协调人的角色，并在必要时寻求各方参与者之间的平衡。

1.1.4　功能派理论对新闻翻译的启示

德国功能派理论最初源于译员培训的需要，而且一直以来在这方面卓有成效。它在确定翻译要求、辨别翻译问题和评估翻译结果方面的表现不容忽视。此外，功能翻译理论在文学翻译上也显示出一定的理论说服力。更为重要的是，因为"功能"一词总是让人联想到效能或作用之类的概念，因此功能翻译理论往往能够被有效地用来指导和解释实用性很强的翻译活动。

功能理论对新闻翻译也不无启示。新闻翻译本身具有非常鲜明的目的性。特定的新闻篇章一定有其需要实现的某种功能：或是为了传达对主流意识形态的支持；或是为了宣传国家、政府或利益集团的信念；亦可能仅仅提供信息或娱乐读者，让读者了解不同的社会文化风情。新闻翻译本身的目的性和新闻篇章自身所蕴含的功能意味着必须尽量选择最合适的新闻源语文本，以便能最好地实现译者(或是翻译活动发起人)欲让它发挥的功能，最大限度地实现翻译目的。

另外，功能理论承认译者在翻译过程中的专家地位，这在新闻翻译领域是很有说服力和启发意义的。新闻翻译有时间性强、见效快、责任重大等特点，因而译者的能力在很大程度上决定了新闻翻译是否能够实现预期的目的或功能。译者的语言能力、知识水平决定了翻译过程能否顺利进展；而译者或是翻译活动的发起者的政治立场、文化倾向以及在意识形态上的偏向会影响到对源语文本的选择、翻译策略的确定和翻译方法的选用等，并在极大程度上决定了新闻翻译文本的最终面貌。

鉴于新闻翻译活动的鲜明特色及新闻文本所承担和发挥的重要社会功能，功能翻译理论对新闻翻译有很强的解释力，对新闻翻译实践也有一定的启发和指导意义。本书在其后的讨论中将会印证这一点。

1.2 勒菲弗尔的意识形态和赞助人理论

安德烈·勒菲弗尔(André Lefevere，1946—1996)，翻译领域具有世界影响力的学者，翻译文化学派的代表人物。勒菲弗尔是比利时人，曾先后在香港、安德卫普等地的大学从事翻译教学，最后在美国得克萨斯大学奥斯汀分校日尔曼语言及比较文学系任教。重要著作有《诗歌翻译：七种策略和一个蓝图》(*Translating Poetry: Seven Strategies and a Blueprint*，1975)、《翻译、重写以及对文学名声的操纵》(*Translation, Rewriting and the Manipulation of Literary Fame*，1992)、《翻译·历史·文化——资料集》(*Translation, History, Culture—A Sourcebook*，1992)等，此外他还和苏珊·巴斯内特等重要翻译学者合编了多部翻译论文集。

勒菲弗尔在《翻译、重写以及对文学名声的操纵》一书中阐述了关于翻译的"三要素"理论，该理论一经提出便引起了广泛的关注和讨论，成为勒菲弗尔关于翻译的最重要的阐述。勒菲弗尔认为翻译过程中始终有三个要素作用于(操纵)翻译的结果，他们分别是诗学(poetics)、译者或当代的意识形态(ideology)以及赞助人(patronage)。这三个要素的提出建立在勒菲弗尔关于翻译的一个重要命题的基础上：翻译是对原文的重写，译作总是不能真实地反映原作的面貌。虽然勒菲弗尔旨在讨论对文学的改写和操纵，但他所提出的三要素，尤其是关于意识形态和赞助人的理论对于讨论其他类型的翻译活动也有很深刻的启发意义。

赞助人在勒菲弗尔的"三要素"中被视为最重要的因素。他认为文学作为构成社会文化大系统的一个重要子系统受到两个因素的控制，一是来自文学系统内部的因素，主要是评论家、批评家、教师和译者等"专业人士"，他们对文学进行重写(rewriting)，保证文学服从主流意识形态和诗学理想。二是外部因素，即赞助人，赞助人处于文学系统之外但又作用于它。勒菲弗尔认为赞助人主要控制作品的意识形态、出版、收入和社会地位，它可以是诸如宗教集团、阶级、政府部门、出版社、大众传媒机构等，也可以是个人势力。(Lefevere，1992：17) 赞助人既能有助于文学作品的产生和传播，同时又能禁止作品的传播，甚至毁灭文学作品的生命。赞助人对于翻译活动的走向、翻译文学的兴衰、译者的地位有着巨大的影响力。曾经在特殊的历史阶段，赞助人甚至拥有决定译者生命的权利。勒菲弗尔的意识形态概念与传统的对意识形态的理解相一致。而他认为诗学包含两个特征：其一是文学技巧、类型、主题、原形人物和情景的资源，其二是关于文学应该在社会系统中承担什么作用的概念。

　　赞助人是主流意识形态的代言人，在经济上拥有支配权，是社会的中流砥柱。一直以来，在大多数文学系统中，赞助人集意识形态、经济和社会地位的影响力于一身。当赞助人同时拥有意识形态、经济和社会地位的影响力时，他们会致力于维护社会系统的稳定，保证文学作品的创作能够加强社会稳定或至少不会削弱"某既定文化形态的权威的神秘性"。一旦文学作品不能发挥这种作用，就会被贬为"异端"，或被认为是不登大雅之堂的"低端"或"大众"文学，甚至有时会遭遇出版困难。随着赞助人发生变化，主流文学有可能变成大众文学，而大众文学也有可能上升到主流的地位。有时作者为了不使自己的作品沦为大众消遣读物，宁愿限制作品的发表，将它的阅读范围控制在自己所属的主流圈子之内。勒菲弗尔认为作者和译者接受了赞助人，就意味着他们主动接受赞助人的影响并不遗余力地强化赞助人的地位、巩固赞助人的权力。

　　随着社会的变迁，经济因素在社会生活中的作用越来越凸显，有时经济因素会独立于意识形态和社会地位等因素来支配文学活动，例如畅销书的创作就几乎完全受到经济因素的影响。勒菲弗尔发现当今欧洲和美洲地区的文学系统并不一定像过去的文学系统那样主要建立在意识形态的范畴之上。图书流通和销售渠道的扩展、电视和娱乐产业对出版业的影响在某种程度上削弱了意识形态因素的影响力，也就是说，在多元社会的文学系统中赞助人并非一定同时拥有意识形态、经济和社会地位三方面的影响力，经济因素完全有可能成为成就赞助人的唯一因素。

赞助人和文学系统的变化也密切相关，当文学系统不能在其所处的环境中行使一定的功能时，赞助人就会要求文学创作做出积极的调整。若是文学系统在意识形态、经济因素和社会地位等方面处于不同赞助人的影响之下，其结果就是使读者迅速分化成不同的细分群体，每个群体表现出对不同的影响因素的迎合与响应。但若是赞助人集意识形态、经济因素和社会地位的影响力于一身时，对于文学作品的期待就会比较统一，主要通过采用不同的重写方式来达到对不同文学作品的"正确"解读。当有新的赞助人出现时，文学系统必须适时做出变化，否则就会面临崩溃的危险。

三要素本身总是紧密地联系在一起，赞助人通过在意识形态、诗学和经济因素等方面发挥影响来控制文学系统的发展方向。一直以来意识形态和诗学对文学的影响力总是无处不在，经济因素也正发挥着越来越重要的作用。从勒菲弗尔的"三要素"论和大量的史料来看，翻译的结果深受社会、文化、意识形态乃至权力的影响。勒菲弗尔的三要素论更加强调了一个关于翻译的事实，即翻译不是单纯的文字转换，而是不同社会文化体系、意识形态和赞助人体系之间的相遇和冲击。译者面对种种不同，必须选择自己的立场，作出适当的取舍。赞助人、意识形态、经济因素、权利和诗学影响着翻译过程中译者所做的每一个决定。实际的翻译中，最重要的往往不是译者能否创造出和原文相似的译文，而是译者能否迎合赞助人的期望，尊重意识形态的规范，创造出被译语系统接纳的译文，从而达到翻译的目的，完成翻译使命。

从意识形态和赞助人理论的视角来审视翻译活动，其社会性便得到巨大的凸显。因而，这一理论对新闻翻译这种承担强大社会功能的翻译活动的解释力和启示是不言而喻的。新闻本身、主流意识形态与赞助人的利益密不可分。一个国家重要的新闻媒体大都为政府代言人，传达着社会主流的声音。几乎每一份新闻稿件在信息之外都显示着一种姿态、一个立场和一种取向。新闻总是在非常自觉地体现或支持某种意识形态，或反对、抵抗某种意识形态。这种或认同或反对的态度取决于新闻报道者(或翻译者)自身所处的立场或所支持的意识形态。新闻翻译者在翻译过程中通过对原文的选择、翻译策略和翻译方法的选用来创造具有强大功能的译文，以此发出一种声音，应和或相左于某个意识形态或赞助人。

英国《金融时报》一则题为"Dalai Lama accused of 'ethnic splitting'"[1]的新闻被转译成中文时，原标题"达赖喇嘛因'民族分裂'的主张受到谴责"改译为"北京拒绝达赖'真正自治'主张"[2]。其中，"北京拒绝"四字态度鲜明，铿锵有力，而关心时政的中国人所熟悉的达赖喇嘛包藏祸心的所谓"真正自治"(genuine autonomy)从英文稿的首句中被直接移放到了中文稿件的标题之中，该则新闻立即变得立场分明、富含冲击力。同样《金融时报》2008 年 11 月 7 日刊登了一则关于海协会会长陈云林访台的报道，其标题和首段如下[3]：

Chinese visitor stumbles on Taiwan protocol

For weeks, media in Taiwan had speculated on the tricky protocol that would be involved should Chen Yunlin, the most senior Chinese official to visit the island since the **1949 communist revolution**, meet its president, Ma Ying-jeou.（by Robin Kwong in Taipei）

而在《金融时报》中文网上，该部分被译为[4]：

陈云林与马英九举行会晤

数周以来，台湾媒体一直在揣测，如果陈云林与台湾地区领导人马英九会晤，期间棘手的礼仪问题将如何处理。陈云林是自 **1949 年中华**

---

1 参见 http://www.ftchinese.com/story.php?lang=en&storyid=001023013，2008 年 11 月 11 日。

2 参见 http://www.ftchinese.com/story.php?storyid=001023013，2008 年 11 月 11 日。

3 参见 http://www.ftchinese.com/story.php?lang=en&storyid=001022969，2008 年 11 月 7 日。

4 参见 http://www.ftchinese.com/story.php?lang=en&storyid=001022969，2008 年 11 月 7 日。总主编做了意识形态方面的调整。

<u>人民共和国成立</u>以来，大陆派出的级别最高的访台官员。（何黎 译）

该则新闻的英文与中文版本的措辞差异反映了新闻提供者完全不同的意识形态立场和政治倾向。英文的标题按字面直译成中文为："中国来访者为访台时的礼节而犯难"，但这样的措辞赋予"中国"和"台湾"、"中国来访者(官员)"和"台湾接待者(政要/官员)"以同等的分量，将中国与台湾置于平起平坐的地位，完全有悖于台湾是中国的一部分这一深植于中国人血液中的民族意识，在中国的文化政治环境中是绝对不能容忍的。因而在翻译的时候，译者避重就轻，将它弱化为一个简单的事实描述，即："陈云林与马英九举行会晤"，突出了新闻仅就事实进行报道的客观性，避免了因意识形态立场的不同而冒犯读者以及损害赞助人利益的危险。同样，该则新闻译者对"1949 communist revolution"这个表达的处理也可见其对于意识形态问题所持的谨慎态度，"1949 年共产主义革命"的轻描淡写被加强至"1949 年中华人民共和国成立"，强调了"中国"作为"人民共和国"的国家概念，重申了主流意识形态观念。

意识形态和赞助人理论唤起了我们对翻译的政治性和社会性的重视，同时也看到翻译活动受政治和社会文化生活的介入和深刻影响。翻译绝不是语言的游戏，它对原文的重写和操纵在对社会政治文化的构建和意识形态的塑造、维护甚或是毁灭中成为一股势不可挡的巨大洪流。

1.3 硬新闻、软新闻与写作、翻译法[5]

新闻有多种划分方式，可按照体裁和题材分类，也可按照时效性分类。若按照题材可以分为政治、经济、军事、外交、体育、文化和艺术新闻；若按照时效性一般分为硬新闻和软新闻。

1.3.1 硬新闻、软新闻

硬、软新闻均源于西方新闻学。

---

5 本节编写参考了有关资料，如 http://wenku.baidu.com 等，谨致谢忱。

硬新闻是指那些题材较为严肃，着重于思想性、指导性和知识性的政治、经济和科技新闻，如重大犯罪、火灾、意外事故、演讲、劳工纠纷或政治战役等等。硬新闻也称现场短新闻，是一种强调时间性和重大性的动态新闻，重在迅速传递消息。在形式上，它与国内的动态消息基本一致。

软新闻是指那些不平常的、奇怪的、娱乐的新闻，人情味较浓，写作风格轻松活泼，易于引起读者感官刺激及视听兴趣，如愉悦、同情等。软新闻的主题可能会有些不应时或不甚重大，但绝不枯燥，这类新闻常使读者欢笑或悲泣、喜爱或憎恨、嫉妒或遗憾。软新闻从感情上吸引读者而非以理性赢得读者。在形式上，分为软消息和特写两种。

区分硬、软新闻的关键在于重要性、趣味性和时间性。硬新闻重在迅速传递信息，强调时间性，多为动态新闻和现场报道。软新闻重在引起读者兴趣和情感呼应。

1.3.2　硬、软新闻的写作

一、硬新闻的写作

硬新闻多为那些强调时间性和重大性的动态新闻，其基本特征是以最快的速度，简单明了地报道新近发生的国内外重大事件及事物发展过程中的新动态，强调时间性和动感，是消息体裁的一种重要类型，故又称为"动态消息"。

动态新闻的题材范围很广，有会议新闻、经济新闻、社会新闻、军事新闻、外事新闻、体育新闻、科技新闻、文教新闻等。在研究动态新闻时，须注意以下几个主要特征：

(1)动态新闻以开门见山、一事一报作为主要的写作原则

动态新闻通常报道事物的最新变化，报道形式迅速快捷，因而要求开门见山的写作手法，即一开始就把最具新闻价值的内容写入导语中，以便能够立即吸引读者的眼球。它的一个写作原则是一条新闻一个中心或一个主题，要求抓住一件事物、一个侧面开笔，忌讳多事一报。一事一报使得主题明确，思路清晰，新闻直接简洁。

(2) 动态新闻的叙事方式较为客观

动态新闻的特点主要是提供读者信息，一般不含任何议论、抒情等，笔调客观。写作者只是在选择和报道新闻背景材料时发挥主观性，通过组织事实材料来影响读者，即让事实说话，增强新闻的可信度。

(3) 动态新闻注重时效性和重要性，常运用连续报道的方式

在新闻价值诸要素中，动态新闻尤其强调时间性和重要性。动态新闻总是把最新、最重要的信息写在新闻的开头。传统上，读者总是对新近发生的事或处于变化之中的事物兴趣更大些。动态新闻的一个鲜明特点就是变动感强，因而时效性是极其重要的。

事物总是处在不断变化的过程中，动态新闻也应适应该规律，有时需要使用连续报道的方式。这样，新闻既简短，又可保持内容不断地更新，且一直保有新鲜感。连续报道的方式常用来报道一些突发性灾难，特别是那些不能等待结果、需要传达阶段性信息的新闻。连续报道也是确保时效性的一种方法。

(4) 动态新闻的报道内容多为突发性事件

动态新闻报道的内容以突发性事件为主，如最新发生的自然灾难海啸、地震以及政治战役、经济危机，等等。需要注意的是，不能把动态新闻等同于突发性事件，它主要是以事件新闻为主，也报道自然界或人类社会的最新变化，如社会面貌的最新变化、社会各阶层及其代表性人物的最新动向等。

(5) 动态新闻要给人以现场感，再现动感

动感是读者通过阅读文字所获得的对事物变动的感觉，它可以将读者引入其中，令他们感同身受，增强读者的兴趣或对事件的关心度。要使动态新闻具有动感，应使用生动活泼的语言，并且有两点需要注意：一是不要拘于套式，要有创新精神。记者在事实材料准确的前提下，应力求在形式上别出心裁，别具一格。二是多用动词，少用形容词。动词给人以具体、生动、形象、语言朴素的感觉，具有立体感和动感，而形容词起修饰作用，用多了给人以抽象、模糊不清的感觉。

在写作方面，硬新闻有一定规律，它在大多数情况下使用倒金字塔式结构，与动态消息基本一致。倒金字塔式结构，也称"倒三角"，其特点是把新闻的高潮或结论放在最前面，然后根据事实的重要性依次递减地安排、组织材料，由高到低地突出最重要、最新鲜的事实。这样，报道会显得简洁明快，条理清晰。倒金字塔式结构如图1-1。

倒金字塔式结构可以简单写成(在安排材料时，往往遵循以下规则)：

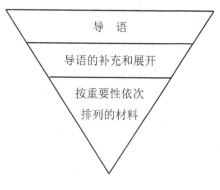

图 1-1　倒金字塔式结构

- 导语
- 详细展开导语中提到的新闻事实，即将导语中的新闻事实具体化
- 对上述材料加以解释、说明的背景材料
- 对主题的再论述(常省略)

此处的倒金字塔式结构是动态新闻最基本的写作方式。但是，倒金字塔式结构中还存在复合结构，即指在一则消息中同时叙述两个新闻事实的消息结构。同一条新闻中的两个新闻事实通常是相继发生的同类事件或同一新闻事件的两条线索。一般情况下，复合结构的硬新闻在写作上也要求采取倒金字塔式结构。需注意的是复合结构的两个新闻事件至少有一个要素是相同的："时间"或"地点"。该类硬新闻安排材料的方法是：

- 导语：主题A、B
- 较详尽地展开主题A、B，使之具体化
- 进一步交代与主题A、B相关的次要新闻事实
- 背景材料
- 对主题A、B再论述

二、软新闻的写作

一般来说，软新闻富有人情味并带有纯知识、纯趣味的性质。它

与人们的切身利益并无直接关系，它主要是向受众提供娱乐，使其开阔眼界，增长见识，陶冶情操，或供人们茶余饭后作谈资。

在软新闻中，新闻故事最重要的部分不必出现在导语中。软新闻结构使用金字塔式结构(时间顺序式结构或编年体式结构)，它总以间接或延缓的导语开头。软新闻的发生往往没有明确的时间界线，它的公开发表也没有时间的紧迫性，较耐"压"。

软新闻讲究写作技巧，文笔生动活泼，富有情趣，即人们常说的"散文笔法"。它的风格多姿多彩，更多地使用奇闻逸事、引语和描写。软新闻中最突出的一种就是特写。特写的写作要领可概括为反映现场气氛，捕捉逼真形象，抓住事物特征，注意情节高潮。特写在写作上突出趣味性，在写作结构上通常采用由小到大、由局部到整体的思路，以一个很有趣的小镜头或轶事作导语，引出特写的主题，再从不同角度展开该主题，最后用一个总结性或趣味性较强的引语或故事结尾。它在写作中遵循一定的格式，即"起头—向正文的过渡—正文—结尾"。此处介绍特写的两种结构形式：

(1)金字塔式结构，也叫时间顺序式结构，即导语以下的新闻材料完全按照时间的先后顺序展开，直到事件结束。如图1-2所示。

用这种结构形式安排材料，报道的过程完整，故事性强，人物的形象丰满，有较强的可读性。因此，对于那些故事性的事件新闻，用这种结构形式安排材料比较合适。

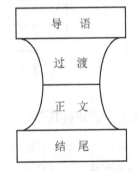

图1-2　时间顺序式结构

图1-2也被描述为"沙漏型结构"或"双(金字)塔式结构"，即倒金字塔与金字塔相结合式结构。这种结构通常第一段用倒金字塔式结构，开门见山，新闻感强烈，发挥导语突出主要事实的作用。导语之后，一般按事件发生的顺序写，给人以具体、完整、叙述清楚的感觉，比较适合中国受众接受新闻的习惯。

　　(2)另外一种经常运用到的结构形式称为《华尔街日报》写法，由于是美国《华尔街日报》的新闻工作者所创而得名。这种结构形式的写作特点是先从具体事例或人物写起，用一两段文字较为详细地介绍一个或两个典型材料，然后进行归纳，由点到面地转向概述面上的事实。《华尔街日报》写作步骤是：

　　1)将重点放在某个独特的方面；

　　2)向主题过渡；

　　3)报道主题；

　　4)回到稿件开始的重点，写一强而有力的结尾或作总结构的阐述。列图如图 1-3。

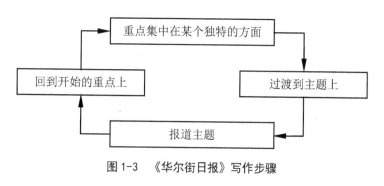

图 1-3　《华尔街日报》写作步骤

1.3.3　新闻翻译法

　　新闻语言的主要特点是准确贴切，简洁明快，生动形象，它重在传播新闻事实，而且是如实客观地呈现出来。新闻翻译时，译词要准确，语言要通顺，文体要恰当，同样必须快速迅捷。

　　新闻翻译法按其成品的形式主要分为全译、摘译和编译。新闻翻译法的选择主要取决于原新闻的价值和二次传播的需要。英语新闻一般篇幅较长，而中文新闻则偏短，因而翻译时，若新闻内容较重要，文字较少，则进行全译；若新闻篇幅较长，则采用变译的方法，包括摘译、编译、译述、缩译，等等。

一、全译

全译，即全文翻译，是把源语新闻全部转化为中文新闻的翻译法。该类新闻一般篇幅较短，内容又十分重要且二次传播的价值较高。翻译时，既要译出源语新闻的深层内容，又要保留它的基本结构和风格，不可随意增减其内容。

二、摘译

随着全球的经济化，各种各样的信息不断涌现，读者必然会对各类新闻加以挑选，译者必须相应地改变翻译策略，懂得取舍，这时可采用摘译的方法。

摘译是指摘取原作之精华的翻译法。它是根据翻译的特点要求从原文中选取部分以反映其主要内容或译文读者感兴趣的部分内容的变译活动。摘译时应该选择源语新闻中最为重要的部分进行翻译，其本质是"选取"。摘译最适用于科技文献的翻译，因科技类新闻的发表是为了传播新思想、新发明等，读者最为关心的是作者自己独到的见解，译者在翻译时应突出这点。摘译时同样须注意保持译文宏观结构上的整体性，使上下文连贯。此外，摘译不应违背源语新闻的中心思想及深层含义，并应尽量保留源语新闻的风格。新闻翻译时常用的摘译法主要是删词法、删句法和删段法。

三、编译

编译，即编辑和翻译，是先编后译的过程，根据翻译对象的特殊要求对一篇或多篇原作进行加工、整理，再进行翻译的变译法。加工可以将原作变新作，使原作更加完善，并且为译文读者所接受；整理则是为了使原作更加条理化。

从微观上来看，常用的编译法有摘取、合并、概括、调序等方法。与摘译不同，摘取法编译时摘取的语篇至少是段，摘取的是段中的关键语句，而摘译并无此类要求。合并法要求叙述准确精练，故又叫合叙，它是指将两个或两个以上相关的文章合在一起叙述。这种手法常用于叙述性和说明性的文字中。概括法是以有限的篇幅和字数，反映尽可能多的内容，该手法需要译者具备敏锐的眼光、丰富的经验和较强的

◆ 新世纪翻译学 R&D 系列著作

文字组织概括能力。调序法包括时间、空间、事理和论说四方面的调序，其目的是为了使原作通顺，它从原作的整体出发，使各部分合理而自然地连接起来，形成和谐的统一体，改散乱为严谨，改失当为协调。

从宏观上看，编译分为段内编译、段际编译、篇内编译、书内编译和书际编译。编译的最低单位是段，再往上是篇（章）和书，篇和书的数目可以是一，也可不是，但最好不超过五。

编译时需要注意七原则：译前的编辑性、主题的明确性、材料的集中性、材料的典型性、详略的得体性、结构的调整性、篇幅的合理性。编译过程一般动作幅度比较大，删除改动的内容比较多，这就需要添加一些字词把保留下来的部分联系在起来，以确保文字的通顺与流畅。另外，为了便于读者理解，编译时可以在译文中适量增加一些背景材料。

需要注意的是，不论是全译、摘译还是编译，译文的主旨应与原文基本保持一致；在新闻发表时，要注明这些新闻的来源或出处。

【思考题】

1. 请说明功能翻译理论的核心概念是什么。它对新闻翻译产生何种启示[PT]6？
2. 请说明勒菲弗尔的意识形态和赞助人概念的主要内容。如何用意识形态和赞助人的概念说明新闻翻译是一种社会活动[PT]？
3. 硬新闻和软新闻的重要区别是什么？在写作结构上分别有什么特点[PT]？
4. 总体而言，新闻翻译最常用的翻译方法是什么[PT]？

---

6 总主编注：有关代号含义，详见"新总序"最后两页。

实践思考篇

Chapter 2

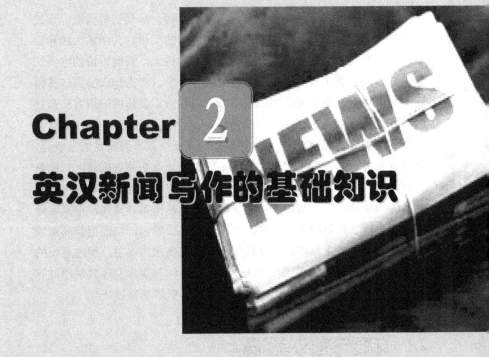

英汉新闻写作的基础知识

新闻学的研究已经走过了一百多年的历程。从最初口头语言方式
进行的信息传播活动到新闻学成为一门独立的学科，其学术内涵和知
识本质已取得了一定程度的社会认可。一般说来，新闻理论的重要任
务是为新闻学奠定理论基础，是系统地告诉学习者为什么必须这样做
而不是那样做，而新闻学中的应用部分则着重于具体的应用方法和技
能训练，教会大家怎样做。知道为什么必须这样做和学会怎样做这两
者是不可割裂的。只知道必须这样做但却又什么都不会做是纸上谈兵，
是教育的失败；只懂得如何去做但不知道为什么必须这样做，只能是
一味仿效，裹足不前，无益于创新。一名优秀的新闻工作者应该既有
深厚的理论修养，又懂得怎样在实际中运用理论指导实践，根据实际
情况探索行之有效的工作方法，积累新的工作经验，从而把新闻实践
不断地推向前。本章将从英汉新闻写作的基础知识入手，通过对比的
方法介绍英汉新闻在篇章、句法、词汇、语体与文体及体裁与题材等
各个层面的异同，并总结出一些具体可行的新闻翻译技巧。

2.1　新闻的定义与分类[1]

孔子曰："名不正则言不顺，言不顺则事不成。"研究新闻，第一个
碰到的问题便是：什么是新闻？然而对于新闻的定义，长期以来一直是
中外新闻界争论颇多的问题。国内外众多新闻学者和新闻工作者提出
了共约170多种说法，但至今为止并没有一种得到统一认可的定义。

在新闻学研究方面，德国、美国和日本一直是走在世界前列的国
家。下面我们看一下这些国家中比较典型的说法，以资借鉴。

德国是欧洲最早使用印刷术、最早出版近代报纸的国家，新闻学
也首先在德国诞生。德国对新闻学的研究重在理论，对新闻的定义比较
有代表性的说法是柏林大学新闻学教授道比法特的观点："新闻就是把

---

1 本章的编写参考了有关资料，如 http://wenku.baidu.com 等，谨致谢忱。

最新的现实现象在最短的时间间距内连续介绍给最广泛的公众。"

　　第二次世界大战之后，新闻学的研究中心转向了美国。美国对新闻学的研究重在实用，这一点从比较有名的新闻定义大部分都是新闻工作者的提法上可见一斑。19世纪美国《纽约太阳报》采访部主任博加特的"狗咬人不是新闻，人咬狗才是新闻"的说法因为通俗、诙谐而一度广为众知。当然，这并不是业界的正规定义。综观美国新闻界的提法，我们发现，他们更多的是从"创造利润"的角度出发，把新闻的某些属性，如趣味性、反常性夸大，或者将新闻的作用、职能当作新闻的本质属性，还有的更突出强调新闻工作者的主观意志：

　　1）反常的事件是新闻。（美国专栏作家W. 埃尔文）

　　2）凡是有趣味的事情，都是新闻。（美国报人伦道夫·赫斯特和约瑟夫·普利策）

　　3）狗咬人不是新闻，人咬狗才是新闻。（美国《纽约太阳报》采访部主任博加特）

　　4）新闻就是同读者的常态的、司空见惯的观念相差悬殊的一种事件的报道。（美国《宣传与新闻》作者阿维因）

　　5）能让女人喊一声"啊哟，我的天呀"的东西，就是新闻。（美国堪萨斯州《阿契生市环球报》前主笔爱德华）

　　6）新闻就是编辑说是就是的一切事物。（美国《怎样写新闻》一书作者威廉·莫茨）

　　日本的新闻学者对新闻的定义也各有自己的看法。东京大学新闻研究所首任所长小野秀雄认为："新闻是根据自己的使命对具有现实性的事实的报道和批判，是用最短时距的有规律的连续出现来进行广泛传播的经济范畴的东西。"另一位新闻学者关一雄则认为："所谓新闻，就是为了向大多数人传播知识和趣味，把最新的，或者与现在有关的所有旧事的存在、变化、兴衰、发展等现实情况印刷出来的报道。"

　　我国对新闻学的研究起步比较晚，但在吸收外国新闻界所达成的关于新闻的共识的基础上，对新闻的定义有了更进一步的认识，并形成了自己的特色，即我们的马克思主义新闻学。

　　1943 年 9 月，陆定一在《我们对于新闻学的基本观点》中提出：
"新闻就是新近发生的事实的报道。"这一提法较为接近新闻的科学性
解释，是国内新闻界目前为止比较认同的一个提法。

　　十一届三中全会以后，新闻学的研究重新焕发生机，众多的新闻
理论研究者和新闻从业者在陆定一的定义的基础上，又提出了许多新
的观点，现择其要者列举如下：

　　"新闻是报纸、通讯社、广播电台、电视台等新闻机构对当前政
治事件或社会事件所作的报道。"

　　"新闻是报道或评述最新的重要事实以影响舆论的特殊手段。"

　　"新闻是新近变动的事实的传播。"

　　"新闻是最近发生的，人民大众关心的重要的事实的报道。"

　　"新闻是及时公开传播的非指令性信息。"

（见《新闻理论》，雷跃捷著，1997：66-68)

　　这些观点都道出了新闻的三个本质特征，即真实性、时效性和公
开性。首先，指出了新闻是"事实"，既非抽象的概念理论，也非虚构
假造，更不是凭空幻想。即新闻报道的内容应该实有其事，有案可查。
其次，指出了新闻必须是"新近发生的"事情，有别于历史和旧闻。最
后，将新闻落足于"报道"、"传播"，是指经过大众传播媒介的公开传
播，与街谈巷议、私人通信、秘密情报等人际传播区分了开来。这些观
点都坚持了事实第一性、新闻第二性，体现了辩证唯物主义观点。

　　综观上述，值得注意的是，新闻定义的不同，明显地体现出不同
意识形态的影响。我国新闻界对新闻的认识坚持了事实是新闻的本
源，新闻是对客观事实的反映这一辩证唯物主义的基本观点，从而廓
清了西方形形色色的新闻定义上笼罩的唯心主义色彩，也让我们意识
到学习和研究新闻，要学会运用马克思主义的辩证观点，取西方理论
之长而弃其糟粕。

　　介绍完新闻的定义，接下来我们来详细看一下新闻的分类，以便
更直观地了解不同类型新闻的特点。

　　分类的角度不同，新闻的类别也是截然不同的。最常见的新闻分

类法主要有以下几种。

按新闻发生地划分，可分为国际新闻、全国新闻、地方新闻。如 CCTV-1 晚上 10 点的"晚间新闻"先报道国内新闻，然后是国际新闻。

按新闻内容划分，可分为政治新闻、经济新闻、法律新闻、军事新闻、科技新闻、娱乐新闻、体育新闻、社会新闻等。不同内容的新闻对记者的采访、写作要求也不尽相同，需要记者掌握专门性的知识结构。

按新闻的时间性划分，可分为突发性新闻、持续性新闻和周期性新闻三大类。突发性新闻之事出突然，往往是天灾人祸、政变、突然爆发的战争等。这类新闻对记者的个人素质往往是一种很好的考验和锻炼，包括随机应变能力、专业水平、知识储备以及职业道德等。持续性新闻是对同一事件的持续观察和报道。周期性新闻则是指事件在某一特定时间段内有规律地发生，如对北方每年开春时节的沙尘暴的报道。

按新闻的题材划分，可分为典型新闻、综合新闻、系列新闻。

按事件性质划分，可分为硬新闻和软新闻两大类。硬新闻指题材严肃、关系国计民生和人们切身利益的新闻，具有一定的时效性。软新闻是指情感味浓，向受众提供娱乐、轻松幽默的社会新闻，不注重时效性。

考虑到篇幅问题和新闻英汉翻译的常用体裁问题，本书把讨论的重点放在新闻报道最常用的硬新闻和软新闻两类(除非另有所示)。

2.2　新闻的篇章结构特征

篇章结构在语言表达中起着非常重要的作用，同样的信息点会因为不同的表达顺序传达出不同的信息。层次分明、逻辑合理的篇章结构会让读者在很短的时间内获得并准确理解新闻所传达的信息；而叙述顺序混乱、前言不搭后语的篇章则会让人生厌。

新闻写作由于记者写作风格不同，文体结构无定格。但大体上说新闻文体的主体结构由标题、导语、新闻主体三部分组成。

标题(headline)：浓缩概括全文内容。俗话说："看书先看皮，看报先看题。"新闻标题对于吸引人们阅读起着举足轻重的作用。新闻的标题与其他文章尤其是文艺作品的标题大不相同。文艺作品的标题往往含而不露，只看标题一般难以把握作品内容；而新闻的标题往往一语中的，点明整篇文章主旨大意，使人一目了然。很多人都有这种经历，当拿一张报纸在手但却没有时间通读、细读时，往往只浏览一下新闻标题，一扫而过，各取所需。某个标题特别吸引自己时，才会再去细看内容。

导语(lead)："立片言以居要"，新闻人历来重视导语的写作。它一般由最新、最重要的事实或根据事实所作的精辟议论组成，好的导语既简明扼要又能引人入胜，既能向读者提供主要的新闻事实，又能最大限度地激发读者的阅读兴趣。

新闻主体(body)：在导语的基础上，进一步提供有关细节和新闻背景材料，使读者对于新闻事件有更清楚、更具体的了解。

当然，除了这三大必不可少的部分外，还可加入新闻背景、新闻结尾等。

分析了新闻结构的各个零部件，现在就应该探讨一下怎样在一篇稿件中巧妙组合这些部件，使它们各得其所，形成一个适当的新闻篇章结构。对比中外新闻报道，常常能感觉到西方记者的新闻写得比较活泼，很少拘束于框框架架之内。这与他们灵活安排篇章结构有很大关系。

西方新闻界孜孜不倦于篇章结构安排的创新，善于吸收其他文体的长处，只要其结构形式有可取之处，便会大胆引进、运用。记者们经常推出一些"四不像"的新闻作品，而较少顾虑规范或被人取笑，编辑和报社也往往提倡这种创新的做法，保留记者的创造，而非一刀切，用一个固定的格式去衡量。由于注重结构的创新，西方新闻报道的篇章结构形式多样，下面择其要者简略介绍。

一、倒金字塔式结构

倒金字塔式结构(the inverted pyramid form)的特点是根据事实的重要程度决定叙事顺序，按新闻报道五个 W 和一个 H 头重脚轻地安排材料，把新闻的高潮和结论放在导语中，其他事实也依据重要性递减的顺序来安排(in the order of descending importance)。在报纸、广播、电视等新闻媒体每天刊载和播发的新闻中，90%是用倒金字塔结构写成的。倒金字塔结构有明显的长处，首先它有利于记者快速报道新闻，无需在措辞布局上多费心思，尤其是在有多家媒体参加的新闻发布会或争分夺秒抢发新闻时，这种结构的优势是无可比拟的。其次，这种结构也给读者带来了方便，主要是可以使读者很快得到新闻的精华部分，满足读者的接受心理—— 一开始就要知道结果或结论。最后，它便于编辑快速地对新闻作出价值上的判断。

现举美联社 2007 年 1 月 23 日的一篇报道为例。

Jan. 23, 6:40 a.m. EST

Suicide Bomber Kills 10 in Afghanistan

By AMIR SHAH

Associated Press Writer

KABUL, Afghanistan（AP）—A bomber blew himself up amid a crowd of workers outside a US military base in eastern Afghanistan on Tuesday, killing as many as 10 and wounding more than a dozen others in the deadliest suicide attack in four months, officials said.

The attacker triggered explosives strapped to his chest as he stood among the workers who were lined up outside the base in the city of Khost, said Jamal Arsalah, the governor of Khost province.

Arsalah, who visited the scene shortly after the explosion, said 10 men were killed and 14 others injured. However, officials with the NATO-led force that includes the US base said eight Afghans, including two policemen, were killed and five others wounded. It was not clear why the tallies differed.

Maj. Matt Hackathorn, a US military spokesman, said there was no immediate word of any US military casualties.

The governor said the Afghan casualties were among hundreds of workers waiting to enter the base, known as Camp Salerno, through its main gate.

The NATO-led International Security Assistance Force said the attacker detonated an explosives-filled vest when he reached the point where people entering the base are searched.

An Associated Press Television News cameraman saw the bodies of five men, drenched in blood, in the city's military hospital. Relatives of the dead and injured mobbed the hospital seeking news of their loved ones.

Suicide attacks have become much more frequent as Taliban militants have intensified their insurgency against Afghan government and foreign troops backing them. According to US military figures, there were 139 suicide attacks during 2006, up from 27 in 2005.

......

首先注意新闻导语（第一段）里的"电头"（dateline）："KABUL, Afghanistan（AP）"，即"美联社发自阿富汗喀布尔"。美联社新闻报道的时间通常置于消息的最前面（Jan. 23, 6:40 a.m. EST），即美国的东部标准时间 1 月 23 日 6 点 40 分。

第一段十分简单明了地告诉读者：星期二，阿富汗东部美国军营外发生四个月来最严重的自杀式炸弹爆炸，造成 10 人死亡，至少 12 人受伤。

第二段是背景材料。用 Khost 地方长官的话讲述当时情况：The attacker triggered explosives strapped to his chest as he stood among the workers……

第三、四段增加了新的新闻事实：爆炸后亲临现场的 Arsalah 证实，死亡 10 人，伤 14 人。但官方及军方说共有包括两名阿富汗警察在内的 8 名阿富汗人死亡，5 人受伤。军方发言人表示暂无美军人员伤亡报告。

第五、六、七段均是与主要新闻事实有关的次重要材料：第五、六段借地方官员和北约统领的驻阿富汗国际安全援助部队之口进一步再现事发当时的状况；第七段则利用一位美联社摄影师的所见所闻描述了医院里的遇难者和焦虑等待的伤难者家属的情景。

第八段是背景材料：运用资料表明自杀式袭击次数增多及原因：

as Taliban militants have intensified their insurgency against Afghan government and foreign troops backing them.

通过分析我们可以看出这篇新闻报道是典型的倒金字塔式结构。导语是一段简单清楚的叙述；随后的数段对导语进行了解释、补充和扩展，有力地支撑了导语；而导语后面的报道也是根据事件相关度的紧密与否安排的。

当然，这种结构也有其局限性，只适宜写时效性强、事件单一的新闻，而对于某些依赖丰富情节的表达情感或故事性强的新闻写作则不适宜。另外，倒金字塔式结构对于写作的要求也更高，运用它时要特别注意段与段之间的逻辑衔接，防止互不联络，成一盘散沙。

二、金字塔式结构

金字塔式结构(the pyramid form)又称为时间顺序式结构，即按照新闻发生过程的"原样"，按时间顺序安排材料、组合结构。有些新闻，或因篇幅很短，没有必要再分出"重要、次重要、次要"的层次，或新闻本身就有较强的故事性、戏剧性、重要性，人们有兴趣仔细阅读等因素，就省略导语，自然地按照事情发生发展的顺序来写。事情的开端也就是新闻的开头，依次叙述，事情结束，新闻随之结束。这种写法如同讲故事，开始平淡无奇，随着情节的展开逐渐吸引人心，高潮在最后出现。这种结构适用于故事性强、以情节取胜的新闻，尤其适合写现场目击日记。但是这样结构的缺点也是显而易见的——开头平淡，往往不能吸引人，非得耐心读完全文才能了解事件真相。

现以 2006 年 12 月 28 日《信息时报》A28 版新闻节选为例，领会这种结构方式的特点。

卸任后运动写作　低调生活

自从 1977 年下台后，福特一家离开华盛顿，定居在加利福尼亚州的兰科米拉吉。福特虽然也曾经外出演讲，参加一些活动，曾担任过多家大公司的董事，但跟其他前总统相比，福特似乎更喜欢"不显山不露水"的生活，他退休后大部分时间是在家中度过的，比较低调，很少抛头露面。

90 高龄还游泳打高尔夫

卸任后，福特依然是个很喜欢勤奋工作的人。他早上起来先锻炼，吃完早饭后，通常就直接去他的办公室工作，一天工作 6 到 8 小时。然后，他会在办公室里看书写文章，即使是周末他的这一习惯也不会改变。

福特还是个很喜欢体育运动的总统。他在白宫那阵，特别喜欢打网球、打高尔夫球还有游泳。卸任总统后，他还保持了自己的游泳习惯。福特的高尔夫球打得很好，90 岁时还经常打，有一次还因天气炎热打球而入院。

……

三、悬念式结构

这种结构实际上是把"倒金字塔"与"金字塔"结构相结合而产生的一种新的篇章组织形式。它把最重要的新闻事实摆在开头，以收到开门见山、新闻感很强的效果，然后再按事情发展的顺序依次展开，目的是给读者具体、完整的感觉。

这种结构形式叙事具体、完整并且条理清晰，适用于以戏剧性情节见长的报道，特别是新闻事件亲历记、新闻故事等。举例如下：

中新网纽约 1 月 18 日电（邓悦）　据美国亚拉巴马州当地媒体报道，现年 90 岁的老妇莫莉·林奇在 17 日在自己的母校亚拉巴马大学亲手接过自己本该在 67 年前获得的教育本科学位。

这位现定居在亚利桑那州的曾祖母做梦也没有想到几乎 70 年后自己可以重返母校，并获得学位。她膝下有 4 个子女、14 个孙子（女）和 10 个曾孙（女）。4 名子女受她的影响都是教育专业的本科生。

莫莉于 1939 年因为健康原因离开母校而中断学业，在她康复之后便结婚和生儿育女，就再也没有机会重返校园。她一直以为自己的学分没有修够。

但去年 11 月份在莫莉 90 岁生日来临之际，她的子女向校方求证学位一事时，却发现自己的母亲其实修够了学位所需的学分。

在迟来半个多世纪的毕业典礼上，面对众多媒体，莫莉激动地说："我不敢相信，这一刻太美妙了。"

除上述几种结构形式外，西方新闻界还流行积累兴趣式结构、并列式结构、散文式结构等形式。中外新闻工作者在对新闻篇章结构的认识上差别并不大，有距离的是对结构形式的创新应用上。新闻报道通常的写作格式应该掌握，但也不要墨守成规，总是跟在别人身后亦步亦趋，应该根据具体情况加以变通、革新，创造出让人耳目一新的效果。

2.3 新闻的句法结构特征

传统语法把语法分成词法和句法。句法研究句子的各个组成部分和它们的排列顺序。短语和句子都是句法结构，是句法研究的对象。句法结构里的成分便可称为"句法成分"。

首先，新闻语言作为一种常用语体，有与其他语体相近的方面，也有自身的特点。新闻句法结构的重要特点就是"简洁"，这一特点在汉英新闻报道中皆适用。句子主要有六种成分，即主语、谓语、宾语、定语、状语、补语。新闻报道中最常见的句式多为主谓宾结构，用 S 代表主语，V 代表谓语，用 O 代表宾语，英语和汉语的常见语序就是 SVO 结构。倒装的变式句型较少出现在新闻写作中。

哥伦比亚大学新闻学院教授 Melvin Mencher 在其 *News Reporting and Writing* 中讲到主—谓—宾结构时指出：

> 这种结构是新闻写作中的"大路货"。在记者写的句子中，四分之三或者更多的都是这种句式。绝大多数的直接导语，不论文字的或广播的，都是这种句式。这同演说中的句式是一致的，也符合现代新闻学的要求："怎么说就怎么写。"同时这种结构同记者构思导语时的思维形式一致。

在新闻报道里，经常会出现"××宣布"、"××说"、"××了解到"、"据统计"、"据介绍"、"据悉"等位于句首的成分，这些都是主谓句主语前的成分。这些成分在构成上可以分为三大类：第一类是由名词、人称代词、泛指代词、"职名+专名"类同位短语跟动词"宣布"、"称"、"说"、"了解到"、"证明"、"认为"、"表明"等构成的主谓结构；第二类是由"据"打头的介词结构及与此结构语义类别上相似的"据悉"、"据闻"、"据说"等；第三类是"预计"类。这三类成分出现在上下文语境句首的目的在于表明新闻信息的根据和来源，增强信息的客观性和可信度，是背景材料的运用。

例如获得第十五届中国新闻奖一等奖的"昆山 31 万农民刷卡看病"是这样报道的：

苏州日报讯（记者　高坡）　从昨天起，昆山 31 万多农民也可以和城里人一样"刷卡"看病了！

昨天，该市 7 个行政村发放点的上千名老百姓都领到了一本墨绿色的《昆山市农村居民基本医疗保险证》和一张 IC 卡。此举标志着昆山农村基本医疗保险工作开始进入全面运作阶段。凭着这张 IC 卡，昆山的农村居民在该市的任何一个医保定点医疗单位都可以自由"刷卡"就医。根据该市的具体实施办法，农村居民每人每年只要缴纳 50 元，如果不幸遭遇大病，最高可以得到近 1100 倍的补偿，也就是说，最高可以报销到接近 55000 元！

昨天下午，在该市周市镇市北村的社区卫生服务站，村民张燕君拿着刚刚领到的医保 IC 卡开始了自己 70 岁生涯中的第一次"刷卡"看病经历。经过一番"望闻问切"，社区医生给她开具处方，一盒是感冒清胶囊，一盒是珍菊降压片。收银处是一套崭新的电脑设备，输入处方，卡一刷，随即打出一张清单，显示划卡消费 9.5 元，卡上余额 140.5 元。老太太开心得合不拢嘴："没想到政府为我们老百姓考虑得这么周到，送钱给我们看毛病！"

根据昆山的农村医保施行办法，筹资标准为每人每年 200 元，这个标准目前是全国最高的，其中市镇两级财政各补贴 65 元，村集体补贴 20 元，农民自己支付 50 元，今年该市财政将拿出 6000 万元用于医保补贴。

据悉，昆山农村医保覆盖包括居住在农村的小城镇户口，其中 16 岁以下的儿童 4.3 万多人，17 岁到 60 岁的 18.9 万多人，60 岁以上老人 7.7 万多人。另外还对 6000 多名人均年收入在 2000 元以下的农村低保人员采取倾斜政策，他们不用缴纳一分钱，无门槛进入这个保障体系。为 60 岁以上的老人建立个人账户，由保险基金每年自动注入 150 元。

昆山医保中心工作人员介绍说，昆山的农村医保，除了筹资标准低于城镇职工，因而报销补偿的具体数额不一样外，在运作管理模式上已经与城镇职工的医保没什么两样，就连报销的医药范围和 5000 元报销起付线都是一样的。（《苏州日报》2004 年 3 月 4 日）

这则消息全文 738 个字，多是由主谓宾组成的常式句，很少有关联词语，主要靠语序自然连接。文中直接、间接地引用了社区居民和医保中心工作人员的话，将经济重镇昆山在全国率先实现农村医疗保险全覆盖这一件具有全国影响的大事平白清楚地传达给了全国的读者，信息量大，给人印象具体而深刻。

在报刊类"平面"消息里，为了使受众相信信息是真实的、可靠的，首先必定要点明消息的来源，要把采访过程、新闻人物的言行、有关人员对新闻事件的判断和看法等表述出来，给人以客观报道之感：记者只是冷静的旁观者，并未参与新闻事件。因此行文中会大量出现这种间接引语的表达方式。

其次，新闻中的句式力求简单，故多用短句。这是新闻句法的重要特征。如果一条新闻写得黑压压、密不透风的一片，句子长得一口气念不完，那么这样的报道是鲜受人欢迎的。许多通讯社通过大量的研究得出结论认为：使新闻报道具有可读性的关键之一是使用短句子。这是因为短句层次分明，脉络清晰，写起来简单明了，读起来也清楚易懂。美国的《时代》周刊、《纽约时报》都规定，新闻写作要多采用短句，每句一般在 16—18 个英文单词，不得超过 20 个；美联社在其《写作手册》中也要求其记者写作的新闻句子不能超过 17 个英文单词；而合众国际社则曾经提供了如下一个关于句子长短度和可读性的调查结果：

句子用词的平均长度

最易懂的句子	8 个词以下
易读	11 个词
较为易读	14 个词
标准句子	17 个词
较难读	20 个词
难读	25 个词
很难读	29 个词以上

　　汉语的情况也与此表所示差不多。早在 1946 年 6 月，延安新华广播电台编辑部在《工作细则》中就明文规定，编写广播稿"要用普通话的口语，句子要短"。总之，一个句子内的语言成分越少越易读。

　　当然，任何事情都不是绝对的，新闻作品强调多用短句，不是不用长句，而是在多用短句的前提下，让长句和短句交错使用。一篇新闻中，如果只用短句或者只用长句，语气和节奏就会缺乏变化，文章便会显得比较单调、乏味。长短句交错使用，能很好地加强语言的感染力，增强文章的表达效果。前面所引用的例子"昆山 31 万农民刷卡看病"就很好地将长短句结合起来，长句可以长达三四十字，结构复杂，容量大，但是表达严密细致；短句简明扼要，占篇章的绝对多数，与长句相映相衬，使这篇新闻引人入胜。

　　最后，新闻报道是讲究易读性(readability)的，新闻的句子主要靠语序自然连接，较少使用关联词语和插入成分。

　　关联词语包括连词、关联副词和所有能起关联作用的词语。新闻报道作为一种信息载体和大众实用语体，其信息量是非常丰富的，但逻辑推理却是比较简单的，所以篇章中往往很少用关联词语作为衔接。

　　在代词衔接的使用上，一些心理学家的实验(Daneman & Capenter，1980；Whitney，Ritchie & Clark，1991)证明了代词作为阅读广度和它们所指称的名词的函数关系：当代词回指 2—3 个句子时，人们能够很好地回忆起来，但是一旦距离为中等(4—5 个句子)或较远(6—7 个句子)时，就做得不好了，特别是那些阅读广度较小的人，因为人们的工作记忆容量是一种有限资源。因此，作为大众传播语体的消息语篇要达到更快速、更准确地传达新闻信息的目的，就要较少使用代词衔接。

以下是合众国际社的一篇新闻报道，请读者根据本章节所学内容，认真体会一下文中所体现出的新闻语言的句法结构。

Police investigate crash that killed three

SAN ANTONIO, Nov. 2（UPI）—Police are investigating the cause of a crash in San Antonio that left three people dead, officials said.

The victims were killed Saturday night after a car jumped a median and hit another car head-on, the San Antonio Express-News reported Sunday.

San Antonio Police Sgt. Daniel Anders said a man in his 20s was traveling eastbound in a sedan on the Wurzbach Parkway when his car crossed a grassy median and crashed into another car carrying two women and traveling in the opposite direction.

All three were declared dead at the scene, the newspaper reported.

Anders said one woman was in her 40s and the other in her 70s. He said he did not know if the two women were related to each other.

There was no obvious evidence of drugs or alcohol and speed didn't appear to have been a factor, Anders said.

2.4 新闻的词汇特征

一、词汇的构成

词汇是一种语言（或特定范围）的所有语素、词和固定短语的总和。词汇反映着语言的发展状况，标志着人们对客观世界认识的广度和深度。就一种语言来说，它的词汇越丰富发达，它本身就越丰富发达；就一个人来讲，他掌握的词越多，他的词汇就越多，也就能更好更确切地表达思想。

词汇中最主要的部分是基本词汇。它是基本词的总和，体现了语言的本质特点，虽然数量不多，但使用效率高，生命力强，在语言的实际运用中有着不可替代的作用。这些词体现在现代生活的各个方面：有关自然事物的天、地、风、云等，有关生活与生产资料的米、布、菜、笔、刀等，有关人体各部分的心、头、手、脚等，有关亲属关系的爷爷、奶奶等，有关人和事物的行为、性质、状态等，其他还有关于数量、指代、程度、范围等基本词。基本词从整体上来看，具有稳固性、能产性、全民常用性的特点。

基本词以外的词汇我们称之为一般词汇。人们交际频繁，要说明复杂的事物，要表达细致的思想感情，只使用基本词汇是远远不够的，还需要借助一般词汇。一般词汇没有基本词汇那么强的稳固性，而是有很大的灵活性。一般词汇是经常变动的，随着社会的发展，大量新词在产生，一些旧词在消亡。这些发展变化反映在语言中，就从一般词汇中体现出来。基本词汇与一般词汇是相互依存相互渗透的，基本词汇是构成新词的基础，不断地给语言创造新词，充实、扩大一般词汇，使词汇日益丰富。通常而言，一般词汇包含古语词、外来词、方言。古语词包括一般所说的文言词和历史词，可以表达特殊的意义或感情色彩、语体色彩。外来词也叫借词，是指从外民族借来的词。这是不同民族在交往过程中互相吸收借鉴的结果。方言词是各方言地区的特有词汇，写作中适当地借鉴方言词，有时会收到特殊的效果。

二、新闻英语的词汇特点

(1) 借用、掺用性

新闻英语的受众极其广泛，他们的文化程度高低悬殊，这就要求记者尽量使用大多数人都能理解而又生动形象的词语。其中较有效的手段之一就是经常借用、掺用各个领域里为大众所熟知的词语来表达自己的意思。这种借用、掺用情况大致可分为三类：

1) 新闻报道中最常用的是借用各国的首都等地名、著名建筑物名称以及政府首脑姓名，以替代该国或其政府及有关机构；有时还借用某个物名来表示某个意见，这是新闻英语中的一个特色。例如：

The Francophone Summit offered <u>Mitterrand</u> government an opportunity to protect French as an international language, a status it is steadily losing to English.

China Daily，Nov. 22, 1991

2) 新闻英语用词另一个明显的倾向是广泛借用体育、军事、商业、科技、博彩业以及文学、娱乐业等方面的词语，其目的是力图反映现代新闻语言与当代现实生活的"融合性"；力图适应各种阅读趣味，唤起各类读者的"亲切感"。例如：

Cities all the Pacific are <u>battening down the batches</u> as EL Nino threatens meteorological mayhem.

Asiaweek，Feb. 26, 1999

画线处是航海用语，指暴风雨到来之前水手赶紧封闭舱室，尤其是储蓄饮用水和食品的舱室。此处指未雨绸缪。

3) 新闻英语还有一个显著特色就是经常掺用外来语，尤其是新闻报道中记者提及外语或新近出现的事物时，以引起读者的兴趣和注意，或更贴切地表达某词语的内涵，会掺用外来语。有些外来语，由于经常使用或使用时间已久，已经完全英语化。例如：

abattoir   [法语]屠宰场
blitz   [德语]闪电似的动作
encore   [法语](要求)再演，加演
percent   [拉丁文]百分之……
vanilla   [西班牙语]香草
visa   [法语]签证

(2) 变化性、时髦性

大众传播媒介是反映人们日新月异变化着的生活的最有效、最直接的途径之一。随着科学技术的迅速发展，人类文明的不断进步，人们在发现新事物、遇到新问题、总结新经验和发展新思想时，便会在语言上产生许多新的表达方式。由于英语在全球范围内的特殊地位，这种词汇的变化就显得尤其明显。新闻英语中还会出现一些人们日常

言谈中或一段时期内风行一时的"时髦词"。这些字眼常在一夜之间不胫而走，风行流传，有的昙花一现，时过境迁便销声匿迹，有的则具有一定的生命力，得以长期使用，成为普遍词汇，并含有"时髦"意味。新闻英语中不断变化发展的新词汇，在构成和表现形式上，主要具有以下三种情况：

1) 旧词衍生新义。在新闻英语中，旧词衍生新义的现象屡见不鲜，随着这些词语的广泛使用，它们也逐步渗入到日常生活中。这类新词义，虽然有时看上去与原义风马牛不相及，但却大大丰富了新闻英语的词汇。例如：

angel（天使）——难得碰上的事情

basket（篮子）—— 一组问题

baby kisser——善于笼络人心的政客

ball（舞会）——狂欢；与……性交

sex symbol（性象征）——性感演员；性感明星

white collar（白领）——脑力劳动者

2) 新事催生新词。新闻媒介是日新月异的当今世界政治、经济、科技、文化乃至社会生活等各个方面的最佳表现渠道，新闻英语中新词语的出现与这些领域里产生的新事物、新问题、新现象等无不一一有着千丝万缕的关系。如 1957 年 10 月 4 日，苏联发射了世界上第一颗人造卫星，英语报道中按俄语拼为 *Sputnik I* satellite。之后，一系列以 -nik 为后缀表示"具有……特征"的新词在英文新闻媒介中就不断出现。比如：

beatnik 垮掉的一代

cinenik 电影迷

citynik 都市迷

folknik 民歌迷

jobnik 工作狂

3) 旧词派生新词。在新闻英语中，记者为了赶稿，经常巧妙地在一个旧词的基础上加上表示某种意义的前缀或后缀，作为"权宜之计"，从而构成了某个新词。这种形式的派生词带有很大的随意性，显现出既灵活又复杂的特点。例如：

anti- 表示"反对，阻止"

anti-apartheid wave 反种族隔离浪潮

antidraft movement 反征兵运动

antiestablishment feeling 反政府情绪

antiporn campaign 扫黄运动

(3) 模糊性

准确、简明是新闻语言写作的基本要求，但在新闻实践中，模糊语言也是新闻写作中不可缺少的写作方法。模糊语言并不是含混不清、模棱两可的语言，它实际上是新闻语言的有益补充。

新闻语言中的模糊词，在新闻报道中显得科学合理，其功用体现在四个方面。一是能增加报道可信度。有些需要报道的新闻事实由于没有明确的起止时间，记者只得借助模糊词语来表达，这样反而能增加新闻报道的可信性，显示新闻工作者的求实精神。二是合乎读者的阅读习惯。在许多情况下，记者只有在报道中使用一些必要的模糊词语才能适合读者的阅读习惯。传播理论已经证明受众只对那些能满足其某种需要的信息感兴趣。一般而言，读者看新闻只是想对国内外发生的事情有一个大致的了解，若非他对新闻的内容有特殊兴趣或者新闻的内容与他的利益密切相关，他是不会要求了解每条新闻的细节的。一篇塞满各种细节的报道，虽然看上去十分精确，实则冗长累赘，这反而会让读者望而生畏。三是符合新闻报道特性。记者有时在报道中不得使用一些模糊词语，这是新闻写作中所要求的简洁性、时效性以及新闻采访等特点所决定的。四是促使报道生动活泼。英语新闻报道中的模糊词，如运用得恰当，非但不会造成模糊的感觉，反而在某程度上能增添报道的生动感，往往能起到精确语言不能起到的效果。

(4) 形象性

在英语新闻中，记者还常常使用形象化的词汇来增加对事物描述的形象性及其吸引力，以资在读者面前展现出一幅幅生动的画面，让读者恍若身临其境，从而引起共鸣。增强新闻词汇形象性的方式主要有两种：词汇途径和修辞途径。词汇途径中最常用到的是动词，有时也使用名词、形容词。在修辞方面，为达到形象化的效果，用词上常体现出以下几种倾向：夸张词、典故词、比喻词、借喻词、俚语词、连缀词。

2.5　新闻的语体与文体特征

一、新闻的语体特征

(1) 语体

语体是根据不同交际领域、交际目的、交际方式等形成的言语特点的有机统一体。它与文体是两个不同的概念，文体是体裁分类，语体是功能分类。国内外对语体存在着不同的分类。陈望道先生以社会交际功能为标准把语体分为实用体和艺术体，或分为公文体、政论体、科学体、文艺体等。黎运汉先生的分类更为详细，但大致说来不外乎以下几种形式：口语语体、应用语体、科学语体、政论语体、文学语体等。

国外对语体也有不同的分类，其中有代表性的是根据交际场合将语体分为五种类型：庄重语体、正式语体、协商性语体、随便语体、亲密语体。前两种统称为"正式语体"，后三种统称为"非正式语体"。

语体是人类自然语言中一个复杂而微妙的现象。本族语言者一般都能自然而无意识地随交际的对象、场合和目的而转换语体。但对一般外语学习者而言，对目标语体的敏感性只有通过学习、观察、感悟、分析、比较、积累等手段进行后天培养。

不同的语体间常有天然的排斥性，因而我们无论是说话、写文章还是翻译，语体的协调统一都是重要的前提。在一般情况下，语体的不协调会影响交际效果，甚至闹笑话。当然，我们既要看到语体互相排斥的一面，又要看到它们交叉渗透的一面。张弓先生说："各类语体虽然各有独立特征，但是它们又互相关联互相影响，彼此交错，彼此渗透。我们对于语体类别的看法要辩证灵活，切不可以绝对化。"

(2) 新闻的语体特征

按照新闻的分类标准，新闻应属于应用语体的范畴，从某种意义上说，也是一种特殊的书面语体。由于它要面对广大受众，因而行文较为正式，语法比较规范，词汇书面化，为表达相对复杂的内容和逻辑关系，客观上要求运用可以蕴含丰富信息的长句。

但随着新闻事业的发展，新闻报道的广度和深度的加强，新闻报道的形式日益多样化，这就决定了新闻语体的多样性。既有属于口语语体的记者现场采访、重要人物的演讲和讲话，又有属于书面语体的各类消息、特写、评论、通讯等。可以说是将正式与非正式、口语语体与书面语体融为一体。

当代社会，新闻与政治密不可分，国家或政府领导人的谈话、讲话等常见诸报端。这是特殊的新闻语体，由于受到讲话者的身份和地位、发言的场合、讲话者与受话者的关系、讲话的交际意图等因素的影响，其语言一般庄重典雅、语法规范，是用声音传达的书面语言，属于正式语体。但如果是即兴演讲，就比较通俗易懂，口语化色彩浓厚。对这种区别，我们必须恰当地区分。

一般性的新闻报道具有程式化、规范化的特点，其语言多用新闻套语，比如消息、通讯等多用叙事性语言，用词规范而又富有弹性。而电视新闻的语言则以简明、庄重、朗朗上口的口语语体为主，具有真实、自然、直接、生动等特点。评论性新闻则又不同，由于表达方式上更注重严密性和逻辑性，因而语言更多地体现出庄重严肃的特点。

二、新闻的文体特征

新闻是为了满足人类在社会实践活动中沟通信息的需要而产生的一种实用性文体。汉语"新闻"一词最早出现在唐代李咸用著的《披沙集》中，有"旧业久抛耕钓侣，新闻多说战争功"的诗句。英语 news 一词源于希腊，意为"新鲜报道"。18 世纪后开始用作现代意义的词汇。

英美新闻理论一般将新闻文体分为三个梯级。第一梯级为新闻电讯和报道(纯硬性新闻)，这类新闻的纪实性最强。第二个梯级为特写，包括新闻专题报道、采访、人物介绍、各类评述或杂议，等等。第三个梯级为纯软性新闻，纪实性最弱，娱乐性最强。

新闻必须以事实说话，具有以下鲜明的特点：政治性、真实性、时效性及大众性。

(1) 政治性

新闻具有宣传和舆论导向作用。在阶级社会，一切阶级都把新闻事业作为实现其政治和经济利益的舆论工具。我国的社会主义新闻事业是党、政府和人民的"耳目喉舌"，是宣传党和政府各项政策方针的重要渠道。1994 年 1 月，江泽民同志在全国宣传思想工作会议上指出："我们的宣传思想工作，必须以科学的理论武装人，以正确的舆论引导人，以高尚的精神塑造人，以优秀的作品鼓舞人。"因此在进行新闻写作的时候要坚持党性原则，发挥新闻的舆论导向作用。

(2) 真实性

真实性是新闻的基本属性，也是新闻存在的基本条件。新闻写作必须遵循真实性原则，即必须反映客观事物的原貌。首先，事实是第一性的，新闻是第二性的，先有事实再有新闻，新闻必须以事实为依据，而不能凭空捏造或弄虚作假。其次，新闻是对新近发生(或发现)的事实的报道，是为了向受众传达一定的信息，满足受众的知情权。如果新闻失去了真实性，也就失去了新闻传播的意义。因此在新闻写作时应该做到新闻的具体事实必须真实准确，新闻的整体概括与分析必须符合客观事实。

(3) 时效性

新闻就是要"新"，要在事件发生后尽可能短的时间内向受众传达信息。时效性是新闻的生命线，新闻报道应力争在"第一时间"发稿。没有人愿意去看几天前甚至是几周前的报纸，因为那些新闻已经失去了时效性。新闻能越快地报道，就越能提高新闻的价值，因此众多媒体都争先抢发"一手资料"。

(4) 大众性

新闻的受众群体相当广泛，不论年龄，不论身份、职业，几乎所有人都会通过报纸、广播、电视、网络等途径接触新闻，因此新闻具有大众性。要让不同年龄、不同阶层的人对新闻感兴趣，新闻在取材上要做到接近读者，也就是"接近性"。受众感到信息同自己接近性越高，他们对这一信息的关注程度就越强、注意和兴趣就越大。在新闻写作时应该尽量报道具体事件，并用一些事例、数据、细节描写等让报道生动起来，让新闻通俗易懂。

2.6 新闻的体裁与题材

2.6.1 新闻的体裁

新闻的体裁指的是新闻的报道形式。根据所报道内容的需要，新闻记者必须学会使用各种新闻体裁。有一种说法，"记者要会使用十八般武艺"，说的就是这层意思。

一、基本体裁

基本体裁是指记者最经常使用的体裁。在熟练掌握使用基本体裁的基础上，记者还可以根据报道的需要，不断与时俱进，进行体裁创新的新实践。

(1) 消息

新闻的最基本体裁是消息。消息包括快讯、简讯、详讯、连续报道等。标题应十分简洁，但必须有内容，力求鲜明地概括出新闻主题。导语必须以最简练生动的语言叙述消息中最重要、最新鲜、最吸引人的事实。导语一般必须包括新闻中一些最重要的要素——何时、何地、何事，有时要写出何人。导语以外叙述新闻细节的部分为消息主体。一般情况下，消息要求采用"倒金字塔"式结构，即把消息的内容按重要性顺序排列，但公报式新闻、新闻资料等除外。

在重要新闻和重大突发性新闻发生时，应以最快的速度抢发快讯，用滚动方式连续播发新闻。它要求速度、效率和快速反应能力，综合性强。在重大的和群众关心的新闻事件发生时，使用这种形式才是最有意义的。滚动发稿每一条的发稿时间都应尽可能精确到小时、分钟乃至以秒计。记者在事件发生地要用先进的通信工具向编辑部报来新闻，用生动、简洁的语言对现场情景进行描述。"快讯"的篇幅，少则一句话，多则两三百字，导语基本上就是全文，因此，"一段式"是主要的写作形式。快讯也有它的局限性：它仅提出新闻的主干，让大众在最快的时间里知悉新闻发生；出于时效的考虑，记者必须舍弃自己所掌握的大量事实，在有限的时间里把最重要的事实抢先报道出去。这就需要记者接着展开事实，采写"详讯"。

(2) 通讯

通讯与消息构成了新闻报道的两种最常用的体裁。与消息一样，通讯应当主要报道事实。

运用通讯体裁报道事实时，应量体裁衣，按照内容、主题的需要，灵活运用叙述、描写、抒情、议论等手法。

在新闻实践中，通讯体裁已发展得相当丰富。作为最基本的新闻体裁，通讯主要是对新闻事实进行展开式的叙述。而具体细分的话，通讯类体裁中又衍生出特写、访谈、来信、调查报告等。按照所采写的对象细分的话，又有人物通讯、事件通讯、政论通讯、风貌通讯等。

特写用以描写新闻事件或人物富有特征的片断和瞬间动态。特写应当主题集中，简洁明快，生动具体。主要用于表现人物时，也有人冠以"人物素描"作为体裁的标识。

访谈是用于记录、传达被采访对象的观点、言论为主的体裁形式，记者既可使用问答实录，也可使用被采访者自述，形式比较灵活。

来信主要指记者来信，用的是相对比较轻松、自在的语言，描述记者在采访中的所见所闻、所思所感。在媒体分工中，"读者来信"、"观众来信"不属于本媒体自采稿件，属于通联部门负责，但从体裁分类来说，它与"记者来信"的写法、风格都很接近，可视作同类体裁。

调查报告的主要特点是记录记者就某一问题、某一事件、某一人物进行深入调查、逐层获知真相的过程和结论。在我国新闻单位的内部参考报道领域，就某一专门问题所作的调查报告是最主要的体裁形式。公开报道中，对焦点事件、热门人物的调查，也经常使用调查报告体裁。

(3) 言论

新闻机构都十分重视言论。言论被普遍称作为媒体的灵魂。《纽约时报》等著名媒体所设立的"社论委员会"，是与新闻编辑部平行的机构。在我国的媒体中，都设有言论部门及新闻评论员。

就体裁角度而言，社论、社评、评论员文章等代表新闻机构的观点。同时，记者可以发表自己个人的观点。承载记者言论的体裁，主要是短评、新闻评点、新闻述评、新闻分析、新闻综述等。此外，采访札记、采访随笔、采访手记等，偏重于记者个人在见闻、调查基础上所发感想的记叙。对记者言论的主要要求是：以事实为基础，言之有据；逻辑严密，科学准确，言之有理；简洁明快，富有文采。

编辑言论是编辑部言论中较偏重于个人色彩的体裁。主要包括编辑撰写的短评、编者按、编后记。穿插于文中的"编辑点评"近些年来有流行的趋势。

媒体的言论不可能完全依赖自身完成。媒体大多广泛使用社会力量写作言论，作为署名言论、署名文章发表。由媒体点题而撰写的重要言论，往往冠以"特约评论员文章"的名义发表。

(4) 背景

背景新闻包括新闻背景、名词解释、人物介绍、历史回顾、大事记、数字对比等。新闻背景报道的生命力在于紧扣新闻的"来龙"和"去脉"做文章，因此，背景新闻应力求与相关报道同时播发。背景新闻是对事件作出解释的报道，其中不宜有议论，不宜过多重复事件本身报道的内容。

背景新闻的涵盖面十分广泛。对于一些重大题材的报道，除了消息本身包含的信息外，事件发生的背景(包括国际国内)、事件发展过程中的重要历程、事件本身对相关领域已经或可能产生的影响以及事件未来的发展趋势等内容都可作为背景新闻。如2000年夏天关于石油成品油价的报道中，在报道油价上涨这一事实的基础上，此次油价调整的国际国内背景，国际原油价格的几次重大调整，国内成品油市场价格的数次上调，对国内石化企业的影响，股市中石化板块的波动以及在航空、铁路、公交、水运等行业产生的连锁反应，专业人士对未来油价走向的预测，甚至对整个国民经济的影响等，都可作为相关报道进行采写。

交待必要的新闻背景时，既可以在消息、通讯等稿件中穿插背景资料，同时，也可以配发单篇资料。单篇背景大致包括：详细交待稿件所述事件的来龙去脉(这样的背景新闻基本可以独立成篇)、列举基本事实或数据、表格、名词解释、小资料、人物简介、大事记等。

二、综合使用多种体裁

新闻事业的发展，尤其是网络时代的来临，信息的巨量增长，带来了新闻体裁的大发展、大丰富。综合使用多种体裁，是目前各种媒体普遍的做法。

(1) 突发事件报道中多种体裁的连续、综合使用

突发事件报道中，记者往往要随着事态的发展而运用多种体裁。新华社在 2002 年 5 月第一次编印的《采编人员手册》中明确规定："突发事件报道原则上按如下次序发稿：一句话快讯——快讯——详讯——连续报道——背景介绍——深度报道——后续报道。"这里的各种体裁次序，基本上是按照事件的发生、发展而列出的。可以大致涵盖突发事件发生的报道门类。

例如，2002 年 5 月 7 日大连空难的报道，就较完整地使用了这里所列的多种体裁。特别是在当晚只知道事实，而没有明确了解所有细节时，播发了一句话快讯："据悉，北方航空公司一架飞机今晚在大连附近失事坠海。"接着，发出详讯以及一连串的各种体裁的报道：

消息——国务院空难处理小组展开工作

消息——"5·7"空难遇难者旅客身份最后确定

快讯——搜寻打捞组发现失事飞机黑匣子发出的电波信号

消息——空难家属通过照片确认 16 具尸体　情绪基本稳定

快讯——空难搜救工作获重大突破　失事飞机"黑匣子"出水

快讯——第二个"黑匣子"上的信标器被打捞出水

特写——"5·7"空难调查目击

特写——"黑匣子",你在哪里?

通讯——空难无情人有情——社会关爱空难遇难者家属纪实

(2) 组稿

纸质媒体版面增多后,随即出现了一个"厚报"的概念。厚报时代的来临,使得记者有可能在更大的空间、更大的舞台,将新闻做得更丰厚。拿出整版做一个专题新闻的做法已经越来越流行。为适应这种媒体走势,"组稿"形式渐趋流行。

作为向各新闻用户提供稿件的新华社,在 2002 年推出了"新华组稿"的形式。它综合了多种体裁,形成的基本形式是:以一个主题词作为总的统领,高度凝练地概括所报道的内容。"新华组稿"注重表现形式的丰富性,一般由 5 篇左右的稿件组成。其典型形式是:主干报道、侧面报道、相关访谈、短评、背景、旧闻回放等,尽可能多地使用"面面观"的方式观察事物和问题。目前新华社基本上每天都播发1—2 组"组稿"。组稿的成型,使记者可以为适宜的题材找到更准确、更丰富的报道形式。

三、体裁创新

体裁作为一种具体的方法,可以不断创新。特别是从记者个体的角度而言,进行个性化创新、突出个人风格的空间很大。从近些年国内新闻界公认比较成功的实践来看,有这几个方面的成功例证。

(1) 散文式新闻

前新华社社长穆青在 1981 年提出,我们的新闻报道的形式和结构也可以增加自由活泼的散文形式,改变那种沉重的死板的形式,而代之以清新明快的写法。他说,国内外一些成功的报道,有两个东西突出了:一个是评论,利用各种事实来发表议论、发表看法;另一个是注意抓细节,抽象的东西用生动活泼的细节表现出来。他之后又提出要学会写视觉新闻:在运用概念的同时,也运用一点形象来表述,写一些视觉因素多一点的新闻,使人们读了这样的新闻不仅可以得到一个完整的概念,而且也能看到一些具体的、形象的情景,产生一种亲临其境的感受。

(2) 实录性新闻

　　穆青在阅读了美国人写的《大分裂》后又提出，我们的编辑记者应该多采写一些能够引人入胜的实录性新闻。《大分裂》这本书的作者深入社会各阶层，采访各行各业的人，用录音机录下他们的谈话，然后整理成书，书中写的是被采访者的原话，作者的话只起穿针引线的作用。穆青说，解放战争时期解放军围困长春时，城里有老百姓逃出来了，记者就上去跟人家闲聊，几句话一聊，就近乎多了，然后再问人家："城里怎么样啦？"这个提供几个事实，那个提供几个事实，这么一凑，城里的情况就了解得差不多了，一篇消息就出来了，"人家也不知道我是记者"。

　　穆青还说，新华社甘肃分社、山西分社就写过多篇非常生动的实录性的消息。穆青说，实录性新闻的题材应该是十分广阔的。选择采访的对象可以是各行各业的普通群众，也可以是某一界、某一方面的知名人物；可以着眼于人民群众普遍关心的问题和社会现象，请他们谈自己的看法、意见、见解、建议等，也可以请他们谈自己的某一段经历或感受最深的一件事情。

(3) 有"我"走入式的新闻

　　新华社记者郭玲春提出过："我"（指采访者本人）是否可以走进新闻里去？她常常不加掩饰地表露自己的倾向，在导语中就将记者自己的观察得出的结论或看法告诉读者，以"我"为主的导语为新闻起了"支架"，或顺藤攀沿，或首尾衔接。跳跃的思路使"我"在新闻的大框架里自由出入，零散的材料附从于连贯的思想，可以自成条理。有时，自问自答或插入细节、对话，散文的抒情，杂文的深邃，都可以"移花接木"，随"我"走到新闻中来。

(4) "倒计时"报道

　　这是一种对预知的事实进行预报的新闻体裁。现代社会，人类能够控制和预报的未来事实越来越多，人类自身的活动也越来越具有计划性，因此，倒计时式的报道体裁有可能越来越多地出现。新华社在香港回归、小浪底水利工程黄河截流、三峡水利工程长江截流等重大事件的报道中都使用了这种体裁。

2.6.2　新闻的题材

一、新闻题材的来源

新闻写作的基本特点是让事实说话。事实从哪里来？对于初学者来说，首先必须明确一个前提：新闻写作必须以采访为基础，采访是新闻题材的重要来源。《人民日报》副总编梁衡指出："对新闻来说，采访到了一个好题材，稿件就成功了一半。"一个记者不论他的文字能力有多强，如果没有接触到事实，如果不能拥有足够多的事实材料，也就是说没能进行成功的采访，他就不能进行新闻写作。

新闻报道是客观事实的反映，要完成一篇新闻报道，必须经过采访的阶段。采访的质量直接关系着新闻写作的质量，对新闻写作来说，没有采访，就好比要盖房子，却没有建筑材料，无从下手。从这个意义上说，一个新闻记者，要寻找好的新闻题材，要创造出好的新闻作品，必须懂得采访的重要性。

二、新闻题材的分类

新闻题材按报道的内容可分为：政治新闻(political news)、经济新闻(economic news)、科技新闻(technological news)、文化新闻(cultural news)、体育新闻(sports news)、暴力与犯罪新闻(violence and crime news)、灾难新闻(disaster news)、天气新闻(weather news)、讣告(obituary)和娱乐新闻(entertainment news)等若干大类。

三、新闻题材的特点

(1)真实性

真实性，最简单地说，就是指新闻选用的题材必须符合客观事物的原貌。题材的真实性是新闻的基本属性，是新闻存在的基本条件。没有它，新闻就无法安身立命。原中共中央宣传部长陆定一曾经说："新闻工作，搞来搞去，还是个真实性的问题……有了这一条，就有了信用，有了信用，报纸就有人看了。"《美国职业新闻工作者协会章程》第一条就规定："真实是我们的最终目标。"

首先，题材的真实性首先要保证确有其事，绝不能闭门造车，凭空捏造。其次，构成新闻的基本要素必须准确无误。在时间、地点、人物、事件、结果、原因等方面不能含糊其辞，更不能有半点虚假。同时，题材中所涉及的环境、细节、人物的语言及动作与心理也必须真实无误。

(2) 时效性

新闻报道是时间性很强的作品，有人把它称作"易碎品"和"一次性消费品"。一旦人们对所报道的事实清楚了，新闻的作用也就随之消失。这就决定了新闻的题材必须是及时反映当前社会和生活中发生的即时事件，不能滞后报道。那么，如何做到题材的时效性呢？

首先，要在题材的新鲜上做文章。新闻不姓旧而姓新，新闻事实发生的时间与把它报道出来的时间越短越好。因而要加强对今日新闻的采写，展现新闻的"鲜活"价值。面对手中的新闻题材，要快捷迅速地报道出来。其次，对选用与处理题材时，要尽量做到简而精。简短、精粹对提高时效性有重大的意义。这样做，能挤掉水分，只讲事实，这符合题材真实性的要求；这样做，也有助于突出题材中新鲜的内容，同时也能适应快节奏的现代生活的要求，符合人们的阅读习惯。

(3) 典型性

现实生活是复杂的，各种事实大量存在，新闻报道中选用什么样的题材才能更好地表达出作者的观点和倾向，这是首先要考虑的事情。对新闻的题材处理恰当，往往能以一当十；反之，就可能模糊不清，甚至引起歧义。材料的典型性其实就是说要注意选取其精华。一方面，材料要是读者所未知的；另一方面，它又必须是具体的且相当重要的。

2.7　新闻语言的新发展[2]

一、什么是新闻语言

从新闻学的原理上说，新闻语言是指通过新闻媒介，向受众报道新

---

2 该节写作参考了李明文的文章，出处见"主要参考文献"。

近发生的事实，传播具有新闻价值的信息时所使用的文字语言。它肩负着向受众表述新闻事实、传递新闻信息的特殊使命，是构筑新闻报道的最基本元素。新闻语言本质上应该是传播信息、报道事实、解释问题、快速交流的语言。它追求质朴平实的文风，把复杂的问题用简单的方式进行处理，进而突出事物的特征，使受众在快速交流中领会和接受。

新闻学属于大众传播学的范畴，它既要面对最大多数的受众，满足他们在快节奏的现代生活中对信息的需求，又要遵循新闻"用事实说话"的基本原则，因此新闻的语言必须具备时效性和可读性的特点，从这个意义上说，准确、简洁、鲜明、生动是必须坚持的语言特色。

要坚持准确、简洁、鲜明、生动的语言特色，一方面，我们在新闻报道中应主张用平易朴实的语言，坚决杜绝报道中的"新闻腔"，不能套话、空话、大话连篇。当前一些报道中经常出现的使用频率较高的语言，诸如"在……形势下"、"在……鼓舞下"、"在……基础上"、"与会者一致认为"、"受到……热烈欢迎"、"获得一致通过"，等等，读来就面目可憎，使人大倒胃口。另一方面，要重视新闻语言的时代气息。现代社会新词不断出现，词汇翻新速度极快，一个合格的新闻工作者只有保持对时代的高度敏感，才能始终保持新闻语言的新鲜。

当然，新闻语言在符合总体要求和特点的基础上，可以表现为不同的风格。首先，新闻语言要受到新闻体裁的影响。比如消息的语言就是一种具体陈述和抽象概括相结合的语言，对准确和简洁的要求更高。而通讯则不同，由于通讯承担着展开事实、描写事实、再现事实乃至解释事实的任务，对事实的报道要求更详细、更深入，因此通讯必须更多地调动各种修辞手法，更多地借鉴文学写作的技巧和手段，从这个意义上说，通讯的语言比消息更形象、更丰富、更具体。其次，新闻语言的风格也取决于所报道的新闻事件本身。不同内容、不同题材的新闻事实，它的基调是不一样的，有的平实，有的华丽；有的活泼，有的严肃；有的欢快，有的凝重。只有分清不同新闻题材的基调，才能恰如其分地确定语言的风格。第三，新闻的语言风格还会受到采访者和被采访者的语言个性的影响。在长期的工作实践中，一个新闻工作者会自然形成自己的用语习惯，而被采访者的身份及语言个性对新闻语言的措词造句也会产生较大影响，这些都会最终在一篇新闻中形成特有的语言风格。

为实现准确、简洁、鲜明、生动的语言特色，我们必须学会使用一定的运用语言的技巧和方法。在新闻写作的实践活动中，"白描"手法是最常用的技巧。"白描"是描写中的一种，它与工笔不同，主要表现为不尚修饰，不用或少用形容词渲染，力求以质朴简练的文笔直接勾勒出事物的基本特征，不做作，不浮华。使用白描手法有利于把复杂的问题作简单的处理，进而突出新闻的价值。在使用白描手法时，为达到更好的效果，我们要学会准确地使用动词，如多用及物动词，多用主动语态，真正体现出语言的形象性，展现语言的表现力。另外为了使语言更具体，应尽量避免使用外延大的概念，如"牛奶"与"鲜牛奶"，这两个概念给读者的联想或感受是完全不一样的。

二、新闻语言的新发展

新闻语言是新闻报道的物质外壳，新闻语言的流变也必然是新闻流变的某种外显和表征，一定的新闻语言总是与特定的时代需求和相应的历史条件相符合的。新闻语言并不是一成不变的，历史的演变、时代的变化，必然推动新闻语言的变革，使之带有深刻的社会烙印和时代印记。随着社会的发展，新闻语言的形态经历了手势、口头、符号、文字这样一个漫长的变化过程。19世纪末，电子媒介出现以后，新闻语言的形式也日趋多样化，文字新闻、广播新闻、电视新闻，大大拓展了新闻语言的发展空间，尤其是当代计算机网络的运用和数字技术的发展，引发了一场信息传播技术的革命。在信息化时代，新闻语言也面临着一次更为深刻的变革。

新闻语言随时代的变迁、社会的发展而变化，同时也有着自身角色和学理上的要求。当前，在新的媒介生态环境中，新闻语言主要呈现出四种变化特点：多元、互动、融合、平和。

新闻语言来源于社会生活，来源于群众的生产实践，它总是随着社会实践的发展而变化。改革开放后，丰富多彩的社会生活在培育出众多具有自主意识的受众的同时，也必然促使新闻语言日益多元化。

新闻语言的多元化，首先表现在新闻语言不仅在内容上体现民主精神，表达受众的愿望和需求，而且在形式上活泼生动，丰富多彩，新颖别致，为广大受众所喜爱；注重从受众心理角度考虑，以平民的视角反映生活，以具有亲和力的语言感染受众。其次，新闻语言的多元化表现在传播者不仅报道新闻事实，还可以自由表达对事实的看法。受众也可以以不同形式自由表达自己对新闻传播的看法。再次，随着社会结构的变化和受众的分层，这种多元还表现为新闻语言既要适应同一层次的受众多元化的阅读需求，又要满足不同层次受众的阅读口味。

互动是新闻语言运作的主要方式。由于受众主体地位的提升，尤其是计算机技术和互联网的应用，新闻语言互动性的特点更加突出。

我国在过去的新闻传播活动中，传者和受众的分工非常明确，信息流通的形式是"我传播，你接受"的单向灌输式。虽然，新闻语言也一直强调受众反馈，"但其延迟性和间接性使得传者和受众之间并未建立起真正的互动关系"。而在网络语言传播中，互动性是首要的基本特征，受众可以随时与传播者进行"对话"，互相传播资讯、表达观点、提出要求并随时反馈对报道内容的看法。新闻传播由过去的传播者对于受众的单向灌输式变为传播者与受众的双向互动式。一个网络传播者，身份可能是双重的，他既可能是信息的接受者，同时也可能是一个传播者。因此，在网络传播这种新型传播方式中，新闻语言的互动性特点将更加突出。

另外，随着媒体竞争的日益激烈，为吸引受众、抢占市场份额，传统媒体报纸、广播、电视新闻语言也越来越注重互动，如开通热线、实行节目主持人制、邀请受众参与等。

科技进步和社会繁荣为媒体发展提供了必要的条件，同时也会催生出新的媒体形态，而原有的媒体形态不会衰亡，"而是经过一段时间的调整后，立足自身的优势，借鉴其他媒体的长处，对自身进行有效的改造而获得新的发展"。这种兼容共生、互相促进、不断革新的媒体生存发展的特点，使新闻语言的发展变化也呈现出一种融合的特点。

多媒体时代的到来，使新闻语言的融合成为一种必然趋势。海量的信息和丰富多彩的社会生活，使受众的阅听习惯和思维方式发生了很大的变化。为了适应受众的这种多元的、全新的心理与思维变化，新闻传播者不能仅仅限于用单一的报纸、电视、广播或网络语言来报道，而要结合报道内容、媒体特点和受众需求，采取融合的新闻语言来传播，如纸质媒体文字的视觉化、图像化，广播语言的文字化，电视语言的广播化、口语化，网络语言的整合化等。新闻语言的融合，既体现了当下新闻媒体对传统新闻语言的挑战意识，又表达了媒体个性张扬、自我发展的诉求，同时提升了新闻媒介的竞争力，适应了受众的新闻思维变化和受众的心理需求。

引领时代进步、传播精神文明、促进社会发展是大众传媒的使命，力戒浮躁、彰显理性、平易近人是大众传媒提高公信力和亲和力、树立良好形象的根本。在信息化时代，随着媒体竞争的日益激烈，受众本位意识的成熟，建构一种平和、理性的新闻语言风格至关重要。因为平和、理性的新闻语言能准确表达传播者的报道意图，并能符合受众心理需要，为受众所乐于接受。

新闻语言要平和，首先是新闻语言自身角色的要求。新闻语言作为构筑新闻报道的最基本的元素，其风格实际上是新闻媒介面对社会、面对受众的表情。平民化的语言，受众愿意接受；而指令性的语言、高高在上的话语，受众是反感的，会产生强烈的抗拒心理。特别是新闻语言的暴力化倾向，不仅使报道内容与事实本身不符，也会伤害受众，影响受众对媒体的信任。

其次，新闻语言要平和是社会文化的要求。改革开放带给人们思想观念的解放和社会文化的丰富多彩。处在转型期的中国社会，消费文化似乎成为主流，因此当下新闻媒体起着十分重要的精神引领和文化导向作用。这就要求新闻报道用语要平和，富于理性，既考虑受众的个性，以平和的语调给受众留出思考的空间，以理性的笔触为受众提供可选择的余地，又要力避新闻语言的世俗化、娱乐化倾向，彰显新闻语言的人文关怀性。通过冷静地摆事实，平和地讲道理，诉诸理性，运用逻辑的力量来达到新闻传播的目的，从而促进人际和谐、媒体和谐和社会和谐。

　　面对新闻语言的变化与发展，为了追求既新颖又规范的新闻语言，在新闻写作的实践中，我们必须端正思想作风，向中国传统文学学习，不断发展实用、优美、富有民族特色的新闻语言。同时也要虚心地向群众学习，向外国人学习。只有这样，才能适应时代的要求，使我们的语言永葆时代的生命气息。

【思考题】

1. 请谈谈新闻与事实的辩证关系[PT]。
2. 倒金字塔式结构是如何产生的？为什么它能盛行至今[PT]？
3. 英汉新闻语篇有何异同[PT]？
4. 美联社记者杰克·卡彭认为，记者在把新闻稿件交出去之前，至少应该向自己提出三个问题：①我是不是表达了我想要表达的意思？②我是不是尽可能用简洁的文字把意思表达出来了？③我是不是尽可能用简单的方法把事情说清楚了？请对此话谈一谈你自己的理解与看法[PT]。
5. 针对英汉新闻各自的词汇特征，谈一下其中所体现出的中西文化的差异[PT]。
6. 请联系当前新闻变革的态势谈谈新闻文体的发展趋势[PT]。
7. 通讯这种体裁是如何产生的？它有什么特征？常见的结构形式有哪些[PT]？
8. 请搜集一下关于近年来语言新发展的资料，结合你生活中所遇到的或使用的新的语言形式，谈一谈你的看法[PT]。

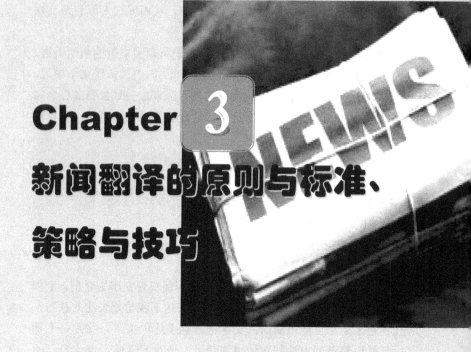

Chapter 3

新闻翻译的原则与标准、策略与技巧

3.1 新闻翻译的原则与标准

在国际科技文化交流日益频繁的今天,越来越离不开信息的传播。新闻翻译以其特有的方式有效、快速地将信息传递给广大读者。新闻工作者不但要捕捉最具新闻价值的信息,而且要准确无误地传递信息。新闻翻译的主要目的在于传递信息,但同时必须注重信息的时效性和准确性。新闻涉及社会各个领域。新闻翻译是应用文体翻译中的重要类别,既担负着传播新闻资讯的使命,又在两种语言和文化之间架起桥梁,是国际信息和语言文化交流的重要手段。作为一种跨语言、跨文化的传播方式,新闻翻译的主要任务是准确、高效地传递信息。有效的信息传播取决于信息、信息发出者与信息接收者之间良好的互动关系,因此译稿的传播效果及其在译语读者中的接受度是衡量新闻翻译成功与否的重要标准,也是新闻翻译特性的主要体现。(陈宏薇,2004:225)

新闻翻译是一种职业,一项工作,一座桥梁,一门艺术。它能使通晓某一语言的读者获悉用其他语言采集和报道的新闻。因此,新闻翻译能帮助读者扩大视听范围,增加他们获得信息的数量,提高信息质量,增长他们的知识和见闻,提高他们分析和判断问题的能力,使他们在激烈的社会竞争中处于更加有利的地位,能更充分地享受"知的权利",更好地参与国家和社会的管理,更有效地行使当家作主的权利和履行当家作主的义务。

3.1.1 新闻翻译的原则

新闻语言的本质特性决定了新闻翻译具有传播快、受众多、时效性强等特点。新闻翻译必须具体、准确、简明、高效地传递信息,因此,新闻翻译必须遵循内容和效果两方面的原则。由于新闻翻译的目的是为各类读者提供参考材料,所以必须考虑新闻的价值和传播效果。

具体说来，应做到如下几点：

1) 内容健康，主题突出。新闻翻译不仅是简单的语言模仿，而是反映译者的主观思想和原则立场的，具有重大的政治责任和社会责任，必须选择适合不同读者需要的主题鲜明、效果突出的新闻进行翻译。

2) 注重准确。准确是新闻语言的核心。新闻报道的主要目的就是真实准确地反映客观事实，力求使读者阅读报纸、收听广播和收看电视后所产生的印象与事实真相一致。语言不准确就会导致报道的内容失真。因此，新闻报道要靠事实说话，而不是依赖艺术创造。（许明武，2003：21）[1] 新闻翻译政治性强，如有差错，可能引起严重后果。在文学翻译中，如果把小说里一个人物的澳大利亚国籍误译为奥地利籍，这自然是一个错误，但还不至于产生严重后果。可是，如果在新闻翻译中把一个甲国特务误译为乙国间谍，就会招来麻烦。因此，新闻译者要对二次传播的受众高度负责，译文应力求准确，避免错误。（刘其中，2004：5）

3) 讲求效率。新闻报道是一种高时效、高强度的工作，新闻翻译也必须在时效压力下高速进行，必须速战速决，容不得拖泥带水。一条新闻、一篇文章，要求在几小时甚至几分钟之内译出来，以便及时广播或见报，因此没有时间给译者逐字逐句慢慢推敲、向人请教或找人商量讨论，也没有很多时间查词典、找资料。第二次世界大战快结束的时候，美国总统罗斯福病逝。一位记者为了抢先发这条新闻，写了一条只有七个英文字母的消息：**FDR DEAD.** 如果译者平时不知道 FDR 是 Franklin Delano Roosevelt（富兰克林·德拉诺·罗斯福）的首字母缩略词，那他就不能立即把这条新闻译出来。新闻翻译人员必须在指定的时间内拿出成品，而且质量也必须达到见报水平，因此他们必须具有较高的素质，具备较高的新闻专业素养，以及源语和译语的语言文化修养。（刘其中，2004：4）

4) 知识性强。世界上最新的事物、最新的词汇往往首先在新闻里出

---

1 引文中的语病（如搭配、文法等）已作了处理。

现、介绍。一堆电讯稿几乎是一部包罗万象的百科全书，天文、地理、军事、政治、外交、经济、法律、科学、技术、教育、卫生、文学、艺术、历史、哲学、宗教、风土人情、民族习俗……几乎人类的各种知识、各门学科都有可能涉及。翻译工作者应该是一个杂学家。除了深厚的语言功底外，还应具备广博的文化知识。在新闻的英汉互译中，我们经常会遇到因文化背景知识缺乏所致的错误。翻译是跨文化的交际活动，了解文化差异、具备文化传递意识以及交叉学科知识对翻译质量都起着重要作用，所以，要成为一名称职的新闻翻译工作者，必须从各方面提高自身的修养，掌握广博的文化知识。(陈宏薇，2004：17)

由于新闻翻译的以上特点，新闻翻译工作者要把工作做好，译文既准确，又快捷，是不容易的。他们必须在政治、外语、汉语、文化知识等方面有扎实的基础、过硬的本领(或"杂学")。培养实事求是和辩证思维的思想方法，正确处理形式和内容的关系，才不至于将"肥猪"译成 fat pig，将"老虎"译为 old tiger，将"两点论"译为"la these aux deux points (冒号论)，将"亲密战友"译为 companion intime (intime 这个形容词在法语里有男女之间"亲密"的含义)，也才不至于将"抓紧肥料"译为 resolutely grasp manure (grasp 用在具体意义上指"手抓"，成了"使劲抓大粪")，将"做好采购工作"译为 do a good job of procurement (procurement 有"介绍妓女"、"拉皮条"的含义)，等等，从而引起外国人的讥笑。

3.1.2　新闻翻译的标准

任何翻译实践总要遵循一定的标准或原则，衡量一篇译文的好坏同样也离不开一定的标准，因此翻译标准的确立对于指导翻译实践有着重要的意义。(华先发，2004：6) 标准是"衡量事物的准则"(《现代汉语词典(第 5 版)》，简称《现汉》，第 89 页)。由于翻译这一文化交流活动历史悠久，从事翻译的人具备不同的社会背景与语言背景，对翻译本质的认识与期待值均不同，衡量翻译的准则也各不相同，因而形成了多种翻译标准。(陈宏薇，2004：3)

　　报刊新闻是一种常见的体裁,它担负着迅速传播各种信息的使命。一般来说,报刊新闻的语言有自己独特的风格,无论是英语报刊新闻还是汉语报刊新闻都呈现出真实、简洁和生动的特点。这就为英语报刊新闻的中文翻译提供了可能性。但是,对待这种颇为特殊的文体,其翻译的标准应该是什么呢?

　　近代翻译大家严复早在一百多年前就提出了"信、达、雅"的三字翻译标准。"信"是"意义不背本文","达"是"不拘泥于原文形式",这两条对新闻的翻译是非常适用的。因此,新闻翻译的首要标准就是讲求真实、准确,要做到忠实于原文所提供的信息,不可随意增减。同时,在英语报刊新闻中常会遇到令中文读者难以接受的形式,如结构松散的文句和"拙词"。这时,我们的原则是重内容而不拘泥于语言形式。其次是简洁生动,应把现代汉语新闻文体作为我们翻译英语新闻文体的准绳,不必追求语言的优美,应强调意思通达和传播效果,"过俗"与"过雅"均为新闻所忌。(刘宓庆,1998) 在这些标准的指导下,报刊新闻英语应在忠实于原文内容的基础上,选择适合大多数读者阅读习惯的内容,用现代汉语新闻文体的语言形式来进行翻译。

3.2　英语新闻的翻译策略与技巧

3.2.1　英语新闻的翻译策略

　　翻译的任务是语言转换,即将"源语"(source language)转换为"译语"(target language)。概而言之,翻译的任务第一位是忠于原文的内容实质,第二位是使译文的通顺程度及风貌与原文相应,第三位是尽可能做到贴近原文的形式。为完成上述任务,翻译者的主要手段是直译和意译。(刘宓庆,1998:19) 这也是翻译实践中两个最基本的方法。

　　新闻英语翻译就是要把新闻英语所包含的思想内容和表达形式的统一体变成汉语所包含的思想内容和表达形式的统一体。前者和后者的思想内容应当是相同的,而表达形式(词的基本含义、次序、语法关系等)可以不同，因为英语和汉语的表达形式有所不同。

一、直译

直译(literal translation or metaphrasing)指在译语语言条件许可的情况下使用的既求准确转化源语新闻的内容，又尽量保留源语新闻语言形式的翻译方法。(刘其中，2004：50) 意译(free translation or paraphrasing)是两种语言在表达方式上的差异性过大，在翻译过程中为了准确地转化源语新闻的内容，而不得不打乱源语新闻的语言形式，用符合译语语言表达习惯的句子结构进行转化的翻译方法。(刘其中，2004：51)

什么情况下用意译，应视具体文本而定。严格的直译包括新闻文体中的条约、法典、规章、政府公文及文献；对新闻报道和分析、报刊特写的翻译，一般要求直译，但必须考虑可读性；对传记、游记、札记、文艺小说的翻译可采用直译与意译兼顾的原则，还要考虑译文的可读性；对舞台剧本或电影剧本、抒情散文的翻译应采用基本意译，力求获得最佳可读性；对诗歌、歌词的翻译必须采用完全意译才能达意，以获得最佳可读性与艺术性。

以下是一些直译的例句。

【例1】Hitler was armed to the teeth when he launched the Second World War but in a few years, he was completely defeated.

【译文】希特勒在发动第二次世界大战时武装到了牙齿，可是不过几年就被彻底击败了。

在翻译 "armed to the teeth" 时采用了直译法翻译，译成 "武装到了牙齿"，既生动形象又容易为读者所接受。如果仅仅意译为 "全副武装"，语气则较弱。

其他的例子还有：

to break the record 打破记录

Blood is thicker than water. 血浓于水。

a gentlemen's agreement[2] 君子协定

---

2 总主编注：亦作 a gentleman's agreement，但较少使用。

【例2】 Partly as a result of the recently increasing demand, wholesale tea price have almost doubled.

【译文】 部分由于日益增长的需求，批发茶价几乎翻了一番。

　　在实际的翻译过程中，英译汉时不能完全形式对等，两种语言之间的差异性总是大于它们之间的共同性的，因此，翻译时就不能采用直译，而必须寻找一些直译之外的方法，如意译。例如：

【例3】 The only way out is fig-leaf diplomacy. So long as the Baltic countries nominally acknowledge their Soviet membership, Gorbachev may give them latitude in running their own affairs although grudgingly.

【译文】 唯一的出路是维持体面的外交。只要波罗的海诸国名义上承认是苏联的一员，戈尔巴乔夫就可能(虽然是勉强地)给它们更多的自由权。

　　其中，"fig-leaf"原意为无花果树叶，源自《圣经创世纪》第三章第七节，"Then the eyes of both of them were opened, and they realized they were naked; so they sewed fig-leaves together and make coverings for themselves"，从这句话中，我们可以看到，当亚当和夏娃知道自己是赤身裸体时，便用无花果树叶来做遮羞的裙子。因为这个典故并不一定为多数中国人所熟知，翻译时就意译成了"体面的(外交)"，如果直译为"无花果树叶(外交)"，则令读者费解。意译则译出了原文的深层含义。

二、意译

　　一般来说，翻译新闻能直译则尽量直译或基本上直译，不能直译或基本上不能直译就意译。但是，直译并不等于逐字逐句的对译，不宜直译而勉强直译，就会变成"死译"，这是不可取的。如在翻译中，将"给你点颜色看看"这句话译为"give you some colour to see see"，这种翻译就属于字对字的直译，且直译到了"死译"的程度。这种翻译不仅让译者自己都觉得好笑，而且外国读者看后也不知所云，翻译标准中的"信"和"达"更无从谈起。死译有时会离开原文的内容，即因词害义，有时会损害汉语的表达形式，而且还会因这一貌似合乎搭配习惯的表达形式而误导读者。比如，Malik said the assembly work "was greatly influenced" by recent talks on detente which Brezhner held... 如果将其直译为"最近……的会谈大大影响了大会的工作"，我们可以看到，这种译文仅仅拘泥于原文的字面意思，损坏了汉语的表达形式。因此，意译为"最近……的会谈对大会的工作起了巨大作用"，这样比较可取。

同样，意译也不可过分自由，过分自由的结果往往会背离源语新闻的深层意思，从而变成"乱译"，这当然也是需要注意和避免的。

【例4】As long as the United States of America is determined and strong, this will not be an age of terror. This will be an age of liberty here and across the world.

【译文】美利坚合众国有决心及保持强大，未来不会是一个恐怖的时代：未来的美国以至全世界将依然沐浴在自由的气氛中。

此段话源自于2001年9月20日，刊登于香港《苹果日报》美国总统布什当天的一次重要讲话。可以看到，译文的前半部分传达了原文的内容，但后半部分在翻译上则似乎显得过分自由了，因此，此句话不妨改译为："只要美利坚合众国坚定不移，保持强大，那么，未来就不会是一个恐怖的时代。它一定会是一个自由的时代，在美国，在世界其他地方，都是一样。"

经过以上讨论，我们可以借用一个市场原则，"管而不死，活而不乱"。如果把这几个字中的"管"字改为"严"字，那么这个原则完全可以运用于翻译。"严而不死，活而不乱"。严就是要紧紧把握住原文的思想内容；活就是要灵活运用汉语的表达形式；乱就是离开原文的思想内容；死就是死守原文的表达形式。我们提倡的是严而活的翻译，既反对死译——形式主义的翻译，又反对乱译——自由主义。

那么，结论是，针对新闻翻译，大致的原则应该是能够直译的地方就尽量直译；不能直译的地方就意译；如果在直译与意译都可以的情况下，就以直译为主；在许多情况下，直译应与意译结合起来，灵活使用。

3.2.2　英语新闻的翻译技巧

一、选词要点

(1) 新词

频繁使用新词是新闻报刊文体的一大特色。语言文字总是随着社会的发展而不断变化的，新闻报刊文章在及时、快速反映社会生活的同时，也随着社会的进步不断产生新的表达方式。新闻刊物是使用新词的庞大机器和生产新词的巨大工厂。

1) 新事物产生新词汇。随着社会新事物的出现，会产生一些新的词汇。这些词与特定的政治、社会、环境有关，有着显著的社会性。例如：1969 年 7 月 20 日美国"阿波罗"号(*Apollo*)宇宙飞船成功登陆月球，各国媒体争相报道，随之产生大量的新词汇，已在日常生活中广泛应用的有：moonfall(月落)，space suit(宇航服)，space race(太空竞争)，space travel(太空旅行)等。又如 20 世纪 50 年代一些美国青年不满当时的社会现状，以奇装异服、长发、吸毒等放荡不羁的方式来反抗社会、表现个性，于是 1953 年出现了"hippie"或"hippy"一字，专指这类青年，译为"颓废派"或"嬉皮士"。对于这类因新事物而出现的新词往往有特定的含义和相对固定的译法，且多为较大的辞典收录，翻译时可以按图索骥，一一对应。

2) 临时新造词，即英语中的"nonce words"或者"coinages"。它们是在写作过程中临时创造或拼凑而成的，且多为应时应景而用，没有风行开来成为"时髦词"，也未被词典收录，故常成为翻译与理解的"拦路虎"。其实它们并非凭空捏造出来的，而是通过拼缀法或复合法组成的，可以根据上下文推测出其义！

【例 1】Manned lunar exploration for purely scientific reasons probably will not resume for many years. And when it dose, it most likely will use a more low-keyed, cost-effective approach than the use-'em-up-and-throw-'em-away *Apollo* program.

【译文】纯粹为科学研究而进行的载人月球探险今后许多年都不可能

再搞了！再进行时，极可能采取更有节制、花钱更有效的搞法，而不像"阿波罗"号那样，用完就扔掉。

句中的 use-'em-up-and-throw-'em-away 是用复合构词法构成的，虽然很长，但意思明确，可以理解，也易翻译。对于这类新词翻译时应视实际情况作解释性的翻译，不必刻意追求字面对应。

3) 变换的表现手法。为了达到更好的宣传效果，吸引读者的注意力，新闻报刊文体也通过变换多种表现手法，追求用词的标新立异，以求出语不凡。常见的表现手法有夸张、比喻、省略、重复、借代等。同时一些生僻词、俚俗词、典故词、联缀词往往也出现在行文中。在翻译时，译者需要对英美国家的文化背景有所了解。

【例2】Following eyeball-to-eyeball consultations with the butcher and the baker and the grocer on the tube, she hits a button to commandeer supplies for tonight's dinner party.

【译文】与屠夫、面包师、杂货商在地铁上面对面协商之后，她决定为今晚的宴会征用必需品。

句中的"eyeball-to-eyeball"是"eye-to-eye"的夸张手法，在翻译时，可以直接根据其本意翻译为"面对面"，而不是"眼球对眼球"。

【例3】Americas trading partners in the General Agreement on Tariffs and Trade formally charged Washington today with violating the rules of the trading agreement with its 10 percent surtax on imports.

【译文】今天，美国在关贸总协定中的贸易伙伴严正指责美国政府对进口货物增收10%的附加税违背了贸易协定的规则。

此句用了借代的手法，其中"Washington"代指"American government"。

【例4】The pugnacious K. O. Mullins demanded are match. He took a full-page newspaper advertisement to promulgate his challenge.

【译文】争强好胜的默林斯要求重新比赛，他在报纸上用整页的广告公布了他的挑战书。

句中的"pugnacious"和"promulgate"是生僻词，使用它们的目的是吸引读者的注意力。

(2) 行话

英语新闻文体中广泛地使用了商业、科技、军事、文学、艺术及体育等方面的诸多词语，"几乎没有一种社会行业的用语不被新闻电讯、新闻评论以及各种体裁的新闻特写所吸收、采用"。新闻语言与现实生活语言的紧密结合，不仅能迎合阅读趣味各异的读者，使他们读后倍感亲切，同时亦增强语言的色彩和表现力，极大地丰富了新闻词汇。但是，这也给译者出了另一道难题。译者必然会遇到一些不熟的词语，尤其是各个行业的一些专业术语。在翻译时，遇到这些词语，一般可根据原意直译，用中文里意义对等的专业术语来翻译英语新闻中相应的专业术语，即以术语译术语。例如：

【例1】At the state level, deciding who's going to clean up (the waste) and who's going to pay (for the pollution) often becomes a jurisdictional **black hole** of fingerpointing and buckpassing.

【译文】在州一级，究竟由谁负责清理 (废物)，由谁 (为污染) 付费，往往有关方面互相指责推诿，形成一个管理上的黑洞。

black hole 原意为天文学中的"黑洞"。它具有巨大的引力场，转义为神秘不可测的、巨大的吞噬力量，可以消耗无穷的精力。这里直译用来表示因环境保护上职责权限不明而引起的困扰，非常有力。

又如，"inch up"一词为财经类词语。对财经新闻词汇不熟悉的译者很容易将其译为"一点一点往上升"，但这样的翻译恐怕会贻笑大方。而略通财经的译者则会想到用中文财经报道中对应的术语"爬升"来翻译。请看下例：

【例2】A Los Angeles research firm said PDA chip content will inch up marginally in 2002.

【译文】一家洛杉矶调查公司说，2002 年掌上电脑的芯片容量将比上一年略有爬升。

又如，"bottom out"从词典中可查到"(物价、股票价格等) 跌落到最低水平"之义。但"bottom out"用作股市用语如果这样翻译显得拖沓、不到位。若将其译为中文意义对等的股市用语"止跌回升"、"跌停回升"、"探底回升"或"触底反弹"则言简意赅。

【例3】The stock market is expected to **bottom out** at the end of this month.

【译文】股市可望本月末进入止跌回升阶段。

不难看出,此句中的"bottom out"不宜译成"跌落到最低水平"。遇到这类行业用语时,假如没有把握,最保险的办法还是去查阅相关的词典,或请教有关专业人士。

再如,表示电影院的"seniordox"一词若直译为"大型多放映厅电影院",不仅给人造成冗长乏味之感,而且不便记忆,因此,应将其译为中文里对应的"影城"为佳。"food court"一词就是人们通常所讲的"美食城",如果不顾中文里已经形成的固定说法而硬将其译为"美食庭",则会使汉语读者有一种不自然的感觉。

因此,译者平时应努力扩大阅读量,拓宽自己的知识面,注意接触并积累各种行业用语,这样在翻译时才能做到得心应手。

(3) 惯用语

英语新闻报刊中会出现大量的"新闻词语"(journalistic words),这些词语有着与新闻文体相关联的特定含义。类似的新闻词语不胜枚举,如 a news story, a news report, probe, arrest after planned operation(搜捕), the lowest point of relationship between two countries(两国间关系的低谷), nadir 等,在翻译中遇到类似的词语时,译者必须细查词典,联系上下文,选择词典中最符合上下文的词义选项。

新闻要求有严格的时效性,所以新闻工作者在写稿时必须使用一定的套语,以使行文简洁、直观。常用的套语有:on the brink of a breakthrough(即将取得进展);quoted/cited as saying(援引……的话说);no comment(无可奉告);informative sources or well-informed source(消息灵通人士);Not so, not yet(不置可否),等等。通常套语都有自己固定的译法,这就需要新闻翻译工作者平时多注意积累,掌握它们的译法,这样在翻译过程中才会事半功倍。

(4) 俚语

俚语的使用是现代英语的趋势，俚语的数量在不断增加，使用范围也日渐扩大。俚语已不再局限于口语的范围，在书面语中亦频繁出现，特别是在新闻文体中倍受青睐。作为一种并非很正式的文体，使用俚语能使新闻文体的语言显得更亲切自然，生动诙谐，新颖时髦，从而迎合大众的口味。俚语是一种很不规范的表达法，具有浓重的地域色彩。

【例1】*The New York Post* summed up the spreading bewilderment by demanding in its blackest front-page: ***WHAT THE HECK ARE YOU UP TO, MR. PRESIDENT?***

【译文】《纽约邮报》用醒目的黑体字概括了大众普遍存在的迷惑心态："总统先生，您到底要搞什么名堂？"

本句中的"the heck"是个俚语，它是"the hell"的代称。在翻译时，不要死盯住"heck"这个词，而是要把句中用俚语所表达出的那种焦躁心情给表现出来。

【例2】"If the airlines can fill every seat they can find at full fare", says one Washington aviation expert, "they'd be nuts to sell seat for 30 or 40 percent off."

【译文】华盛顿一位民航专家说："如果航空公司能以全价卖出每张机票的话，那么卖三四折的机票可真是笨蛋才会做的事了。"

在此句中，俚语"nuts"被译为"笨蛋"，再加上表示强调语气的"可真是"，这样的译法就把原句中强烈的感叹和不满的情绪表达了出来。

从以上例子中，我们可以看出，英汉两种语言存在着巨大的地域文化差异，所以语言的表意功能必然会有很多不同。俚语的翻译是一道难题，在汉语中难以找到恰好相应的表达方式，往往只能"解其意"，而难"传其神"。因此，在翻译过程中，应该努力思索，寻找大致对应的汉语表达法，或在表述的语气上做文章，尽可能体现出俚语的"味"来。

二、构句技巧

英语新闻句法具有如下特征：信息量大；句子结构简单，句式富于变化，多使用扩展的简单句；句式富有弹性，普遍使用省略句式和高度浓缩的前置修饰语等。那么，英语新闻翻译工作者必须在不断充实和丰富语言、文化、科技等方面的知识，努力提高业务素养和科学素养的同时，熟练掌握和灵活运用一些英语新闻的汉译方法和技巧，以确保翻译质量的不断提高。英语新闻的常用汉译方法主要有以下几种。

(1)化长为短

英语新闻中的句子信息量大，结构紧凑，而汉语句子的结构比较松散。因此汉译时，可以在正确反映原文意思的前提下，用几个汉语句子来表达一个英语句子提供的信息，即将英语句子切断，化长为短。例如：

【例1】An out-of-control dump truck crashed into a five-story motel **under construction** today, causing the building to collapse into a pile of rubble **with 30 construction workers** inside.

【译文】今天，一辆失控的翻斗车撞上了一幢五层楼高的汽车旅馆该旅馆还在施工中，被撞后，立刻坍塌，有30名建筑工人被困。

这是一个简单句，句中用了两个介词短语"under construction"、"with 30 construction workers inside"和一个现在分词短语"causing the..."，这样的处理，使得句子结构简单、信息丰富、表意清楚。译句中，将两个介词短语和一个现在分词短语都单列成句，使得译句意思明了，逻辑清晰，符合汉语的习惯。

化长为短的方法同样适用于处理句子中的前置修饰语组合，即将修饰语切断，分别译出，而不是将它们堆砌在被修饰语的前面。如以下例子：

【例2】Always erudite, famously verbose, and often controversial, Harvard paleontologist Stephen Jay Gould died last week at 60.

【译文】哈佛大学的古生物学家斯蒂芬·杰·古尔德于上星期去世，终年60岁。斯蒂芬知识渊博，喜发评论，是一个具有争议性的人物。

我们可以看到，原句在被修饰语 Stephen Jay Gould 前面，罗列了长达 9 个单词的修饰语，而全句也只有 17 个单词。译文则将主语前面的一系列修饰语断开，译成短句，符合汉语的表达方式与习惯。同样的例子还有：

【例 3】Yesterday, the troops were seen off by **flag-waving, cheering crowds,** their tanks strewn with flowers.(=by the crowds who were waving flags and cheering)

【译文】昨天，人们**挥舞旗帜，欢呼**着为部队送行，坦克上撒满鲜花。

此句作前置定语的分词短语"flag-waving"、"cheering crowds"也被断开，分成小句译出。

(2)调整顺序

我们知道，英语的句法特征是形合，而汉语的句法特征是意合，也就是说，汉语缺乏连接手段，是"大珠小珠落玉盘"，而英语是用连接手段连接起来的"一串珠链"（思果，2001）。汉、英这样的区别反映到英语新闻句子的翻译上，就要求在汉译时，一要注意调整句子中各部分的顺序，二要适当增减。

汉语句子的各个部分是按照逻辑关系排列的，比如说因果关系、时间顺序、条件关系等。而英语凭借着丰富的连接手段，造句时不重视逻辑顺序而着眼于空间搭架，所以在英语新闻中，为了吸引读者，总是将最重要的信息放在句首，然后利用丰富的连接手段将其他信息连接起来。因此，在汉译英语新闻句子时，一定要注意句子各部分顺序的调整。现举例说明如下：

【例 1】It was a keen disappointment that I had to postpone the visit which I intended to pay to China in January.

【译文】我原打算在今年一月访问中国，后来不得不推迟，**这使我非常失望**。

可以观察到，原句将关键的信息词"It was a keen disappointment"即"令人失望"放在句首，然后再讲"令人失望"的原因"I had to postpone the visit which I intended to pay to China in January"。而汉译句子则按照先因后果的顺序，一步步展开，最后讲出该句子的重点"这使我非常失望"。

【例2】 The isolation of the rural world because of distance and the lack of transport facilities is compounded by the paucity of the information media.

【译文】农村地处偏远，交通不便，因而与世隔绝，而大众传媒的缺乏，使这种状况更加严重。

英语中将更能引人注目的"果"，即"农村的孤立和这种情况的严重化"放在前头，然后再讲因，即"地处偏远、交通工具和大众传媒的缺乏"。汉译时，对英文的语序作了适当的调整，按中文的因果逻辑顺序译出。

另外，新闻报道常用引语，这既可增加报道的真实感和生动性，又能提高所述内容的客观性，使读者确信记者未掺杂个人观点。因此，转述或援引别人所说的话时，常会使用"说"的句式。但是，由于英汉语言表达的差异，引语句式的多样化在译文中难以完全体现，因为汉语中作为主语的人与谓语动词"说"的词序是不能颠倒的。如：

【例3】 "He has never acted as anything but a candidate," **says a senior Western diplomat**. "He has always been an outsider looking in."

【译文】"他一直在做候选人，"**一位资深西方外交官说**，"他总是站在局外，却关注着局内。"

在翻译时，引语的主谓顺序作了调整，按照汉语的表达习惯译出。再如：

【例4】 **Says** Dary Reading of Gowrie, "It makes you mad. We are good at what we do, but we still can't make a living."

【译文】高瑞的达里·雷丁说："这使你发疯。我们有本领干好我们的工作，但仍不能谋生。"

英语原文中的谓语 says 位于句首，这种句式是新闻报道文章所特有的，其位置在汉语译文中也作了调整。

（3）适当增减

英语是靠连接手段来造句子的，汉语则更强调语句间的逻辑关系。要使我们的汉译更像中国话，让中国读者觉得更自然，就必须敢于删掉英语原文中有，但中译文中完全不需要的连接词。例如：

【例 1】 Cells from the necks of patients with Parkinson's disease may alleviate the symptoms if they are infused into the brain.

【译文】 把帕金森氏病患者颈部细胞输注到患者脑部能够缓解症状。

英语中必须用连词 if，否则句子就不成立；而汉语则完全可以将它去掉。要是译成"如果把帕金森氏病患者颈部细胞输注到患者脑部，那么患者的症状就可以得到缓解"，当然也很清楚，但相比之下，还是第一种译法干脆利落，更像地道汉语。

我们知道，省略法是新闻报道中的惯用手段，尤其是在标题的写作上。标题中的很多语法成分或词语常被省略，主要是省虚词，留实词。例如：

【例 2】 37 killed in Italian plane crash（=37 killed in **an** Italian plane crash）

【译文】 一架意大利飞机失事，37 人丧生

【例 3】 Irish group kills ex-chief（=**An** Irish group kills **its** ex-chief）

【译文】 一爱尔兰团体杀死前首领

在例 2 中，冠词 an 省略了，例 3 中也省略了冠词 an 和代词 its，在译文中，原文中省掉的冠词都得到了增补。

三、语态和修辞

（1）频繁的被动语态

英语新闻报刊文体一方面倾向于用主动语态，这样可以给读者一种直接感，使叙述具有直言不讳的效果。另一方面，被动语态越来越频繁地出现。因为新闻报道中读者所关心的往往是施者（动作的发出者）的情况，比如在有关灾难、战争、事故等报道中，读者关心的是伤亡人员、与之相关的具体数字或进展等，因此，被动语态在新闻文体中的使用频率多于其他文体。翻译中，可以灵活处理新闻报刊文体的被动语

态，除非有必要突出受动者(动作的接收者)，否则不要译成被动语态。

【例】 More than 50 million acres of farmland have been submerged and grain store damaged. Thousand of peasants have been shown on television trying to save their grain by loading sacks into boats or trying to move them to higher ground.

【译文】五千多万亩粮田被淹，许多粮仓被毁。电视报道了成千上万的农民在设法抢救粮食，他们或把麻袋装的粮食运到船上，或把它们转移到高处。

(2) 特定的动词形式

新闻报道中，动词形式通常是"特定"的。因此，新闻标题形成了自身独特的动词时态特点，以达到使动词既传神达意又具有时效感的目的。英文新闻标题主要通过三种动词形式，即动词的一般现在式、动词的不定式和动词的现在分词形式，来分别表示三种时态。

用一般现在时表达过去发生的事情，这样可以突出新闻的时新性、现实性和直接性。如：

【例1】Street Battle in Heavy Shelling as Peace Talks Proceed

【译文】和平谈判照常进行　街头巷战也照常不停

用不定式表示将来的计划、安排和将要发生的事情，一般用"系动词 be+动词不定式"结构，其中系动词 be 通常省略。如：

【例2】Blair to Fly to US for War Summit with Bush

【译文】布莱尔将赴美和布什一起参加战争峰会

用现在分词表达正在进行的动作或正在发生的事态，一般用"be+现在分词"的形式，但 be 通常省略。如：

【例3】Yugoslav pianist stirring music world

【译文】南斯拉夫钢琴家震动乐坛

新闻英语正文中，有时可不受传统语法规则的限制，时态有较大的灵活性。在翻译中，我们要掌握新闻英语的一般时态规则以及在文体中出现的不拘呼应的语法现象，结合具体情况，在理解原文的基础上，将表示时态关系的动词准确清楚地译出。

(3) 注重修辞效果

新闻文体除了注重事实真实，表达清晰，还讲究语言的美感和韵味，因此，常常借助比喻、夸张、双关语、成语、押韵等修辞手法来增加新闻的可读性和吸引力。各种修辞手段的运用反映了新闻语言的文学特征。在翻译时，译文不仅要能够传达原意，而且应尽可能再现原文的修辞手段和风格。让我们来看看下面这个非常典型的例子。这是路透社 2004 年 6 月 4 日关于美国副国务卿理查德·阿米蒂奇可能辞职的报道。原文最后一句话是这样的：

【例 4】 Asked how he won the nickname, "Powell's bull-dog", the barrel-chested weight-lifter told Delaware Valley Elementary School TV: "How unfair. I thought it would be '**Powell's poodle**', which has some alliteration."

【译文】 当记者问及他如何得到绰号"鲍威尔的哈巴狗"时，胸肌发达、当过举重运动员的阿米蒂奇对记者说："这太不公平了。我觉得'鲍威尔的狮子狗'似乎更押韵。"

非常明显，阿米蒂奇自己都已指出："Powell's poodle"一语运用了英语"alliteration"（头韵）的修辞手法。因此，译文也应尽量体现。但译文并未做到这一点。既然译文最后提到了"押韵"，而"鲍威尔"和"狮子狗"二词却并不押韵，这是否有些自相矛盾？笔者认为，由于新闻翻译时间较紧，这种情况可采用音译法来大致达到原文的修辞效果。这样上文可改译为"鲍威尔的波特儿犬"，因为"poodle"一词有"法国的波特儿犬"之意。如此，"鲍"和"波"的"/b/"音在很大程度上再现了原文的"头韵"，一般的中国读者也能通过拼音知识理解这种"押韵"的效果。另外，即使必须译出"狮子狗"之意，那也不妨在"狮子狗"之前加上一个带有/b/音的词，如"鲍威尔的保镖狮子狗"或"保驾狮子狗"，甚至"鲍威尔的宝贝狮子狗"也未尝不可。关键在于能在一定程度上再现原文的风格。再如：

【例 5】 Climbers hold **summit talks**

【译文】 登山运动员会师峰顶(summit talks 原意是"首脑会议"。而这

一则新闻报道了有关中国、日本、尼泊尔三国登上珠穆朗玛峰的情况。用在此处一语双关，增加了趣味性)

在翻译新闻文体时，要尽量再现原文的修辞手法，要做到既达意，又传神。

3.3　汉语新闻的翻译策略与技巧

3.3.1　汉语新闻的翻译策略

随着我国对外开放的不断深入和对外经济文化交流的日益频繁，对外新闻报道工作显得越来越重要。对外新闻报道主要指面向国外的新闻宣传，它属于"信息类语篇"，其功能不仅仅是简单地向国外人士传递信息，从某种程度上而言，它还肩负着对外宣传的责任，许多外国人(尤其是那些无缘亲自造访中国的外国人)很多时候正是通过我国发布的对外新闻来了解中国的，所以对外新闻关系到我国的国际形象。对外新闻翻译中若出现不妥之处，其造成的损失不但是信息传递的折扣，严重时会让人对我国的认识产生偏差，因此对外新闻翻译的操作必须慎之又慎。中西方在历史传统、社会制度、意识形态、思维习惯等文化方面的差异，会造成对外新闻报道翻译上的一些问题，我们只有深刻了解中西文化的差异，才能对症下药，才能解决翻译中的问题，提高对外新闻报道翻译的质量。中西文化的差异主要表现在以下几点。

一、中西思维模式的差异

一般来说，英美较多采用"对立思维"，即一种"非此即彼"的直线式思维方式，而中国人则更倾向于"统一"的曲线式思维方式。"中国传统思想注重实践经验，注重整体思考，因而借助直觉体悟，即通过知觉从总体上模糊而直接地把握认识对象的内在本质和规律。"(连淑能，2002：43) 而英美人的思维传统一向重视理性知识，重视分析，因而也重视事实，主张通过对大量事实的分析得出科学、客观的结论，所以，英语的语言分析十分系统全面。因此，在对外新闻翻译中，中西思维方式的差异应引起足够的重视。

二、中西价值观念的差异

美国价值系统中，"对变化和进步持有积极的态度"，其"关于奋斗便会带来成功的乐观主义观点"以及"务实精神"反映了他们的价值取向在于"有所作为"，是以个人作为其根本精神，是理智模式。而中国价值观念中则有较多的"因袭"、"保守"成分，对"无为"、"止"、"定"、"静"、"安"、"正身"、"修身"等观念的好感表明其对于人的存在意义的强调，是以群体精神作为其灵魂，是情感模式。由于价值观念的不同，必然会导致对外新闻报道翻译的侧重点的不同。

三、中西语言表达的差异

汉、英民族有着不同的文化背景、价值观念及思维方式，因而他们的审美观、语言逻辑观也不尽相同。汉英新闻报道更是存在巨大差异。由于历史骈体文的影响和中国人的尚古文风，汉语讲究词句整齐对仗、华丽抒情，重视含蓄隽永、声韵和谐，这些特点反映到其新闻用语上，往往表现为语句重复堆砌，大量使用结构有规律、音节有韵味的虚词，语言凝练概括，简化浓缩，喜欢使用抽象、铺张的比喻、形容词、套语和诗词成语，用词华丽但往往流于空泛。而英语新闻则讲究信息性、娱乐性、新颖性，富于人情味等，在语言表达上简洁明了、平易朴实、开门见山，重客观表述事实和传递具体信息，不欣赏空洞无物、华而不实的过多形容词和重复堆砌的语句，喜用简单短小的单词代替复杂的长单词，常用借喻词（如以 Beijing 指中国政府）与提喻词（如以 Vietnam 比喻越南战争）及委婉语（如用 the aging 指老人）等。因此，在对外新闻报道的翻译中，应充分考虑到这种差异，做出相应的调整，使英语译文受者能够顺利地摄取我们所要报道的内容，掌握要旨，否则就会给他们带来理解上的困难，甚至会引起误解，达不到对外报道的效果。

3.3.2　汉语新闻的翻译技巧

一、增加背景信息

增加背景信息在我国英语报刊等涉外新闻媒体的对外报道中尤为

重要，占有十分重要的位置。善于增加背景信息是加强英语对外报道可读性的关键之一。这不仅因为外国人对中国的情况不了解，需要通过交待背景加以解释，更因为任何一个事物都是从它和其他事物的关联中才能体现出它的意义。外国记者非常重视在新闻中运用背景材料，因此，译者要了解其所涉及的文化、社会背景等。在对外新闻报道的英译中，对相关文化及社会背景，如历史事件、地理名称、人物名字、政治术语或流行语、特有机构名称等的了解尤为重要。在一定意义上说，背景信息增加是一篇对外稿能否翻译成功的关键。如在中国恢复对香港行使主权时，对外新闻报道的英译中会遇到《南京条约》，这时不妨将其译成：

【例1】《南京条约》

【译文】Nanjing Treaty, which was signed by the Government of the Qing Dynasty and the British Government in 1842, and served as the legal basis for Hong Kong to become Britain's leased territory

又如：

【例2】辛亥革命

【译文】the Chinese Revolution of 1911, which overthrew the Qing Dynasty, China's last feudal dynasty

由于英美受者对中国的历史缺乏了解，以上两例都增加了背景知识，从而使我们的译文为英美受者所理解。

中国特有的机构名称一般都需要加简短的说明。例如，不是所有的外国读者都了解"中国人民政治协商会议"是一个什么性质和职能的机构，有的外国人甚至认为这仅仅是一个"会议"而已，因此，可作一番背景解释，以提高对外报道的传播效果。

【例3】中国人民政治协商会议

【译文】The Chinese People's Political Consultative Conference (CPPCC), a national advisory body on policy matters with considerable influence

【例4】"铁饭碗"如今已被一个新出现的词"跳槽"代替。

【译文】The phrase "iron-rice-bowl", which refers to the job-for-life system, has been replaced by a new term, Tiao Cao, meaning "to seek better troughs.[3]"

"铁饭碗"是属于中国文化的东西，它在此处的语用义为"终身制的工作"。在汉语语境中，它的隐含义或语用义为中国读者所熟悉，因此作者没有必要把其中所浓缩的意义明示出来。但翻译成英语，如果不做必要的语用增补，直译为 iron-rice-bowl，该译文在译语中便失去了应有的意义，因为它脱离了译语语言使用环境，没有给不熟悉中国文化、无法自行推导其内涵意义的译语读者提供足够的信息，造成意义隐晦费解。这里，通过在译文中补充必要的信息，增加了译文的针对性、可读性、说服力和吸引力。

二、释义

对外新闻报道不同于中文报刊的简单英译，关键是如何做到正确清晰，以增加传播效果。对外报道中的翻译不应是机械的语言文字的翻版。由于中西两种文化的差异，在翻译当中，如果遇到一些与中国国情相关的词语、比喻、成语、俗语、典故和谚语，以及一些空泛的议论性文字，可以采用释义的方法进行简化或明晰化处理，译出其明确内容和含义，以使外国受者对此有一个清晰正确的了解。如：

【例1】我们应该加强精神文明建设。

【译文】We should step up efforts to promote cultural and ethical progress.

我们常说的精神文明，是指在文化及道德水平上的进步，而英文中的 civilization 是与"野蛮"、"未开化"相对应的。因此，如果将"精神文明"直译为 spiritual civilization[4] 就带有"我们目前仍处在未开化状态"的含义了。这样的译文恐怕会起到"往自己的脸上抹黑"的效果。译文对"精神文明"一词作了正确的释义，直接明晰译出原文内涵。

---

3 总主编注：该表达法被大学英语四、六级大纲辅导资料及不少论文引用。建议用 job-hopping 取而代之。

4 总主编注：该表达法容易被海外英语读者误解为与宗教相关，但现已逐渐为西方媒体和读者所了解、所接受。亦可译为 advanced culture and ethics。请读者注意新闻英语中同一意思的灵活表达。

【例2】"解放前"、"解放后"

【译文】before/after the founding of New China（in 1949）或 before/after the founding of the People's Republic of China (in 1949)

如果直接将"解放前"和"解放后"译为"before liberation"和"after liberation"则显得过于直板，让不了解中国历史的外国受者无法理解，译文对这两个词作了释义，这样显得更清晰易懂，比较客观。

【例3】吃大锅饭

【译文】get an equal share regardless of the work done 或 be treated the same despite the differences in working attitude and contribution[5]

"吃大锅饭"是针对分配方面存在的绝对平均主义现象的一种形象比喻。若按字面意思直译成"eat rice from the same big pot"，恐会造成文化上的差异。因此，应译出其引申义，即"不论工作好坏，贡献大小，生活待遇或报酬都一样"。译文作了通俗解释，较好地融合了原文与译文间的文化差异。

在对外新闻报道中，遇到一些著名地名，如"北京"、"海南"等，为了让一般的外国读者对中国地理概念有一个感性清晰的认识，在翻译时应要加以解释说明，如"the capital city of Beijing"，"Hainan, China's southernmost, youngest province and the second largest island next to Taiwan"。在对外报道中，如出现人名，有时也可以用国外现成的典故、人物等来比喻汉语中相似的人物典故等，例如，我们常将中国古代的济公比作英国历史上的 Robin Hood，将梁山伯与祝英台比作莎士比亚笔下的 Romeo 与 Juliet，它们分别译作 Ji Gong, Chinese version of Robin Hood；Liang Shanbo and Zhu Yingtai, Chinese version of Romeo and Juliet。当然，这种借助比喻进行翻译的方法也不是一成不变的，随着西方对中国的历史、文化、社会背景的了解越来越深入，带有解释性的翻译就可以减少。

---

5 总主编注：读者应自觉留意一些"新鲜译法"是否可行，如 egalitarian practice of "everybody eating out of the same big pot" 或者 egalitarian practice of "everybody sharing food from the same big pot"。

三、删减

删减法是删去一些可有可无的，或者有了反嫌累赘或违背译语表达习惯的词，但删减并不是把原文的某些思想内容删去。由于使用英语民族与使用汉语民族的思维方式和语言表达特征存在差异，因此，在翻译时，要注意做必要的删减，对原文进行缩略概括。

在用词上，汉语趋于雅，英语趋于白。前者若不雅，就会被认为没有文采，淡而无味；后者不平，则被认为不够客观，华而不实。而汉语中的"雅"常常借助同义反复、四字结构来体现。汉译英时应做出相应的删减。如：

【例1】目标的轻重缓急，孰先孰后，应仔细研究，认真考虑，反复推敲才是。

【译文】Target priorities should be very carefully studied.

以上句子中的"轻重缓急"与"孰先孰后"是一个意思，"仔细研究"、"认真考虑"、"反复推敲"意思也基本相同，译成 very carefully studied 就可以了。这种同义反复对仗工整，可以渲染气氛，读起来朗朗上口，而这正是汉语的语言特色。

汉语中的"医德医风"如果说成"医生的道德"似嫌平白，不如"医德医风"来得雅，却并非强调。而英语表达恰恰需要这样的平白 "medical ethics"，"德、风"连在一起是汉语的习惯，英语 ethics 足以表达。再如，"广大教职工"译为"faculties and staffs"足矣，加上"the mass of"费力不讨好；"行业结构要进行调整。"译成"The industrial structures will have to be adjusted."即可，其中的"进行"出于音韵对仗，没有多少实际意义。无奈汉语总喜欢咬文嚼字，的确给汉译英带来不少麻烦。汉语通过同义反复，形成对仗工整，读来颇具韵味，即所谓的雅，要说有多大的实在或强调含义，也不见得。因此汉译英时，应根据汉语和英语的语言特点，适当地删减压缩，去掉那些不适当的重复、溢美之辞，取得英汉语言功能上的对等。（袁晓宁，2004：95）

【例2】全体员工精诚团结，上下一心。

【译文】All the staffs unite in absolute sincerity.

【例3】防止一哄而起，不搞"大呼隆"。

【译文】Guard against imprudence into mass action.

【例4】上有政策，下有对策，有令不行，有禁不止。

【译文】Disobey orders and defy prohibitions.

上述三例的汉语原文读起来没有什么不妥，前后两组意义大同小异。在译文中，只要清楚表达了原意，其中一组可以删去不译，也避免了同一句中意义多次重复的现象。

另外，汉语修饰语在程度上往往强于英语，大词的使用频率偏高，这样就会导致语义堆砌臃肿，语义传达失真。例如，国内不少汉语广告动辄就是"一流"、"完美"、"独特"，而有些译者也不假思索就译为 top quality, perfect, unique，不看产品情况，不顾国际标准，实在不切实际。又如"十分重要"和"真抓实干"中的"十分"、"真"与"实"均无太实在的意义；时下"西部大开发"中的"大"怕是很难用诸如"grand, overall"等字眼将其译出，作为一项国家的决策应言简意赅，译出反而显得多余累赘，直接译成"western development"更符合英文表达。对于这些情况，翻译时也需要加以考虑，省去或作降调处理。

四、改写

由于汉语表达的华丽溢美与英语表达的直观明快存在矛盾，因此，有必要在汉译英中省去一些无实际意义的用来渲染气氛的词句，以使译文适合相应的语言风格。如果出现可能发生文化碰撞的内容，可考虑改写，否则会直接影响对外新闻报道宣传的效果。如：

【例1】接天莲叶无穷碧，映日荷花别样红

【译文】Lotus flowers in full bloom

这是一则报道盛夏荷花竞相开放的新闻标题，原文套用的是两句中国古诗，逐字直译会使译文十分冗长，违反英语新闻标题简明、口语化的语体特点。以上译文抓住新闻主要信息，对表层结构进行了改写，信息中心突出，简明扼要。

【例2】在自己努力保持发展的同时，福日股份公司不忘记回报国家与社会，积极参加各项社会公益活动。

【译文】While making efforts to keep the momentum of development, FURI Electronics has never forgot its social obligations and actively participated in various public welfare activities.

"不忘回报国家与社会"一句是目前在国内新闻报道中用得有点滥的套语，在中文语境中司空见惯，其语用义大于字面义。但在这里，若将其直译作"never forget to repay the nation and the society"会显得突兀，与整个语境格格不入。因为前文并没有提到国家和社会对公司具体做了什么，而在英文里又没有与此汉语语用义相对等的表达。因此，翻译时，要适当改写。从此句语境上看，只要把语用义"牢记自己的社会责任"译出即可。

【练习题】

一、翻译下列句子，注意黑体词的选词[c]。

1. Oil prices in Asia **slipped** briefly below $60 a barrel for the first time in more than 18 months, then **rallied** to $61, after a two-day **plunge**.

2. In Australia, gasoline prices have retreated, although falls have been limited because of the **weakness** of the Australian dollar against its American counterpart.

3. Greenspan called the financial and credit crisis a "once in a century credit tsunami" brought about by heavy demand for securities backed by **sub-prime mortgages**.

4. Economists say that despite efforts to avoid a financial **meltdown**, the global economy is likely to slow in the months ahead, especially in the US and Europe.

5. Canadian environmental activist Sheila Watt-Cloutier has also been **tipped** as a possible candidate for the Nobel Peace Prize for her work on climate change in the Arctic.

6. 中国国家统计局(NBS)日前在北京宣布，**火热的**中国经济在 2007

年第一季度继续加速。这表明，中国将继续在未来数年里震撼全球
市场。

7. 在继续加强和改善宏观调控方面，我们很重要的经验就是注意不要
采取力度过大的调控措施，而是**微量、小步、频调**，目的就是防止
经济的硬着陆。

8. 11月初，重庆9000名出租车司机是第一批针对增加的**租赁**费用、
高燃油费和私家汽车竞争等问题进行罢工的出租车团体。

9. 由于担心**低迷的**出口业和地产业已影响到整个经济，世界银行将
2009年中国经济增长率预测从9.2%下调至7.5%。

10.尽管部分中国媒体预期，未来在公共服务上的**投入**将会进一步加
大，目前的方案主要还是注重大型基础建设项目。

二、根据英汉句式结构的差异翻译下列长句[c]。

1. The White House says the US economy is struggling to grow and
   generate jobs, despite aggressive steps taken by the federal government
   to prop up financial institutions and unfreeze tight credit.

2. Since a lot of Obama's message emphasized hope and change and, to a
   large degree he was somewhat general about those, he has attracted,
   obviously, millions of supporters not all of whom probably agree on
   what change they want and what hopes they are hoping to be satisfied.

3. The new US president would risk provoking conflict with Pakistan if he
   sends US forces across the border from Afghanistan to pursue the
   Taliban and Al Qaeda.

4. UN Secretary General Ban Ki Moon says he is using the influence of his
   office to work for peace and that all the mechanisms are in place,
   including the Quartet, which is the European Union, the United Nations,
   Russia, and the United States.

5. The foreign ministers of Britain and France are heading to the
   Democratic Republic of Congo and Rwanda to try to stave off a further

humanitarian crisis in eastern Congo where tens of thousands are fleeing advancing rebel forces, despite a cease-fire that appears to be holding.

6. 未来，中国的城市化进程和对新增电力的需求，也将成为能源消耗与排放量继续增加的重要因素。中国主要利用煤炭发电。

7. 尽管中国政府拒绝允许人民币以高于每年 4%到 5%的速度升值，但它近日采取措施，减少了对出口的鼓励政策，特别是对钢铁和纺织品行业。

8. 面对国际金融危机，中国政府已经多次表明了态度，那就是，国际社会应该保持信心，加强合作，共同妥善地来予以应对。包括中国中央银行等有关机构在内的政府部门都在和其他国家的有关机构保持著密切联系和沟通。

9. 中国的崛起已给全球经济带来了革命性影响，其廉价电器和服装为全世界消费者带来了好处，也使数百万本国居民脱离了贫困。

10. 中国政府坚持把发展服务业作为扩大就业的主要方向，鼓励发展社区服务、餐饮、商贸流通、旅游等行业，更多地增加这些行业的就业岗位。

三、运用适当策略将下列段落翻译成汉语[c]。

Hillary: Iraq war Bush's responsibility

Hillary Rodham Clinton said Sunday that President Bush has made a mess of Iraq and it is his responsibility to "extricate" the United States from the situation before he leaves office.

It would be "the height of irresponsibility" to pass the war along to the next commander in chief, she said.

"This was his decision to go to war with an ill-conceived plan and an incompetently executed strategy," the Democratic senator from New York said in her initial presidential campaign in Iowa.

"We expect him to extricate our country from this before he leaves office" in January 2009, the former first lady said.

The White House condemned Clinton's comments as a partisan attack and "sending the wrong message" to US soldiers.

Clinton held a town hall-style forum attended by about 300 activists, giving a brief speech before taking questions for nearly an hour.

"I am going to level with you, the president has said this is going to be left to his successor," Clinton said. "I think it is the height of irresponsibility and I really resent it."

Bush describes Iraq as the central front in the global fight against terrorism that began after the attacks of Sept. 11, 2001. "The war on terror will be a problem for the next president. Presidents after me will be confronting... an enemy that would like to strike the United States again," he recently told reporters.

During the town hall meeting, she tried to make clear that she thinks she would be a chief executive with enough fortitude to confront any danger facing the country.

"I believe that a lot in my background shows the character and toughness that is required to be president," Clinton said.

四、运用适当策略将下列段落翻译成英语[c]。
全球变暖　珠峰降低

由于担心珠穆朗玛峰的海拔可能正在降低，中国将重新测量这座世界最高峰。

最近的一份调查显示，受全球变暖的影响，珠穆朗玛峰降低了 1.3 米（4 英尺）。珠穆朗玛峰位于中国和尼泊尔边界，它的海拔高度历来是有争议的话题。

19 世纪 50 年代，人们首次对珠穆朗玛峰的海拔高度进行测量，但 100 年后，印度人进行了一次更精确的测量，计算出珠穆朗玛峰的海拔高度为 8848 米。

1999 年，美国科学家们利用全球定位系统重新测量了珠峰的高度。他们和美国国家地理协会共同得出的结论是：珠峰比 8848 米还要高 2 米。

然而现在受全球变暖的影响，世界最高峰上的冰川开始融化，海拔明显降低。

中国科学家们将于今年 3 月对珠穆朗玛峰进行勘测，以检查海拔是否如预计那样降低 1 米多。无论珠峰的海拔到底下降了多少，它的海拔高度不太可能保持不变。地球板块的活动使喜马拉雅山不断升高，据说珠穆朗玛峰每年升高 1 厘米左右。

Chapter 4

新闻翻译中词汇的处理

4.1 综述[1]

　　"新闻是最近的事件报道。"（威廉·梅茨）"新闻就是把最新的现实现象在最短的时间距离内，连续介绍给最广泛的公众。"（多维法特，德国柏林大学新闻学教授）"新闻是已经发生或正在发生的事情报道。"（约斯特，美国报人，新闻学教授）关于新闻的定义层出不穷，但是新闻报道有一个共同的特点，那就是每一条报道都追求实现自身的新闻价值。一般认为，新闻价值取决于新闻的重要性、显著性、接近性、趣味性、反常性等五个标准（郑思礼、郑宇）。但是，新闻价值要完全得到实现，除了新闻事件本身必须具备上述特征之外，新闻报道的表达也起着十分重要的作用。新闻报道总是追求真实、准确、具体、生动。"真实"指的是事件本身的真实性，而"准确、具体、生动"则更多是针对新闻语言的使用而言。作为构成新闻报道篇章的最基本单位——词汇，对其最基本的要求无疑也就是"准确"二字，在准确的基础上再追求语言的"具体、生动"等。这一点，在新闻翻译中也是如此。一般认为，新闻翻译应使译语读者不但获得源语新闻记者所报道的信息，而且还能得到与源语新闻读者大致相同的信息享受。因此，"准确"也是对新闻翻译的首要要求。英语和汉语在词汇层面上存在着巨大的差别，要达到对词汇的准确翻译，译者要认识到这些差别并且谨慎地处理。

　　语言是人类对现实世界认知的反映，不同语言中总有一部分内容反映人们对世界的相同的认知。汉语和英语亦是如此。这两种语言中有一部分词汇之间存在着完全对应关系，如英语的 vegetable 就对应汉语的"蔬菜"，汉语中的"军队"就对应英语的 army。但总体而言，汉语词汇和英语词汇更多地是在语义上存在着不完全对应关系，汉语词涵盖面窄，词义一般比较固定，而英语词涵盖面宽，词义较灵活。有时汉语词汇和英语词汇虽然有相同的字面意思但其所包括的内涵、所具有的情

---

1 本章的编写参考了有关资料，如 http://wenku.baidu.com 等，谨致谢忱。

感和所引起的联想都是不一样的。汉语词汇和英语词汇之间还存在着"包孕"、"交叉"和"空缺"的关系(陈宏薇，2000：44-47)。所谓"包孕"指汉语词的意义包含在英语之中，或是英语词的意义包含在汉语之中。例如汉语的"打破"包含了英语当中"break, crack, crush, demolish, destroy, shatter, smash"等词的意思，而英语的 set 和不同的词搭配则包含了汉语当中"决定，树立，调整，搭配，提出"等意思。所谓语义交叉指英汉词汇之间部分语义相同，而其他语义不同的情况。例如治国——to administer a country，治山治水——to transform mountains and tame rivers，治愈战争的创伤——to heal the wounds of the war (陈宏薇用例)。而词汇语义空缺是由于社会文化的差异，在一种语言中存在的词在另一种语言中缺失。例如汉语词汇中一些歇后语或是习惯用法中出现的词汇，或是食物的名称等在英语当中常常找不到相对应的词，反之，英语当中表示运动的词汇以及由这些词汇所构成的习惯用法翻译成汉语通常也不得不采用替代、省略或解释的方法来加以弥补。

　　英语词汇和汉语词汇除了在语义上具有很大不同之外，在使用上也有相当差别。汉语词汇在使用中注重其本身的节奏、对偶等美学效果，换言之，汉语词汇本身具有对称性，这也就是为什么汉语中使用大量的四字成语，而英语词汇却不具备这一特点。但是英语词汇在使用中的形态变化在汉语词汇中却不存在。

　　因此，在英语和汉语新闻的互译中，译者必须熟知英汉词汇之间的异同，才有可能求得翻译的准确。

4.2　对词汇的正确理解和表达[2]

　　汉语和英语的词汇在语义上存在的不对称关系为翻译中正确理解和再现词汇的意义带来一定的困难。英语词汇一词多义、汉语词汇一

2　本节和 4.3 节中的主要译例取自刘洪潮《怎样做新闻翻译》，编者依据本章所要表达的观点和内容对这些译例做了进一步的分析。

字多义在实际语言应用中非常普遍。而词的不同搭配也影响词义的生成。此外，在新闻写作中，作者为了追求新闻在效果上的感染力，在词汇的选择和使用上常有别出心裁和创造之举，因此，在翻译中，首先要根据当前文本所处的语境和词汇本身的搭配来选择最合适的语义，从而才有可能在译语中贴切地传达原文内容。例如：

The US **acknowledges** that all Chinese on either side of the Taiwan Strait maintain there is but one China and that Taiwan is a part of China. The US government does not challenge that position.

这句话的原译为：美国**承认**，在台湾海峡两边的所有中国人都认为只有一个中国：台湾是中国的一部分。美国政府对这一立场不提出异议。

译文把 acknowledge 译为其最常用的含义，即 "承认"，这与客观事实并不相符。根据美国政府一直以来对中国台湾问题所采取的态度，acknowledge 一词不可能是 "承认" 的意思，只能理解为 "to accept that something is true"。相应地，中文译为 "认识" 较为妥当。因而原译便可改为："美国**认识**到，在台湾海峡两边的所有中国人都认为只有一个中国：台湾是中国的一部分。美国政府对这一立场不提出异议。"又如，20 世纪 70 年代尼克松把中国人称为 our dedicated opponent，原译为"我们的富于献身精神的对手"，而资深新闻译审却认为应该改译为 "坚决与我们对立的对手"。仔细分析一下，这就源于对 dedicated 一词理解的深度不同。虽然与该词最常用的意义所对应的中文是 "富于献身精神的"，但一般用在句子中时，它是指主语对当下所描述的工作富于献身精神，即如其词典含义所描述的："someone who is dedicated works very hard at what they do because they care a lot about it"。因此，当尼克松在 70 年代中美关系的大背景下评论中国人时，不是泛泛地评论中国人民对工作的态度，而是在说中国人对美国的态度，显然，改译更能确切体现原文所要表达的意思。

再如，responsible 这个词，一旦出现，几乎立即都会被译成 "负责" 或 "责任"。而在新闻翻译中，若总是用 "负责" 或 "责任" 去译该词，往往远远不能准确表达原文的含义。请看以下几个译例：

No one claimed it was **responsible** for the attack.

类似的句子往往被译为"没有人愿意为此次袭击承担责任。""承担责任"一说多半是由于原句中出现了 responsible 一词。译文初读起来，感觉和原文非常接近，似乎也没有什么问题。但细究之下，译文的语义是非常模糊的：是没人承认此次袭击是其所为？还是没人愿意为此次袭击承担善后或追查的责任？而原文的意思非常明了，即没有人宣称此次袭击是其所为。

再如，在报道我国发射第二颗人造卫星时，有这样一句话：

In congratulating those **responsible** for the success, the announcement mentioned that commanders and fighters of the Chinese People's Liberation Army had worked alongside scientists and engineers in the development and launching of the satellite.

该句的大致意思为："向为第二颗卫星成功发射作出贡献的人员表示祝贺，其中有中国人民解放军官兵，为了成功研制和发射卫星，他们一直与科学家和工程师一起并肩作战。"但若是把句中 responsible for 译为"向为成功发射第二颗卫星负责的人员表示祝贺"，不但其中文的语义模糊，甚至语句都未能完全通顺。又如：

Now, it would seem that quite other considerations **are responsible for** the government's attitude.

若译为："现在看来很多其他因素都要为政府的态度负责。"不但译文的内容模糊不清，还基本上曲解了原文的意思。这种译文可以归入误译的范畴，原因是对"are responsible for"的意义想当然地去翻译，而不仔细追究其在句中所构建起来的逻辑关系。该句原本是在客观陈述政府之所以持这种态度的缘由，并不带任何价值判断，因此可以改译为："现在看来，该国政府在这个问题上持这种态度，完全是出于另外一些考虑。"

对于中国译者来说，在把汉语新闻翻译成英语时，对原文的理解和表达有时并不比理解英语新闻原文更加容易。汉语的习惯性思维时常带有"只可意会，不可言传"的特点，这也影响到词汇的使用和理解。

在单纯汉语的语境下交流，我们有时只需领会词的语义而不必深究其具体而明确的含义，但在翻译时，我们就必须把词的意义明朗化。有时，即便是一些使用频率很高的词，在翻译中也难以确定其具体含义。例如说到中国的社会问题时，常常会提到"扶持**大龄**下岗人员再就业"。"大龄"一词在上述语境中几乎是约定俗成的，但"大龄"到底是多大，恐怕没有一个既定的标准，在有的行业，30 岁就是大龄，而在有的行业，可能 50 岁也未必很大。但是如果把它翻译成"to give assistance to laid-off persons who have difficulties finding reemployment because of their old age"，无疑是会误导读者的，因为 old age 在英文中的理解是老人。原文译成英文也就变成了"扶持老人再就业"，这当然是非常荒谬的。其实，"大龄"只是个相对的概念，指那些在年龄上不占优势的下岗人员，要把这层意思翻译出来，才能准确传达原文的信息，因而可以译成"to give assistance to laid off persons who have difficulties finding reemployment because of their disadvantaged age"。

在谈到国家建设在各方面取得的成就时，经常会使用诸如"我们将不断谱写建设有中国特色的社会主义新篇章"或是"在与……（国家）交往的历史中谱写了新篇章"之类的表述。两个"新篇章"在英文中却有不同的译法。前一句话中，"新篇章"表达的是一个将来的概念，意思为"在社会主义建设中将要取得的新成就"，一般会译成："We will go on achieving fresh successes in building socialism with Chinese characteristics."而后一句话中，新篇章已经成为一个历史事实，即指在与某国的对外交往中取得的所有成就，因而可以翻译为："We have written a new chapter in the annals of Sino- …relationship."

4.3 影响词汇理解和表达的因素

4.3.1 习惯用法的影响

习惯用法的影响在这里是指习惯性地使用一些常见词汇的表层意

义，而不去思考该意义是否适合当下语境的具体意思。所产生的结果就是只要出现这类词汇，译者便不假思索地把它们翻译成英语或汉语里的一个固定词汇。"文化"（culture）一词就是典型的一例。只要英文里出现"culture"，汉语里基本就译为"文化"，不管它是否具有汉语"文化"一词广博而复杂的含义。例如：

James Bruke, Johnson & Johnson's apostrophe innovation minded chief, credits his company's success at product development to close contact with customers and a **corporate culture t**hat encourage risk.

该句被译为："Johnson & Johnson 公司具有创新思想的首脑 Bruke 将其公司在研制新产品上的成功，归功于两件事：一是与客户或顾客保持密切联系，二是提倡一种鼓励员工敢冒失败风险（去研制新产品）的公司文化。""文化"在汉语中指人类在社会历史发展进程中所创造的物质财富和精神财富的总和，特指精神财富，如文学、艺术、科学、教育等；或者是指一个人运用文字的能力及一般知识。因此，上句的译文把"与客户或顾客保持密切联系"和"鼓励员工敢冒失败风险"称为"公司文化"并不妥当。这大概与"文化"一词近年来在汉语里被滥用不无关系。英文"culture"的内涵要比中文丰富一些，其中包括"the beliefs, ways of life, art, and customs that are shared and accepted by people in a particular society; the attitudes and beliefs about something that are shared by a particular group of people or in a particular organization"，即 culture 也可以指信仰、生活方式、习俗，或是某特定人群、组织对某一事物的态度等，和汉语的"文化"所表达的内涵有很大的不同。如果一味把 culture 翻译成"文化"，会影响意思表达的准确性，因此，遇到 culture 一词，应该根据它在句子中的具体含义翻译成"态度，风俗，行为"等不同的意思。前面的句子可以改译为："Johnson & Johnson 公司具有创新思想的首脑 Bruke 将其公司在研制新产品上的成功，归功于两件事：一是与客户或顾客保持密切联系，二是提倡一种鼓励员工敢冒失败风险（去研制新产品）的公司风气。"

同样在下面这一句话中，如果把 culture 译为文化，句子的意义在正确性上会大打折扣。

Managers today manage in ignorance of their costs, cannot control their inputs and have always been compelled to make norm-fulfillment their priority rather than market satisfaction. They usually have known deplorably little about their markets. The culture of the workplace is apathetic and irresponsible.

该句被译为："如今，经理们在管理中忽视成本，不能控制投入，总是首先寻求使管理符合标准而不是满足市场需求。他们通常对市场的了解少得可怜。车间里的**文化**是漠不关心和不负责任。"如果能把文化改译成"风气(或氛围)"，整个句子的意义将会表达得非常准确："如今，经理们在管理中忽视成本，不能控制投入，总是首先寻求使管理符合标准而不是满足市场需求。他们通常对市场的了解少得可怜。车间里的**风气**是漠不关心和不负责任。"

另外，又如 level 一词，如果一味地译成"水平"，在新闻翻译中可能会大大损害原文的意义，甚至有时可能导致译文完全不能达意。如以下各例两种不同的译文所示：

【例1】With the current-account deficit likely to increase, market forces might be expected to push down the dollar further, cheapening exports and eventually raising the price of imports to prohibitive **levels**.

【原译】由于经常项目逆差可能增大，预计市场力量有可能使美元进一步贬值，从而使出口价格下跌并最终使进口价格上涨到无人问津的**水平**。

【改译】由于经常项目逆差可能增大，预计市场力量有可能使美元进一步贬值，从而使出口价格下跌并最终使进口价格上涨到无人问津的**地步**。

【例2】The State Department said that despite a gradual escalation of hostilities in Angola since the ceasefire was declared, "the **level** of fighting is still substantially below previous year."

【原译】虽然宣布停火以来安哥拉国内的敌对行动逐步升级，但是"战斗**水平**还是大大低于前些年"。

【改译】虽然宣布停火以来安哥拉国内的敌对行动逐步升级，但是"战斗**规模**还是大大低于前些年"。

【例3】The member of OPEC cannot agree on their production **level**.

【原译】欧佩克成员国无法就他们的(石油)生产**水平**达成协议。

【改译】欧佩克成员国无法就他们的(石油)生产**配额**达成协议。

4.3.2 英汉语言思维不同的影响

汉语和英语两种语言在句子结构、词汇和语序等方面存在着差异。这些差异的根源是英汉语言思维的不同。英汉语言思维的差异直接作用于英汉两种语言对意思的表达。以下面这个句子为例。

The price level has risen about **eight times** since 1932, so a $25,000 income would be the "equivalent" of an income of $200,000 today.

其中 eight times 并不能按照字面意思翻译成上升了 8 倍，因为如后半句所表明的$200,000 是$25,000 的 8 倍，因此实际上涨的幅度是原先的 7 倍，所以这句话按照汉语的思维方式应该译成："价格水平自 1932 年以来已上升了 **7** 倍，因此当时 25000 美元的收入与今天 200000 美元的收入'等值'。"或者："如今价格水平是 1932 年的 **8** 倍，因此当时 25000 美元的收入与今天 200000 美元的收入'等值'。"

再看一个表示数字变化的例句：

Energy losses range from 10% to 20% when fuels are used directly to 65% to 70% for electrical generation and transmission.

如果翻译成："能量从直接使用损失 10%—20%到用于发电损失 65%—70%不等。"那么虽然看上去非常忠实于原文，其实并没有准确表达原句的意思，原文并非强调能量损失的不等，而是要强调所给出的两个数值，即最低损失值和最高损失值。因此改译为："使用燃料的能量损失率依其方式不同而异，直接使用，损失率最低，为 10%—20%，用于发电再加送电，损失率最高，达 65%—70%。"看上去似乎"损失率最低"和"损失率最高"是译者的解释，其实它们正是原文作者所要表达的信息，这也是由英语的思维和表达方式所决定的。

　　同样，在英语中有 since the Second World War 这样表达时间的短语，其正确含义是：自第二次世界大战结束以来，而不是如字面所显示的那样指第二次世界大战以来。两种中文表达所覆盖的时间长度是不一样的，前一种译法才是英文短语的正确含义。也就是说，自第二次世界大战结束以来在英文中并不表达为"since the end of the Second World War"。类似的，在英文中说 in the last year 意为"一年以来"，而非"在去年"，后者所对应的英文是 last year。英文句子"The senate must ratify the treaty."并非是命令："参议院必须批准这一条约。"而是表示："这一条约须经参议院批准。"

　　英语中带-ing 和-ed 的形容词的在含义上的区别能有力地说明汉语重悟性重意合和英语重理性重形合的思维方式在语言上所产生的差异。汉语里说"这本书很有趣"或是"我对这本书很感兴趣"，用不同的字词组合来表达不同的意思，而英语中通过"interesting"和"interested"这两个词在形态上的变化来表达与此相对应的意思。类似的例子比如：

　　The state planning chief, who came under **withering fire** from deputies and in the press when he presented the report earlier this week, has handed it over to independent experts to be rewritten.

　　其中 withering fire 并不是"正在消逝的批评"或"温和的批评"的意思，相反，若直译，它是指"使人枯萎的抨击之火"，亦即"非常激烈的批评"之意，所以这句话应译为："国家计委主任本周早些时候提出这个报告时受到了人民代表和报界的**激烈**批评，他已将这个报告交给独立的专家们去改写。"如果按照汉语的思维理解为："国家计委主任本周早些时候提出的这个报告时受到了人民代表和报界的**温和**批评，他已将这个报告交给独立的专家们去改写。"那么就产生了一个翻译错误。同样：

　　The rebels supported by the **withering** battery of gunfire attacked the government troops.

应该译为："反叛分子在**极为猛烈**的炮火支援下对政府军队发动了进攻。"而不是："反叛分子在微弱的炮火支援下进攻政府军队。"

思维的不同对英汉语表达方式和语意的影响无处不在，译者只有时刻对不同的思维方式保持敏感，不停留在语言表达的表面，才能译出语言之后的真正意义。

4.3.3　日常文化生活经验的影响

英语和汉语存在于不同的历史文化传统和不同的日常生活背景之中，两种语言的词汇也反映出这些不同。关于英汉语言词汇的不同至今已经有了非常全面丰富的论述，在这小节中，从新闻翻译的角度出发，做一个简要的分析。翻译中来自词汇的难点在于有时两种语言需要用不同的词汇或词组搭配去表达同一个意思。此时，译者就需要了解语言背后文化的个性和特性，掌握不同文化的背景、风俗、制度、信仰、社交礼仪和思维等生活经验对语言所带来的影响，这样才能正确翻译出蕴藏在语言之下的意义。

在以下这些例子中，知晓句中的一些表达方式在各自文化和日常生活中的确切含义对正确译出句子的意思是至关重要的。

They will be **ice-skating in hell** the day when I vote the aid for them.

这句话可以翻译为："要我投票赞成援助他们是绝无可能的事。" ice-skating in hell 和西方的基督教文化相关，他们认为地狱中到处都是火，因而在地狱中滑冰是绝无可能的，用来比喻事物的不可能性。

The British Prime Minister said, "the policies of western countries are like ducks in a row."

本句可以译成："英国首相说：'西方国家的政策是一致的。'" ducks in a row 当然又只是借用鸭子的一个比喻而已。

在把中文翻译成英语时，也常常会碰到类似的情况。在谈论社会保障的时候，常常会说到这样一个方面："国有企业下岗职工基本生活费和**离退休人员**的基本养老金，基本上做到了按时足额发放。"翻译成英文是：

Subsistence allowance for laid-off workers from state-owned enterprises and basic pensions for **retirees** were by and large paid in full and on time.

离退休人员被翻译成了 retiree 一词，因为离休和退休的区别是中国的一个特殊国情，而在许多英语国家，虽然不同的人从政府获得的养老金因为以前的身份职位高低而有不同，但并没有被分为离休和退休两种不等的级别，因此在翻译的时候译者没有必要去追求把这两层意思分别翻译出来。在谈到中国的社会建设时，经常说到这样一句话："必须始终不渝地坚持两手抓，两手都要硬的方针，加强精神文明建设。"较为合体的英文译文为：

We must unswervingly give equal importance to economic development on the one hand and to the development of the socialist culture and ideology on the other hand.

译文中的 economic development 是为了照顾英文读者的解释性添加，而在原文中，经济建设因为一直较精神文明建设得到更多的重视，属于不言自明、读者皆知，因而不必提及，反而是精神文明建设需要得到更多的强调。但是对于不知中国国情的英语读者来说，这两点必须都得提及，否则可能会造成误解，认为只有精神文明建设才是重要的。

语言中因为源于不同的生活经验和文化传统而产生的独特表达不胜枚举。在翻译中，这些可能成为译者的难题。要准确地翻译，就必须透过语言去发掘其背后的真正意义。这也证明了翻译要处理的不仅仅是语言问题，还有语言背后的文化、生活等内容，也就是语言所要表达的真正意义。

4.3.4　新词汇对新闻翻译的影响

新闻文本和其他文本有一个很显著的区别，那就是新闻文本中更多地使用新词汇。在新闻翻译中，新词汇的翻译因而也成为一个特别值得讨论和关注的问题。

新词汇是一定社会时期人的生活方式和思维方式的反映。新闻为了体现其时效性，也为了增加文章的吸引力，常用很多新词汇。有些新词汇因为代表新事物的存在，久而久之成为固定词汇的一部分。而新词汇的好的译文，也会成为译语词汇的一部分。比如 hacker 的中文译名"黑客"，cool 与对应的中文"酷"，clone 之于"克隆"，一国两制与"one country, two systems"等，都是成功的翻译。

翻译新词汇时，因为没有先例可援，通常都比较难，同时翻译新词汇意味着介绍新思想、新事物，因而又十分重要，不可忽略。一般来说，新词汇的翻译不是一次就能成功的，有很多新词汇刚出现时会有几种不同的翻译存在，一段时间之后才能确定最合适的译文。一些表现中国社会政治经济生活的新词汇，在翻译成英文的时候实际上都经历了一个筛选试用的过程。"三讲"最早解释性地译成：Emphasize the need to study, to have political awareness and to be honest and upright. 后来经过一段时间的使用，最后确定的英文版本为：Emphasize three things: study, politics and integrity. 比较前后两个英文译本，发现中文"讲学习、讲政治、讲正气"这种表述上的节奏感在英文的第一个译文中消失了，第一种译文并非是英文中的平行结构 (parallel structure)，因而未能产生原文所具有的掷地有声的效果，但此效果却是原文必须具备的。此外 politics 较之 political awareness 的内涵更加含蓄而丰富，也更加接近原文，因为"讲政治"应该不仅仅指"具有政治意识"。integrity 相比 to be honest and upright 则更加忠实而简洁地体现了原文的意思。同样，与"三个代表"对应的英文是"Three Represents"，它是说明性的翻译"The CPC represents the development trend of advanced productive forces, the orientation of advanced culture, and the fundamental interests of overwhelming majority of the people in China"的简化版本，当然使用这个简化的翻译的前提是译文读者对"三个代表"的内容了然于胸，而对于第一次碰到这个词汇的读者来说，后面一段说明性的文字还是需要的。可以预见的是，随着英文读者对中国国情的深入了解，随着"三个代表"的深入人心，这个词语的最终通行的翻译必定会是简单且与原文对应的"Three Represents"。

随着社会生活的发展与变迁，一些常用词汇的内涵发生了变化，从某种意义上说，这种常用词汇也变成了新词汇，因而需要有新的译文。例如"外向型经济"的英译文就从最早的 export-oriented economy 变成后来的 outward-looking economy，而在当下，"外向型经济"通常都译成 global-market-oriented economy，每一种翻译都体现了"外向型经济"在不同社会阶段、不同经济生活环境下的实际含义。类似的词汇还有"走出去"，最早译成 going out，现在通常译为 going global；中国政府刚刚提出"全面建设小康社会"时，英文的表述是：build a well-off society in an all-round way，现在大家更熟悉的是"build a moderately prosperous society in all respects"。

总的来说，新词汇的翻译原则和一般的翻译原则并无二致：都是要追求准确而生动地表现词语本身所蕴含的意义，使译文产生和原文一样的美学或是宣传的效果。新闻翻译中所遇到的新词汇本身无论是从意义还是表述来看都具有新颖性，因而翻译新闻文本中的新词汇还要特别追求给人耳目一新的感觉，也就意味着需要在译语中也创造一个有类似效果的词语。汉语中把 BMW 译成"宝马"，Benz 译成"奔驰"，AIDS（acquired immune deficiency syndrome）译为"艾滋病"（即获得性免疫缺陷综合征或后天性免疫缺陷综合征）都是被完全接受并受到推崇的成功翻译。但是有的时候新词汇并非代表新事物，而只是新闻作者为了新奇有趣、增加文章的吸引力而玩的文字游戏，例如有的作者把成语 in a nutshell 改写成 in an oyster shell，其意思却是完全相同的，都是表示"总的来说"，对于译者来说，能够翻译出其准确的意义也就够了。从整体效果来看，新词汇翻译的好坏会影响新闻文本在译语中所发挥的作用，因此，译者必须给予充分重视。

4.3.5　译者语言水平对词汇翻译的影响

和本章所讨论的其他影响词汇翻译的因素不同的是，译者的语言水平是一个非常主观的因素，是译者主体性的构成要素之一。译者语言水平决定了译者对词汇本身的掌握程度。勤勉的译者其语言水平总是随着学识和经验的增加而提高，反之，不注重自身修炼的译者总归不能翻译出好的译文。译者的语言水平对翻译质量的影响表现最明显，也是影响翻译的一个最活跃的因素。

译者的语言水平很差，会在翻译中犯非常低级的错误，例如译错词汇的基本意义等。但对于有一定实践经验的报刊译者来说，犯低级错误的概率很小，更多的是词义翻译不够准确，或是选错词义等。这源于译者对词汇的掌握不够全面、深刻，或是不善于辨别词在句子和篇章中的实际意义。以下面这个句子为例：

Those taken into custody were students and teachers, the sources said, but they could provide no **breakdown**.

许多学生把该句译成："有消息称：那些被拘捕的都是学生和教师，但是他们却不知道整个事件的崩溃。"译文是错误的，原因是在于对 breakdown 一词的理解不够，因而选择了一个错误的词义。该词的确有"崩溃，衰弱"的意思，但也有"细分目录"之意。前面两个意义较后面一个意义更为常用，因而更容易使用和掌握。可是，在翻译中选择正确的词义需要观察词在句子中与之搭配的其他部分，即如 Firth 所说："You know a word by the company it keeps." 因此能否正确翻译词汇不仅仅取决于对该词汇的理解，还取决于译者的整体语言分析和领会能力。在前一句话中，breakdown 若取"崩溃"之意，则不能与 provide 搭配使用，"提供崩溃"在英文词义上互不相容，其意义也是荒谬的。因此，该例中 breakdown 只能取"细分目录"之意，整句话的意思为："据消息提供人士称，这些被捕的人都是学生和教师，但是他们却无法说明教师和学生各占多少。"

再试分析一例：

The center should probably be staffed by people on temporary **loan** from firms, research laboratories, universities, and other talent pools.

这个句子拿到翻译课堂上让学生试译时，有不少学生将它译成："这个中心的成员很可能是靠暂时贷款得来的资金从公司、大学、实验室和其他地方雇来的。"这又是一例似是而非的译文。loan 最常用的意思是"贷款"或"借贷"，通常和钱有关，但并非一出现 loan 就表示和钱有关的借贷，它也常常有借东西的意思，比如"paintings on loan from Louvre"，"Thanks for the loan of your camera"，后一种用法绝不在少数，因此，这句中的 people on contemporary loan 是"临时借调的人员"之意，而绝非望文生义所得出的"用临时贷款所雇来的人"。这句话正确的译法可以是："这个中心配备的人员恐怕会从公司、研究实验室、大学以及其他的人才库临时**借调来**。"

译者水平的高低对词汇翻译的影响是显而易见的，水平低的译者要么错译误译，要么表达含糊其辞，而水平高的译者往往能创造出十分精彩的译文。负责任的译者总是不断努力提高自己的语言水平，以尽可能创造出理想的译文，达到翻译的目的。

4.3.6　译者立场对新闻词汇翻译的影响

新闻翻译和新闻写作一样，首先要让读者读到真实的报道，也就是要让目的语读者了解源语社会真实的方方面面、媒体的言论和态度等。在此基础上，新闻翻译还有其自身的目的性，在汉译外的新闻中，要确保信息能够按照翻译者的意愿在译语读者中被充分理解；而在外译汉中，不但要照顾新闻在译语读者中的接受，还要顾及所译的内容对社会安全稳定以及主流意识形态的影响，有的外译汉新闻本身就是为了加强读者对所处社会的信心以及对主流意识形态的拥护。译者的立场决定了译文的面貌、译文语篇功能的发挥和翻译目的的实现。在翻译过程中，译者的立场影响翻译题材的选择和对翻译内容的处理。总的说来，新闻翻译者总是站在主体社会文化的立场上，采取对主体文化有利的态度来翻译。

在具体的翻译过程中，新闻译者的立场首先影响其译文的措辞，或者说，译者通过措辞来体现和维护自己的政治文化立场。2006 年 4 月胡锦涛主席访美之际，《纽约时报》就中国问题和中美关系发表了"An Old Presidential Predicament: China Proves Tough to Influence"一文[3]，该

---

3 此例援引吕宁"新闻编译中的'选择'——以《参考消息》的一篇报道为例"。针对例子的分析为编者所作。

标题若直译过来，应为："总统的老难题：结果证明中国是难以影响的"，而《参考消息》把该标题翻译成"《纽约时报》：美国对中国影响力远低于期望"，在这一标题之下，《参考消息》有选择地编译了原文的内容。翻译者转移了叙述的重点，通过对原文中"tough to influence"的操纵，使两个标题代表了不一样的出发点和立场。"中国是难以影响的"这一叙述者一定是站在美国社会的立场上，从美国对中国的视点来评论。而"美国对中国的影响力远低于期望"由《参考消息》这样有影响力的媒体援引《纽约时报》的观点来发布，对于中国读者来说应是很受鼓舞的。

同一篇文章的原文写到了朝鲜核问题："...convince Kim Jong II... that he has no choice but to give up a small arsenal of nuclear weapons." 《参考消息》的译文为："说服金正日相信除了放弃其数量不多的核武器，别无选择。"该译文对原文中的"a small arsenal of nuclear weapon"做了不易察觉但却非常微妙的改变，译者把它处理成"a small amount of"之意，因而翻译成"数量不多"。但事实上，"arsenal"却是"兵工厂，军械库"之意。这也许就反映了中国和美国对于朝鲜核问题的不同看法和两者在这个问题上所处的不同立场吧。

4.4 新闻词汇翻译的原则

新闻词汇的翻译和其他文体的词汇翻译有一个共同点，即从根本上追求真实达意。直译、意译、音译，或是为弥合语法与词义的差异和满足修辞与语境上的需要而采取的增词、减词、添加注释等一般翻译中采用的方法，在新闻翻译中也全部会被适时采用。

但鉴于新闻翻译的特殊性，其词汇翻译不但追求再现词汇在原文中的意义，同时又追求通过该词汇的翻译来体现译者或是译者所代表的媒体的观点、立场和态度，以维护新闻媒体所服务的主流意识形态。相比一般的翻译，新闻翻译中对翻译目的的追求和译文功能的强调更胜于对原文的对等。因此，词汇翻译中，译者并非首先追求翻译出与原词对等的词义，而是会综合考虑译文的效果。一般说来，在新闻词汇的翻译中，应该注重以下几个翻译原则。

4.4.1　忠实于词汇本意的原则

新闻翻译从更加确切的意义上来说是对原文的编译和改译。但不管译文和原文在文本、视角、立场、目的和功能等方面有多大的不同，原文是新闻翻译的出发点和依据，是译文得以产生的根源。新闻翻译的根本还在于"翻译"，而非"创作"，因此，在翻译时，忠实仍然是一个必须遵循的重要原则。只不过，新闻翻译的忠实有别于文学翻译中的忠实，它并不强调对作者意图和写作风格的忠实，而是追求对新闻事实的忠实。在翻译中，描述新闻事件的时间、地点、人物、主要的事件及其中涉及的态度、观点等必须正确地译出。但是，因为中英文不同的表达习惯和两种语言之间存在的一些非对称性，忠实的翻译并不一定完全是原文词句的对照转换，而更多的是按照译入语的语言习惯再现事实，使原文和译文在传达事件信息这一功能上达到对等。汉英语言表达习惯的不同无处不在，以最基本的时间表达习惯为例：

Mr. Bush's predicament was on display during his encounters on Thursday with President Hu Jintao.

《参考消息》的中译文为："在 20 日会见胡锦涛主席时，布什的困境就显露出来。"译文表达了和原文完全相同的事件和信息，是忠实的翻译。然而英语语言文化中常以星期表示时间，而汉语则习惯指出具体的日期，因此译文根据汉语的习惯而有变通。

一则标题为 "Texting, Ringtones Popular in Iraq" 的新闻，报道了战后伊拉克年轻人因为缺乏娱乐，把互发手机短信和手机铃声作为生活的重要消遣。在《中国日报》双语新闻页面上该标题被译为"苦中有乐　伊拉克人玩转搞笑短信和手机铃音"。原标题的关键词之一 texting 被明确缩小为"搞笑短信"，译句的主语从 "texting, ringtones" 变成了"伊拉克人"。原句和译句从形式上看并不相合，但是综观全文的内容，译文的标题非常符合原文的意思，而且也是从"手机短信"和"手机铃音"

为依据来重新组织短语结构。对于中文读者来说，译文甚至更直接贴切地表达了新闻的内容，这样的翻译也不能不说是一个忠实的翻译。

简言之，忠实还是新闻词汇翻译应该遵循的首要原则，新闻翻译要首先循忠实于词汇本意之途来达到忠实于新闻事实的目的。

4.4.2 服务于新闻读者的原则

新闻翻译者在工作时一定会自觉维护自己或所在媒体所处的政治文化立场和相关利益，这一点不用赘述。但值得强调的是，新闻翻译还必须关照译文读者，考虑到译文对于读者来说的价值与可接受性。

服务于读者的原则在词汇翻译上有以下几种表现。

首先，要突出词汇所要表达的新的内容和视角。读者总是希望读到内容和观点都有别于母语新闻的翻译新闻，以获得更多的信息，这也是新闻翻译的意义之一。再看这则关于战后伊拉克人藉手机短信娱乐的新闻，其中有这样一句："Iraqis fiddling with their cell phones on the streets look like New Yorkers hooked on iPods." 其中 fiddle with 和 hook on 两个词描述了伊拉克人(尤其是年轻人)对手机的狂热程度堪比纽约人之于 iPod。中译文对于这两个词的翻译是比较准确传神的："伊拉克人摆弄着手机招摇过市就像纽约人挂着 iPod 一样，是一种时尚。"译句中的"是一种时尚"是原句所没有的，但是对 fiddling with 和 hook on 这两个短语在原文中的意义在程度上是一个必要的补充，更好地向译语读者传达了原新闻的重要内容。

第二，新闻报道偏好采用一些流行语、俗语、俚语等来增加可读性和报道的吸引力，或者是有的新闻内容本身就是关于一些新的事物或现象，这类词汇的翻译是一个难点。最理想的译文当然是既能保持俗语、流行语等的生动，又能再现其真意。但若是因为语言、文化和社会环境等各种原因不能两全，本着对读者服务的原则，译者应尽量首先译出这类词汇在译语中最贴切的意思。例如，作为新词汇被收入韦氏大词典的 mouse potato 在中文里有一个对应的说法"网虫"，因而这一说法也被当作是 mouse potato 的中译文来使用，而与之形态类似的 couch potato 却没有根据意思译为"电视虫"，相反，中文的常见译文是"沙发上的土豆"，因为后者的生动形象和意义同时被中文读者所认同。在一则关于婚姻问题和预防婚外情的新闻中，有这样一条建议："It's OK to be attracted to other people, just don't act on it. It's also acceptable to let your spouse know you find a celeb attractive. But don't let your eyes wander checking every hottie passing by." 其中 celeb 和 hottie 两词是俚语。如果说 celeb 还较为容易理解，因为不难看出它来自 celebrity，那么 hottie 就有些让人纳闷了。词典的解释是 "someone who is sexually very attractive"，另外这个词还有 hot-water bottle (热水袋) 的意思，是俚语的说法。考虑到整则新闻其实是在提出巩固婚姻的建议，话题比较严肃，如果把这两个单词翻译成"大腕"和"漂亮妞"之类的极为通俗的说法，在汉语里和整篇新闻的格调不相容。因而在翻译时，应弱化这两个词的俚语和俗语的色彩，而取词的根本含义，整句话可译为诸如："被别人吸引是正常的，但不要有所行动。让你的配偶知道你对一个名人很着迷也未尝不可，但不要让眼睛停留在每个从你身边走过的美女身上。"

　　第三，服务于读者的原则还表现在对读者阅读反映的关注上。在新闻翻译实践中，好的译者会通过适当的措辞来唤起读者的感受，以使新闻具备一定的感染力，更直接地表达新闻的含义，从而更好地实现新闻报道的效果。一则题为 "Football fever likely to cost Britain billions" 的新闻，报道了世界杯对足球大国英国的经济所产生的影响。这一标题若直译，可以是"足球热将使英国花费数十亿"，而《中国日报》网上双语新闻将它译成"英国公司将为世界杯花多少冤枉钱"，和直译相比，这个译文一方面明确了该新闻并非报道英国在承办或参赛世界杯上的投入，相反，是报道世界杯赛事给英国的经济所带来的损失。cost 的本意"花费"，其意义是中性的，但在这个新闻中，将它翻译成"冤枉钱"却更符合当下的意思，从另一方面也点明了"足球热"(fever)对社会经济的影响。这是一个给词汇加上情感色彩来突出新闻效果的例子。但在新闻翻译中，并非所有关键词汇所蕴含的情感色彩都需要得到彰显。相反，考虑到文化和社会背景差异对读者理解所产生的影响，在新闻翻译中有时需要弱化原语词汇的情感色彩，而仅仅保留词汇的基本意义，使得新闻信息能够更好地、更正确地被译语读者所接受。一则题为"Valentine's Date to Dream of or a Night of Stupid Cupid?"的新闻讲述了英国商家意欲推出价格极昂贵的包价活动来从情人节商机上分得一大杯羹。从新闻的措辞和口吻上看，报道者对该商业策划持否定的态度。原文标题出现了 Valentine 和 Cupid 等英语文化中特殊的文化词汇，前者是"情人节"的英文原名，又音译为圣瓦伦丁节，后者是爱神丘比特的名字[4]，标题中还出现了"愚蠢的丘比特"(stupid Cupid)等字眼，来明示新闻作者对该事件的态度。该标题若直译，对标点稍加改动，可以是："梦想中的圣瓦伦丁之约？一夜愚蠢的丘比特？"这样的译文对原文中三个关键词 Valentine, stupid, Cupid 的处理非常忠实，但是也正因为过于忠实，使"愚蠢的丘比特"等字眼看起来有些刺眼。对于知悉西方文化的中文读者来说，爱神丘比特是令人憧憬的形象，决不能用"愚蠢"来形容。因此对这个词汇搭配可能难以接受。有译者根据报道的内容，把标题译为"一掷千金，只为浪漫情人节？"原文中 stupid, Cupid 等字眼都不见了，还为情人节加上了"浪漫"这一约定俗成的修饰语，虽然不是什么让人耳目一新的表述，但却更加简洁，同时也舍去了一些令读者难以接受，从而引起负面情感反应的表达。

4.4.3 符合译入语话语规范的原则

就新闻翻译而言，译者的首要任务是其翻译的新闻报道符合译入语/目标语的规范，使读者能够接受。只有这样，才能实现新闻本身所追求的时效性和新闻反应。要让读者对一篇新闻报道产生认同进而完全接受，除了内容的新闻价值之外，还要在表达上符合译入语的话语规范，不让语言成为新闻阅读和接受的障碍。英语和汉语之间语言、

---

4 总主编注：西方情人节的起源在民间有多种说法，但比较"正统"的起源说法有三。其一跟罗马的瓦伦丁神父有关；其二跟撮合他人婚姻的瓦伦丁有关；其三跟罗马牧神节有关，碰巧 2 月 14 日被认为是百鸟交欢的日子。参见 *BREWER'S DICTIONARY OF PHRASE AND FABLE* 等英文参考文献。

文化和思维的不同，使得这两种语言在应用上有各自不同的特点。从语法和词汇的角度来看，英语以名词占优势，其使用频率很高，而汉语则以动词占优势。翻译的时候，在词汇的层面上不可避免地要遵从译入语的语法和词汇规范，进行适当的改动。一则题为"我国积极支持人道主义扫雷事业"的新闻，译成英文后标题成为："China: A zealous supporter of international humanitarian de-mining efforts"。中文标题中的关键词"支持"在英译文中变成了名词 supporter。相仿地，一则"硝烟中走来野战医院"的新闻被译成英文之后成为"Field hospital in mobile medical exercise under modern conditions"，原文中的动词在英译文中不见了，而主题"野战医院"在英文中得到了突现。一篇英语新闻，报道了巴勒斯坦禁止放风筝，其原因是用金属线或玻璃做的风筝线总是引起伤亡，因此风筝就好比是炸弹、枪支、刀子等凶器；放风筝也不再是娱乐活动，而堪比恐怖行为。原文的标题由几个名词组成："Bombs, guns, knives, kites..."，但翻译成中文，却不能仅仅是罗列几个名词，而必须组成一个完整的句子："巴勒斯坦风筝'杀人'，肇事者将按恐怖分子严惩"，一如中文话语的习惯，这是一个由动词撑起的句子。诸如此类的词汇转换在中英互译中不胜枚举，不但有动词和名词之间的互相转换，还有动词和介词、形容词和动词、副词和动词、介词和副词、名词和形容词等之间的互相转换，这些转换都只是翻译的手段，其最终目的就是为了使译文的表达更加地道、流畅，更容易被接受。

英汉两种语言不同的思维方式导致英语和汉语的话语视角各有不同，从而影响词汇的翻译。英文是"McDonald's sued over ingredients of fries"，译成汉语之后，就成为"隐瞒薯条成分，麦当劳连遭诉讼"。英语和汉语叙述的顺序不同，句中词序因而也不同，英文的叙述总是开门见山，直接指明事件及其主语；而汉语一般先叙述原因，然后引出结果，这样往往使主语或关键词在句子的后半部分才出现。类似的例子还有："Ford gets real...sexy"这则新闻报道了美国影星 Harrison Ford 携未婚妻去澳大利亚出席新片《防火墙》首映的消息，中文译为"新片《防火墙》上映，哈里森·福特宝刀未老"。"sexy"没有译成"性感"，而变成了"宝刀未老",一个远不如原文直接,非常笼统,但放在当下语境中却也未尝不可的词。原句中以报道的对象 Ford 开首,在译文中,它被挪到了句子的后半部分,句首的位置代之以"新片《防火墙》"。这种变化符合中文不喜欢太直接的话语规范,如果直接说"哈里森·福特保持着真正的性感"在中文里可能显得没有来由,太过突兀。而"新片《防火墙》上映,哈里森·福特宝刀未老"既交代了来龙去脉,又符合中文话语表述讲究对称、节奏的习惯,应该说是中规中矩的中文新闻标题。类似的还有诸如"Still in love after 77 Valentine's Days"译为"老夫妻结婚 77 载,仍然深爱对方";"*Brokeback Mountain* wins four golden globe honors"译作"63 届金球奖波澜不惊　《断背山》满载而归";"Naked news breaking in Japan market"译为"日本引入裸体时事新闻服务";以及"Marriage builds wealth than being single?"译成"调查显示:维系婚姻有助于积累财富?"等等。

语言之间的话语规范有种种不同,尊重译入语的话语规范,在词汇翻译层面就意味着不得不根据需要调整词序,转换词性,并对词所蕴含的情感色彩进行适度的修改,使词汇的使用在方方面面都符合译入语的习惯,如此才能获得好的新闻译文。

4.4.4　追求词汇翻译效果的原则

鉴于新闻翻译不同于一般文体的翻译,本节还要特别讨论新闻词汇的翻译需要体现出紧跟时代、适度创新的效果。本章前面曾经讨论过,新词汇本身就是随着新事物的出现而出现的,是时代和生活发展的产物。在本节中我们认为新闻翻译中,即使是一般词汇的翻译也要尽量追随目的语社会与时代的潮流,追求适度创新的效果。

善于利用当前译入语中流行的词汇是使新闻词汇翻译具有吸引力的一个有效手段。一则关于女性对于衣服和情人的态度的新闻报道这样写道:"Nearly half of the women, or 48 percent, taking part in the survey by consumer products giant Unilever said their favorite article of clothing was more reliable than their man in giving them confidence and making them feel sexy." 译者把句中 consumer products giant Unilever 译成 "日用消费品**大哥大** '联合利华' 公司"，而非 "日用消费品大**生产商** '联合利华' 公司"。"大哥大" 作为过时的科技产品虽然已遭到淘汰，但是这个词因为其生动的意义而得到保留，在该句中，"大哥大" 一词使得整个句子在语言表达上显得既地道又入时，很容易抓住读者的眼球。一则报道泰国某动物园给一只雄性熊猫采取瘦身行动时的新闻这样写道："To help Chuang Chuang slim down, zoo keepers are feeding him fewer bread loaves and more bamboo branches to cut back on the amount of carbohydrate he consumes." 这则新闻的译文是："为了给创创 '瘦身'，动物园的管理员目前正在减少对它的面包的喂养量、同时增加竹子的供应量，以控制创创所摄入的碳水化合物量。"slim down 没有译成 "瘦下来"，而是译为汉语中越来越深入人心的一个概念 "瘦身"，译文因而变得生动鲜活起来，更加容易被读者接受。

　　新闻翻译具有很强的目的性和读者意识，但同时又要兼顾文本的可接受性，因而即使为追求效果而做的词汇创新也应该是适度的，否则就可能适得其反。正如一些普通消费品或技术产品，一方面要标新立异，一方面又要让消费者认同，故在起名的时候，总是在创新的同时又注意唤起读者熟悉的联想，如将 "podcast" 翻译成 "播客"，就是借助早已为大家所熟悉的 "博客" 来推广一个新的科技产品和概念。因而，总的来说，新闻词汇翻译要追求创新和适度相结合的原则。

4.5　专门词汇的翻译

　　和其他文体的翻译不同，新闻翻译会涉及大量的专有名词：人名、地名、机构名称、历史事件名称，等等。专门词汇的翻译应该根据全国新闻机构统一的人名、地名词典，或是业界约定俗成的译法来翻译，本章不再一一赘述。

【练习题】

一、把下列句子译成英语，注意句中黑体部分文字的翻译[c]。

1. 国防科技大学今天举行"神舟六号"载人航天工程事迹报告会，6名在我国载人航天工程中担负重任的该校校友，以亲身经历讲述了"神舟六号"载人航天工程中的伟大壮举与感人事迹，使该校师生受到了一次深刻的**"载人航天精神"**教育。

2. 为营造**启迪思维、鼓励创新、求真务实**的学术氛围，军事科学院努力推动博士生论坛贴近部队建设实际。

3. 今年研究生入学考试的报名人数**增幅回落**，这一**转折**意味着大学毕业生对于读研的兴趣将逐渐减退。

4. 中国传媒大学**研究生院副院长**田智慧说："今年报考人数增长放缓表明，学生在对待是否要考研的问题上**变得更加现实**。"

5. 国家旅游局、中共中央精神文明建设指导委员会及其他九个政府部门于去年8月**联合发起了这项活动**。

6. 去年，我国**出境游游客**达3450万人，**国内游客**达14亿人。世界旅游组织预测，到2020年，中国的**出国旅游人数**将达到1亿。

7. **文明举止**是一个**国家国民素质**的体现。我们将继续提醒游客注意自己的言行举止，同时也会在出发前向游客介绍游览地的**社会习俗和礼节**。

8. 2月18日将迎来中国农历新年。**有说法认为**，这一年是60年不遇的**"金猪年"**，是个**难得的吉利**年份。

9. 在北京这样一个拥有1500万人口的大城市，插队、随地吐痰和乱扔垃圾都已是司空见惯的现象。北京市有关官员日前表示，（市政府）将大力**整治**这些问题，**以改善**北京的城市形象。

10. 本周日，一场名为"讲文明、树新风"的首个**"排队推动日"**宣传活动将在位于天安门广场东面的王府井大街**启动**。北京市政府还将以后每月11日定为"排队推动日"。

11. 这项调查的目的是为了**了解**大城市年轻人的生活方式、生活态度及对流行文化的偏好。

12. 年轻人对于饮食也是**越来越讲究**，67%的人表示会购买价格比一般食品高出 25%的食品，这反映了如今的年轻人很**注意饮食安全和个人健康**。此外，受访者最喜爱的外国菜是日本料理，其次是韩国菜。

13. 如果你是一位 30 多岁的普通女性，如果你不是**本地的**应届毕业生，那你可要做好找工作时"**受刺激**"的思想准备。

14. 据《北京晨报》报道，相貌、身高、性别、婚姻状况是很多用人单位的几大"**歧视因素**"。

15. 近年来，**贫富悬殊**问题引起了民众的普遍担忧。据国家发改委介绍，目前我国衡量收入差距的"**基尼指数**"已达到了 0.47，比 20 年前高 0.29。

16. 70%以上的调查对象认为"**特殊利益集团**"的存在是导致贫富悬殊的主要原因。

17. 尽管政府去年采取了一系列**抑制房地产市场过热**的措施，然而人们对近期房价将趋于平稳还是不太乐观。

18. 几乎所有的**受访者**都认为，房地产市场存在泡沫：近一半的人认为"泡沫"十年后会"破裂"；而近 40%的人认为，"泡沫"永远不会"破裂"。

19. 高达 80%的受访者认为今年的房价还会**继续攀升**，30%的人担心今年的**涨幅将会更大**。

20. 调查显示，60%的中国人还是想要两个孩子，但目前政府还没有**放开生育政策的计划**。

二、把下列句子译成中文，注意句中黑体部分文字的翻译[c]。

1. Prince William's girlfriend Kate Middleton has been given an **unprecedented** invite to spend Christmas Day with the British royal family, *The Mail on Sunday* newspaper reported.

2. People who bought wine at the store were also more likely to buy more olives, fruits and vegetables, fish, **lean meats** and dairy products than beer consumers did.

3. The study was conducted by four researches from **the National Institute of Public Health of Denmark** over the **course** of six months.

4. The researchers' interest in consumers' grocery bags **followed** a series of studies in the Danish media suggesting that wine drinkers ran a lower risk of **cardiovascular disease** and some types of cancer than beer drinkers.

5. The Department of Housing and Urban Development of the United States said that nearly one in five of the adult homeless are **military veterans.**

6. Tom Cruise stunned **extras** and **stand-ins** at the rehearsals when he appeared with his 10-month-old baby Suri in his arms and casually stated, "This is Suri... She wanted **to come and check this out.**" (from Suri Cruise the Star of the Oscar Rehearsals)

7. A week before the start of the **annual London fashion season,** The Nielsen Company revealed what 25,000 people in 45 countries said about the body size of women **strutting the world's catwalks and red carpets.**

8. Brighton is the healthiest city in Britain with **the highest level of personal trainers, yoga clubs and health food stores**, according to a survey released on Friday. Bristol and London were the next healthiest cities, with **Liverpool, Glasgow and Sheffield** the least healthy.

9. A study of thousands of men and women revealed that those who **stick to a vegetarian diet** have IQs that are around five points higher than those who **regularly** eat meat.

10. The image of the United States **has deteriorated** around the world in the past year because of issues such as **Iraq** and **prisoners Guantanamo Bay**, according to a poll at BBC.

11. The Bush administration plans to spend $114m in 2007 to fund its **national security language initiative**, which aims to increase drastically the numbers of Chinese, Arabic, Russian, Hindi and Farsi speakers in the US.

12. The Bush administration was now working to make **visa application procedures "easier" and more "transparent"** to encourage international

students.

13. Tilly Smith, the 11-year-old British girl, **came ahead of** a South African Aids orphan, a six-year-old girl who survived a kidnapping by paedophiles and a young Parisian pop singer to be named **Child of the Year**.

14. Someone who can **cut a dash** on the dance-floor has always been seen as a good catch, but scientists have now explained why. It appears people who **boogie better** tend to be more symmetrical—which is something people look for in a mate.

15. There is no more room to bury the dead, they can't be cremated and laws forbid a new cemetery. So the mayor has proposed an **intriguing solution: outlaw death**.

16. Peru plans to sue Yale University **for the return of** 4,900 artifacts taken from Machu Picchu, the fabled Inca Citadel, by a US explorer nearly a century ago.

17. Officials from Yale's Anthropology Department **were not immediately available for comment.** The University has argued it is the legal owner of **the artifacts** and allows thousands of people to view them every year.

18. Many other coastal communities **are vulnerable to** rising seas, such as the US city of New Orleans, the Italian city of Venice or settlements in the Arctic where a thawing of sea ice **has exposed coasts to erosion** by the waves.

19. Denis Armstrong decided to **home school** her daughter and two sons because she thought she could do a better job of **instilling her values** in her children than a public school could.

20. England has a **long standing problem** of with youngster **dropping out of training**. Almost half of 17 year olds in some parts of England have dropped out of full-time education or training.

Chapter 5

新闻翻译中句式的处理

5.1　英汉句法对比简介

英汉语系不同，在词汇、句法乃至辞格运用方面有诸多差别。不同的语言中句子内部或外部连接几乎都使用句法、词汇、词义这三种手段。用前两种手段连接称为形合，用后一种手段连接称为意合。

英语句法结构重形合(hypotaxis)，句中各成分的相互结合常用适当的连接词语表示其结构关系，造句注重显性接应，句子形式、结构完整，以形显义。英语句子以形连表意连，表示关系的关联词语如关系代词、关系副词都起着重要的纽带作用，主从、并列关系以及因果、让步、条件等关系十分明朗。

而汉语句法结构重意合(parataxis)，句中各成分的相互结合多依靠语义的贯通，语境的映衬，因而少用连接词语，造句则少用甚至不用形式连接手段，注重隐性连贯、事理顺序、功能意义、以神统形。汉语句子意连形不连，句子之间的意义关系隐含其中，即使是长句，其脉络与气韵能够感受，但标记却不明显。

根据以上区别，在英汉互译中应尽力再现原文在语义结构上的连贯性，注意形合与意合之间的转换。

5.2　新闻中常用句式及其特点

新闻报道要和时间赛跑，时间性极强，而且传媒的容量也有限，因而总的说来篇幅要短小，语言要简明。在句式上，英汉新闻报道都表现出多样性特点。

首先，报刊文字中的句式富于变化：在新闻报道中有倒装句，有省略形式，有借助副词、动词变化的句式等。形式多样、变化无常的句式使新闻语言生动活泼，趣味盎然。其次，富于弹性是新闻文体句式的另一特点：句子长短不一，松紧兼备。作者常紧凑句式，浓缩信息，具体表现为省略句式的普遍使用和高度浓缩的前置修饰。新闻报道中有时也会出现一些较为庞杂的句式，其目的是提供丰富的背景资料，反映相关人员的观点的看法，表现形式为定语、状语结构的充分展开和插入语的适当镶嵌。

　　具体表现为，在中英文消息中，多出现"扩展的简单句"(expanded simple sentence)和主动语态，这是由消息重简洁、重客观的特点所决定的。简单句易于理解，适合各文化层次的读者阅读和收听，而且便于清晰地行文，避免事实和细节的交错盘结，使读者对消息的来龙去脉了然于胸。主动语态则可使读者产生一种直接感(directness)，使叙述具有无可置疑的"直言不讳的效果"(straightforwardness)。扩展简单句的手段有插入定语、状语、同位语、并列成分等。消息报道语体的基本句子结构有：SV(主谓结构)，SVP(主谓表结构)和SVO(主谓宾结构)。

　　另外，新闻报道常用直接引语，这既可增加报道的真实感和生动性，又能提高所述内容的客观性，使读者确信记者未掺杂个人观点。

　　因此，以下将基于英汉句法的差别，结合新闻常用句式的特点，从简单扩展句、语态转换以及直接引语等方面分析介绍如何进行英汉新闻翻译中的句式处理。

5.3　简单扩展句的翻译

　　为了在较小的篇幅内容纳较多的信息量，英文记者通常通过增加各种修饰词语而构成扩展的简单句，即指我们再初中学过的五种基本句子结构：主+谓、主+系+表、主+谓+宾、主+谓+间接宾语+直接宾语、主+谓+宾+宾补。因此，一个句子就是一个段落的现象，在英语报刊里是相当常见的。

　　英语有丰富的连接词语而且使用频率较高，因而句子较长，呈树状结构，句子成分可随时加以修饰，而修饰语中的某成分又可被别的成分修饰，形成多枝共干的形态。英语句子的主谓结构是全句的骨架和出发点，其他修饰、限制、补充等附加成分好似主干上的旁枝，借助各种关系代词进行空间搭架。英语句子在表达复杂的意思时，主要通过增加结构层次、旁枝延伸、叠床架屋等手段来达到表意目的，因此空间构型复杂。与此相反，汉语句子一般简短明快，很少有叠床架屋的结构，句子结构是线性的。汉语句子没有一定的主谓框架限制，没有谓语动词和非谓语动词的区别，有可能几个动词结构连用，或几个名词短语连续铺排。汉语句子在表达一些复杂意义时，一般是按时间顺序或逻辑顺序，逐步交代，层层铺开，形成连贯铺陈之势。

新闻报道一般段落较短，有时一个段落只有一个句子。其基本句型多为 SV 或 SVO 类，但又夹用较长的定语和状语来提供背景材料和相关信息。大量使用嵌入结构的句子，如扩展定语、状语结构、插入语等，是新闻英语的特点。

根据上述特点，英译汉时常常要破句重组，化英语长句为汉语的短句，不可拘泥于原文的层次结构；要理清原文脉络，注意将树状结构铺排成线性，尤其要辨明关系，用明白、清晰的语言加以释译。在翻译英文长句时，首先要搞清长句的语法关系，读懂长句的基本意思，然后按照中文的语法和表达习惯，才能准确地把它转换成中文。下面，我们将就英文新闻中的"简单扩展句"或"长句"的翻译方法做些具体探讨。

5.3.1　顺序译法

顺序译法(synchronizing)即按动作发生的先后和逻辑关系的发展顺序来处理长句。一般按时间先后描述动作或按逻辑关系发展顺序来写的句子宜用顺序译法。

【例1】Foreign Secretary Jack Straw echoed the warning, saying there could be attacks in Britain.

【译文】外交大臣杰克·斯特劳对海因的警告表示赞同，他说英国可能会遭到袭击。

【例2】By the time we finished the course, several significant pieces of information were already in the dustbin of cyberspace history——which is being written in nanoseconds.

【译文】当我们完成课程时，好几条重要的信息就已被扔进了网络空间历史的垃圾堆里了——这一历史是以十亿分之一秒的速度来记录的。

【例3】*The Times* quoted intelligence analysts as saying that militants could send suicide car or lorry bombs into London's financial centre or against installations belonging to the United Sates.

【译文】《泰晤士报》曾引述情报部门的分析说，武装分子可能会利用轿车或卡车炸弹对伦敦的贸易中心或属于美国的设施发动自杀式袭击。

5.3.2　换序译法

有些英语长句的表达顺序与汉语的表达顺序不同，或甚至完全相反，这时就必须从原文的后面或基本上从后面译起。这种方法叫换序译法(reversing)。倒装句、带有较长的后置定语从句、部分因果句，使用此法较多。采用这种方法翻译英文长句时，可保留原文的深层意思，但其语法顺序与原文的语法顺序很不相同或完全相反。

【例1】When we are traveling along in a ship or an airplane at night or in fog, we are much happier if we know that the captain of the ship or the pilot of the plane knows where rocks or mountain tops are, so that he can keep away from them.

【译文】当我们在夜里或雾中乘船或飞机旅行时，如果知道船长或飞行员熟悉礁石或山顶的位置因而能及时避开，会感到比较欣慰。

这个长句由一个主句、五个从句组成，原句中的"如果知道船长或飞行员熟悉礁石或山顶的位置因而能及时避开"是"感到比较欣慰"的原因，英语的状语位置比较灵活，而汉语习惯上把原因放在前面，它们的表达习惯与汉语的相反，因此要用换序法。

【例2】He witnessed the sixth post-war economic crisis of serious consequence that prevailed in various fields in the USA.

【译文】他亲眼目睹了美国战后第六次后果严重的波及各领域的经济危机。

该句将原文中的两个定语位置做了调整，都移到先行词"危机"的前面。

【例3】Iraqis yesterday got a glimpse of what life without Saddam Hussein may hold, as protests and politicking marked the first day of meetings to decide the country's fate.

【译文】昨天是伊拉克召开的讨论国家命运会议的第一天，与会人士举行了一系列的抗议和其他政治活动，让伊拉克人首次体验到了没有萨达姆·侯赛因后生活会是什么样子。

不难看出，此句果前因后，逻辑关系正好和汉语相反，因此翻译时需采用换序译法，将源语新闻的语法逻辑颠倒过来翻译。

5.3.3　拆分译法

拆分译法(splitting)，就是把英语长句子拆分开来译，把原文语句拆散、重新进行安排的方法，其结果是原文的从句或短语有可能译成汉语的句子，这样才能顺利完成语义的转化。采用拆分译法时，为使语意连贯，有时可以适当在译文中加入一些关联词语。

【例1】The president said at a press conference dominated by questions on yesterday's election results that he could not explain why the Republicans had suffered such a widespread defeat, which in the end would deprive the Republican Party of long-held superiority in the House.

这个句子由一个带有分词短语的主句、两个宾语从句和一个非限制性定语从句组成。全句共有三层意思：①在一次关于选举结果的记者招待会上，总统发了言；②他说他不能解释为什么共和党遭到了这

么大的失败；③这种情况最终会使共和党失去在众议院中长期享有的
优势。这三层意思都具有相对的独立性，因此在译文中可拆开来分别
叙述，成为三个单句：

【译文】在一次记者招待会上，问题集中于昨天的选举结果，总统就此
　　　　发了言。他说他不能解释为什么共和党遭到了这么大的失败。
　　　　这种情况最终会使共和党失去在众议院中长期享有的优势。

【例2】"Nixon decided he wanted meetings held to a bare minimum,"
　　　　recalled General Alexander Haig, Jr., who served as Kissinger's
　　　　deputy on the NSC staff before being promoted in late 1972 to be
　　　　Vice Chief of Staff of the Army and in mid-1973 to be Haldeman's
　　　　successor as Chief of Staff at the White House.

　　　　这个句子由一个主句、两个宾语从句和一个定语从句组成。全句
共有两层意思：①黑格将军回忆尼克松决定把会议精简到最低限度；
②介绍黑格将军过去的经历。可拆开译为：

【译文】小亚历山大·黑格将军回忆说："尼克松决定把会议精简到最
　　　　低限度。"黑格本人过去在国家安全委员会班子里当过基辛格
　　　　的副手，1927年末升任陆军副参谋长，1973年中接替霍尔德
　　　　曼当上了白宫办公厅主任。

【例3】The US almost certainly will have departed from Thailand where
　　　　the government has declared US forces unwelcome and from
　　　　Taiwan which the US should evacuate under the terms of the US-
　　　　Chinese Shanghai Communiqué of 1972.

　　　　这个长句不仅要重新安排句子的顺序和结构，拆开来译，还要适
当添加关联词：

【译文】鉴于泰国已经宣布美国军队不受欢迎，而根据中美两国1972
　　　　年《上海公报》的规定，美国应该从台湾撤军，因此，几乎可
　　　　以肯定美国将会从泰国和中国台湾撤军。

　　　　此外，有些扩展句在处理时采用顺序译法或换序译法都感不便，

用拆分译法也有困难时，就应对全句进行综合处理，灵活应用以上三种方法。

5.4　被动句的翻译

被动句是指把动作的接受者作主语、把施动者作句子次要成分的句式。在英文里，被动的形式是助动词 be 加主要动词的过去分词。在中文里，被动的意思主要通过"被"字或与"被"字作用类似的字、词来表达。

被动语态在新闻英语的使用频率高于在其他文体中的使用。原因主要有四：一是当动作的接受者比执行者更为重要时，如有关灾难、战争、骚乱、事故等方面的报道中，伤亡人员与人数往往是读者关心的中心，记者都倾向于使用被动语句；二是为了吸引读者的注意力，借助被动句——将主动句中的宾语移至句首，进而"诱使"读者继续阅读新闻；三是讲话人故意回避动作的施动者；四是为了保护消息的来源。

汉语虽也有被动结构，但其使用范围要狭窄得多。在中文新闻里，记者也很少使用它们。

综上所述，新闻报道中的被动语态在处理时应在忠实于原文的基础上，选择适合大多数读者阅读习惯的新闻语言形式进行翻译。英译汉时，除非有必要突出动作接受者，否则不用被动语态，英语的被动句式可通过调换位置或增补有关主语的方法进行主动化处理，译成汉语的主动句式；汉译英时，一般保留原文的被动色彩。

5.4.1　英译汉

英文新闻中的被动语句，有的可按原句结构顺序翻译，有的需要转换句子成分，有的则要完全改变句子结构才能译成通顺的中文。因此，翻译时要区分不同的情况，采取不同的翻译方法。

英文被动句的翻译方法，常见的有以下两种。

一、以被动译被动

中文本来也有被动句，也有一些专门表达被动语态的字、词或句子结构，因此，在将英文新闻中的被动句翻译成中文时，一般可直接用"被"或与其意思相当的字、词译出。

(1) 直接用"被"字译出

【例 1】On Tuesday morning, the eight—six women and two men—<u>were removed</u> from the container and placed in a jail in Ghazni, about 80km from Kabui.

【译文】星期二上午，这 8 个人(6 女 2 男)<u>被</u>从集装箱里<u>转移</u>出来，关进了距喀布尔 80 千米的伽孜尼监狱。

【例 2】Two Pakistanis and one Italian <u>were arrested</u> last night by Hong Kong police in the Island Shangri-La hotel.

【译文】昨天夜间，两个巴基斯坦人、一个意大利人在港岛香格里拉酒店<u>被警方逮捕</u>。

(2) 使用"为……所……的"、"加以……"等方式表示被动

【例 1】Once the men <u>had been accepted</u> by the Comet Organization, they were brought to Brussels.

【译文】士兵们一旦<u>为</u>彗星组织所<u>接受</u>，就被送到布鲁塞尔去。

【例 2】He said that the issue of scrapping the peg <u>could be considered</u>.

【译文】他说，联系汇率脱钩的问题可以<u>加以</u>考虑。

二、以主动译被动

中文里使用被动句较少，被动句听起来总是不太习惯。因此，做英译汉时应尽量把被动句翻译成主动句。使用这一方法时，大体有以下 5 种情况：

(1) 源语新闻中的主语在译文中仍作主语

【例】　<u>The death toll</u> was not established but was thought to be high.

【译文】<u>死亡数字</u>尚未确定，但一般都认为会相当大。

(2)源语新闻中的主语在译文中改为宾语

【例】 By the end of the war <u>800 people</u> had been saved by the organization, but at a cost of over 200 Belgian and French lives.

【译文】大战终了时，这个组织拯救了<u>800 人</u>，但那是以二百多比利时人和法国人的生命为代价的。

(3)译成带表语(如"是……的")的主动句

【例】 The crew <u>were trained</u> at Eglin Field, Fla.

【译文】(轰炸机)机组人员<u>是</u>在佛罗里达州埃格林空军基地训练<u>的</u>。

(4)译成含有"把"、"由"、"使"、"受"、"经"等专用被动字的中文句子

　　汉语可以用"将"、"把"、"使"等字引导出一句话来，而无需道出其行为者，从而将原句被动结构改为省略主语的主动结构。

【例1】 By evening the occupation was complete, and the people <u>were chased off</u> the streets by an eight o'clock curfew.

【译文】至傍晚，占领已告完成。八点钟开始的宵禁<u>把</u>人们从街道<u>赶走</u>。

【例2】 The famous hotel <u>had been</u> practically <u>destroyed</u> by the big fire.

【译文】大火<u>使</u>这著名旅馆几乎全部<u>毁灭</u>。

(5)翻译由无主代词"It"引导的被动语句时，可加上不确定的主语，如"大家"、"人们"、"有人"、"一般都认为"等

【例1】 <u>It was generally agreed</u> that his exile was a result of political persecution.

【译文】<u>大家一般都认为</u>，他被放逐国外是一种政治迫害。

【例2】 Explosions <u>could still be heard</u> from the direction of the city.

【译文】<u>人们仍然能听到</u>从城市所在方向传来的爆炸声。

5.4.2　汉译英

　　中文新闻使用被动句较少。如需表达被动意思，记者常常利用修辞手段(如把宾语提前作动作的主体，或利用动词暗示被动)来达到这一目的。此外，他们还会使用"有人"、"大家"、"人们"、"一般都认为"等词汇或表达方式把被动句变为主动句。

在将中文新闻译成英文时，常常会遇到有形式标志的和没有形式标志的这两种被动语句，其译法都是直接将其译为被动句。具体分析如下。

(1) 有形式标志的被动语句

如上所述，中文表达被动的语汇和表达方式有"被"、"受"、"由"、"会"、"挨"、"遭"、"给"、"叫"、"让"、"把"、"使"、"经"、"受到"、"遭到"、"为……所……的"、"是……的"、"加以……"等。如遇这种情况，英译时，可直接将其译为被动句。

【例1】海外华侨现在不再<u>被</u>人<u>轻视</u>了。

【译文】Overseas Chinese <u>are</u> no longer <u>looked down upon</u>.

【例2】该计划将由一个特别委员会<u>加以审查</u>。

【译文】The plan <u>will be examined</u> by a special committee.

【例3】美国政府的一位官员说，在那次暴动中，中央情报局的一名特工<u>受了伤</u>。

【译文】A US government official said a CIA operative <u>was wounded</u> during the uprising.

(2) 没有形式标志的被动语句

这种被动语句的特点是：句子的谓语动词形式上是主动，但整个句子的意思是被动的，表现为句子里没有出现动作的施动者，句中也不带表示被动的字、词。如遇这种情况，英译时也宜使用被动语态。

【例1】中美已经建立了外交关系。

【译文】Diplomatic relations <u>have been established</u> between China and the United States of America.

【例2】在昨天下午3时投票停止前，只发生过两起小的事故。

【译文】As polling booths closed at 3 p.m. yesterday, only two minor incidents <u>had been reported</u>.

【例3】这座桥将在今年年底建成。

【译文】The construction of the bridge <u>will be completed</u> by the end of this year.

5.5　直接引语的翻译

英文新闻写作特别重视直接引语的使用。有了直接引语，新闻就会显得更加真实，更加可靠，更加可信，更有分量，更有现场感，更有可读性。反观中文新闻，直接引语十分少见。因而，在将英文新闻稿翻译成中文时，直接引语的翻译问题将会经常出现，而在把中文新闻稿翻译成英文时，这类问题就少了许多。这里主要介绍一下翻译英语新闻直接引语时应注意的事项：

1）源语新闻中的直接引语，原则上应用直接引语译出。如源语新闻使用的直接引语太多，从有利读者阅读和传播效果的角度考虑，可在译语新闻中将直接引语的数量适当减少，改译为间接引语，以增加译文的文字变化。

2）直接引语不能凭空制造。翻译源语新闻中的间接引语时，切勿自以为是，随意加上引号。

3）关于说话人的"摆放"位置：在英文新闻里，把说话人放在引语的前面、中间、后面均可，但在中文新闻里，习惯的做法是将其放在引语的前面。

由于英文新闻中的直接引语多由"said"和短语"quoted…as saying"引出，因此下文会重点探讨如何在翻译中处理好它们。

5.5.1　直接引语中"said"的处理

在英文新闻稿里，因为直接引语较多，与直接引语形影不离的"said"也就到处可见。在许多稿件中，读者会读到十几个甚至更多的"said"。之所以如此，是因为这个词准确、通俗、中立，没有感情色彩，能不偏不倚、恰如其分地表达讲话人的动作和意思。

中文新闻在引述新闻人物的讲话时，虽然也使用"说"字，但许多记者却更中意那些带有感情色彩的词汇，如"强调"、"指出"、"提出"、"指示说"、"要求大家"等。有的记者在报道某些会议新闻时，竟然使用"他们说"、"他们指出"、"他们表示"之类的表达方式，引出一段长长的直接引语，好像与会者曾异口同声地说过同样一段话一样。

因此，在翻译相关字、词时，原则当然还是照译。如果是英译中，可把"said"翻译成"说"字；如果是中译英，翻译时一般也可将"说"或表示"说"的字词都改译为"said"。

此外，在英文新闻稿中，"said"（及其说话人）的位置比较灵活：它可以放在"有关内容"的前面，也可放在后面，有时甚至插在这些内容的中间。但是，按照中文的表达习惯，说话人及"说"字（即主语和谓语动词）的位置一般都放在句首，因此翻译时，应调整原文中"said"的位置，使之位于句首，偶尔也可按照原文的表达方式，将"said"安排在被拆开的句子中间。

【例1】 The official said: "It is a shame to call SARS a blessing in disguise, but if it's the best word we have, then absolutely, yes it is."

【译文】 这位官员说："说发生'非典'是塞翁失马很不应该，但是，如果我们觉得只有这种说法最好，那么，它绝对就是塞翁失马。"

【例2】 "The President (George W. Bush) is 100 percent opposed to any cloning of human embryos," a White House aide said.

【译文】 白宫发言人说："总统(乔治·W. 布什)百分之百地反对任何克隆人类胚胎的行为。"

【例3】 "The terrorist attack on New York and Washington," the spokesman said, "is an act of war against all the people of America."

【译文】 "对纽约和华盛顿的恐怖袭击，"这位发言人说，"是针对全体美国人民的战争行为。"

新世纪翻译学 R&D 系列著作

5.5.2　直接引语中短语 "quoted…as saying" 的处理

在引出直接引语时，记者常用的短语为 "quoted… as saying"，一般将其直译为 "引述……说"，它的位置也比较灵活，可置于句首或句尾，但是，在翻译为中文时，应该按照中文的表达习惯将其置于句首。

【例1】*The Washington Post* in a report on its Website at www. washingtontonpost.com <u>quoted</u> a US official <u>as saying</u> that Li Gun had pulled Kelly aside and said, in effect, "We've got nukes. We can't dismiss them. It's up to you whether we do a physical demonstration or transfer them."

【译文】《华盛顿邮报》www.washingtontonpost.com 网站的一条消息<u>引述</u>美国政府官员的话<u>说</u>，(朝鲜代表)李根在谈判期间曾把凯利拉到一边，告诉他说(大意)："我们已经拥有核武器。我们不想把它们销毁。是给你们展示一下呢，还是把它们转移到别处去，那就看你们了。"

【例2】"The stable I built didn't collapse, but the school did," Anatollan <u>quoted</u> the parent of a rescued boy <u>as saying</u>.

【译文】安纳托利亚通讯社<u>引述</u>了一个获救家长的话<u>说</u>："我盖的马厩好好的，但是那个学校却震塌了。"

【例3】"The most important thing in our work is a happy ending, so the crew can walk around the capsule after landing and pick tulip," Itar-Tass news agency <u>quoted</u> Yuri Koptev, head of Russia's space agency, <u>as saying</u>.

【译文】俄塔社<u>引述</u>俄罗斯宇航局局长尤里·科普切夫的话<u>说</u>："最重要的事情是我们的工作有了一个圆满的结局，这样，宇航员就可在着陆后绕着返回舱转一转，采撷些郁金花。"

【练习题】

一、请按顺译法翻译下列长句[0]：

1. President George Bush has rejected the treaty, calling it unfair in allowing developing countries—such as China, India and Brazil—to carry on emitting greenhouse gases unabated while rich countries must cut theirs.

2. The world has much to celebrate because the elite of them during those days staged great sportsmanship by breaking 38 world records, and renewing more than 80 Olympic records, a feat unprecedented in history.

3. Across all continents, nearly a billion people seek, sometimes almost desperation, for the skills and knowledge and assistance by which they may satisfy from their own resources, the material wants common to all mankind.

4. Sad to say, this project has turned out to be mostly low-level findings about factual errors and spelling and grammar mistakes, combined with lots of head-scratching puzzlement about what in the world those readers really want.

5. I believe that the most important forces behind the massive M&M wave are the same that underlie the globalization process: falling transportation and communication costs, lower trade and investment barriers and enlarged markets that require enlarged operations capable of meeting customers' demands.

6. New ways of organizing the workplace—all that re-engineering and downsizing—are only one contribution to the overall productivity of an economy, which is driven by many other factors such as joint investment in equipment and machinery, new technology, and investment in education and training.

7. The findings correspond with public library statistics, published recently, which showed that in only 10 years the nation (UK) had ended its love

affair with family sagas and books about romance and was devouring thrillers—the more ghoulish the better.

8. As a result, California's growth rate dropped during the 1970's, to 18.5 percent—little more than two thirds the 1960's growth figure and considerably below that of other Western states.

9. In the past year, however, software companies have developed tools that allow companies to "push" information directly out to consumers, transmitting marketing messages directly to targeted customers.

10. At the same time, the American Law Institute—a group of judges, lawyers, and academics whose recommendations carry substantial weight—issued new guidelines for tort law stating that companies need not warn customers of obvious dangers or bombard them with a lengthy list of possible ones.

11. 如果中国未来 25 年持续强劲增长，其二氧化碳排放量将在 2030 年达到其他所有工业国家总和的 2 倍。

12. 在 600 年前，北京还是一个由条条狭窄的胡同组成的城市。现在，那些建在北京市中心、留存至今的胡同已由政府保护起来，而且它们肯定至少有 200 年的历史了。

13. 住在胡同里的人已经开始有条理地收集和重复利用生活废品，如旧纸张、旧塑料和废金属，这部分得益于他们邻里之间的密切联系。

14. 过去的 30 年中，中国城市居民的人均居住面积扩大了近 4 倍，而且每家每户都买得起洗衣机也意味着他们有更多的空间来放置大件和其他物品了。

15. 另外一个不应因油价上涨而失眠的原因是，这次不像 20 世纪 70 年代的那些次上涨，它并不是在普遍的商品价格暴涨和全球需求过旺的背景之下发生的。

16. 最让人兴奋的事情是在奖牌的争夺路上将第一次看到中国的身影，除非德国在最后一场小组赛击败美国。

17. 中国国家统计局新闻发言人李晓超表示："从目前来看，各地区、各部门都在认真落实中央关于节能降耗的一系列方针政策,工作可以说取得了一定的积极进展。"

18. 近几周,北京有传言称,中国政府准备宣布新的总体经济政策,以加快经济结构改革,甚至不惜以暂时的经济放缓为代价。

19. 与 1997—1998 年亚洲金融危机时的状况相比,今天的中国拥有更大贸易顺差、更加稳定的银行系统以及更强大的政府财政能力。

20. 中国人均二氧化碳排放量仍然相对较低,约为经合组织(OECD)国家的八分之一。但比罗尔博士表示,如果中国未来 25 年持续强劲增长,其二氧化碳排放量将在 2030 年达到其他所有工业国家总和的 2 倍。

二、请按改变顺序译法翻译下列长句[c]:

1. Yesterday, Iraqis got a glimpse of what life without Saddam Hussein may hold, as protests and politicking marked the first day of meetings to decide the country's fate.

2. This is the source of the irresistible Long Jing (Dragon Well) green tea, the best of which smells and tastes like an essence of chlorophyll and creamed hazelnuts. Hangzhou is within easy reach of Shanghai. Indeed, in many ways, it would make a more attractive base for a Chinese initiation than Shanghai, thanks to its long history (it is one of China's seven ancient capitals) and its watery attractions.

3. The most thrilling explanation is, unfortunately, a little defective. Some economists argue that powerful structural changes in the world have upended the old economic models that were based upon the historical link between growth and inflation.

4. This development—and its strong implication for US politics and economy in years ahead—has enthroned the South as America's most densely populated region for the first time in the history of the nation's head counting.

5. The true enemies of science, argues Paul Ehrllch of Stanford University,

a pioneer of environmental studies, are those who question the evidence supporting global warming, the depletion of the ozone layer and other consequences of industrial growth.

6. Energy is the currency of the ecological system and life becomes possible only when food is converted into energy, which in turn is used to seek more food to grow, to reproduce and to survive.

7. Rather, we have a certain conception of the American citizen, a character who is incomplete if he cannot competently access how his livelihood and happiness are affected by things outside of himself.

8. The change met the technical requirements of the new age by engaging a large profess signal element and prevented the decline in efficiency that so commonly spoiled the fortunes of family firms in the second and third generation after the energetic founders.

9. Besides, this is unlikely to produce the needed number of every kind of professional in a country as large as ours and where the economy is spread over so many states and involves so many international corporations.

10. An invisible border divides those arguing for computers in the classroom on the behalf of students' career prospects and those arguing for computers in the classroom for broader reasons of radical education reform.

11. 本规定所称对外经济开放地区，是指国家批准的经济特区、沿海开放城市和沿海经济开放区。

12. 一则评论说道："这些天，全国屡次发生骚乱，这意味着一些次要的问题在缺乏沟通途径的情况下，可能升级为更严重的事件。"

13. 伪造、擅自制造他人注册商标标识或者销售伪造、擅自制造的注册商标标识，构成犯罪的，除赔偿被侵权人的损失外，依法追究刑事责任。

14. 为了加强对外经济开放地区的环境管理，防治环境污染和生态破坏，保障人体健康，保护和创造良好的投资环境，促进经济和社会发展，特制定本规定。

15. 卖方应在本合同第(9)条规定的时间内,将货物由装船口岸直接船运到中国口岸,在未经征得买方同意前,中途不得转船。

16. 如果世界篮坛还没到中国时代,那么在可能是姚明的国家队告别演出的北京奥运会上的比赛中则迎来了中国时刻。

17. 在北京奥运会一场跆拳道铜牌争夺战中,前奥运冠军古巴选手马托斯因踢打裁判面临终身禁赛。

18. 下个月,一些国家将在印度尼西亚的巴厘岛举行会谈,商讨一项新的气候变化条约,以取代2012年到期的联合国《京都议定书》。

19. 中国总理温家宝在北京航天飞行控制中心举行的仪式上发表讲话,盛赞"嫦娥一号"的成功,并说这是中华民族千年奔月的梦想成真。

20. 国际能源机构表示,中国可能在今年或2008年取代美国,成为世界第一大温室气体排放国。这一时间比该机构最近预计的2009年至少提前了12个月。今年第一季度,中国经济增速达11.1%。

Chapter 6

新闻翻译中修辞的处理

6.1 修辞简述[1]

对于修辞一词，自古以来中外学者多有解释。亚里士多德在他的《修辞学》(*Rhetoric*)中提到，修辞话语是一种挖掘在任何情况下可能出现的说服手段的艺术。他集中讨论了一个演讲者使用的手段和方法，以谋求获得智力或情感上的效应，说服他们接纳演讲者的观点。中国的修辞一词最早见于《易经·乾卜·文言》中，"修辞立其诚"之说，主要是就思想内容而言。在当今学者看来，从广义的角度来看，修辞是指对实际运用的语言的研究，尤其是研究那些有说服力和其他效果的语言，以及其获得听众或读者共鸣的手段。[2] 它是依据题旨情境，来恰当地表现写说者所要表达的内容的一种活动。[3]

就新闻语言的本质特点来说，一切新闻都是以事实为基础的。新闻作品内容的客观性，决定了新闻语言必然是一种如实呈现客观事实的语言。但是，我们既要看到新闻语言具有真实、客观、全面地传播客观事实的一面，也要看到新闻语又具有传达传播者思想和感情的一面。因此，传播者的目的和主观倾向性都必然会体现在其新闻作品的语言里。新闻语言在如实呈现客观事实时，不是照相式的、被动的反映，而是包含着传播者强烈的主观因素的能动的反映。换句话说，新闻以及新闻语言的本质特性决定了新闻语言不仅具有具体、准确、简明和通俗的特点，还具备了生动的特征。为了达到生动形象的效果，新闻语言往往通过修辞的途径来达到这一效果，因此，当代新闻语篇中不乏比喻、夸张、拟人、典故、排比、仿词、双关、借代、设问、反问等手段，极尽语言文字的一切可能，使报道的新闻事件具体形象，鲜明突出。

英汉语言在修辞方面具有各自的特点，为使译文通顺地道，应该

---

1 本章的编写参考了有关资料，如 http://wenku.baidu.com 等，谨致谢忱。

2 Abrams, M.H. *A Glossary of Literary Terms*. Thomson Learning, 2004.

3 《辞海·语言文字分册》(修订版)24 页。

根据各自的特点进行调整，当然，如果原作者特别表示突出强调的部分，应该相应地给予特殊保留。只有这样，才能在翻译的过程中，特别注意这些修辞部分的处理，根据不同语言的特色，将原作者的初始用意和技巧用合适的对应语表达出来。当然，由于某些修辞格是英汉各自独有的，所以在无法保持原修辞格的时候，可换用其他修辞格或采用意译手法。

6.2　英汉新闻共有的修辞格及其翻译

6.2.1　比　喻

什么是比喻呢？比喻(analogy)就是打比方，在描写事物或说明道理的时候，用具体的、浅显的、人们比较熟悉的事物来说明那些抽象的、深奥的、陌生的事物，从而使人们产生联想，达到理解的效果，人们时常把某些品质、特征与某些事或物联系起来进行联想，在这方面英汉比喻有着许多惊人的相似之处。但是，不同语言背景的人的思维方式、宗教信仰、风俗人情、社会制度和生活方式均有不同，这些差异不仅表现在各自的语言之中，还表现在各自语言的比喻里。

【例1】 All those who have been dreaming, or trying to fool the world and put out the idea that something terrible would happen in Cuba, that people would take to the streets, that there would be great instability, all those, **the door slammed on them and they must have swollen hands now**.

【译文】那些做着大头梦的人，或试图愚弄大家，说什么古巴会发生可怕的事情，人们会走向街头，会有大骚乱的人，会碰一鼻子灰。

（*New York Times*, August 8, 2006）

古巴领导人卡斯特罗宣布因身体不适暂时将权力移交其弟的消息是 2006 年 8 月吸引全球目光的重大新闻。针对不同立场的人士的或幸灾乐祸，或忐忑不安，古巴的新闻发言人对此做出了掷地有声的回应，声称那些妄图让古巴陷入人心惶惶的不怀好意的人，必定会碰上一鼻子灰。"the door slammed on them and they must have swollen hands now." 是英语中比喻给予对方猛烈回击，让对方很难堪的方式。而在汉语中，"手被关上的门碰肿"并不符合中文的思维方式来表示难堪的样子，相反，"碰钉子，碰一鼻子灰"是比喻目的未达到，反倒很难堪的典型比喻。虽然说法不一，但修辞格仍可以保持。在翻译中，就不能直译成"门砰的一声冲着他们关上，现在他们的手一定肿了"，只能意译成那些人"只会碰一鼻子灰"。

【例2】 "When Fidel Castro goes, this regime will disintegrate **like a sugar cube dropped in a glass of water**." Roger Noriega, former assistant secretary of State for Western Hemisphere affairs, thinks the younger Castro can't hold on more than a few months.

【译文】 "一旦菲德尔·卡斯特罗去世，这个政体会**土崩瓦解**。"前国务院西半球事务处副秘书罗杰·挪瑞加认为，卡斯特罗弟弟只能维持几个月的政权而已。

这是认为卡斯特罗一旦去世，古巴当前政权将会土崩瓦解的一方见解。这里运用的比喻非常形象，也非常符合形容古巴的国情。众所皆知，古巴是个盛产蔗糖的国家。"a sugar cube dropped in a glass of water"字面意思指"落在一杯水中的方糖"，比喻一旦卡斯特罗去世，会使古巴当前政权分崩离析，如同方糖一样溶化在水中。可是中文并不是用这种比喻方式，而是用"土崩瓦解"来做对应性的比喻。

【例3】 那都是些冠冕堂皇的话。问题在于，这些誓言是否真的能够抑制**如洪水猛兽般**的腐败？

【译文】 These are indeed noble and high-sounding words. But the problem is, are they useful in holding down the **beast** of corruption?

这篇是报道广州 500 名新上岗的公务员宣誓杜绝腐败的新闻。中文中，"如洪水猛兽般"这个比喻在这里形容腐败行为给社会带来的严重威胁。英文中，"beast"一词也常指那些危害性强的人或物，而"flood"并不常常用来做这方面的比喻。所以，译成英文的时候，要遵循英文的语言习惯，只用"beast"一词就可以让意思明确地表达出来。如果硬要加上"flood"就会显得很怪，让人费解。

【例4】 把这些(腐败行为)归咎于人性弱点实在太过简单了，这只会转移问题的焦点。用老套的口号来解决人类的复杂行为，根本就只是**蜻蜓点水**。

【译文】 To chalk it up to character failings is an oversimplification and will only shift the focus from where it should be. And seeking to counter the complexity of human behaviour with banal slogans is like the proverbial effort to put out a big fire with a cup of water.

在这句话中，中文原文的"蜻蜓点水"意指没有根本上解决问题，而只是像蜻蜓点水一样，拂了一下表面而已。英文中对应的比喻是字面意思上的用一杯水去灭火，即"put out a big fire with a cup of water"。这个比喻的翻译涉及不同语言所包含的文化背景，切不可乱译，否则会贻笑大方。

6.2.2 夸 张

夸张(hyperbole)是以主观的角度，有意地夸大事实或可能性，从而达到强调或突出的一种修辞手法，通常起到严肃、讽刺或喜剧的效果。

【例1】 "We sure had **a ton of** opportunities," said Johnny Damon, who fanned to end the fifth with a runner in scoring position and made the final out of the game with a man on first.

【译文】 "我们肯定有一大堆的机会。"约翰尼·戴门说道。他通过迫使对方击球手三击不中出局结束了第五局，并成功跑垒，最后获得胜利。

这是报道一次棒球比赛时引用的一位运动员的话。英文中喜欢用"a ton of"来表示非常多的概念，就像中文"数以万计"中的"万"一样，"ton"并不表明具体的数量，而是类指很多的概念，这种夸张的手法在英文中也是很常见的。但是在翻译的时候，不可能直译成"有一吨的机会"，而只能按照汉语习惯译成"一大堆机会"。

【例2】 "The people we are dealing with are not human; they are **animals**," said Ms. Goldwasser, 30, whose husband is an environmental engineering graduate student at the Technion, a technology university in Israel, and a nature enthusiast. "So I know they will play with us."

【译文】"和我们打交道的不是人，是野兽，"30岁德格德瓦沙夫人说。她的丈夫是以色列工程技术学院环境工程专业的毕业生，也是一名自然爱好者。"所以我知道他们会耍弄我们。"

　　这是篇报道格德瓦莎夫人和其他同样遭遇的以色列人要求以色列首相奥尔默特与黎巴嫩真主党协商释放被俘的亲人的新闻。格德瓦莎先生被捕，至今无望释放。这句话中的"animal"有贬意，是一种夸张的手法，形容格德瓦莎夫人眼中的真主党会像动物耍弄猎物一样，耍弄他们。在翻译的时候，不能简单地译为"动物"，而是应该译成"野兽"，表示一种讽刺，才能正确表达其中的含义。

【例3】 管理部门表示他们一定会布下**天罗地网**，追踪每一瓶"欣弗"。

【译文】 The administration said that it would "comb every corner" and trace every single bottle of the "Xinfu" drug.

　　"欣弗"药品在国内引起的极大反响是新闻媒体报道的重点，药监局和管理部门在力求挽回损失和保护人民生命安全上做出了积极的补救措施。中文概念中的"布下天罗地网"，表示管理部门会不惜一切，彻底搜查，确保每一瓶问题药品受到控制。在译成英文时，不能采用直译手段，只有用英文概念的"comb every corner"这样的夸张修辞来表达此事的严肃性，才符合英文的习惯，表达力度也很到位。

【例4】 这种通过竞争选拔进入"**天之骄子**"学府的体系，只不过个分不出麦和糠的漏筛，是个窒息人才的闷桶。

【译文】 This system of selecting the brightest for the institution of "proud sons of heaven" is at best a loophole-ridden sieve that often fails to separate wheat from the chaff and at worst a smothering bag for real talent.

高考制度的利弊在中国一直都是各方人士讨论的焦点。这句话中的"天之骄子"一直都是一种夸张地形容大学生的说法。而在英文中，我们没有相对应的词来形容，所以在这里，用"proud sons of heaven"这种相对直译的方式是比较合适的。而且，用 heaven 取代 sky，也符合英文思维方式中的概念。

6.2.3　拟　人

拟人(personification)是指把非人类的东西加以人格化，赋予他们以人类的思想感情、行动和语言能力。

【例1】 **Hating to see** her owner treated so unfairly, the 9-month-old dog rushed at him and bit him on his leg.

【译文】由于不愿意看到自己的主人受到虐待，这只9个月的狗冲过去咬了他(打人者)的腿一口。

这是一篇报道忠实的狗勇救主人的新闻。在原文中，"Hating to see"很形象地说明了这只狗的心理活动，是个很典型的拟人手法。在翻译成中文的时候，可以把这一拟人手法照译出来，"不愿意看到"来形容这只动物，拟人手法在中文中也可以理解。

【例2】 The St. Barnabas hospital system **spent** much of the last decade in a **sprint** to expand through aggressive mergers, political connections and celebrity patrons, **growing** into New Jersey's largest health care **provider** and the state's second biggest private **employer**.

【译文】圣巴拿巴医院在过去10年中，借助大规模的合并、政治关系和名人赞助，飞速发展成新泽西最大的卫生保健部门，也是本州第二大私人雇主。

这是一篇有关圣巴拿巴医院发展近况的报道。在英文概念中，形容某个非人的物或事时，通常采用拟人的手法来表示它们所做的事情，原文中的动词"spend"、"grow"和名词"sprint"、"provider"、"employer"等词都是形容人类的行为特性的，在中文翻译时，只能根据中文的习

惯，有的可以直译，保留原先的修辞，有的则不能直译，只能放弃原
先的修辞，而直接译出意思。

【例3】据新华社报道，星期二狂风暴雨造成的死亡人数是 2 人，但
　　　　是，尽管搜救工作积极开展，截止到星期五中午，大雨造成死
　　　　亡人数已经达到 111 人。

【译文】The death toll was put at two Tuesday as **the storm raged**, but it
　　　　quickly rose Friday with recovery efforts under way and had
　　　　reached 111 by midday, according to Xinhua.

　　这是一篇关于台风"桑美"造成的重大损失的报道。中文中的"狂
风暴雨"是很常见的拟人手法，用"狂"和"暴"来进行描述。在英文
译句中，虽然没有中文原先的对称，但"the storm raged"符合了英文
平铺直叙的特点，又兼顾了英文中的拟人手法，以形容人的"rage"一
词来对应，非常贴切。

【例4】据新华社报道，这种病毒性的疾病(脑炎)**夺走**了西北部的山西
　　　　省 7 条生命。

【译文】The viral disease has **claimed** seven lives in the northwestern
　　　　province of Shanxi, Xinhua news agency said.

　　山西省出现蚊子叮咬造成脑炎疾病爆发的新闻令人担忧。中文概
念中，喜欢用"夺走"这个人类的行为特性来说明疾病或灾害给人民造
成的损失。在英文中，可以有对应的"take away"、"deprive of"等词组
来表示，但是"claim"一词表达的力度更大，更有拟人的修辞意味在
其中。"claim"的本意是"认领"，有强行主观的意愿，更加能够表现
疾病的横行霸道。

6.2.4 典　故

　　典故(allusion)是简短地提及文学或历史人物、地点、事件或其他
文字作品。例如，英语新闻中常见的典故有出自《圣经》的"put new
wine in old bottles"（旧瓶装新酒）、"salt of the earth"（世上的盐）、"the
writing on the war"（不祥之兆）等等；罗马希腊神话中的"an apple of

discord"（祸根）、"the Trojan Horse"（木马计）、"Greek gift"（黄鼠狼拜年，不安好心）等等；还有与文学作品相关的如"Babbitt"（巴比特）、"Catch 22"（第二十二条军规）、"Lolita"（洛丽塔）等等。汉语新闻中也会出现诸如"三顾茅庐"、"桃源结义"、"红娘"等熟悉的典故。实际上，随着世界文化的不断交流，中英文新闻中也会出现英汉典故互用的情况。在翻译的时候，由于典故所蕴含的文化背景的不同，可以根据实际情况直译、意译或音译。

【例1】 Jane Austin would have a field day if she were living in today's China and write about the fussiness with which parents try to marry off their grownup sons instead of charming daughters who look like Kate Winslet or Keira Knightley.

【译文】要是简·奥斯汀活在今天的中国，她肯定会大做文章，写上一通父母是如何忙着操心长大成人的儿子的婚事，而不是急着把长得像凯特·温丝莱特或凯拉·奈特丽那样的漂亮女儿嫁出去。

这是一则外国报道中国现今适婚男子面临的经济压力的新闻。简·奥斯汀是18世纪英国的女作家，她以女性特有的细致观察力，真实地描绘了绅士淑女间的婚姻和爱情风波。《傲慢与偏见》（*Pride and Prejudice*，1813）是她的代表作。凯特·温丝莱特和凯拉·奈特丽分别是美国和英国的当红女演员，两人曾分饰《傲慢与偏见》中两个女儿的角色。奥斯汀在中国的影响也非常大，好莱坞电影明星也是很多人都知道的。因此，这里的典故使用，采用直译最合适。

【例2】 If you are arguing with another person, onlookers are not thinking, "This person has face and that person doesn't." Instead, chances are they are wondering why the two of you are yapping like Donald Duck.

【译文】要是你和别人争论，旁观者不会想："这个人有面子，那个人没有。"相反，很可能他们在奇怪这两个人干嘛像唐老鸭一样嚷嚷。

这是一个外国记者写的有关中国人好面子的报道。在原文中，

"face"指的就是中国人最关心的"面子"。他在描述争论双方面红耳赤的模样时，用了"Donald Duck"这个著名的迪斯尼卡通人物。在翻译成中文时，要考虑到中国人已经对"唐老鸭"这个名字耳熟能详的实际情况，如果按照字面译成"唐纳德鸭"，一定会使读者感到陌生，也会变得十分可笑。

【例3】很遗憾的是，这种杜绝腐败的宣誓行为很自然地受到人们的质疑和嘲讽。不过这也表明在当今社会，人们对腐败行为已经不足为奇。曾几何时，人们是那么看重承诺。不论如何，如今，我们已经告别了**"天真时代"**，进入**"镀金时代"**了。

【译文】It is sad that a pledge to resist corruption is automatically met with skepticism and derision. But it shows how widespread and taken for granted corruption is in our society. There was a time when most took such promises seriously. But like it or not, we have moved from "the Age of Innocence" into "the Gilded Age."

这是一则中文的新闻报道，引用了英文中的文学典故。《天真时代》(*The Age of Innocence*，1920)是美国作家伊迪丝·华顿(Edith Wharton)的一部代表作，描写19世纪70年代末80年代初的纽约上流社会，人们奉行传统的价值取向和道德规范。《镀金年代》(*The Gilded Age*，1873)是美国作家马克·吐温(Mark Twain)的第一步长篇小说(和邻人华纳合著)，也是一部思想性较强的现实主义小说，当时资本主义美国的表面繁荣，掩盖不了内部的污秽败坏。该书书名本身就恰当地反映了资本主义竞争的19世纪70年代的特征。后来的历史学家常常沿用这个名称来概括这一历史时期。由于中文直接引入了英文的典故背景，翻译时直译就可以了。

【例4】最近的一个热门话题是，原以为中国传统的**七夕**节会出现像**情人节**那样的浪漫气氛，结果到了那一天，一切却平淡依旧。

【译文】Anticipation of Valentine's Day-style romantic festivity at the traditional China's "Lovers' Day"—Qixi Festival, followed by rather lacklustre observance on the day, has been the hot topic.

　　2006 年中国的农历有闰七月，这就意味着有两个"七夕节"，商家一直期待着这一天会出现像西方传统节日——情人节(2 月 14 日)那样的火爆浪漫场面，结果年轻人对"七夕"的反应冷淡，让商家大失所望。在这句中文报道中，出现了两个典故，即"七夕"和"情人节"。前者的"七夕"是中国农历七月初七，是传说中牛郎和织女鹊桥相会的日子。后者的"情人节"，又称"瓦伦丁节"(Valentine's Day)，是西方传统的情人节。这两个典故在翻译成英文的时候，后者可以直接借用英文概念，而前者则只能以音译的方式出现，并适当地加以注释。

6.2.5　排　比

　　排比(parallelism)是把三个或三个以上结构相同或相似、意义相关或相近、语气相同的词组或句子排列起来，达到一种加强语势的效果。它可使文章的节奏感加强，条理分明，层次清晰，形象生动。不过，中文的排比和英文有所不同。英文中两个句子的并列也叫排比，中文则一般三个以上的句子并列才是排比。

【例1】After British authorities said they had foiled a plot to blow up U.S.-bound airliners with liquid explosives, federal transportation officials banned, at least for the moment, nearly all liquids and gels from aircraft cabins. That meant not only **no bottled water, but no contact lens solution, no lip gloss, no toothpaste, no latte, no deodorant**.

【译文】在英国当局宣称他们挫败了一起试图用液体炸药起爆飞往美国的班机之后，联邦交通局，至少是暂时，禁止几乎所有的液体和胶状物带进机舱。这就意味着瓶装水、隐形眼镜清洗液、唇彩、牙膏、咖啡、除臭剂都被禁止。

　　这是报道英国当局在挫败一起恐怖分子阴谋爆炸飞美航班的新闻。原句中的排比句列非常清晰，而且很有力度，一系列的"no"表达的禁令的严肃性和强制性，表明任何一种与液体和胶状物有关的东西，都是航空安检时拒绝的对象。但在中文翻译的时候，不能直译成

"没有……没有……没有",因为那不符合中文的语言习惯,而应根据中文习惯译成列举形式的排比,即"……都被禁止"。

【例2】 Michael Chertoff, the US Homeland Security Secretary, said: "The conception, the large number of people involved, the sophisticated design of the devices that were being considered and the sophisticated nature of the plan, all suggest that this group that came together to conspire was **very determined, and very skilled, and very capable**."

【译文】 美国国土安全部长迈克尔·谢托弗说:"这个想法、涉及的大批人马、预备使用的工具的精心设计,以及这个计划的复杂性,都表明这个密谋的组织是下定了决心的,也是非常熟练和精干的。"

在对恐怖分子的阴谋炸机事件进行调查时,国土安全部长用了三个"very"的结构表示出恐怖分子在策划这起恐怖活动时的三个特点。这些排比的修辞法,可以让读者一目了然。在翻译的时候,如果是"非常……非常……非常……"就会显得有些别扭。因此,只能按照原文中所强调的要点来进行翻译,突出中文语言在表示强调时的说法。

【例3】 他们穿着崭新的制服,宣誓:"忠于职守,爱岗敬业,廉洁奉公,无私奉献;遵守国家宪法和法律,依法履行国家赋予的各项权力;恪守职业纪律和职业道德,不徇私情,不谋私利,不滥用权力;自觉接受群众的监督,当人民的好公仆。"

【译文】 Wearing brand-new uniforms, they pledged to "work with loyalty and dedication, abide by the constitution and the laws, execute authorities conferred by the State, refrain from abusing power or seeking self-interest, be supervised by the masses and act as good public servants."

这是营造廉洁奉公氛围的新公务员宣誓的誓词。中文原句中的排比句式在译成英文时,并不是逐句翻译的,而是根据内容的界定,采用直译和意译结合的方式完成。"忠于职守,爱岗敬业,廉洁奉公,无私奉献"和"恪守职业纪律和职业道德，不徇私情，不谋私利，不滥用权力"的排比组合都分别简单译成"work with loyalty and dedication"和"refrain from abusing power or seeking self-interest"，而"遵守国家宪法和法律，依法履行国家赋予的各项权力"和"自觉接受群众的监督，当人民的好公仆"则分别基本直译成"abide by the constitution and the laws, execute authorities conferred by the State"和"be supervised by the masses and act as good public servants"。

【例4】唐(家璇)表示，希望日方顺应历史潮流和两国人民的共同愿望，消除政治障碍，共同推动两国关系早日回到正常发展的轨道。

【译文】Tang said he hopes that the Japanese side can **follow** historical trends and the willing of the peoples of the two countries, **remove** political barriers and **push** Sino-Japanese relations, together with China, back onto a normal development track.

　　2006年日本首相小泉纯一郎再次参拜靖国神社的行径冲击了中日关系的改善进程，也损害了日本的国际形象和国家利益。中国国务委员唐家璇对此发表的讲话中用了排比的句式，起到了条理性强和层次分明的效果。在译成英文的时候，基本保持原来的排比形式，用动宾结构的对应性翻译达到译文的准确性。

6.2.6　仿　词

　　仿词(parody)在新闻英语中的使用也是非常普遍的，同时也是使新闻语言言简意赅、产生犀利幽默效应的非常有效的修辞手法。它通常是套用某些名言名句、谚语、典故，甚至是习惯用语来表达出强烈的对比效果。

【例1】Nearly all the victims were cotton growers, generations of whom have cultivated this corner of Maharashtra state, since the time of the British Raj. It was once so profitable a crop that people called it **"King Cotton." Now that tag has changed to "Killer Cotton."**

【译文】几乎所有的受害者都是棉农，自英国殖民统治以来，几代棉农耕耘在马哈拉施特拉邦的这片角落地。这块土地曾经非常富饶，被人称为"棉王地"，如今这个名称已变成"棉亡地"。

这是报道印度棉农困境的新闻。原文中的仿词是根据"King Cotton"变成"Killer Cotton"，从上下文可以看出，这两个词语代表着截然相反的意思，一块曾经富饶的土地变成了贫瘠无比的荒地，印度农民面临的绝望可以通过这种仿词的手段表露无遗。在翻译的时候，也必须考虑到中文的习惯，不能简单地根据字面意思译成"棉花王"和"棉花杀手"，而要兼顾意思和发音上的对比性，"棉王地"和"棉亡地"就是不错的表达。

【例2】If I talk to people on the street, I would get mostly balanced feedback that reflects common sense. But if I sample the **netizens**, it's usually the most virulent that stands out.

【译文】和大街上的人交谈，我能得到大部分是有常识理性的反馈。可要是在网民中抽样调查的话，得到的往往是恶意的回答。

这是报道网络生活的新闻。原文中的"netizens"就是从英文单词"citizens"仿词而来。对应的中文中也能找到类似的表达，即"网民"。

【例3】黄金周期间，游客如云，他们衣着雅致，手拿精巧数码相机，物质财富日益增长。不过，期间媒体报道的内容也敲醒我们——有一种财富是我们匮乏的，那就是精神财富，即文明。

【译文】Hordes of travelers in chic dresses holding dinky digital cameras are a sign of growing material wealth. But media reports during Golden Week serve as a poignant reminder that we lack a different sort of wealth—spiritual wealth, or civilization.

日益增长的物质财富背后，人们是否能称作文明的现代人？这篇报道揭示了中国，特别是"五一"和"十一"假期中，民众对环境、人文和思想各方面的关注度如何。"黄金周"一词在中文中也是仿"黄金时光"、"黄金地段"等词的。"黄金"在这里表示对商家来说可能是赚个满钵的机会。在译成英文时，由于英文中有对应的"Golden"这个词，可直译。事实上，英文中的"Golden Touch"就有表示点石成金的含义。"Golden Week"这个翻译既符合中文的理解，也符合英文的文化背景。

【例4】 他们的歌声比起**超女**冠军赛的歌声更糟糕。不过有一点他们比对抗赛中女选手抢眼的是比帅。

【译文】 Their singing is even shakier than that of the Supergirl champion. But one area where they outshine the female contestants of the rival show is in the arena of beauty.

有关国内"超级女声"和"加油，好男儿"的全国选拔赛一直都有很多的观众关注。实际上，"超级"一词在中国组成了很多的时髦词汇，如"超级模特"、"超级影星"等等，表示"非常棒"的意思。英文中对应的词是"super"，以前有部电影名称是 *Superman*（《超人》），因此翻译成英文时，译作"Supergirl"在形和意上都是很贴切的。

6.2.7 双 关

双关(pun)就是利用语音和语义的条件,在特定的语言环境中有意使用某些词语，以构成双重意义，达到讽刺或谐趣的效果。它可分为语音双关和语义双关。语音双关利用同音或近音的条件构成，例如"东边日出西边雨，道是无**晴**却有**晴**"，这里的"晴"和"情"同音，但意思不一样。后者利用词的多义现象，构成明暗双重意义，明的是表面的意义，暗的是内藏的意义，而说话的人本意是在暗藏的意义上。如"Women have a wonderful sense of right and wrong, but little sense of right and left."（女性对善恶感觉惊人，而对左右感觉麻木。）该句借用同词异义双关讽刺女性方向感差，开车左右不分。另外，还有一种特别的语义歧解双关。例如：

Customer: Waiter, will the pancakes be long?

Waiter: No, sir. Round.

"long"这个词表示"长"，既可以指"形状长"，也可以指"时间长"。这里的歧义双关就有谐趣的效果。

【例1】The political battle for control of the federal government has opened up a new front: the obscure but vital state offices that determine who votes and how those votes are counted.

【译文】谋求控制联邦政府的政治斗争已经在新的前线/领域开始了一场争夺战，该前线/领域乃是决定选举人和计票方式的、未曾引起双方阵营重视但却极其重要的各州政府办公室。

　　这是一篇报道美国民主党和共和党两方为 2008 年总统选举前抛出的一个新焦点。对于投票人和投票计数这两个关系总统候选人的关键因素，两个政党已经开始了新的较量。"front" 一词既可以表示"（战争的）前线"，也可以表示"活动领域"或"方面"。在这篇报道中，我们也可以看到，未曾引起双方阵营重视但却相当重要的新的争夺领域，居然是如此关键，好比赢得战争的前线。在翻译"front"这个双关语时，选择"战线"会使得意义愈发重要，但选择"领域"，意义则稍逊一筹。

【例2】Al Qaeda in Iraq wants to present itself as a legitimate organization, and is striving to increase its operational power by building a political base with a **military wing**.

【译文】伊拉克基地组织想以一个合法组织的身份出现，正试图通过依靠军事上的胜利建立政治基地来提高其运作能力。

　　这是一篇报道继基地组织在伊拉克的头目扎卡维被炸死后，基地组织试图对抗美国支持的伊拉克现行政府的新闻。在这句话中，"military wing"指的是"军事辅助力量"，即"在军事力量的羽翼之下"，另外"wing"这个词和"win"这个词在语音上相近，因此这是个语音双关，指基地组织想通过军事力量，获得军事胜利。在译成中文时，应该把两个意思都译出来，即"依靠军事上的胜利"，才能把这个双关语的意思表达准确。

【例3】它们（指措施）包括两个月内两次商业性银行提高贷款率和储备额、还有其他的信用控制和土地限制措施。当局也为新的建设项目抬高了门槛。

【译文】They include a lending-rate hike and higher reserve requirements for commercial banks twice within two months, in addition to other credit curbs and land control measures. The authorities also set a higher threshold for new construction projects.

　　这是篇关于商业性银行对建设贷款所采取的措施方面的报道。原文中的"抬高门槛"是中文中的一个通用表达，表示"提高了被接受的条件"。"门槛"这个词有"最低条件"的含义。因此，这是个典型的语义双关。在译成英文时，可直译，因为"threshold"在英文习惯中也有同样的双关含义。

【例4】他们(新公务员)都来自政府机关和税务部门，被认为是"高危行业"人士。

【译文】They all come from government customs and tax departments, which are deemed "highly vulnerable to corruption."

　　公务员应该杜绝腐败贪污行为，他们由于职务的特殊性，被看作是容易有腐败行为的人士。"高危行业"原本指的是摩天大楼建设、护理传染性疾病等行业，在这句话中，"高危行业"指的就是这些政府机关和税务部门的公务员。这是中文的一个语义双关，在翻译的时候，如果只是单纯地译作"highly dangerous professions"，就会引起译入语读者的困惑。因此，在正确理解原文的基础上，可以将"高危行业"意译作"highly vulnerable to corruption"。

6.2.8　借　代

　　借代(metonymy)就是不直接说出某人或某事，而是用和它相关的名称临时替代。主要形式有：用部分代替全体，用具体代替抽象，用和本体有关的标志代表本体。例如：中文中的"粉"有时可以代表"毒品"，"中南海"代表"中央人民政府"，等等；英文也一样，"The White House"指的是"US Government"，"Uncle Sam"指"American People"，等等。在翻译的时候，由于中英语言文化背景的不同，必须根据实际情况进行直译或意译。

【例1】The United States crushed China 121-90 to underline their status as favourites at the world basketball championship on Sunday.

【译文】周日，美国队以 121 比 90 狂胜中国队，稳定了其在世界篮球
锦标赛上的受欢迎地位。

原文中的"The United States"和"China"在这里指的是双方的篮
球队。用国名来借代各自的参赛运动队是英汉语言中，尤其是在新闻
报道中非常普遍的。在翻译的时候，应该根据具体的新闻背景，适当
加词，使新闻事件更加清楚一些，可以简单地说"美国队"和"中国
队"，因为后面的"篮球锦标赛"完全可以交代清楚这是什么运动队。

【例 2】 Senior UN envoy said the truce that halted the 34-day war which
claimed 1,183 lives in Lebanon and 157 Israelis had provided the
Beirut with a good chance to extend its authority over all of the
country.

【译文】联合国高级特使说，为期 34 天的战火造成了黎巴嫩 1183 人
死亡，以色列 157 人死亡，这次停火给黎巴嫩政府一个很好
的机会控制整个国家。

黎以双方的战火在联合国的努力下暂时得以停息。在这句话中
"Beirut"（贝鲁特，黎巴嫩首都）指代的是"Lebanese Government"（黎
巴嫩政府）。翻译的时候，要注意这种借代的手法，译成中文的时候，
可以根据其具体含义，译成"黎巴嫩政府"。

【例 3】据说，自 7 月以来，香港警方一直都在监控一家雇用了体内
藏"冰"，走私到日本的财团。

【译文】It said that Hong Kong police have been monitoring a syndicate
which employed body-packed couriers for smuggling "ice" to
Japan since July.

这条新闻中的"冰"指的不是日常生活中的冰块，而是一种兴奋
剂甲基苯丙胺，因其原料外观为纯白结晶体，晶莹剔透，故被称作
"冰"。这就是以事物的某个特征来代替整个事物的借代手法。这里的
翻译采用直译法，因为"ice"在英文中也可以作这种毒品的称呼。

【例 4】有人认为这些年轻的税务和机关人员在宣誓的时候是很真诚

的。他们尚未有机会挪用或收受贿赂。要是这种仪式发生在那些已经身居高位多年的人身上，那就意味着他们在演大戏或是坐大牢了。

【译文】Some suggest that the young tax and customs officers may be sincere in their pledges. They haven't had the chance to embezzle or receive bribes yet. If the same ceremony is held for those who've already been in powerful positions for years, that will be either high drama or high camp.

　　这句话中的"演大戏"和"坐大牢"都是典型的借代手法，演戏指的是宣誓这种公众仪式，坐牢指的是腐败行为东窗事发后，在监狱里接受改造的集体行为。原文中的"戏"和"牢"就是与冠冕堂皇地宣誓和东窗事发的狼狈景象相关的事物，在译成英文的时候，由于"drama"和"ceremony"有着共同的特性：即公众场合的表演，可以将"演大戏"直译成"high drama"。"camp"一词指的就是"营地"，但英文中也有"concentration camp"（集中营）这样的表达法。因此，"坐大牢"译成"high camp"也是一个不错的选择。

6.2.9　反　问

　　反问（rhetorical question）是疑问的形式表达确定的意思，它不要求得到回答，表达的力度比直接的陈述语气要重得多，它能激发读者的情感，加深读者的印象。例如：当我们说"不丢人吗？"时，意思就是"太丢人了！"在英汉新闻中，这种修辞手法的使用非常广泛。在翻译的时候，要注意保留这种语气的力度，尽量保持原先的表达。

【例1】A relative of mine was to graduate from college this summer. He was eyeing a job in international trade. But one day he asked me: "Why should a Chinese take time to learn a language that is not his own?" Must English learning be such a pain in the neck?

【译文】我的一个亲戚今年夏天大学毕业了。他正谋求一份国际贸易的工作。可是有一天他问我："为什么中国人要花时间学一门不是自己的语言呢？"学习英语有必要这么费劲吗？

　　学习英语一直是大家讨论的焦点：该不该学，该怎么学？这是一篇一个外国记者眼中的中国英语学习现状的文章。通过一个亲戚朋友的亲身遭遇，作者提出反问，"Must English learning be such a pain in the neck?"译成："学习英语有必要这么费劲吗？"言下之意就是，如果英语学习成了折磨学习者的东西，那么怎么会学得好呢？又怎么会有人愿意学呢？这其中的反问手法起到的效果是既加深读者印象，又激发读者的共鸣。

【例2】 But therein lies a dilemma. People still commit crimes despite all the criminal penal codes across the world. So will just a statute against cruelty to animals act as a deterrent?

【译文】 不过困惑在于，尽管有犯罪刑事法令的约束，全世界各地还是有人会犯罪。难道说颁布一道不许残杀动物的法令就能威慑这一切吗？

　　对动物的残杀一直是世界各地关爱动物人士所反对的。这则新闻提到了最新颁布的一道法令，禁止擅自残杀动物。不过，作者指出，世界上有那么多的法令，禁止人们犯罪，却仍未能将犯罪清除，区区的一条法令更是不可能禁止那些野蛮的狩猎者的。在原文中的反问，语气强烈，论述清晰，翻译成中文时，也要注意这个语气的问题，中文"难道说"表达的反问效果比较强烈。

【例3】 这个学者认为儒教是大智慧，他只对了一半。可是他对管理的认识是错误的，管理怎么能简单地定义为管人呢？

【译文】 The scholar was only half-right when he said that Confucianism is a great wisdom. He accepted the wrong definition of management. How can management be defined simply as controlling people?

　　管理是不是管人？从原文作者的观点来看，并不是的。中文"怎么能……？"的句式是反问的修辞手法。在译成英文的时候，用"How can..."能够起到对应性的作用，语气上也能到位。

【例4】 是不是说在住房供应领域，市场竞争会落伍，取而代之的是各个市府部门管理下的调配计划？

【译文】Does this mean that in the area of housing supply, market competition will soon fall out of fashion to be replaced by distribution plans administered by the mayor's office in various cities?

针对一篇报道大连市政府干预一处新开发的房产定价的新闻，这篇新闻报道的作者提出了这样的一个反问"是不是说……？"言下之意，就是问题并没有这么简单。翻译成英文时，也必须兼顾意义和语气，事实上这里的语气比意义更加需要突出，因此，"Does this mean"这个句式应声而出，合乎英文习惯，也在意思上表达到位。

6.2.10　设　问

设问（question setting）和反问都是无疑而问，但是有明显的区别：设问不表示肯定什么或否定什么；反问明确地表示肯定或否定的内容。设问主要是提出问题，引起注意，启发思考；反问主要是加强语气，用确定的语气表明作者自己的思想。设问是自问自答，有问有答，答在问外；反问寓答于问，有问无答。

【例1】Will gay marriages be made legal in China? Will euthanasia be allowed? Maybe not, they sound too radical. But that's what some of the members of the nation's top advisory body have proposed.

【译文】在中国，同性恋结婚能合法化吗？安乐死能合法吗？也许不会的，听起来，它们都太尖锐了。可这些都是国家高级顾问委员会的一些成员曾提出的。

同性恋和安乐死这两个敏感话题在全世界都是讨论的焦点。在中国，人们也没有回避这些问题，即便是国家高级顾问委员会成员也曾郑重其事地讨论过。这是一句典型的设问手法。提出两个问题后，告诉我们答案，也许不会的，但是并不表明中国人民没有面对这些问题，是否合法化是需要讨论和研究的。在译成中文的时候，保留原先的问句形式，直译比较妥当。

【例2】So what happens next to the squeaky-clean company built on efficiency, the one that used to inspire fear in competitors with its low prices and sheer size? It still has the ingredients for success, analysts said, but desperately needs some adjustments.

【译文】那么这个建立在效率基础上的公司，这个曾经以低廉的价格和纯粹的规模让对手胆寒的公司下一步会怎么样呢？它还是有成功的可能，分析家认为，不过它急需一些调整措施。

这是对一家公司面临问题的新闻报道。原文的设问句很长，"So what happens…?"这样问的目的是让读者先进行思考，从自己对这家公司的看法来提出自己的答案。这样做的目的可以和读者互动，达到更加强烈的表达效果。中文中的对应性设问句型"那么……会怎么样呢？"符合中文思维方式和表达方法。

【例3】中国城市需要把富人生活区和社会边缘人士生活区明显区分开来吗？有些开发商认为应该，而另一些从道德的角度来讨论认为不应该。

【译文】Should Chinese cities have a distinctive division between rich people's living quarters and those belonging to the rest of society? Some developers said yes. While others, arguing from a moralistic standpoint, said no.

房地产开发商的不同意见，通过一句设问表达得非常清楚。中文原句中的设问句是："中国城市需要把富人生活区和社会边缘人士生活区明显区分开来吗？"随后就得到了正反两个方面的回答。这种句子译成英文的时候，除了要注意设问句语气上的把握外，还要注意让截然相反的回答有强烈的对比作用。

【例4】为什么(医疗)管理部门能够盲目扩建，无视其员工的权益呢？答案很简单：它有钱。它无视律法。没有人制约它的行为。

【译文】But why can the management be expanding and building fervently and ignoring its employees' rights? The answer seems simple: It has got the money. It has no respect for rules. And it has no one to police its behaviour.

这则新闻是探讨当今各大医院盲目装修、扩建门诊和住院大楼的现象。在这句设问中，"为什么……？"本身就是语气强烈的设问句式，翻译成英文对应的"why...?"就可以了。另外，这句话中要注意的是，原文中的回答从短到长，层次分明，译成英文的时候也要相应予以处理。

6.3　英汉新闻各自独有的修辞和翻译

尽管英汉语言有很多的共同之处，大部分的修辞手法在两种语言中都可以找到，但英汉语言各自具备的特点也让它们各自拥有独特的修辞手法。英汉新闻语言有时也会体现出这种各自独特的修辞手法。在翻译的过程中，如果找不到对应的修辞手法，就应该在理解意思的基础上，转换修辞手法，或者干脆意译，切不可生搬硬套。

一、头韵

头韵（alliteration）指的是在一组词的开头或重读音节中对相同辅音或相同主元音的重复。例如，莎士比亚的第 30 首十四行诗中有一句：

"When to the **sessions** of **sweet silent thought**

I **summon** up remembrance of **things** past,"

这里的"sessions, sweet, silent, summon"都是以辅音 s 开头，"thought, things"都是以辅音 th 开头。这种头韵使英文的句式显得抑扬顿挫，琅琅上口。

【例1】Mr. McCain's biggest challenge would be assuming the role of front-runner rather than free-speaking insurgent or underdog. "He has to be the leader of not just a movement, but the party," Mr. McKinnon said. "That's a whole different drill."

【译文】麦卡因先生最大的挑战是要承担起领先者的角色，而不是言论自由的反叛者或失败者。"他要成为的不是一次运动的领导人，而是一个党派的领导人，"麦克基农先生说，"那可是件了不得的事业。"

  对于积极准备参与 2008 年美国总统竞选的麦卡恩先生来说，他面临的挑战很多，所以在这句话中"different drill"就是一句头韵的修辞手法。英文的原文可以领会到这两个词在发音和词义上的相关性，因为总统竞选本身就是一件非同寻常的、须付出很多努力的事。在译成中文的时候，头韵的修辞表达不出来，就只有用"了不得"和"事业"这两个词来译。前者"了不得"具备双关含义，一方面表示这是件非同寻常的事，另一方面也表示此事所需的极大努力。后者是采用意译的手法，把其中的含意挖掘出来进行处理。

【例2】 The effort is fueling a fund-raising operation that has helped him build loyalty throughout the party by doling out more than $800,000 to candidates since the start of last year through his political action committee.

【译文】 此举是为了促动资金的筹集，以助他(麦卡恩)确立党内人士对他的忠心，自去年以来，通过他的政治行动委员会，他已发放了 80 多万美元给这些(智囊团)候选人。

  这句话中的"fueling"和"fund-raising"也是有很好的语言表达效果的头韵手法。不过，译成中文的时候，只能根据其意来进行表达。中文语言中的"促动资金筹集"是对这个头韵的意译。

二、尾韵和类韵

  尾韵(consonance)指的韵辅音或辅音模式的重复，尤指位于词尾的，如 blank 和 think，strong 和 string；类韵(assonance)指的是相同或相似元音的重复，尤指重读音节，其间有辅音变化，如短语 tilting at windmills。相比于头韵来说，英文新闻中使用尾韵和类韵的情况要少一些。

【例1】 The city's eight publicly funded universities enrolled 4,700 non-local students in 2005—2006, or 6 percent of the total student population. Mainlanders made up the bulk of the recruits because of their geographical proximity and cultural affinity.

【译文】 这个城市(香港)的 8 个公立大学在 2005—2006 年吸收了 4700 名非港生，占学生总额的 6%。由 1 3 8

于地理位置的接近和文化氛围的共通，内地新生占了绝大部分。

　　对于香港吸收外地学生的报道也是近年来的热门新闻。由于内地学生认为香港相对离家近，而且中华文化氛围相对浓厚，报考香港 8 所院校的内地高中毕业生越来越多。原文中的"proximity"和"affinity"以相同的辅韵音结尾，很巧妙地把香港吸引内地学生的两大特性表达出来。但是，中文翻译的时候，要做到意思准确，又要有韵味，就只有用"近"和"通"这两个类似词来表达其中的含义了。

【例 2】The United Nations-brokered cease-fire in Lebanon suffered another blow on Sunday when the European countries that had been called upon to provide the backbone of a peacekeeping force delayed **a decision on committing** troops until the mission is more clearly defined.

【译文】周日，联合国敦促黎巴嫩停火行动又遭打击：被要求派遣维和部队主力军的欧洲各国推迟了派遣队伍的决定，因为此时他们的任务尚未明确。

　　这句话中的"a decision on committing"就是典型的类韵手法。这里的元音 i 有重复，使得这个重要的派遣部队的决定在这里得以强调，给读者留下深刻的印象。译成中文时，中文做不到这样的元音重复，也就只有用意译的方式，将意思表达出来即可。

三、中文新闻中对偶的特点和翻译

　　对偶，也称对仗。在中文里，对偶有词词相对的句内对偶，如"瞻前顾后"；也有句句相对的句外对偶，如"路遥知马力，日久见人心"；当然还可以多句的对偶，甚至多段的对偶。一般说来，中文的不同文体对对偶的要求不同，现代散文一般相对宽松，不需要字字相对，而格律诗则要求较严，都是字字对偶，如"白日依山尽，黄河入海流"。对偶必须满足两个条件：一是意义或是词类相对，如花对草、来对往、松对紧；二是声调相对，即平对仄，仄对平，如："招兵买马"对"积草屯粮"。

　　中文语言的言简意赅使得对偶成为中文最具特色的修辞手法。中文对偶一般来说是意义互相衬托、互相照应，从而使意思更加丰富、更加精练、更加确切，增强表现力。另外，对偶使得文字抑扬顿挫，节奏鲜明，和谐悦耳。这一手法在中文新闻中的使用也是很广泛的。在译成英文时，要尽可能保持中文所具备的节奏感和对比性，当然，由于语言的含意差异，在适当的时候，也可以增减词，达到意思的准确性。

【例】 以热爱祖国为荣、以危害祖国为耻，

以服务人民为荣、以背离人民为耻，

以崇尚科学为荣、以愚昧无知为耻，

以辛勤劳动为荣、以好逸恶劳为耻，

以团结互助为荣、以损人利己为耻，

以诚实守信为荣、以见利忘义为耻，

以遵纪守法为荣、以违法乱纪为耻，

以艰苦奋斗为荣、以骄奢淫逸为耻。

【译文】 Love, do not harm the motherland.

Serve, don't disserve the people.

Uphold science; don't be ignorant and unenlightened.

Work hard; don't be lazy and hate work.

Be united and help each other; don't gain benefits at the expense of others.

Be honest and trustworthy, not profit-mongering at the expense of your values.

Be disciplined and law-abiding instead of chaotic and lawless.

Know plain living and hard struggle, do not wallow in luxuries and pleasures.

胡锦涛总书记倡导的八荣八耻，采用了很工整的汉语中对偶的修辞手法，原文节奏感强，意义明确，译成英语时，我们就只能是在保证意思完整的情况下，增减词语，尽可能地保持节奏感和对比感。

英汉新闻的修辞手法的处理，还可出现在新闻标题中，这一技巧将在第9章讨论。

【练习题】

翻译下列句子，指出各句运用了什么修辞手法，注意修辞手法的翻译[C]–[A]：

1. While all sides agreed that there should be a cessation of hostilities, negotiations have been repeatedly **bogged down** on the question of "sequencing". Deal to end war falls apart after Lebanon protests over UN force.

2. In 1976 an Arab force, mainly made up of Syrian soldiers, marched into Lebanon. Two years later the Israelis invaded, **raining** shellfire on border villages, although Serifa missed the worst of the bombardment.

3. State Sen. Nicholas Spano recently **toured** the Chelsea bar scene and said he was appalled by the underage drinking and wild behavior.

4. News that Madame Tussauds' latest wax museum is to open in Shanghai on May 1 has prompted the company to **batten down the hatches**.

5. But some Pakistani-Americans do not rule out the possibility, given how little is understood about the exact tipping point that pushes angry young Muslim men to accept an ideology that endorses suicide and mass murder.

6. Growth in fixed asset investment slowed down last month as government measures to rein in the economy **began to bite**.

7. To be fair, a lot of young women feel uneasy about **piling up a mountain of debt** for their husbands-to-be because they'd have to share the excess baggage, too. But society with its invisible rules and routines has a way to get them, and it's called "losing face".

8. My good intentions produce imagined letters never **embraced by paper**, never **kissed by stamps**.

9. They were eager to take the young **peacock** down a peg.

10. Every party has a **wet blanket**; Susana complained all night at my birthday party.

11. The proposal to protect the hundreds of thousands of Kurdish refugees seemed dependent on the whims of Saddam Hussein or that it would have to be given **muscle** by a multinational force.

12. The 40-plus summiteers are **a mixed bag** from Europe, Africa, the Middle East, Asia, the Americas and the Pacific.

13. "The domestic environment is soft", notes Manson of Donaldson, Lufkin & Jennette. "If it stays that way, Mattel's sales will eventually succumb. But it should be able to **weather the storm**. The firm's best **ballast against rough seas** lies with European consumers."

14. To Pledger, after three years of **walking and waiting**, it felt good to be back at his trade again.

15. At first glance, the idea of an hour without TV seems radical. **What will parents do without the electronic baby-sitter? How will we spend the time?** But it is not radical at all…

16. 韩在 1 月份的英语测试中，在试图从她的同学那里获取答案的时候，**被当场抓住**，很快就被开除。

17. 中国的贸易顺差在前半年**增长** 50%，达到 15 亿美元，使世界第四大经济体系现额**大增**，也使政府力图使投资降温的努力变得更加困难。

18. 自从政府限制强污染汽车的条令在 2 月中旬实施生效以来，上海的二手车市场**非常火爆**。许多二手车都被售往周边省份。

19. **少大人**，这个由"小孩"和"大人"两个词组成的新词，指的是仍然参与和喜欢少年文化的成年人。几年前，人们对这些人嗤之以鼻。可是近年来，很多所谓的"小孩"电影、游戏和书籍受到了小孩和成人的喜欢。似乎每个人都有一颗年轻的心。

20. 天空乌云密布，发出**轰轰的**雷声，远处闪现出一道黄色的"之"字形的光，她哆嗦了一下。

Chapter 7

新闻翻译中文化因素的处理

7.1 文化简述

关于文化，曾经有人做了这样一个解释：小孩饿了要吃东西，就是人类基因所决定的。但是人们早上起来想以牛奶和麦片当早餐，那就是不能用基因来解释了。文化，作为某个特定人类群体普遍的习得行为，在这个团体里一代代地形成了某种行为和意识。因此，文化在于所有习得的行为意识以及先于这种行为意识的模板，这种模板是先于个人而存在的。这种不断形成的模板和习得行为意识包括以语言为主题的意义体系、组织社会形式(部落、政团)，以及团体的个性技术和产品。它们都是文化体系的重要组成部分。

事实上，英国学者威廉斯就曾说过"文化"一词是英语语言中最复杂的两三个词之一。人们对"文化"一词的理解通常有广义和狭义的区别，而一般大众所理解的狭义文化是指我们日常生活中所看得见的语言、文学、艺术等活动，而作为文化研究领域里所指的文化则是指广泛意义上的大文化，国内外的学者都曾先后从各自学科的角度出发予以了多种界定与解释。据说现在世界上有关文化的定义已达200多种。如泰勒(1871)认为，文化或文明是一个复杂的整体，它包括知识、信仰、艺术、法律、伦理道德、风俗和作为社会成员的人通过学习而获得的任何其他能力和习惯。帕克和伯吉斯(1921)认为，一个群体的文化是指这一群体所有的社会遗传结构的总和，而这些社会遗传结构又因这一群体人特定的历史生活和种族特点而获得其社会意义。威斯勒(1929)认为，某个社会或部落所遵循的生活方式被称作文化，它包括所有标准化的社会传统行为。部落文化是该部落的人所遵循的共同信仰和传统行为的总和。门肯(1936)认为，文化既不是教育也不是立法，它是一种氛围，一种传统。亨廷顿(1945)认为，我们所说的文化是指人类生产或创造的，而后传给其他人，特别是传给下一代人的每一件物品、习惯、观念、制度、思维模式和行为模式。

语言和文化是息息相关的。当代英国译学理论家苏珊·巴斯内特（Bassnett，2004：22）曾经做了这样一个比喻："如同在做心脏手术时人们不能忽略心脏以外的身体其他部分一样，我们在翻译时也不能冒险将翻译的言语内容和文化分开处理。"从这个比喻，我们足可以看出文化与语言之间的密切性。因此，翻译涉及的是语言，也是文化。翻译不仅仅是语言的转换，也是文化的交际。译者在翻译的过程中会遇见语言问题，也会有文化转换的问题。新闻报道的内容涉及面广，不可避免地包含了许多的文化背景信息。因此，在新闻翻译过程中，对于文化因素的处理就显得尤为重要。思维方式和思维习惯的不同，历史、宗教、习俗文化的差异，甚至地域、心态和体态文化的反差，都是新闻翻译中应该特别注意、特别体现的部分。

7.2　英汉语言的文化因素

因素是指决定事物成败的原因或条件，这里的文化因素是指英汉语言中决定某些语言具备的特定含义的缘由。一般来说，作为民族文化载体的英汉语言中所含的文化因素大致包括以下几个部分。

7.2.1　历史文化

历史文化是指特定的历史发展进程和社会遗产的长期积淀而形成的文化。英语起源于公元 450—1100 年间的西日尔曼语，漫漫的历史长河使英语在自身发展的基础上，也融入了其他民族如希腊、罗马以及法国等的语言和文化。汉语文化更是经历了几千年丰富的华夏历史文化的洗礼，其间的点点滴滴，无不在汉语语言中可窥一斑。在英汉民族漫长的历史发展进程中，许多的历史事件和故事、民间传说、文学作品、寓言故事、民间谚语、人名地名、动植物名称等，可以说是整个人类社会生活的点点滴滴，在语言中的体现就形成了语言典故。例如英汉语言中表现出来的历史文化典故有：

- 请君入瓮：源自武则天时代的历史故事，指用某人自己的方法整治他自己。
- 洛阳纸贵：源自西晋的历史故事，指称颂杰出的作品风行一时。
- 鸡鸣狗盗：源自战国时期的故事，指卑下的技能或具有这种技能的人。
- 胸有成竹：源自北宋年间的故事，指做事之前已做好充分准备，对事情的成功已有了十分的把握
- 望梅止渴：源自三国时期的故事，指用空想安慰自己或他人。
- 嫦娥奔月：源自古代神话故事。
- 女娲补天：源自古代神话故事。
- 班门弄斧：源自民间传说，指比喻在行家面前卖弄本领，不自量力。
- 得陇望蜀：源自《后汉书》，指贪得无厌。
- 刻舟求剑：源自寓言故事，指不懂得事物已经发生变化，仍然静止地看问题。
- 三个臭皮匠，赛过诸葛亮：源自民间谚语，指人多智慧多。
- 红豆相思：源自唐朝王维的《相思》诗，指男女相思。
- sword of Damocles（达摩克里斯之剑）：源自古希腊的历史故事，指迫在眉睫的危险。
- burn one's bridges（破釜沉舟）：源自古罗马的历史故事，指做事不留后路，决一死战。
- leave no stone unturned（千方百计）：源自古希腊的历史故事，指做事想尽一切办法，竭尽全力。
- Trojan horse（特洛伊木马）：源自古希腊的历史故事，指安插在敌人内部的致命的东西
- meet one's Waterloo（一败涂地）：源自拿破仑在滑铁卢的惨败。
- Penelope's web（永远完不成的工作）：源自荷马史诗中的《奥德赛》。
- kill the goose to get the eggs（杀鸡取卵）：源自希腊寓言，指只顾

眼前利益，不做长远打算。

- Achilles' heel(阿喀琉斯之踵，唯一致命弱点)：源自希腊神话。
- a black sheep(害群之马)：源自民间谚语"There is a black sheep in every flock"，家家有丑儿。
- the apple of discord(动乱根源)：源自古希腊神话，指引起特洛伊战争的祸根。
- a Pandora's box(潘多拉的魔盒)：指灾难、麻烦、祸害的根源，源自荷马史诗中的《奥德赛》。
- the Tables of the Law(摩西十诫)：源自《圣经》。
- Tantalus' suffering(坦塔罗斯的苦刑)：引申意义为可望而不可及的目的、难熬的痛苦。坦塔罗斯是希腊神话中主神宙斯(Zeus)的儿子，因泄露天机被罚永世立在齐颈深的水中，身后有果树。他口渴欲饮，水即流失；腹饥欲食，果子即被风吹走，因此永远又饥又渴。
- a city upon the hill(山巅之城)：早期美国人梦乡建造的一个社会，他们要设法使新建立的国家不仅在政府体制和社会结构上与欧洲国家不同，而且还要在思想观念和生活方式上与欧洲国家形成鲜明的对照。

7.2.2　习俗文化

习俗文化是贯穿日常社会生活和交际活动的风俗习惯积淀形成的。英汉习俗差异是多方面的，从日常的打招呼到对事物的看法，从对动物的态度到人与人之间的联系，英汉语言中就有很多的差异。例如：

- Cornish hug(康瓦尔式拥抱)：源自英国习俗，康瓦尔(Cornwall)为英国一个郡，该郡人以摔跤著称。他们摔跤时往往先狡猾地抱住对方，然后再把对方摔倒。引申意为表面上热情，实际上却在暗地里算计对方。
- at the drop of a hat(立即，马上)：源自欧洲中世纪习俗，在欧洲社会中，流行着决斗的风气。一些骑士或武士们为了自己的心上人，往往采取决斗的方式。这些人们在决斗之前，往往把帽子狠狠地往地下一摔，这就意味着决斗马上就开始了。

- a feather in your cap（荣耀之事）：源自美洲印第安人的风俗，帽子上插羽毛表示战绩。
- 鹊桥相会：源自中国牛郎织女爱情故事而来的民间传统节日"七夕节"，表示情人之间的相会。
- 红包：源自中国传统节日春节期间的"压岁钱"，现常有贬义，指收受的贿赂。

另外比较突出的一点是，在英汉文化习俗中，对动物的态度有着较大的差别，由此形成的语言表达也很有特色。

- a bird of ill omen（不祥之物）：源自西方古代占卜风俗。在西方文化中，猫头鹰常被视为不祥之鸟，因为往往在恶劣天气来临前猫头鹰会叫。
- Every dog has his day（凡人皆有得意日）：源自西方习俗文化，很多英语习语都喜欢以狗的形象比喻人的行为，表示褒义或爱怜的意义。如：You are a lucky dog（你是一个幸运儿），Old dog will not learn new tricks（老人学不了新东西）。相比之下，在汉语习俗中，狗是一种卑微的动物。汉语中与狗有关的习语大都含有贬义，如"狐朋狗党"、"狗急跳墙"、"狼心狗肺"、"狗腿子"等。
- the British Lion（英国；英国狮——英国的别称）：英语中喜欢把lion 当成百兽之王，如：play oneself in the lion's mouth（置身虎穴），come in like a lion and go out like a lamb（虎头蛇尾），like a key in a lion' hide（狐假虎威）。相比之下，汉语中"虎"才是百兽之王，如："谈虎色变"、"为虎添翼"、"猛虎下山"等。

另外，中国人对"龙"怀有至高无上的尊重，认为它是中华民族的象征，而西方人对"dragon"却没有好感，认为它是一种能喷烟吐火、凶残可怕的怪物，是灾难的象征。如今，随着全球化的发展，随着中国对外交流的不断深入，在西方人眼里，"东方龙"越来越成为一个正面的形象。

7.2.3　思维文化

思维文化是指由思维方式和思维习惯形成的文化。思维和语言是相互作用的，思维方式的不同决定了语言表达形式的多样性，构成了不同民族间交往的障碍。由于历史、习俗、宗教、环境等方面的差异，对同一思维对象或内容，不同民族的思维角度可能不尽一致。例如对于个体与社会之间的联系，美国人崇尚 American Dream（美国梦），指美国标榜的立国精神、人人自由和机会均等；中国人则崇尚儒家学说。这些思维角度的不一致，表现在英汉语言中，就会采用不同的表达形式。例如：

- stolen from X dealer：一辆轿车后面挂着写有"stolen from X dealer"的标志，英语中的思维表示车主从某个车商那儿买来的车，价格便宜得像偷来的一样。中文思维则会说价格便宜得像"别人送的一样"。
- put somebody to sleep：在英文思维中是一句表示指终止某人生命的委婉表达，也可以用作"（为动手术而用麻醉剂）使人失去知觉"的意思。而中文思维可能认为会是让人睡觉的意思。"让人睡觉"的英语表达是"put somebody to bed"。
- rocking the cradle：在英文思维模式中是指摇动摇篮，引申为指两个年龄相差很大的男女恋爱或成婚。中文思维中会用"老牛"和"嫩草"或"青草"来进行比喻。

7.2.4　环境文化

环境文化是指由于人们生活的地理环境不同而产生的对同一事物的特殊理解或不同理解。这种文化与人们的劳动和生活密切相关。例如，英国是一个岛国，历史上航海业曾一度领先世界；而汉民族在亚洲大陆生活繁衍，人们的生活离不开土地。比喻花钱浪费，大手大脚，英语是 spend money like water，而汉语是"挥金如土"。英语中还有许多关于船和水的习语，汉语中都找不到完全相同的对应性表达，如：rest on one's oars（暂时歇一歇），keep one's head above water（奋力图存），all at sea（不知所措），等等。

另外，由于处在不同的环境中，对某些事物的理解在英汉语言中也表现出其特殊性和差异性。例如：

- carry the coals to Newcastle（扛石头上山）：Newcastle 是英国产煤中心地，运煤到那里纯属多此一举。
- oyster（牡蛎）：在英文中指沉默寡言的人。据说英国肯特郡产的牡蛎最好，而最好的牡蛎总是口闭得紧紧的，中文则无此意。
- beaver（河狸）：指为讨好上司做事过于卖力的人。河狸主要产于北美洲，活动积极，在啮树筑巢方面有很高的技艺和独创性，因此有 eager beaver（卖力的河狸）之称，常用来喻指"急于做成某事而特别卖力，但有点急躁的人"，略带有贬义，中文无此意。

在汉语中，"东风"即是"春天的风"。中国地处东半球，中温带，大陆性气候。而英国地处西半球，北温带，海洋性气候，报告春天消息的却是西风，英国的夏季正是温馨宜人的季节，莎士比亚在他的一首十四行诗中把爱人比作夏天，"Shall I compare thee to a summer's day? / Thou art more lovely and more temperate."

7.2.5 宗教文化

宗教文化是指不同民族的宗教信仰和意识形成的文化。这里主要限于东西方的宗教文化，而且仅涉及其中一小部分，如西方的基督教文化和东方/中国的佛教/道教文化，因为英汉互译主要涉及英语和汉语。

基督教文化作为西方文化的主要组成部分，在西方有将近 2000 年的历史，是影响悠久的欧洲文化和北美、澳洲移民文化的主体，它不仅影响到社会经济、政治、科学、哲学、文学、艺术等方面，还深深地烙在人们深层的文化心理意识中，左右着人们的思想行为，自然也在语言中展现出来。在西方，讲英语的民族多数信奉基督教，仅就"God"一词而言，相关的习语就有很多。例如：

- God helps those who help themselves. 上帝帮助自助的人；自助者天助。

新世纪翻译学 R&D 系列著作

- Good God! 天哪！

- He that serves God for money will serve the devil for better wages. 有奶便是娘。

- He thinks himself God Almighty. 认为自己非常了不起。

- make a god of one's belly 一味追求吃喝

- please god 如果可能的话

- So help me God! 老天爷在上，绝无半点假话！

- Thank God! 谢天谢地！

- Whom the gods love die young. 好人不长寿。

- God bless you! 愿上帝保佑你！

- God damn you! 天杀的！该死的！

- God forbid! 苍天不容！绝对不行！

- God help him! 唉，真可怜！

- God sends fortune to fools. 傻人有傻福。

在中国文化中，人们受道教的影响已有几千年，受来自印度的佛教影响也有近两千年。受道教影响的有"神仙观"等，受佛教影响的则有"佛主"、"菩萨"等，相关的语言表达可谓不胜枚举。例如：

- 风水 *feng shui*

- 成仙 become immortal

- 快活似神仙 as happy as a celestial being

- 神仙下凡 immortals descend to the earth

- 八仙过海，各显神通 When the Eight Immortals cross the sea, each shows off his or her special prowess.

- 借花献佛 present Buddha with flowers given by another

- 闲时不烧香，临时抱佛脚 neglect one's prayers in times of peace, then embrace the Buddha's feet in a crisis

- 放下屠刀，立地成佛 drop one's cleaver and become a Buddha

- 菩萨心肠 kind-hearted like the Goddess of Mercy

- 救人一命，胜造七级浮屠 Saving one life means more than building

a seven-storied stupa.

7.2.6　体态文化

体态文化是指身体或姿势语言体现出来的文化。人的身体时刻传送着人们的心情和状态。语言通常用来表达正在思考的东西或概念，而非语言信息则较能传递情绪和感受。解读体态文化当然也必须考虑当时的情境、关系深浅、文化背景等外部因素。和思维文化一样，不同的体态文化就产生了不同的情感和思想。例如：

- 西方人见面和道别都喜欢以拥吻的方式，如 kiss goodbye。中国人则用握手或拥抱。
- 西方人用右手拇指、食指和中指在空中捏在一起或在另一只手上作出写字的样子，这是表示在饭馆要付账的手势。中国人则一般是挥挥手。
- 西方人用手指点点自己的太阳穴表示动脑筋。中国人则拍拍脑袋。
- 西方人用食指对着太阳穴转动，同时吐出舌头，表示所谈到的人是个"傻瓜"。中国人则只吐舌头。
- 西方人用食指往上顶鼻子，表示不可一世。中国人不常用。
- 西方人用双手在身前嘴部高度相搓的动作表示祝贺。中国人则鼓掌较多。
- 西方人用两臂在腰部交叉，然后再向下，向身体两侧伸出，表示"完了"。中国人则两手摊开。
- 西方人在太阳穴处用食指划一圆圈，表示"太古怪了"。中国人不常用。

7.3　英汉新闻中的文化因素和翻译

英汉语言中文化因素的差异，必然使英汉新闻具有不同的特色。

事实上，新闻报道中的文化因素差异需要译者有广博的语言文化知识，否则新闻翻译就是一件不可能完成的任务。

例如，在《纽约时报》上有一篇以"In Schools Across US, the Melting Pot Overflows"（全美学校，注册高峰）为题的新闻，报道了美国 2006年秋季学期全国注册学生人数达到历史最高点这一情况。这里的"the Melting Pot Overflows"来自英语中的一个比喻用法"the Melting Pot"（大熔炉）。这个比喻用法和美国传统的节日——感恩节有一定的联系。最初的殖民者感恩于冒险越过危险水域，感恩于印第安人帮助他们在新的环境中生存，感恩于上帝给他们关爱并赐予他们与家人和朋友聚会吃的食物，感恩于这一切的融合。后来，随着人口的增多，美国逐渐成了一个实际意义上的民族大熔炉。这里的 overflow 表示由于大量西班牙裔、亚裔、非洲裔美国居民的到来，今年的入学人数出现了前所未有的高峰，给美国学校带来了很大的冲击。

再比如有一段题为"Exploding the Charter School Myth"的报道，原文开头提到：

A federal study showing that fourth graders in charter schools score worse in reading and math than their public school counterparts should cause some soul-searching in Congress. Too many lawmakers seem to believe that the only thing wrong with American education is the public school system, and that converting lagging schools to charter schools would cause them to magically improve.

有人译为：

打破包办学校的神话
一项联邦调查表明，经过测试，包办学校的四年级生比公立学校的四年级生在阅读和数学方面要差得多，这应该引起国会的深思。太多立法者似乎认为美国教育的问题就出在公立学校体系，而把那些发展滞后的学校转成包办学校会让它们有很大的提高。

译文中的"charter school"被误译成了"包办学校"。事实上，charter school 是指"特许学校"，这是美国教育改革后的一种学校类型。

自 1991 年开始，由不满意现行教育制度的父母们、教师们、教育家、社区领导人，甚至企业家自行设计教育课程，向政府申请特许执照和经费，自办学校，实行有创意的教育方法，不受地方规范约束，属非营利的公立或私立学校。通常包含小学和中学，由州教育局监督学校的素质和效能，但允许他们与传统公立学校的运作体系有所不同，其目的在于：鼓励使用不同的创新教学法，让教育家设计的新课程有实行的机会，让学生增加选择学校的机会，让家长更能参与校务。从 2000 年到 2004 年，美国新开了 1000 家以上的特许学校，成长率达 50%以上。如果译者不了解这一文化背景，就不能够很好地将意思表达出来。这篇报道表明的是，人们一直认为原先公立学校问题很多，几乎一无是处，但这次联邦调查的结果显示，公立学校也并不是样样都有问题，它也还是有自己的优点的，倒是人们一直推崇的特许学校，有必要冷静下来思考一下。如果不了解"特许学校"的真正含义，而只是按照字面含义译成"包办学校"，就会令人费解了。

由于缺乏对语言的文化因素的了解而造成误译和错译的例子很多，这就使得新闻事实传达的准确性大大下降。例如：有人会把"Passion Sunday"译成"激情的星期天"，岂不料这个短语是有其宗教文化的背景知识的，它指的是耶稣基督的受难日。实际上，由此引发的词还有"Passion Music"（耶稣受难曲）、"Passion Play"（耶稣受难剧），等等。又如，有句英文的新闻报道说："He says he will win! Oh, What a Spanish athlete!"这里的"Spanish athlete"并非赞叹这个人是个"西班牙运动员"，而是说这个人"好吹牛"，是一句典型的有着文化背景的美国俚语。类似的表达还有如"Spanish castle"（空中楼阁）、"Double Dutch"（莫明其妙的话）、"Dutch bargain"（饮酒时做成的交易）、"Dutch treat"（打平伙、各自付费的聚餐或娱乐活动）和"Dutch comfort"（退一步着想而得到的安慰）[1]，等等。而中文的"赔钱货"（outside wealth）、"跑龙套"（play a bit role）、"马后炮"（belated action）、"唱白脸"（pretend to

---

1 总主编注：这些带有国家名称的习语，建议读者(尤其是学生读者)在英英或英汉双解词典中再加以查证，以获得更为准确、更为清晰的内涵。

be generous and kind)、"唱红脸"（pretend to be harsh and severe）等也是与中文的文化背景息息相关的。与文学翻译一样，新闻翻译也应该求得意义的准确性，也许相对来说，新闻翻译不必像文学翻译那样字字珠玑，需要仔细推敲，但是，新闻翻译也不能是措辞随意，不求高格，违背新闻职业操守。

　　英汉新闻语言中体现出来的文化因素非常繁杂。不过，一般来说，我们可以从范例中看历史文化、习俗文化、思维文化、环境文化、宗教文化和体态文化等文化因素对于理解英汉新闻语言的影响。实际上，英汉历史文化在其来源、形式和比较方面既有相似之处，也有鲜明的民族文化特征。随着不同文化的交流和趋同，语言上也会有趋同的趋势。那些经过译介的新词经过长期的流行和使用，逐渐会融入本族语言词汇中，成为本族主流文化的一部分。但有时候，语言中体现出来的历史文化典故采用的喻体形象往往又截然不同，因此翻译的时候要同时兼顾语言的准确性和形象性。这就需要根据具体情况采取具体的翻译方法/技巧。以下介绍的翻译方法/技巧，在新闻翻译中发挥着不可或缺的作用：直译（或辅以解释或注释）、意译（辅以直译）或音译（辅以解释或注释）、音义合译。

一、直译

【例1】 The intent of the course is to get students to think "beyond the soup kitchen" or charity work and consider how religious institutions can address the underlying structure of poverty, said Willie Baptist, who is a scholar-in-residence at the seminary. A community activist and organizer, Mr. Baptist had been homeless in this Philadelphia neighborhood. "We're not just crying crocodile tears about poverty or singing 'Kumbaya,' " he said. "We're making contact with an organized section of the poor that's doing something about poverty."

【译文】 这门课的目的就是要让学生想想，除了施善堂或慈善工作以外，宗教团体该如何介入根本的贫困问题，威利·巴普特斯特是神学院的一名驻院学者。作为一名社团积极分子和组织者，巴

> 普特斯特先生在费城一带没有家。"我们不应该只是对贫困问题流流鳄鱼的眼泪，或是唱唱'福音歌'，"他说，"我们正在联系一家为穷人服务的组织，他们一直都致力于贫困问题。"

这篇报道中，"crocodile tears"表示"鳄鱼的眼泪"。西方传说中，鳄鱼在吃人畜时，会一边吃着，一边掉眼泪，因此常用来表示坏人假装同情被害者。后来，"鳄鱼的眼泪"也可以表达没有诚意的同情。这个表达在中文中有类似的说法，如"猫哭耗子假慈悲"。但是，由于文化的趋同性，"鳄鱼的眼泪"也为中国语言所接受，所以，在这里直译就可以了。

【例2】 The thin silver band that 17-year-old Katie McMunn wears on her finger a placeholder. Someday, she hopes, it will be replaced by a wedding ring. In the meantime it serves as a daily reminder of a vow she made 3 years ago to remain chaste until marriage.

【译文】 17 岁的凯蒂·麦克穆恩手指上戴的是一根细细的银带，这个饰物并没有实际意义。她希望有一天，她会摘下这根银带，代之以一枚婚戒。同时，她也希望这根银带能每天提醒她自己 3 年前立下的誓言：保持纯洁之身，直到结婚的那一天。

这里的"wedding ring"就是表示一种习俗文化。西方男女结婚后都会佩戴婚戒，在教堂举行仪式，相互宣誓。事实上，佩戴"婚戒"在中国也是可以接受和理解的一种西方习俗，所以，此处采用直译即可。

【例3】 But as Israel struggles to navigate the postwar interregnum, it also makes Halutz, now the military's chief of staff, an attractive scapegoat for the Israeli Defense Forces' apparent failures in Lebanon. As Israeli soldiers stream home, some reservists and politicians, angry over tactical snafus and a supply shortages, are calling for Halutz's resignation.

【译文】可就在以色列试图掌控战后局势的同时，也让哈鲁兹将军成为以色列防卫军在黎巴嫩的明显失误的替罪羊。以色列士兵大批回家，有些预备役军人和政客，对战术的混乱和供给短缺感到恼怒，要求哈鲁兹将军引咎辞职。

　　这里的"scapegoat"直译成"替罪羊"。在英语思维中，"goat"常常有贬义的含意，如 old goat（好色之徒）、act the goat（胡闹）、scapegoat（替罪羊）等，汉语思维中的羊则常常是胆小温顺的概念。但是替罪羊一词现在也融入中文语言中，为大家所熟悉。

【例4】 In videotape released earlier yesterday, Centanni and Wiig were shown separately sitting cross-legged, reading statements announcing that they had converted to Islam. At times in the video they were wearing long Arab robes. "I changed my name to Khaled. I have embraced Islam and say the word 'Allah,'" Centanni said.

【译文】 昨天早些时候播放的录像中，我们可以看到肯塔尼和维格分别叉着腿坐着，宣称他们已经皈依伊斯兰教。有的录像片断还可以看出，他们穿着长长的阿拉伯袍子。"我把自己的名字改成卡来德。我皈依伊斯兰，还说了'真主'。"肯塔尼说。

　　这一段中，可以看到几处表示伊斯兰教宗教文化的表达。其中的"sitting cross-legged"、"converted to Islam"、"long Arab robes"等都是典型的伊斯兰宗教文化。这里的翻译只需直译，就可以让读者知道这是符合伊斯兰教文化的说法。

　　其他类似的直译还有：

- Walls have ear. 隔墙有耳。
- A miss is as good as a mile. 差之毫厘，失之千里。
- armed to the teeth 武装到牙齿
- An eye for an eye, a tooth for a tooth. 以眼还眼，以牙还牙。
- Kill two birds with one stone. 一石二鸟。
- All roads lead to Rome. 条条大路通罗马。
- Go in one ear and out the other. 当作耳边风。
- All that glitters is not gold. 发亮的并不都是金子。
- Barking dogs do not bite. 会叫的狗不咬人。
- A rolling stone gathers no moss. 滚石不生苔。

- Necessity is the mother of invention. 需要是发明之母。
- Out of sight, out of mind. 眼不见，心不烦。
- show one's cards 摊牌
- Money is the root of all evil. 金钱是万恶之源。
- You may take a horse to the water, but you can't make it drink. 牵马河边易，逼马喝水难。
- cowboy 牛仔
- golden age 黄金时代
- soap opera 肥皂剧
- dark horse 黑马
- honeymoon 蜜月
- forbidden fruit 禁果
- 趁热打铁。Strike while the iron is hot.
- 赴汤蹈火。Go through fire and water.
- 火上浇油。Pour oil on the flames.
- 英雄所见略同。Great minds think alike.
- 得寸进尺。You give him an inch, he'll take a yard.
- 自食其果。Eat the bitter fruit of his own.
- 笑里藏刀。Hide a dagger in a smile.
- 天下乌鸦一般黑。All crows are equally black.
- 路遥知马力，日久见人心。A long road tests a horse's strength and a long task proves a man's heart.
- 初生牛犊不怕虎。New-born calves make little of tigers.
- 巧妇难为无米之炊。Even a clever housewife cannot cook a meal without rice.
- 铁饭碗 the iron rice-bowl（需根据上下文加一些必要的补充解释）
- 半边天 half the sky
- 暴发户 instant rich
- 纸老虎 paper tiger

二、直译＋解释

【例1】 The Pearl, whose first phase will debut next year, is just one of the Xanadu-like attractions suddenly appearing as if from Aladdin's lamp.

【译文】这块宝地的一期开发工程将于明年开放，它就像是个世外桃源，是擦擦阿拉丁神灯突然出现在我们面前的风景胜地。

这篇报道中，"Aladdin's lamp"源自《天方夜谭》，故事中说，用袖口擦擦阿拉丁神灯，就会有守护精灵出来实现你的愿望。在翻译的时候，可以加上解释性的"擦擦"这两个字，使原文的意思更加清楚。

【例2】政策性关闭破产一直是近十几年来国有企业一道最后的"护身符"。然而，昨日通过的破产法规定，除已列入国务院总体规划的近2000家国企外，其余约10万户国企将失去"特殊照顾"政策，转而选择市场化的退出方式。

【译文】Claiming bankruptcy while fiscally supported by the state has been the last amulet-like protection for state-owned enterprises in the past decade. However, the Law of Bankruptcy passed yesterday says that, apart from nearly 2,000 state-owned enterprises included in the overall plan of State Department, other over 100,000 state-owned enterprises will not be cared as before and will turn to the market for their transformation.

原文中的"护身符"是汉语中的习俗文化词汇，指一种小巧的装饰品，如珠宝、玉石或纪念品，上面刻有符咒、咒文或符号，以求防止灾祸，平平安安。译成英文时，应该在对应性的英文单词"amulet"后加上解释性的"protection"就会比较合适了。

【例3】中国酒业的领头羊五粮液集团最近将拍卖一瓶酒获得的88万人民币(合11万美元)捐献给了希望工程。

【译文】Chinese leading liquor maker Wuliangye Group recently donated the takings from an auction of a bottle of wine, 880,000 yuan (US$110,000), to Project Hope, a national programme to help poverty-stricken children return to school.

中文中的"希望工程"是中国国情文化下的一个有着特定意义的短语，这时候的英译必须考虑这个词所具备的背景文化，因此，在直译的基础上，要加上解释性的表达，即"a national programme to help poverty-stricken children return to school"。

【例4】不是个社会学家，我们也知道大多数给"好男儿"投票的是年轻女子。他们对于男人的选择标准和传统观念不一样，不过，其实再想想，这种传统观念也是人为形成的。

【译文】It does not take a sociologist to know that most voters for "My Hero", the television contest featuring young men out-singing, out-dancing and out-courting, are young women. Their choice of men goes against conventional wisdom, which, come to think of it, is codified by men.

"好男儿"是上海东方电视台策划播出的一档全民娱乐节目。在从中文译成英文时，首先要把"好男儿"基本直译成"My Hero"，然后在此基础上，进行解释性的"the television contest featuring young men out-singing, out-dancing and out-courting"，这样才能翻译得准确。

三、直译＋注释

【例1】In 1979, her second husband, Carl Bernstein, he of Watergate fame, left her for another woman while she was pregnant with their second child. Four years later—the year she and Alice Arlen wrote the Oscar-nominated screenplay for "Silkwood"—she published the autobiographical novel "Heartburn," about the collapse of her marriage.

【译文】1979 年，她的第二个丈夫，因水门事件而出名的卡尔·伯恩斯坦在她怀第二个孩子的时候弃她而去。四年后，也就是她和爱丽斯·阿伦写了获得奥斯卡提名奖的电影剧本《乔木》的那一年，她出版了自传体小说《心痛》，讲述了自己婚姻的失败。（水门事件：美国历史上最不光彩的政治丑闻之一，卡尔·伯恩斯是当时报道水门事件而一炮成名的《华盛顿邮报》记者。）

在这篇人物特写中，对于"of Watergate fame"一词直译成"因水门事件出名"，这里的"水门事件"和"卡尔·伯恩斯坦"都是曾在美国历史上轰动一时的事件和人物。为了便于译入语读者的理解，先直译，再加注是一个比较好的传达文化背景的方法。

【例2】 Although agreeing on the need for the resumption of the Doha Round, China insists it is developed countries which should make more compromises and efforts to help developing economies.

【译文】 尽管同意有必要继续进行多哈回合，中国坚称发达国家应该做出更多让步和努力，以帮助发展中国家经济。（多哈回合是指世界贸易组织多哈发展回合会谈，它致力于减轻世界贸易障碍，强调为发展中国家建立一个更加公平的贸易体系）

原文的"Doha Round"在上下文的意思中很明确，但对于不熟悉这种背景知识的人来说，是个理解上的障碍，因此，用直译+注释的方法来解决是最合适的。

【例3】 胡锦涛认为，这三册著作是深刻学习"三个代表"的主要思想，进一步推动党的建设和"具有中国特色的社会主义伟大事业"的"最好的课本"。

【译文】 Hu Jintao called the 3-volume works "the best textbook" for studying the key concepts of the "Three Represents" (the Communist Party of China represents the requirement to develop advanced productive forces, an orientation towards advanced culture, and the fundamental interests of the overwhelming majority of the people in China) in an in-depth manner, and for further pushing forward party building and "the great cause of socialism with Chinese characteristics.

"三个代表"译成英文的时候，由于中文涵盖的意思非常多，所以不可能再完全展现，只有先以直译的形式，再加以注释。

【例4】 在台湾对 1000 多人做的调查显示，超过半数的人赞同"三通"，发展和大陆的交流。调查通过电话询问人们，"发展和大陆的交流"与发展和其他国家的关系，哪个更重要。

【译文】A survey of more than 1,000 people in Taiwan has showed that more than half favor Three Direct Links (direct shipping, postal and business services between Taiwan and the Chinese mainland) in developing exchanges with the Chinese mainland. In the survey, people were asked by telephone whether it was more important to "develop exchanges with the mainland" or to develop relations with other countries.

"三通"译成英文的时候，和"三个代表"的翻译手法一样，也需要采用直译加注释的形式。

四、意译

【例1】Once the lethal injection laws were passed, professional groups like the American Medical Association, state medical societies and associations for anesthesiologists and nurses quickly distanced themselves, saying it would be unethical for members to participate. That creates a *Catch-22* in which the medical establishment refuses to perform lethal injections and yet says no one else is qualified to do so.

【译文】一旦允许注射安乐死的法规通过，那些专业性团体，如美国医药协会、州医药协会，以及麻醉师和护士团体会马上表示保持距离，宣称自己的成员参与是很不道德的。这就陷入了一个左右为难的局面，一方面医药团体拒绝进行注射安乐死，另一方面，除了他们之外，没有其他人有资格进行注射安乐死。

这里的 *Catch-22* 是美国当代小说家 Joseph Heller 的一部小说名，译为《第二十二条军规》，小说以黑色幽默的手法，讲述了身为飞行员的主人公陷入一条自我矛盾、无法执行的飞行规定，永远摆脱不了他厌恶至极的飞行任务。这里的翻译只能采用意译，因为对于对该小说不熟悉的读者来说，根本无法从字面含义了解其意。这里用意译手法，比起直译加注释的手法要直截了当。

【例2】 土质下降包括土壤腐蚀、森林采伐、盐蚀、土地贫瘠和沙暴，它正影响大约 356 万平方千米的土地，对中国未来的经济繁荣构成威胁。不过，亡羊补牢，为时未晚。周六，来自国内外的环境和律法专家和中国政府官员一起在北京召开了为时三天的研讨会，讨论了通过法律手段来治理这些问题。

【译文】 Land degradation including soil erosion, deforestation, salinity, reduced fertility and sand storms is affecting 3.56 million square kilometres and poses a threat to China's future economic prosperity. However, it's never too late to make it up. Environment and law experts from home and abroad gathered with Chinese Government officials on Saturday in Beijing for a three-day symposium to discuss legal strategies to tackle these problems.

原文中的"亡羊补牢，为时未晚"是一个汉语历史文化在语言上的沉淀。这个成语出自《战国策》（"亡羊而补牢，未为迟也"），表达处理事情发生错误以后，如果赶紧去挽救，还不为迟的意思。如果这里直译成"It is not late for you to repair the fence when you lose a sheep"，就会显得十分奇怪。

【例3】 Though it's the end of August, it is still hot here. Usually during the Indian summer, people are reminded to take care of themselves and cool themselves. In fact, in the following week, it's very hot. And it lasts till the beginning of September, though sometimes there is thunderstorm after the noon.

【译文】 虽然已是 8 月末，天还是很热。通常秋老虎的时候，总要提醒大家防暑降温。实际上，接下来的一周，天还是继续晴热，会延续到 9 月初呢。不过午后会出现雷阵雨。

原文中的"Indian Summer"指秋天的一段暖和、干燥的天气，往往出现在 9 月下旬、10 月和 11 月，有时候也会出现在 8 月或 12 月，"Indian Summer"中的"Indian"绝对不是指印度，而是指美洲的土著

民族印第安人，因为这样的天气出现在美国东海岸中部各州，北到新
英格兰，西至大平原。这种天气往往伴随着灾难性的大雾。这就是环
境文化的一个体现。因此，在汉语中，应该意译成"秋老虎"，而不应
该直译成"印度的夏天"[2]。

【例4】据介绍，近来有很多家长向负责中考命题的市教育局咨询，是
否有参加中考命题的老师举办辅导讲座。对此，教育局作出答
复，绝对不可能。而且，各初中学校的考前复习工作都已做得
很充分了，家长没有必要"临时抱佛脚"，再给考生加码，增
加他们的负担。

【译文】It is said that recently there are many parents who come to
Municipal Education Bureau in charge of testing in asking if there
will be lectures given by those teachers. The bureau's answer is no.
Besides, the Bureau holds that those junior schools have already
done good job in helping students prepare for the test. Thus, it is
not necessary for parents to hurry to burden their children in the
coming examination.

中国的宗教文化赋予汉语的宗教色彩也很多，中文的"临时抱佛
脚"和中国的佛教文化息息相关。这里如果直译成"at that time hug the
leg of Buddha"就显得十分可笑，应该意译成"hurry to"，虽然少了原
来中文的那种文化色彩，也好过不能达意。

类似的需要意译的表达还有：

● castle in Spain 空中楼阁
● a wolf in sheep's clothing 笑面虎
● Teach fish to swim. 班门弄斧。
● an ass in a lion's skin 狐假虎威
● Every bullet has its billet. 生死有命。
● Do as the Romans do. 入乡随俗。

---

2 总主编注：Indian Summer 还因美国国内不同地区和季节须译为"小阳春"。望读者注意新
闻报道中涉及的具体因素，并且查阅英文版工具书。

- A live dog is better than a dead lion. 好死不如赖活。
- Cast pearls before swine. 对牛弹琴。
- Eat like a horse. 食量大如牛。
- The fox preys farther from home. 兔子不吃窝边草。
- a fish in the pan 昙花一现
- There is no smoke without fire. 无风不起浪。
- wet blanket 不受欢迎的人
- lazy Susan 旋转餐盘
- dead duck 竞选失败者
- 雪中送炭 provide timely help
- 一马当先 take the lead
- 苦口婆心 urge sb. time and again with good intentions
- 退避三舍 give way to sb. to avoid a conflict
- 打开天窗说亮话 frankly speaking
- 大意失荆州 suffer a major setback due to carelessness
- 不到黄河心不死 refuse to give up until all hope is gone
- 没有不散的筵席。All goods things come to an end.
- 骑虎难下 hold a wolf by the ears
- 炒鱿鱼 give somebody the sack
- 一刀切 sweeping approach
- 下海 risk one's fortune in doing business

五、意译(辅以直译)

【例1】 可能是工作太辛苦了，晚上露天睡又比较凉快，当时他们睡得很香，可我看得心里慌死了，随便翻个身，就会出大危险啊。得跟这几位老兄说一声，讨生活已经很不容易了，千万不能让自己再出什么意外啊。

【译文】 Maybe they were very tired. Sleeping outdoors may be much cooler. At that time they slept tight. However I was worried about them. Once they turned over, they would drop to the ground. Oh, fellows, it's not easy to make a living. Never make yourselves lose your lives because of carelessness.

在汉语思维中，"睡得香"表示睡得很沉、睡得很熟。而在英文思维中，不是直接译成"sleep sweet"，而是会用"sleep tight"和"sleep sound"这样的表达方式来进行。有一段英文儿歌就是这样唱的："Good night, sleep tight. Don't let the bed bugs bite."这种译法也很常见，中文的"睡"直接对应英文的"sleep"，而中文的"香"则意译成"sound"或"tight"，这就是意译辅以直译的手法。

【例2】2005年，是精致餐厅的大年，这一年，在餐饮市场的强烈需求下，精致餐厅如雨后春笋般地涌现在杭州的街头巷尾。今年，有更多的餐厅新装修号称是精致餐厅。一时间，杭州的餐饮业来了个大"变脸"，原来的"大众餐厅"仿佛已经失去了市场的主导地位。"精致"的称号为餐厅镀"金"，也为餐厅带来了更多的高层次消费者。

【译文】There were many elegant restaurants in 2005. To meet the need of the market, elegant restaurant appeared in Hangzhou just like the mushroom after the rain. This year, more restaurants transformed themselves into elegant restaurants. It seemed that there is a great change in the industry of restaurant in Hangzhou. The former popular restaurants have lost the leading position in the market. When the restaurant claimed to be elegant, it brings more rich consumers.

汉语中的"雨后春笋"一词，可以展现其背后的环境文化，指春天下雨后，竹笋一下子就长出来很多，比喻事物迅速大量地涌现出来。而英语不用"春笋"来表示事物的迅速增长，在西方国家，都喜欢用"蘑菇"这个词来表示，如"mushroom after the rain"或者是"spring (grow, shoot) up like mushrooms"。所以，在翻译的时候，要充分考虑到不同的文化背景给不同语言的民族带来的形象思维，也就只有采用意译辅以直译的方法了。

【例3】 Skies darkened as wind gusts swayed palm trees in Les Cayes, a town 95 miles west of the capital, Port-au-Prince. People put their goats and cows into shelters, and fishermen pulled nets ashore. "The only thing we can do is just wait and keep our fingers crossed," said Frantz Gregoire, 42, owner of the seaside Bay Club, a thatch roofed wooden restaurant. He said he would close early and send his workers home if the storm worsened.

【译文】 大风袭击了海地首都太子港西面 95 英里的雷卡耶镇，棕榈树被吹得东倒西歪，天黑压压的。人们把羊和牛赶进棚里，渔夫也收了网。"我们能做的唯一的事就是十指紧扣地等待着和祈祷着。"42 岁的佛朗茨·格里格瓦赫说。他是一家海湾俱乐部的老板，那是一个有着茅顶木屋的旅馆。他说要是风暴再大一点的话，他就早点关门，让工人回家。

这段话中的"keep our fingers crossed"是一个体态文化。在西方基督教国家，这是一个代表十字架，向上帝祷告的手势。因此，在翻译的时候，虽然这个姿势能够被中国人理解，但不能直接说"我们能做的唯一的事就是十指紧扣"，而是应该加上一个解释性的"祈祷"，才能把真正的意思表达出来。

【例4】 最近一家市场的多家女装品牌柜台挂出了"男士止步"的牌子，方便女性消费者购买女装时试装。这一举措让许多女性拍手，但也引来了很多男士的抗议。

【译文】 Not long ago, several shops in a market which deal in female clothes put a board of "No Gentlemen" at the entrance of their shops, which tends to make it convenient for women to try on the clothes they want to buy. This makes a lot of women clap to agree while bringing also a lot of protest from gentlemen.

中文意义中的"拍手"可以表示欢迎、赞同、祝贺等等，在这里指的就是赞同的意思。英文意义中的"拍手"也有类似的意义。但是译成英文时，要根据上下文的意思，增加意译性的内容，以进行解释，即"clap to agree"。

类似的表达还有：

- Enough is as good as a feast. 知足常乐。
- Two is company, but three is none. 两个和尚抬水吃，三个和尚无水吃。
- Pride comes before a fall. 骄兵必败。
- Look for a needle in a haystack. 大海捞针。
- Have the digestion of an ostrich. 消化力强。
- as poor as a church mouse 穷得像叫化子
- Drink like a fish. 牛饮。
- 害人精 an evil person
- 鱼龙混杂 the good and the bad mixed up
- 三十六计，走为上。The best stratagem is to quit.
- 有眼不识泰山 fail to recognize someone's eminence
- 大智若愚。A truly wise person does not show off his/her ability.

六、音译（辅以注释或解释）

【例1】 "She may have lost her original trust in people, which could lead to rejecting her parents, which has happened to other kidnapping victims," psychiatrist Reinhard Haller said. "For a person to spend their childhood years in solitary confinement is actually a unique case, A 10-year-old girl left her home and is returning as a traumatised woman. A normal prisoner knows why he is in prison. It's not so Kafka-esque."

【译文】 "她可能会对人失去最初的信任，她会拒绝父母，其他被绑架的受害者也有过这种反映。"精神病学家理哈德·海勒说，"这却是很特殊，她的童年完全与世隔绝，她离家的时候只有10岁，如今回家却是个饱受创伤的女人。一般的囚犯明白自己因何入狱。这可不是卡夫卡式的一夜变形。"

Kafka 是奥地利作家，被认为是西方现代派文学的鼻祖之一。他的主要代表作是《变形记》，讲述一个小职员一夜醒来变成一只甲虫及其挣扎的状态。而这里的一则报道是说美国一位 10 岁少女在上学途中遭到绑架，8 年后才回到家，这 8 年期间她一直和绑架者生活在一起，期间她的心理状态发生了很大变化。因此，在翻译"Kafka-esque"时，可以先将"Kafka"音译，然后辅以解释性的"一夜变形"。

【例2】 在中国，"太极"这个词很有可能让人想起传统的、缓慢的拳法。就是对市场最了解的顾客也不太可能会告诉你"太极"也是一个中国医药品牌。在市场竞争上，太极集团的力度还不够大。

【译文】 In China, the word "Taiji", a shadow boxing, is most likely to evoke images of a traditional, slow-paced form of boxing. Even the most aware consumers would likely be hard pressed to tell you that "Taiji" is also a Chinese pharmaceutical brand. When it comes to the competition, however, Taiji Group pulls few punches.

中国武术上的很多拳法和招式名大多都是以音译的方式翻译，再辅以注释进行说明。

【例3】 象征着法兰西的埃菲尔铁塔，第一次为中国春节变成了通身的红色。你可以理解成这是一身红旗袍；你也可以看成这是千万盏大红灯笼。

【译文】 It is the first time that Eiffel Tower, which the symbol of France, becomes red all through when it comes to Chinese Spring Festival. You can see it as red Qipao (Chinese tight-fitting dress as worn by women, esp. women of the Manchu Nationality), or red lantern.

中国的旗袍是具有中国民族传统特色的服装。在译成英文的时候，可以音译，再辅以注释，说明这是中国的一种女性，特别是满族女性穿的一种服装。

英汉语言中都有一些音译词已经(部分)为两种语言文化所接受，有时不一定需要加上解释或注释，特别是一些外来语，例如：

●sofa 沙发　　　　　　　　　●Pizza 比萨

- golf 高尔夫
- coffee 咖啡
- shampoo 香波
- TOEFL 托福
- IELTS 雅思
- pudding 布丁
- shopping 血拼
- ballet 芭蕾
- bacon 培根(腊肉/熏咸肉)
- 磕头 kowtow
- 馄饨 wonton(需要解释，菜单另论)
- 饺子 *jiaozi*(需要解释，菜单另论)
- 功夫 *kung fu*
- 道 *Dao/Tao*(需要解释)
- 麻将 mah-jong(有时需要解释)
- 人参 ginseng
- 荔枝 litchi
- 豆腐 *tofu*
- 馒头 *mantou*(需要解释，菜单另论)
- 包子 *baozi*(需要解释，菜单另论)
- 风水 *fengshui*(需要解释)
- 关系 *guanxi*(需要解释)

【练习题】

翻译下列句子，注意句中黑体部分的翻译，并指出你对黑体部分采取何种译法(直译、直译+解释、直译+注释、意译、意译+直译、音译、音译+解释、注释、音义合译)[C]-[A]。

1. Diplomats said Iran had hinted it might consider halting enrichment after talks start but not as a precondition. Iran has **shrugged off** the threat of sanctions, saying such a move would push already high oil prices higher still, hurting economies in industrialized countries more than Iran.

2. Some have appeared naked in a downtown parking lot. Others rode their bicycles or simply strolled the streets in the nude. Teenagers in the quaint town are **raising eyebrows** this summer with brazen displays of nudity. So far they haven't been arrested: public nudity isn't illegal in the town of 13,000 people.

3. With **lion's share** of oil, gas reserves, Middle East will play center stage

in future of global energy needs. There's no question that global demand for oil and gas will continue to rise over the next 20 years and the Middle East will be tasked with satisfying much of this demand. By 2020, oil is still expected to account for some 40 percent of the world's total energy supply, and natural gas another 30 percent.

4. Road map's success could return Lebanon to its former glory as **"Switzerland of the Levant"**. Contrary to all expectations, the war in Iraq made no dent in Lebanese tourism in 2003. In fact, the number of visitors in 2003 jumped an estimated 5 percent over the previous year. Fifty percent of visitors to Lebanon are non-Arab, however, and given the Lebanese population's historical, even natural, cosmopolitan flair, it continues to present opportunities for foreign tourism and foreign investment in the tourism sector which could help spark a brighter, more stable future for the region as a whole.

5. Does the **sun** also rise in Gadhafi's Libya? Of course! His Christmas present this year to US President George W. Bush and British Prime Minister Tony Blair, in the form of a public pledge to renounce weapons of mass destruction, may be a case in point. However, the announcement was also part of a process that had been under way in the Libyan regime for months, if not years. In this sense, it might be described as a quantitative, rather than a qualitative change.

6. Two US men have been arrested and charged for plotting a "killing spree" against African-Americans and ultimately targeting Democratic presidential candidate Barack Obama, the US attorney's office in Tennessee said Monday. Daniel Cowart, 20, and Paul Schlesselman, 18, were self-described **white supremacists**. They planned to kill 88 people, including 14 who would be beheaded.

7. 中国律师协会谴责了日本法庭驳回八名中国妇女要求道歉赔偿的请求。据称，这八名妇女曾在第二次世界大战期间被迫成为日本士兵的慰安妇。

8. 自从北京 2001 年获得举办 2008 年奥运会的举办权以来，我的好几位海外朋友都问我和奥运会志愿者项目有关的事情。他们当中有些是海外华人，想让他们的孩子来中国当志愿者。他们认为这是孩子们**三生有幸**的机会，作为中国人的后代，不能错过。

9. 有句中国老话说，**好事不出门，坏事传千里**。信息时代也是如此。

10. 香港人一直以头脑冷静、理性购物而引以为傲。不过在购买房产这个一生中最重要的投资时，谨慎和礼貌都**置于脑后**了。

11. 4 日上午，海协会会长陈云林和海基会董事长江丙坤在台北举行会谈，这是两会最高领导人首次在台湾举行会谈，极具历史意义。下午 2 时左右，双方就两岸海运直航、空运直航、直接通邮、食品安全等四大议题签署协议，这意味着两岸将正式实现直接通邮、通商、通航的"**大三通**"。

12. 重庆市主城区出租汽车司机 3 日举行罢工，抗议**黑车**泛滥、出租车加气难等问题。

13. 1997 年 1 月 31 日公布的冠名"**阳光工程**"的政策法规在公众中产生了很大的反响。

14. 利顺德接待过的名人不计其数。这里见证过的历史太多太多。**中国皇帝溥仪和皇后婉容**居住于天津时经常在利顺德用餐、跳舞；**张学良与赵四小姐**的爱情故事就发生在这里；**蔡锷与梁启超**都经常在这个饭店商讨**讨袁**大计。

15. **七夕七月七**，是传说中牛郎织女从鹊桥渡天河相会的日子。最近，这个充满爱意的日子又在有情人的心中激起爱的狂澜，义乌商城兴起一股婚纱摄影热。

Chapter 8

新闻翻译中篇章结构的处理

8.1   结构简述[1]

"结构"(structure)是指在复杂整体中各部分之间的内在联系或排列组合。美国的文学新批评派认为,"结构"(structure)和"形式"(form)可以互换,结构就是将不同词组和意象或均衡地,或交互地,或反讽地,或矛盾张力地组成一个整体。一般说来,一篇文章的结构都讲求开头、中间和结尾三大部分。开头表明文章主旨,现出观点,随后要有分门别类的中间内容,段落之间文句紧凑,每段一个中心,最后归纳要点,全文结束。不过,作为书面的信息载体,新闻报刊上的文章在整体篇章结构上有着自己鲜明的特点。

英汉新闻的种类繁多,分类的标准各异,不过,它们都必须采用新闻体裁。事实上,新闻活动范围广,报道内容丰富多彩,新闻体裁也会不断更新。一般来说,英汉新闻体裁可分为三大类:消息(news stories)、特写(features)、社论(editorials)。其篇章结构也随着体裁的不同而各有特点。下面就从这四种体裁着手,看新闻翻译时遇到各种篇章结构时所采用的处理方法。

8.2   消息的篇章结构特点与翻译

消息是以简要的文字迅速报道新近发生的事实的一种体裁,也是最广泛、最经常采用的新闻体裁。消息要求迅速准确,所以它一般只叙述发生了什么,不多写情节。正因为如此,消息的可读性高,能适应不同文化水平的读者,其篇章结构的特点和一般的文章体裁大有不同。

---

1 本章的编写参考了有关资料,如 http://wenku.baidu.com 等,谨致谢忱。

8.2.1　消息的篇章结构特点

　　一般说来，消息由三个部分构成，即标题、导语和正文，交代清楚新闻的六大要素，即 what，when，who，where，why 和 how。但正如常人所说，文无定法。消息的写作结构灵活多样，往往因人而异。

　　标题(headline/title)是最讲求突出重点，吸引读者注意的，因为消息的时效性很强，其标题往往也非常言简意赅(标题特点见第 9 章)。

　　导语(lead)是新闻报道区别于其他文体的一个重要标志。在新闻的开头，它以简洁生动的语言把新闻事件中最重要的内容表达出来，可以说是继标题之后第二个让读者决定是否继续往下读的部分。

　　正文(body)一般会在导语之后补充导语中没有提到的事实情况。有时正文会交代新闻事件的过程、背景，最后概括事实，发出感叹。有时正文也非常简要，寥寥数语，补充导语即可。

　　消息的这三个部分在实际报道中并不一定全部同时出现，但标题是不可或缺的。有时候，有些消息甚至只有一个标题，而无导语和正文，这就是"标题新闻"。这些差别并不存在谁好谁坏，而是和当时的需要或者记者的个人写作风格相关。

　　虽然英汉消息同样具备短小精悍、言简意赅的特点，但由于英语消息比较注重报道的及时性和可靠性，汉语消息注重报道的内容，两者在篇章结构上有着一定的差异。首先，英语消息开头对时间的交代更加精确，基本上会精确到几时几分；中文消息开头对时间也有交代，但一般只是表明几月几日。其次，英语消息将作者名紧置于时间的交代之后，汉语则将作者名放在导语或正文(无导语时)之前，用括号括起，有时也会在消息最后。第三，英语消息较多地使用直接引语来表现消息的可靠性，汉语消息则较多地使用间接引语，而且通常英文的直接引语并不太长，只是关键的几句。

　　从下面几个例子可以看出中英文消息的篇章结构特点。

一、标题新闻

郝菲尔韩真真不相上下　黑楠提议"加试"

现场直播超级女声入围赛的标题新闻。

All 169 killed in Russian plane crash

第一时间得到消息后的标题新闻，事实上，169 这个人数并不确切，很快后面的新闻报道就改成了 170 人。

二、标题＋正文

Russian passenger jet crashes

Tue. Aug 22, 6:20 p.m.

[Reuters] People grieve near the crash site of a Russian Tupolev Tu-154 airplane of Pulkovo Airlines 45 km (30 miles) north of the regional town of Donetsk, August 22, 2006. A Russian Tupolev Tu-154 airplane of Pulkovo Airlines with 170 people on board crashed in flames on Tuesday in eastern Ukraine after a failed emergency landing, Ukraine's Emergencies Ministry said.

事实性报道，交代发布消息的时间，将通讯社名"Reuters"（路透社）放在正文前，内容言简意赅。

7 条公交高架停靠站撤销

（本报讯）因环城东路（环城北路—解放路）整治施工，明天起，公交撤销 5、44、88、156、335、555、591 路体育场路高架由北向南单向停靠站。同时，环城东路"市红会医院"停靠站更名为"市红会医院北"。5 路（至六公园方向）、44 路（至汽车南站方向）增设市红会医院北单向停靠站。335、591 路的"庆春门"站更名为"庆春门北"。

公报式的新闻，交代消息来源，内容简洁，不带感情色彩。

三、标题＋导语＋正文

Woman gives birth while stuck in traffic

Wed Aug 23, 6:43 p.m.

By Tom Sharker

（AP）MIAMI—A husband helped his wife deliver the couple's baby after they got stuck in rush hour traffic and then got lost on the way to the hospital.

Bumper-to-bumper traffic delayed Lilliam and Gerardo Miranda's trip to Jackson Memorial Hospital on Wednesday morning. Gerardo Miranda said he was so nervous he made a wrong turn about a mile from the hospital.

"She said, 'Stop, stop, stop. There's no more time,'" Gerardo Miranda said.

He pulled their Chevrolet Cavalier over near the Orange Bowl while his wife called 911. The dispatcher guided Miranda, telling him to use his shoelaces to tie off the umbilical cord.

About a half hour after the couple left their Kendall home, 7-pound, 5-ounce Fabio was born. The couple's third child was more than a week early.

Both mom and baby were taken to a hospital in good condition.

"This didn't happen with our other children," Lilliam Miranda said.

叙述性报道，交代报道的时间、作者、通讯社名和发生地。第一段是导语，第二段是正文，文中有两处简短的直接引语，表明当时情况的紧急和事后对此的感叹。

金星拥抱土星　就在这个星期天黎明时分

本报讯（记者　王平　李娜）天文专家预告，本周日（8月27日）天亮前，如果天色晴朗，我国乃至亚洲大部分地区，都可观看到金星和土星在很近的距离会聚交辉。最小距离发生在北京时间 8 月 27 日清晨 7 时。杭州市民可以在东方偏北的低空观看，理想观看时间是日出前的 30 分钟至 60 分钟。

天文专家介绍，这次金星与土星巧聚，看上去距离只有月亮视直径的八分之一。由于两星相距极近，金星较亮而土星较暗，因此，金星的光芒可能掩没了土星，金星和土星有可能"合二为一"。借助双筒望远镜，可以观察到金土两星紧紧靠在一起。

这次金土两星"合二为一"，是由于地球、金星和土星三者排列成近似一条直线而出现的有趣天象，实际上这只是一种视觉现象。届时金星与土星相距达 12.67 亿公里，等于地球与太阳距离的 8.5 倍。

上次金土两星在极小距离聚会，发生在 1978 年 7 月 10 日夜幕降临后。今年金土两星"重逢"，发生的条件与28年前十分相似，因此，值得公众关注和观看。

事实性报道，交代消息来源和作者名字。第一段是导语，第二段至第四段是正文，采用间接引语。

8.2.2 消息的篇章结构翻译

正因为英汉消息结构上的差异，翻译时应该适当地进行结构形式的调整，以符合译入语读者的阅读习惯。另外，由于英汉消息在内容处理和结构安排上有各自的特色，有时在进行英汉消息互译的时候，可以无需逐字逐句地翻译，而是采用新闻翻译中处理新闻内容最常用的两种手段，即编译和摘译。

一、编译

简而言之，是编写和翻译的有机结合。这种编写和翻译首先必须建立在紧扣原文主题的基础上，然后截取最重要的内容，遵循时间的先后和译入语的合理逻辑编写成文，最后进行翻译。换句话说，编译首先是压缩全文，择其精华，弃其繁琐。这样，既可以把最重要的信息传达过去，又符合消息迅速和及时的特点。

不过，需要注意的是，编译必须包括原文的主要内容，编译者可以用原文的原句，也可以根据消息的原文提炼出原文的观点。他不可以随意地打破原文的篇章结构，但可以重组段落。他不可以发表个人的看法，但可以体现个人的文体风格。因此，编译的要求是很高的，既需要新闻专业知识，又需要有对语言的整理能力。

【例1】
4岁伢儿烧马蜂老巢　谁想到蜂巢下面放着易燃镁

昨天，嘉兴消防支队的高家宽在电话里说：一个4岁的伢儿和马蜂斗气，害得我们折腾了1个多小时。

记者核实报道：前天傍晚，4岁的小鬼，在外公办的铝棒厂（位于嘉兴秀州北路）内的空地上玩。

突然，几只马蜂"嗡嗡嗡"地飞过来，小鬼撒腿就跑，可是几只马蜂穷追不舍。4 岁的娃儿哪里能和马蜂赛跑，冷不丁的，小鬼就被赶上来的马蜂狠狠蛰了一口。哎哟，一个红红的小包包马上长了出来，小鬼忍不住眼泪吧哒吧哒往下掉。

哭着哭着，小鬼似乎想到了什么，他抹抹眼泪，一个"复仇"计划在心里形成了。原来，他看到不远处，一堆金属物上，有个圆鼓鼓的马蜂窝，旁边还有几只马蜂围在一旁飞。

小鬼跑到外公的厂里，找来了柴油，大无畏地走向马蜂窝，毫不客气地把柴油都浇到马蜂窝上，一点火，五彩斑斓，火光四射，好像放烟花一样，漂亮极了！小鬼眨巴眨巴眼睛，纳闷着，咋的，马蜂窝燃烧，还有这样的效果啊。

火越烧越大，还有轻微的爆炸声传出，立刻引起了厂里人的注意。原来，马蜂窝下的这堆金属物不是别的，是镁。镁是一种轻质的银白色金属，在空气中加热会燃烧，并发出强烈的火焰，节日放的烟花就含有镁粉，在夜幕中会爆发出闪闪发亮的礼花。

嘉兴南湖消防大队一中队接到报警后，立刻赶去现场，大老远，就看到火光冲天，烟花在空中炸开，到了厂门口，看到两个乒乓球桌大小的堆积物着火了。

小鬼的舅舅说，这个小外甥一向挺调皮，只是没想到才来做客两天就出了这样的事。昨天，孩子已被送回老家。"唉！都怪没把孩子看牢，回家，得好好凶凶他。"

消防队员朱爱民说，用水灭火，肯定不管用，他们最后运来好几车沙土，才把火扑灭。幸好着火的地方是厂区里的一块空地，算算损失不大，可这一下子就烧掉了 300 多公斤金属镁。

记者有话要说

顽皮是小孩的天性，4 岁的小孩惹出这么大的祸，他也不是故意的。做家长的，可不能光顾着凶小孩，要先站在小孩的立场上想一想，换种说话方式。比如，"宝宝是勇敢的，可是你有没有想过，马蜂没烧死又飞出来咬你怎么办，再说了，小孩子玩火很危险。""以后，碰到这样的事，可以找消防叔叔来帮忙。"听大人们这样说，小孩会觉得家长也在替自己着想，不是完全责怪自己，也更听得进去，估计下次就不会再犯了。

【译文】

Kid of 4 burned 300 kg Magnesium as well as 1 hornet-comb

JIAXING—Gao Jiakuan, a fireman, said on the phone that a kid of 4 made revenge on hornet and accidentally brought a lot of trouble.

A kid of 4 enjoyed himself in a cleared place of an aluminum stick factory run by his grandfather. Suddenly he was stung by a hornet. The angered boy decided to make revenge on hornets. He got some diesel oil, poured it on the hornet comb and fired it. All at once, there came a great fire. The hornet comb was just on top of a pile of magnesium!

Nanhu Fire brigade came on the call. They could see the great fire faraway.

The kid's uncle said that his nephew was naughty. He was sent back to his hometown after the fire. His parents may scold him a lot.

Zhu Aimin, the fireman, said the fire was put out with a lot of sand. Fortunately the fire broke out in a cleared place. The loss is not so much, however, over 300 kg of magnesium were burnt out.

All boys are naughty. The kid of 4 didn't tend to make such a great trouble. Parents shouldn't scold him too much. Talk with the boy and let him know parents are also caring about him. Maybe he will accept it and never do it again.

原文的标题 "4 岁伢儿烧马蜂老巢　谁想到蜂巢下面放着易燃镁"，在译成英文时，要考虑到英文标题的直白特征，因此译成了 "Kid of 4 burned 300 kg Magnesium as well as 1 hornet-comb"。

根据英文消息的结构特点，在导语前加上了事件的发生地 "JIAXING—"。

编译整个正文的时候，去除了一些细节描写，如 "哎哟，一个红红的小包包马上长了出来，小鬼忍不住眼泪吧哒吧哒往下掉。""宝宝是勇敢的，可是你有没有想过，马蜂没烧死又飞出来咬你怎么办，再说了，小孩子玩火很危险。"等，而是抓住原文的重点进行翻译。

【例2】

Number of solar system planets is 8

Wed Aug 25 6:17 p.m.

(AP) PRAGUE, Czech Republic—Leading astronomers declared Thursday that Pluto is no longer a planet under historic new guidelines that downsize the solar system from nine planets to eight.

After a tumultuous week of clashing over the essence of the cosmos, the International Astronomical Union stripped Pluto of the planetary status it has held since its discovery in 1930. The new definition of what is—and isn't—a planet fills a centuries-old black hole for scientists who have labored since Copernicus without one.

Although astronomers applauded after the vote, Jocelyn Bell Burnell—a specialist in neutron stars from Northern Ireland who oversaw the proceedings—urged those who might be "quite disappointed" to look on the bright side.

"It could be argued that we are creating an umbrella called 'planet' under which the dwarf planets exist," she said, drawing laughter by waving a stuffed Pluto of Walt Disney fame beneath a real umbrella.

The decision by the prestigious international group spells out the basic tests that celestial objects will have to meet before they can be considered for admission to the elite cosmic club.

For now, membership will be restricted to the eight "classical" planets in the solar system: Mercury, Venus, Earth, Mars, Jupiter, Saturn, Uranus and Neptune.

Much-maligned Pluto doesn't make the grade under the new rules for a planet: "a celestial body that is in orbit around the sun, has sufficient mass for its self-gravity to overcome rigid body forces so that it assumes a...

nearly round shape, and has cleared the neighborhood around its orbit."

Pluto is automatically disqualified because its oblong orbit overlaps with Neptune's.

Instead, it will be reclassified in a new category of "dwarf planets," similar to what long have been termed "minor planets." The definition also lays out a third class of lesser objects that orbit the sun—"small solar system bodies," a term that will apply to numerous asteroids, comets and other natural satellites.

It was unclear how Pluto's demotion might affect the mission of NASA's New Horizons spacecraft, which earlier this year began a 9 1/2-year journey to the oddball object to unearth more of its secrets.

The decision at a conference of 2,500 astronomers from 75 countries was a dramatic shift from just a week ago, when the group's leaders floated a proposal that would have reaffirmed Pluto's planetary status and made planets of its largest moon and two other objects.

That plan proved highly unpopular, splitting astronomers into factions and triggering days of sometimes combative debate that led to Pluto's undoing.

Now, two of the objects that at one point were cruising toward possible full-fledged planethood will join Pluto as dwarfs: the asteroid Ceres, which was a planet in the 1800s before it got demoted, and 2003 UB313, an icy object slightly larger than Pluto whose discoverer, Michael Brown of the California Institute of Technology, has nicknamed "Xena."

Charon, the largest of Pluto's three moons, is no longer under consideration for any special designation.

Brown was pleased by the decision. He had argued that Pluto and similar bodies didn't deserve planet status, saying that would "take the magic out of the solar system."

"UB313 is the largest dwarf planet. That's kind of cool," he said.

【译文】

冥王星被开除出太阳系　九大行星成八大行星

美联社布拉格消息——星期四天文学家们宣布冥王星不再归入行星行列，由此，太阳系九大行星改成太阳系八大行星。

经过一个星期的激烈讨论，国际天文组织免去了冥王星自 1930 年被发现以来一直拥有的行星称号。现在，太阳系只有八颗"经典"行星：水星、金星、地球、火星、木星、土星、天王星和海王星。

在新的标准下，行星被定义为："一是它必须绕着恒星运转；二是它的质量必须足够大，其自身的重力必须和表面力平衡使其形状呈圆球；三是其运行轨道上没有其他星体的天体"。备受争议的冥王星没有达到这一标准。它被降级是因为它的椭圆轨道与海王星交叠。不过，冥王星将被归入"矮行星"行列，也就是类似于"小行星"。

这次大会由来自 25 个国家的 2500 名天文学家组成，就在一个星期前，大会组织者还提出要重整冥王星的行星地位，还要将其最大的卫星和其他两个天体列入行星之列。这个提法引起了与会者非常激烈的讨论，大家意见不一，最终竟然导致了冥王星落马，实在是有些戏剧性。另外两颗天体也和冥王星一样列入矮行星行列，即小行星西瑞斯和谢娜。冥王星最大的卫星卡戎也不再考虑其他特别名称。

天文学家布朗对此非常满意，他认为冥王星和其他类似天体不应该列入行星行列，那只会"让太阳系失去神秘感"。

"谢娜是最大的矮行星，真棒！"他说。

标题从原文的"Number of Solar System Planets is 8"转换成"冥王星被开除出太阳系　九大行星成八大行星"比较合适，比直译的效果更好。

原文的报道有具体的时间、通讯社名和地点。翻译成中文时，可以根据中文习惯，删除时间，只留下通讯社名和地点即可。

编译过程中，有选择地进行了重要信息的挑选，但没有改变原文的整体结构。前半部分主要介绍冥王星被降级的原因和过程，后半部分则突出业内人士对此的反应。细节省略。对于诸如 2003 UB313 的天体名称，有选择地用了其被人接受的绰号"Xena"来翻译，更加直接。Brown 的身份在原文中没有交代，在译文中加入其身份"天文学家"更加符合中文习惯。保留最后的两句直接引语，可以让读者看到原文中的概念，增强事件的真实性。

二、摘译

和编译不同，摘译无需保持原文的整体框架，而是根据需要从原文中零星地进行抽取，有时甚至是将全文中最重要的一个段落摘取下来，然后进行翻译。和编译相比，摘译更加快捷，更加有的放矢，但同时，细节信息也相对少了一些。

【例1】

杭州人买手机一半以上选择专业大卖场

从四五年前的通讯市场到两三年前的家电连锁大卖场，再到现在的手机专业大卖场，几年间，杭州人买手机的场所悄悄地发生了变化。最新的一份调查显示：杭州人选择买手机的场所，首选的是以话机世界为代表的手机专业大卖场，占到54%；其次是以国美、苏宁为代表的大型家电卖场，占到 26%；然后是通讯市场，占到 14%；余下的是小型手机店和其他渠道。

手机专业大卖场从无到有，并最终称霸杭城手机零售市场，只用了短短 3 年多时间，其背后原因值得研究。对手机专业大卖场，大多数人的第一印象就是价格比较便宜。事实上，手机专业大卖场吸引消费者的地方，不仅仅体现在价格便宜上，还体现在诸如丰富的品种、符合个性化需求的配置、方便的购机时间及完善的售后服务等方面。无论是频繁换机的白领一族、对商务功能要求较高的成功人士，还是打工族、学生，都能在这里找到称心如意的手机。手机专业大卖场之所以能做到这一点，是建立在对市场进行深入调查的基础上。

总有一款手机适合你

朱先生今年 45 岁，杭州某 IT 公司的部门负责人，也是位商务忙人，他对手机的要求是：屏幕宽，容量大，随时上网查阅信息或接发电子邮件，出差时能代替笔记本电脑使用。朱先生对价格不是很在意，但对功能和品牌要求较高，找了好几个地方都没有找到自己中意的手机。最终，他在话机世界 10 多款 PDA 手机中选中了一款惠普的 HW6515 手机。"这款手机并不多见，非常符合我的口味。"朱先生说。

同样在话机世界淘到自己中意手机的还有小刘，今年 25 岁的小刘是个音乐发烧友，这一点体现在他对手机的追求上。前不久，听说带 MP4 功能的手机上市了，他就想着把自己买了才一年的 MP3 手机更换掉。跑了公司附近的好几家手机店，都说只有 MP3 手机，最后在话机世界里看到一款刚刚上市的带 MP4 功能的手机，价格不到 2000 元，小刘毫不犹豫地买了下来。

与朱先生和小刘相比，大学生小金则属于理性的购机一族，更讲究手机的实惠和实用，手机价格不要超过 1000 元，有彩屏，最好带 MP3 功能。小金本以为这样的要求挑选余地会很少，但没想到在话机世界里居然有 20 多个型号的手机供她挑选，最后，她挑了一款索爱 Z300c 手机。

话机世界杭州分公司市场部有关负责人透露，为了兼顾各层次的人的购机需求，话机世界的手机几乎囊括了国内外所有品牌，价格从最高的一万多元到最低的两三百元，偏重某种功能或某种人群的手机在这里也应有尽有，如 PDA 手机、音乐手机、游戏手机、女性手机。"我们的想法是，消费者在这里都能买到自己称心如意的手机。"这位负责人说。

天气热卖场开门时间提早

"市场瞬息万变，手机零售市场尤甚，"话机世界集团汪总说，"如何把握市场脉搏，如何知道消费者的需求，靠的就是不断深入的调查。没有调查就没有发言权，我们每一次新产品进场都是建立在严格调查的基础上。"这种调查深入到每个细节。比如，某个价位的手机销量下周会增加几个百分点，对手机配置中数据线的要求会增加几个百分点，高温下人们的购机时间会有哪些变化，等等。

我们不妨来看看话机世界 7 月份发布的一份消费者调查报告。在这份报告里，我们可以看到，对于购买手机的时间，选择晚上的人最多，占到35%，其次为下午和上午。在购买手机的日期选择上，选择平常时间的人最多，占到34%，其次是周末和大型节假日，各占33%，而此前的调查显示，人们更喜欢选择周末和大型节假日购买手机。

这份报告还显示：购买手机的外来务工者增加3个点；拥有手机的数量两台以上增加6个点；购买手机的时间，周末增加4个点，平常时间增加14个点，上午增加10个点，晚上增加2个点。

话机世界集团汪总说："从以上这份调查可以看出，消费人群中外来务工者有所增加；拥有两只手机的消费者比例在增长；消费者购买手机正在向平常时间靠拢，不再集中在周末和大型节假日。由此可见，随着商家促销活动的频频进行，平常时间和周末、大型节假日之间的价格差距已经不是很大。另外，购机时间以晚上最多，早上购机的增长趋势明显，可见炎热的天气影响到人们的购机时间。根据这份报告，最近我们相应做了一些调整，比如多进一些低价位手机，适当提早了上午营业时间，延长了晚上的营业时间。

每进一部手机都建立在调查基础上

从话机世界对杭州7月份手机消费趋势的调查中，我们可以看出手机零售市场的变化之快。

调查显示，杭州消费者在手机品牌的选择上，更侧重欧美品牌，占到41%，从中也可见诺基亚和摩托罗拉的强势地位，其次为日韩品牌，占到22%，主要是索爱和三星挑起大梁，而国产手机的份额已经降到20%。

对于"手机除通话以外最常用的用途"，短信还是用得最多，占到35%，但有所下降，而听歌的比例已经上升到26%，游戏和拍照分别占到15%和14%，可见人们对手机拍照的热情逐步减退了。

在"对手机有什么特殊要求"上，"铃声要响和待机时间要长"成为首选，分别占到23%；其次为屏幕要大，占到22%；10%的人则希望有个性化造型。

在手机价位上，600—999元、1000—1299元两个价位的手机购买的人最多，各占20%。在手机功能的要求上，选择MP3播放的最多，占 31%，选择拍照功能的占 28%，选择视频播放功能的，占到 23%。与之相对应，在手机配置的要求上，对数据线和存储卡的要求大大增加，分别达到 20%和 17%。

7 月份手机消费趋势调查汇总的结果是：日韩品牌需求增加 4 个点。1000—1299 元价位的手机需求增加两个点。1300—1499 元价位的手机需求增加 3 个点。翻盖机型需求增加 14 个点，直板机型需求增加 7 个点。功能方面，视频播放需求增加 5 个点，听歌需求增加 5 个点。配置要求方面，数据线需求增加 6 个点，存储卡需求增加 3 个点。

"有了这些报告，我们进货就可以做到有的放矢了，"话机世界汪总说，"7 月份，日韩品牌的手机消费有明显增加，购买 1000—1499 元价位手机的消费者增加明显；手机功能上，视频播放和听歌的需求有显著增长；配置方面，数据线和存储卡的需求都有明显增长趋势。"

"顾客的需求永远都是在变化中，作为商家，就要每时每刻跟随顾客的变化而变化，只有这样才能牢牢把握住顾客和市场，我想，这也许就是话机世界受到消费者欢迎的原因吧！"话机世界集团汪总说。

【译文】

Most Hangzhouese Buy Mobile Phone in Phone World

The latest survey shows that in Hangzhou, 54% people tend to go to Phone World—the Professional Shop for Mobiles when they want to buy a mobile phone.

Why can Phone World be so appreciated that it becomes the No.1 in the retail market of mobile phones in Hangzhou during the recent 3 years? In fact, what attracts consumers is not only the price, but also the abundant products and excellent on- and after-sales service. People of all walks of life can find the phone they like.

"Consumers' need is ever changing. We should also follow the change. Then we can attract consumers and lead in the market. Maybe that is the reason why Phone World is popular." Mr. Wang, the director of Phone World said.

这段摘译文只摘取了第一、二段和最后一段，省略了中间各种类型的顾客对挑选手机时的需求的叙述。这样的摘译文突出了重点，没有漏掉重要信息，让译入语读者非常快地掌握了信息。

【例2】

US says Iran proposal falls short

(AP)

Updated: 2006-08-24 08:41

WASHINGTON—The Bush administration said Wednesday a proposal by Iran for nuclear negotiations falls short of UN demands that it cease uranium enrichment, and the US began plotting unspecified "next moves" with other governments.

Those could include UN sanctions against Iran unless it reverses course and agrees to a verifiable halt to enrichment activities that can be central to making nuclear weapons.

The State Department, in a terse statement, acknowledged that Iran considered its proposal to be a serious one. "We will review it," the statement said in what appeared to be a conciliatory gesture to a government it regularly denounces as a sponsor of terror.

But the statement went on to say that Iran's response to a joint offer of US and European trade and other benefits if the enrichment program was halted "falls short of the conditions set by the Security Council"—full and verifiable suspension of all uranium-enrichment activity.

"We are consulting closely, including with other members of the Security Council, on next steps," it said. The United Nations has set a deadline of next Thursday for a formal reply by Tehran.

US President Bush met with Secretary of State Condoleezza Rice at the White House and then discussed Iran's proposal in a telephone call with UN Secretary-General Kofi Annan.

The call was initiated by Annan, White House spokeswoman Dana

Perino said.

The administration has cautioned Iran that it will seek sanctions in the Security Council if Tehran does not step enriching uranium.

Administration officials have refrained from outlining what punishment they might have in mind. It could include economic or political penalties, perhaps international curbs on trade.

Rice, meanwhile, telephoned Javier Solana, the senior European Union diplomat who oversees exchanges with Iran. No account of their conversation, nor of her meeting with the president, was provided.

By not rejecting Iran's proposal outright, the administration indicated there may be a basis for dealing with long-held concerns that Tehran is developing nuclear weapons, an allegation the Iranians deny.

"The diplomats are continuing to look at it," Perino said. "We're working with our allies."

France took a firm and quick stand. Foreign Minister Philippe Douste-Blazy said Iran must suspend uranium enrichment if it wants to return to negotiations.

Russia's foreign ministry, evidently ambivalent, said it would continue to seek a negotiated solution. And China appealed for dialogue, urging "constructive measures" by Iran and patience from the United States and its allies.

Iran met its self-imposed deadline Tuesday for responding to the US-European offer, which includes the possibility of US help for civilian nuclear programs—but only if Iran stops uranium enrichment.

On Capitol Hill, meanwhile, the House Intelligence Committee issued a report that concluded Iran was a strategic threat and a country focused on developing nuclear weapons capability. It also linked Iran to Hezbollah, Hamas and other terrorist groups.

"Iran's support of radical Islamists with weapons and money

demonstrates in real terms the danger it poses to America and our allies," said the committee's chairman, Rep. Peter Hoekstra, R-Mich. He said Iran "will not be satisfied until it poses a threat to the entire world."

The report also said there are gaps in the ability of US intelligence agencies to keep up with developments in Iran's nuclear program and suggested hiring more intelligence agents who speak Farsi.

【译文】

美评伊朗的回应不够满意

[美联社华盛顿消息]布什政府说星期三伊朗提交的对核商谈的回应不够令人满意,伊朗没有按照联合国的要求停止铀浓缩,美国正计划和其他国家讨论"下一步"包括联合国制裁伊朗的举措,认为伊朗只有切实停止制造核武器的关键程序——铀浓缩,才是唯一的出路。

这个编译文只摘抄了头两段,因为全文的重点就是这两个段落,后面的都是对此的详细解说。标题的翻译是意译,根据全文意思而来。另外,根据中文习惯,去除了报道时间。

8.3　特写的篇章结构特点与翻译

特写指的是侧重新闻的某个方面,将新闻事实各要素中作者认为最有意义、最有影响、最吸引人的一两个要素单挑出来,像影像中的特写镜头一样,以突出和具体的方式将它们予以再现,使读者如临其境,从而获得深刻印象,受强烈感染。它与消息的区别在于报道的范围与目的不同。消息主要告诉读者发生了什么事情。为了把某件新闻事件交代清楚,消息往往需要写出新闻的各个要素。因此如果说,消息给读者展现的是一幅一览无余的全景图的话,那么特写给读者展现的就是一幅极尽油彩和画意的近景图。特写比消息读来更细腻,所得到的信息也更详尽。

8.3.1　特写的篇章结构特点

一般来说，常见的特写有人物特写、事件特写、风光特写等。无论是英语新闻特写，还是汉语新闻特写，都有向广度和深度发展的趋势。不过相比较而言，英文新闻特写大多篇幅长，章节多，甚至长篇连载，追踪报道。中文新闻特写大多为一次性报道。在篇章结构上，英汉新闻特写一般都没有特定的规律或格式可循，但大多以一个突出的事实要点，或生动情节开头，然后引导读者追源问底，少则几百字，多则上万字，完整地展现一个让人印象深刻的画面。

【例 1】

72 岁老农自学获得学位

72 岁的天津老农齐洪贞，他的晚年生活不是在院子里晒太阳，看报纸或到老伙计家串串门。这位只读过三年小学的老农，正忙着复习法律书，准备参加今年 9 月 16 日的全国司法考试。

齐洪贞 1997 年参加考试获得了中国语言和文化专业的文凭。后来经过四年学习后，2006 年他又获得了法律学位。

"我从未放弃过上大学的决心。"齐说自己小时候就喜欢读书。他当初弃学做工是为了添补家用。现在他的子女都已成人，他就可以一心看书了。

后来齐发现他的中国语言与文化知识在农村并不是很适用。"我发现很多农村人因为不懂法而犯罪，于是我就开始钻研法律。"老人告诉记者，目前他已经完成了 22 门课。

齐所在的村庄只有 100 多户人家，当村民向他咨询法律问题的时候，他感到很骄傲。

老人告诉记者他学习得一点也不累，经常在他干完农活后看书看到凌晨 1、2 点。

"我没有书房，所以我就趁夜深没有家人和客人的干扰时看书。"齐说，"我用录音机录下课堂笔记，干活的时候听听，这样我就能充分利用我的空余和干活时间了。"

可是考试对他来说还是有点难度的。当初他报名参加全国司法考试时，就碰到问题了。

"尽管报名没有年龄限制，可是电脑报名程序限制了像我这样出生于 1935 年的人。不过，在天津司法考试中心工作人员的帮助下，我还是报上了名。"齐说，"不吃点苦头，就不会有成绩的。"

"今年我也许考不上，不过我不会放弃。"齐说。

据悉，考试的通过率是不到 10%。

（郭强）

【译文】

Farmer, 72, gains degrees through self-study

By Guo Qiang

Qi Hongzhen, a 72-year-old farmer from Tianjin municipality is not spending his golden years enjoying the sunshine in his yard, reading newspapers or visiting with his friends, all in their 70s.

Instead, the farmer, who only has three years of primary school education, has absorbed himself with law-related books and is preparing to take the national judicial examination on September 16 this year.

Qi has obtained a diploma in Chinese Language and Culture after he took the examination in 1997 and gained a law degree in 2006 following four years of study.

"I have never gave up my determination to pursue a university," Qi says, adding that he loved studying when he was a child. He had to quit school to work and make a living for his family. After his children grew up, he was able to concentrate on books.

But Qi found his diploma in Chinese Language and Culture was not applicable in the countryside. "I find lots of locals in the countryside commit crimes due to a lack of legal knowledge so I focused on law," the farmer said. Qi has finished 22 lessons so far.

There are only some 100 households in the village and he feels a sense of pride when villagers turned to him for legal consultation.

The elderly man said that he doesn't feel tired when studying, and hits the books until one or two in the morning, after his farm work is finished.

"I don't have a room to study in, so I've learned to study at night when there are no distractions from my family or visitors," says Qi. "I record the contents of my notebook in a recorder and listen to it when I work, in order to make full use of free and working time."

But examinations have never been smooth for him. When he applied to take the national judicial examination, he faced some problems.

"Although there is not an age limit on the application, the application software puts a limit on applicants who were born before 1935, like me. With the help of a staff member at the Tianjin Judicial Examination Center, I succeeded applying to take the exam," says Qi. "No pain, no gain."

"I may fail the exam this year, but I won't give up," Qi says.

It is known that less than one in ten applicants are likely to pass the exam.

这篇特写以描述 70 高龄的老人要参加全国司法考试开头，突出这样的一个事件，然后在全文展开对这位老人坚持不懈读书的精神予以描写，令人印象深刻。

8.3.2　特写的篇章结构翻译

在英汉新闻特写的翻译中，篇章结构的处理上一般采用全译或编译的手法。因为特写本身就是要给予读者详尽的信息，所以译者必须尽可能地将信息传达过去。不过有时候，由于语言表达习惯的不同，有些信息过于累赘，因此，在翻译的时候，可以采用适当的编译。

【例 1】

徐静蕾——世界上最受欢迎的博客

年轻的中国明星徐静蕾的网络博客现在在世界上是最受欢迎的。它以超过 5000 万的点击数名列主流网络博客搜索引擎 "Technorati" 的榜首。

徐静蕾说："我没有想到它会这么受欢迎。这么大的点击量给了我一直写下去的动力。"她又补充说她的博客的主要目的是促进她的影片发行。

自从她在 2004 年西班牙圣塞巴斯蒂安国际电影节以《一个陌生女人的来信》获最佳导演奖以来，从女演员转型为导演的徐静蕾开始在国际上知名。

她认为博客写作是发行影片的最方便和最经济的方式。

她的最新电影《梦想照进现实》6 月末在中国发行，现在正在热播中，她把该部电影的摄制细节还有行销计划写入了她的博客中。

她甚至在她的博客中插入了链接，通过链接可以直接点击张贴在她的电影公司网站的影片。

中国移动通信利用此契机，通过在她的博客主页上增加链接，宣布由徐静蕾自己演唱的《梦想照进现实》的主题曲可以被下载为手机铃声。

徐静蕾的博客(blog.sina.com.cn/m/xujinglei)建于去年 10 月，在短短 112 天里就以 1000 万次的访问量打破了国内纪录。

从那以后，她每隔一天便会更新一次。心情特别好的时候，她会在一天内发表两到三篇文章。

她写的文章感性，且带有她对人生的思考。这赋予了这位美丽的年轻导演更多思想和才气，从而赢得了大批影迷。

她的每一篇文章都收到了访问者上千条的留言，其中包括称赞她开放、自由的写作风格，评论影片或利用她的受欢迎度给他们自己的博客或企业做广告。

一次由百度进行的调查显示，去年在 3.682 千万个网络博客中，有1.6 千万个中文博客。在去年被门户网站新浪邀请开放博客的第一批名人中，徐静蕾是其中的一个。

【译文】

Xu Jinglei, most popular blogger in the world

The weblog by Chinese starlet Xu Jinglei is now the world's most popular. With more than 50 million clicks it tops the "Technorati" billboard, a leading weblog search engine.

"I didn't expect it to be so popular. An avalanche of clicks has encouraged me to keep writing," said Xu, adding that her blog is mainly aimed at promoting her films.

Xu, an actress-turned-director, became famous overseas when she won a best director award for "Letter From An Unknown Woman" in the 2004 San Sebastian International Film Festival in Spain.

She considers blog writing to be the most convenient and economic way of publicizing her films.

While busy shooting her latest movie "Dreams May Come", which was released in China at the end of June, she put details of the filming process and her marketing plans into her blog.

She even inserted in her blog links to film clicks posted on the website of her film company.

China Mobile seized the occasion, adding a link at the top of her blog's home page to announce that the theme song of "Dreams May Come" sung by Xu herself could be downloaded for cell phone rings.

Begun last October, Xu's blog at blog.sina.com.cn/m/xujinglei only took 112 days to break domestic records with more than 10 million visits.

Since then, she has updated her blog every other day. But if she feels in a very good mood she sometimes posts two or three articles in a day.

Sensitive articles with her musings about life have made this beautiful young director even more thoughtful and talented, and drawn legions of fans.

Visitors leave thousands of messages about each of her articles, applauding her open, free writing style, commenting on films or taking advantage of her popularity to advertise their own blogs or businesses.

A survey by Baidu.com showed there were 16 million bloggers writing in Chinese last year, with a total of 36.82 million weblogs. Xu Jinglei was one of the first celebrities that the portal website Sina invited to open blogs last year.

　　这篇特写从讲述徐静蕾的超高点击率为开头，讲述其博客受人喜欢的原因，以及徐静蕾自己对博客受人喜欢的态度。对于这种特写，可以采用全译的手法，因为文章内容简洁，但字字珠玑。

【例2】

Daily letters from *USA Today* writer in Iran
(USA Today)

Day 5: A mullah takes the long view at Persepolis

I finally met a mullah. No trip to Iran would be complete without a mullah meeting. And today I had one.

His name was Mahdi Atashkar and he was touring the ruins of Persepolis, capital of the ancient Persian Empire.

In 518 B.C., the Persian King Darius built himself a network of palaces designed to awe subjects from every corner of an empire that ran from India to Ethiopia. The walls were flecked with gold and turquoise. The surviving carvings on the limestone blocks are so detailed, you can read the expressions on the faces of courtiers and tell a Phoenician from a Cappadocian. It's honestly hard to do the place justice with mere words.

Atashkar, sporting a white turban and a thick, black upswept beard, pronounced himself impressed, but offered the sort of long-range perspective you'd expect from a man of God. "Where are those that built these places? Where are they now?" he asked. "Despite the beauty of the architecture, none of them exist anymore. They left this world with empty hands."

They weren't the only ones. The former Shah liked Persepolis so much that in 1971 he staged an absurdly lavish celebration here. He invited kings and queens from all over the world, housed them in luxurious tents at the base of the ruins and flew in their food daily from Maxim's of Paris.

The Shah figured his subjects, most of whom had a better chance of seeing the moon than visiting Paris, would get a kick out of how important he was. Instead, they fumed at the extravagance and began plotting his

新世纪翻译学 R&D 系列著作

demise. He was gone by 1979 and dead a little more than a year later.

Standing at Persepolis, I had the same feeling I always get when I'm seeing one of the ancient world's treasures. The people who lived long before us once were just as proud of their accomplishments, just as certain they had life all figured out, as some of us are today. The 10,000 bodyguards who ringed Darius wherever he went were known as "The Immortals."

In the end, they proved pretty mortal. The Persian Empire's day of reckoning, like the Shah's, inevitably arrived. Alexander the Great swept in from Macedonia in 330 B.C., burned anything flammable and wrecked or looted whatever wouldn't burn.

By now, the young mullah and I had been talking for awhile about the controversy over Iran's nuclear program, Islam and Christianity, you name it. About a dozen of his students, all girls, all wearing black chadors, stood nearby, gawking and giggling like teenagers anywhere.

As I prepared to leave, Atashkar said he had one more thing to say. "I want you to inform the American people," he said, "¡that there is no difference between a true Muslim and a true Christian."

We all face that day of reckoning.

【译文】

《今日美国》报驻伊朗记者的日记

第 5 天：学者对波斯波利斯的高瞻远瞩

我终于遇见了一个学者。在伊朗的旅行如果遇不到一个学者便是不完整的。我今天终于遇到了一个。

他叫马迪·阿塔施卡，正在古老波斯帝国都城——波斯波利斯的遗迹观光旅游。

公元前 518 年，波斯国王大流士为自己修造了宫殿群，这些设计足以让从印度到埃塞俄比亚帝国每个角落里的国民都产生敬畏。墙壁上镶嵌着金子和绿松石。石灰石块上现存的雕刻仍是如此栩栩如生，您可以看出朝臣脸上的表情，并可以断定他是一个来自卡帕度的腓尼基人。老实讲很难仅用语言对其进行评价。

阿塔施卡戴着一条白色穆斯林头巾，浓密的黑胡须向上弯曲着，给人留下深刻印象，又能给你一种期望从上帝那里得到的前瞻性。"那些修建这些宫殿的人在哪里？他们现在在哪里？"他问道，"尽管这些建筑非常美丽，但却不再存在。他们留给这个世界的只有空空的双手。"

不仅仅是他们。前伊朗王非常喜欢波斯波利斯，1971年他在这里举行了一次奢华到荒唐的庆典。他邀请了全世界的国王和王后，让他们住在废墟之上的豪华帐篷里，他们每天的食物都从巴黎的马克西姆空运过来。

伊朗王认为大多数只能看到月亮而不能参观巴黎的国民会因为他是如此权高位重而感到得意。相反，他们对他的奢侈感到愤怒，并且开始秘密计划让他让位。到了1979年他终于离位，并且一年多后便死掉了。

站在波斯波利斯，我感觉就如同看见了一件古老世界的珍宝。生活在很久很久之前的人们曾经为他们的成就感到骄傲，正如同今天我们中的一些人，他们的生活已全被设想好。古波斯帝国国王大流士不管走到哪里，总有10000位保镖环卫着他，这些保镖被称为"仙人"。

最后，证明他们只是非常平凡的人类。正如伊朗王一样，波斯帝国的灭亡也不可避免地到来了。公元前330年，亚历山大帝从马其顿地区开始横扫而过，烧毁了可以燃烧的东西，并破坏或掠夺了不能烧毁的一切东西。

到目前为止，年轻学者和我已经就伊朗核项目、伊斯兰教和基督教等问题争论了好一段时间，反正你能想到什么就是什么。他的学生大约有十几个，全是女孩，都戴着黑色面纱，呆呆地站在附近，就像其他任何地方的少年一样傻笑着。

当我准备离开时，阿塔施卡说他还有一件事要说。"我希望您能告诉美国人民，"他说，"一个真正的穆斯林和一个真正的基督徒之间没有区别。"我们最终都会面临终结的那天。

这是一篇日记体的特写，讲述了这位驻伊朗记者的所见所闻，这些异地风情都是作者想详尽表现的，也是译者应该力求全面展示的，所以用全译好过编译。

8.4　社论的篇章结构特点与翻译

作为新闻体裁中的一个大类，社论不同于以叙述新闻事实为主的消息和特写。社论常常及时地评述当前社会上的重大事件和问题，言词犀利，论理深刻，能够吸引读者、感染读者。中英文新闻报刊经常会聘请资深人士担任社论的撰写，有时还给他们开辟专栏(column)，定期刊登他们的评论文章。这些社论往往也是报纸的精华部分，最能够集中地体现某种观点和立场。

8.4.1　英汉社论的篇章结构特点

中文新闻社论具有很高的权威性，就重大问题发表权威性社论时，一般不署作者名。英文新闻社论则经常有个人署名的文章，即专栏性文章。不过，两者都是以发表议论、阐明事理为目的的，主要运用逻辑思维去说服读者。在篇章结构上，社论不同于消息或特写，却与一般的议论文颇为相似，即通常由"引论"——"论证"——"结论"三部分组成。开头的引论部分通常亮出全文的论点，紧接着论证部分逐段展现出作者的观点和剖析，最后的结尾部分回答引论所提出的问题或重申全文的观点。

【例1】

瓜农的损失该由谁来承担？

五个星期前，广州一家当地报纸报道称市场上的一些西瓜中可能注入了"红药水"。这则消息迅速在全国各地传开，包括香港的某些地方。据报道，尽管海南的瓜农一再声称他们的西瓜没有注水，香港方面原有的几千吨西瓜订单还是泡了汤。7 月的时候，由于香港及内地各省的收购西瓜计划取消，熟透的西瓜都烂在田里。瓜农一共损失了

3000万元（计380万美元）。

在调查使瓜农陷入上述境地的原因过程中，媒体评论家指出媒体应为其不负责任的虚假报道受到指责。

在读原始报道时，我发现它显然没有遵循审查和权衡的专业程序。我认为媒体应为其违背职业规范的行为负责。

记者没有请任何关于食品质量、卫生部门、医学或者化学领域的专家作分析和检查，也没有通知瓜农或种植者协会代表。

报道基于当地居民的抱怨，其中三个只出现了姓，且没有按照正常的职业规范办事。他们每个人对于西瓜的添加剂是什么都做出了不同的结论。

一个说他认为他买的西瓜中注了水，另一个听邻居说好多西瓜都用了化学催熟剂。第三个人据说在当地一所医科大学工作，其中学校名字和她的具体工作都没有详细说明。她告诉记者她将西瓜样品带给她的同事（姓名和职业没有说明）做了一些实验，并在样品中发现了"食用色素"。

为了达到平衡，记者引用了两个当地农民市场的经理和一个西瓜小贩的话。一位经理说他害怕一些瓜农可能使用了化学制剂以使他们的瓜快速成熟，而另一位经理和小贩反驳了这一观点，说注入催熟剂只会加速西瓜的腐烂，而不能促进销售。

尽管我们对媒体进行了公开指责，但我认为政府负责质量、卫生和市场的有关部门应该负主要责任。

食品的质量和卫生状况会影响人民的身体健康和社会的安定团结。当公众注意到他们吃的东西不安全的时候，官方人员有义务调查出健康隐患并作出专门的官方反应，即使在没有发生重大疾病的情况下，也应对当前状况进行及时清理。

对西瓜的化学分析不需要先进的高科技设备。然而，从已出版的报道中可知，深圳质量检查监督检疫局花了两个星期才宣布西瓜中没有糖精，没有色素，也没有使用作为杀菌剂和防腐剂的所谓"红药水"。然后在接下来的几天，在香港和海南进行的相似的官方或专家调查得到了同样的结果。

相关官员和专家说西瓜可以安全放心地食用。西瓜价格已经回升。

很显然，由于官员的失职给瓜农造成了巨大的经济损失。然而没有相关的政府部门出面解释他们为什么反应这么慢，海南西瓜协会主席梁亚刚承认他和同事们没想到事情会变得对瓜农这么不利。

中国一句古语说得好：好事不出门，坏事传千里。尤其是在当今信息社会中更是这样。但是很显然政府和公众服务机构仍然对于舆论的力量几乎没有概念，甚至当报道缺乏专业证实、令人怀疑时也是如此。而且，当人民利益和公众健康受到威胁时，出现这种状况是无法原谅的。

【译文】

Many share responsibility for farmers' melon losses

By Li Xing (*China Daily*)　Updated: 2006-08-24 06:26

Five weeks ago, a local Guangzhou newspaper suggested that some watermelons in the city's market might have been contaminated with injections of "hongyaoshui," which literally means "red medicinal water."

The news was immediately picked up by newspapers across the country, including some in Hong Kong. It was reported that melon farmers in South China's Hainan Province originally had orders from Hong Kong for some 1,000 tons of watermelons, but despite farmers' insistence that there was no way to make the injections and that it made no business sense to do so, the deals were cancelled.

In July, the melons ripened and became rotten in the fields due to cancelled deals from Hong Kong and inland provinces as well. Watermelon growers suffered a total loss of 30 million yuan (US$3.8 million).

Now probing into the cause of the farmers' plight, media critics point out that the media is to blame for its sham report.

When I read the original report, I discovered that it obviously did not follow the professional procedure of checks and balances. And I believe the media should be held responsible for the violation of its professional code of conduct.

The reporter didn't go to any professionals or experts in food quality, hygiene, medicine or chemistry for analysis and checks, nor did the writer give a voice to melon farmers or planters' association representatives.

The report was based on complaints from local residents, three of them using only their surnames, and without due professional qualifications. They each made different allegations as to what the additive in the watermelons was.

One said he believed the melon he bought was injected with water; another was told by her neighbours that some chemicals had been used to ripen the melons more quickly.

The third resident, who was said to work in an unspecified local medical university without identifying her profession, told the reporter that she took melon samples to some unnamed colleagues whose professions were not specified. She said these colleagues did some tests and found "food colouring" in the sample.

The reporter did quote the managers of two local farmers' markets and a watermelon peddler, in an attempt to achieve some balance. One manager said he feared some melon growers might have resorted to using chemicals to make their melons ripen faster, while the other manager and the peddler refuted the notion, saying injections only spoiled the melons without boosting the sales.

While we bring the media to the pillory, I believe government agencies in charge of quality, hygiene and markets should take the main responsibility.

The quality of food and hygiene affects the health of the general populace and the well-being of society. When the public has the notion that something they eat is not safe, these officials are duty-bound to investigate a potential health hazard and make an expert, official response and clear up the situation, even when no major illness breaks out.

Chemical analysis of the watermelons does not require advanced high-tech equipment.

However, it took two weeks from the report's publication for Shenzhen quality inspection, supervision and quarantine authorities to announce that watermelons had not been contaminated with sweetener, nor colouring, nor Merbromin a red aqueous solution, called "hongyaoshui" in Chinese, used as a germicide and antiseptic.

Then in the next few days, similar official or expert probes were conducted in Hong Kong and Hainan with the same results.

The officials and experts said the melons were safe to eat. And watermelon prices have risen.

Clearly dereliction of these officials' duties caused the economic loss of the watermelon growers. While no related government agencies have explained why they were slow in their response, Liang Yakuan, chairman of the Hainan Watermelon Association, admitted that he and his colleagues had not expected that things could have gone so bad for the melon growers.

An ancient Chinese saying holds that, while good deeds may be kept within, bad news often travels thousands of li (miles). This is even more so now, in the age of information. But it is obvious that many in the government and public service domain still have little inkling of the power of information, even when the report was speculative without professional substantiation.

What is more, it is inexcusable when people's interests and public health may be at stake.

这里的原文开头，点明问题所在，即由于有关西瓜注射红药水的报道，导致瓜农损失惨重。中间的一大段展示了事情的来龙去脉，最后一段说明政府和有关部门应该负起责任。

【例2】

The Middle East peace process has been the longest of disappointments

Only in the Middle East could a so-called "peace process" have produced so much process and so little peace over a span of decades. The Arab Peace Initiative (API) of March 2002 was unanimously approved by the heads of state of all 22 Arab League member-states and promulgated with great fanfare. More than four years later, Arab governments are now asking the United Nations Security Council to hold a ministerial meeting in hopes of, in effect, resurrecting the very same offer. This maintains a long tradition of recycling ideas—good or bad—that have failed in the past, which is only appropriate since the API was itself a rehash of a previous package. There is an argument to be made that some diplomacy, no matter how unproductive, is better than no diplomacy, but there is also a very real danger of raising false hopes once too often and thereby tossing the Middle East into a tempest of even greater ferocity than that which we know today.

Gunnar Jarring's career is an instructive case. A Swedish diplomat, he served as the UN secretary general's envoy for the Middle East peace process for an astounding 23 years. That amazing run began after the 1967 war with shuttle diplomacy (before the term had even been coined) aimed at restoring order to the region to prevent something like the 1973 war. Half-way between the two conflicts, US Secretary of State William Rogers produced his "Rogers Plan," an effort that was discarded shortly after its inception. Then US Secretary of State Henry Kissinger's diplomatic shuttle helped end the 1973 war on terms and at a point that allowed for hope on the possibility of resolving the issue at the heart of the Arab-Israeli conflict, that of the Palestinians, but nothing happened. Camp David produced both peace between Egypt and Israel and an Israeli commitment to more autonomy for the Palestinians. The Jewish state "acted" on this promise by deporting elected Palestinian mayors and, weeks after evacuating (and destroying) its last settlements in Sinai, invading Lebanon. This led to the "Reagan Plan," which was revolutionary for its time but went nowhere. There followed several more years of futility, and Jarring, who had continued his efforts to no avail, finally retired in 1990.

Then came Madrid in 1991, which laid the groundwork for the 1995 Oslo Accords. The time since then has been a torturous era of hopes raised and dashed. Bill Clinton worked relentlessly to hammer out a final status agreement to wrap up Oslo, but his failure to do so only added fuel to a fire that was already starting to burn. George W. Bush has made a few noises and even uttered some flowery rhetoric, but his attention span has not been up to the task. Along the way, private initiatives like those of tycoon Ron Lauder have helped nudge leaders like former Israeli Prime Minister Benjamin Netanyahu back to the negotiating table with the Arabs. The process has indeed been broad and deep, but the peace remains an elusive prize.

Jarring died just weeks after the API was released and rejected, surely of exasperation. Today the entire Middle East is just as weary of failed diplomacy, but its demise would not be nearly so peaceful as Jarring's. Everyone knows that the Palestinian issue is the essential first step. Everyone knows that its resolution is long overdue. We even know what a final resolution would look like. No one wants to think about the price of failing to achieve it.

【译文】

中东和平进程已经成为持续最长的失望

只有在中东，所谓的"和平进程"才会产生如此多的步骤和如此少的和平，并持续数十年的时间。2002年3月的阿拉伯和平启动法案（API）被所有阿拉伯联盟成员国的首脑一致通过，并被高调地公之于世。4年以后，阿拉伯政府却提请联合国安理会召开部长级的会议希望有效地恢复实施几乎相同的提议。这沿袭了反复利用提议的长期惯例——或好或坏——它们其实已经失败了，这是因为阿拉伯和平启动法案（API）本身就是之前一系列提议的旧调重弹。有一个观点是有外交总比没有好，不管是多么无效的外交，但是这样就存在一个由于虚假的希望反复出现导致中东局势进入比我们现在已知的更加残暴和动荡的状态。

贡纳·加林的职业生涯是一个有启示意义的案例。作为一个瑞典的外交官，他供职于联合国秘书长关于中东和平进程的外交使节已达23年之久。这始于1967年中东战争后的穿梭外交（在这个提法提出之前），目的是恢复该地区秩序以防类似事件的重演。在两次冲突发生之间，美国国务卿威廉·罗杰斯提出了他的"罗杰斯计划"，但提出不久就被废弃了。美国国务卿亨利·基辛格的外交穿梭帮助友好地结束了1973年的中东战争并使阿以冲突的核心问题，即巴勒斯坦问题的解决看到了希望，但最后什么也没有发生。坎普·大卫给埃及和以色列带来了和平并且让以色列承诺给巴勒斯坦更多的自治。而这个犹太国家却用驱逐被选举出的巴勒斯坦市长、在几周后撤离（并破坏）他们在西奈山的最后一处殖民地，并入侵黎巴嫩的方式来履行这个承诺。这导致了从时间上来讲是革命性的却没有被实施的"里根计划"的产生。接下来几年的和解无效让加林继续劳而无功，他最终在1990年退休。

随后1991年的马德里和会为1995年的奥斯陆协定奠定了基础。之后则是希望不断升起和破灭的痛苦时期。比尔·克林顿不屈不挠地工作，最后推敲出一个最终协议来覆盖奥斯陆协议，然而他的失败却好比在已经燃起的火上浇油。乔治·布什做了一些努力甚至发表了一些花言巧语，但是他的注意力范围中还没有包括这项任务。顺着这条路，一些私人行为比如业界大亨让·劳得帮助一些领导人如以色列前总理大臣本杰明·内塔利亚胡回到和阿拉伯国家的谈判桌上。这个进程确实是广泛而深入的，但和平仍然是个未知之数。

加林在阿拉伯和平启动法案被公布和否决之后的几周后与世长辞，他一定是带着恼怒去的。当今整个中东就像令人厌恶的失败外交，但是它的死亡不会像加林那么平静。大家都知道解决巴勒斯坦问题是解决整个问题的第一步。大家也都知道关于该问题的决议会姗姗来迟。我们甚至知道最后的决议会是什么样子的。没有人敢预料决议失败的代价。

这篇社论的开头先点明了中东和平进程存在的动荡状态，然后历数美国历届总统对这个问题做出的种种努力，最后重申问题的严重性，说明未来的不可预测性和存在的凶险。

8.4.2　英汉社论的篇章结构翻译

一般说来，英汉社论的篇幅都有些偏长，因此，在翻译社论的时候，除了可以适当采用不改变原文段落顺序的编译或摘译手法，还可以用改变原文段落顺序，重组重要信息的"译文重组"的方式。

【例1】

互助比自我牺牲更重要

从 5 月到 7 月，五个连续的台风横扫了中国的南部和中部，造成了数百人的死亡和数百间房屋的倒塌。

尽管有这些损失，但令人安慰的是相比 10 年前在更少的台风、风暴、洪水的情况下导致大量的人员伤亡，由于较好的预报，预先撤退和其他准备措施，有效减少了人员死亡。

随着救济和捐赠品的到位，灾区人民扫清废墟并开始重建家园和他们的生活。但是很多村民不能忘记那些和他们自己一样普通但牺牲生命拯救他人的那些人。

74 岁来自中国东部福建省永定村的王书献是那些人之中的一个。这个退伍老兵在滂沱大雨中救了同村的 18 个人之后精疲力竭而掉入滚滚的洪水之中。

类似地，曹严林，村集体的领导人，在 7 月 15 日，早上 7 点当他接到台风碧利斯将袭击湖南省的警报后开始敲他邻居们的门。他跑遍了村里的每一家，却不管他自己的房子，因为村后面的山开始震动他甚至恳求一些顽固的村名撤离。

他清点了人数确保了 109 位村名聚集在安全的地方。此时他的邻居提醒他说他的双胞胎儿子和他的母亲还不在这里。他飞快地跑回家，结果却和他的双胞胎儿子及他的母亲在崩塌的泥石中窒息而死。

当我们为这些英雄们哀悼并决心要努力工作以报答他们的自我牺牲时，他们的死同样给了我们令人沉思的教训。

我相信互助比个人的自我牺牲更加重要。

这中"互助"不是一个空洞的词或崇高的精神上的声明。它也不是像安德烈·大仲马的三剑客之间"人人为我，我为人人"的誓约。

这应该是一种经过严格训练的集体努力，类似于现在我们正在经历的逃离火场和在地震中寻找掩蔽处的训练。

在媒体的报道中，我们更多听到的是关于一些个人英雄的例子而非人们在面临迫近的危险时有效地组织起来相互帮助到达安全的地方。

在上面的例子里，显然没有讨论村民如何形成一个团体——或者少数强壮的男人或女人——应该如何相互合作，在紧急事件中保护他们自己的生命。

在曹严林的案例中，一个村民甚至回忆起看到曹的儿子在家里找他的爸爸，但是那位村民显然没有想到带这个孩子和他自己的家人一起去安全的地方。

除了互助之外，纪律也同样重要。如果所有的村民尽快地听从曹的指挥，他就可能有时间救回他的儿子们和他的母亲。

但可悲的是纪律性的缺乏不仅发生在农村，城市里也同样存在。

比如，当暴风雨周一袭击北京时，一段通往北京国际机场的高速公路被平均 1.2 米的水淹没，整条高速公路堵塞了 8 个小时。

机场的管理和市政水管理机构因为缺少准备而受到责备。

然而，公众忽略了一个细节：带着水泵的紧急事件处理车花了 3 个小时穿越 15 千米到达被淹区域。高速公路上的紧急通道被其他渴望脱离困境的车辆完全堵塞。

在全国范围内，经常发现机动车辆开在保留通道上，而只有在紧急情况下我们能看到这种严重违反交通规则的行为阻碍公共运作和损害公众福祉。如果有人有生命危险怎么办？

现在正是考虑这些的时候了，而且我相信发展互助和加强纪律是我们对那些为别人牺牲生命的人们最好的回报方式。

【译文】

Mutual help more vital than self-sacrifice

Five successive typhoons swept through southern and central China between May and July, killing hundreds of people and destroying hundreds of thousands of homes.

Despite the losses, there is consolation in the fact that better forecasting, pre-emptive evacuations and other preparations reduced the loss of life compared to 10 years ago when lesser typhoons, storms and floods resulted in high numbers of casualties.

As relief and donations arrive, people in disaster-stricken areas are cleaning up the debris and working out ways to rebuild their homes and lives. But many villagers cannot forget the few people—as common as themselves—who sacrificed their own lives to save others.

Among them, Cao Yanlin, a village group leader, ensured that 109 villagers were gathered in the safety area. He rushed back to his home, only to be smothered along with his twin sons and mother in a landslide.

I believe that mutual help is more important than individual's self-sacrifice.

And this "mutual help" is not an empty phrase or lofty spiritual pronouncement. Nor is it similar to the vow of "All for one, one for all," made among Alexandre Dumas' Three Musketeers.

It should be a group effort developed through serious drills, similar to the exercises we now go through to escape fire or shelter against earthquakes in urban centres.

In the case of Cao Yanlin, one villager even recalled seeing Cao's son in his home looking for his father, but that villager obviously didn't think to take this boy along with his family to the safety area.

Aside from mutual assistance, discipline is also important. If all villagers quickly heeded Cao's command, Cao might have had time to get back to his sons and mother.

But discipline is sadly lacking, not only in villages but also in cities.

Across the country, vehicles can often be seen driving in reserved lanes but only in times of emergency do we see how this serious violation of traffic regulations impedes public works and harms public welfare. What if there had been lives at stake?

It is really time we thought through all of this and I believe developing mutual assistance and enforcing discipline is the best way to pay tribute to those who sacrificed their lives for others.

在翻译这篇社论时，有些细节被删去，只留下了说明主题的重要信息，例如，74 岁的退休老兵这段略去，因为他只是其中一个例证，但保留了曹严林这个例子，因为后文中有很多处提到了这位无私的村干部，也是说明互助的重要性的最好例证。再如，暴雨袭击北京的这个例子也被删去，因为后文中提到的城市交通工具的例子也足以说明这种互助精神的缺乏不仅体现在农村，也体现在城市。因此，在翻译这篇社论的时候，基本采用了编译的手法，部分段落进行了译文重组。

【例 2】

Nuclear weapons are a very bad idea in a region cursed by instability

The new Middle East that is emerging looks very little like the one described by the zealously idealistic US President George W. Bush. Instead of witnessing the birth and growth of peaceful democracies during Bush's term in office, we have seen conflicts, wars, burgeoning popular tensions, brinkmanship and widespread instability.

But the most disturbing trend of all is what has become a nuclear race among regional states. In recent days, much attention has been paid to Iran's nuclear energy program, which many believe is merely a guise to develop a nuclear bomb. Iran has sent mixed messages to the international community about its nuclear program, and this ambiguity is certainly a cause for concern. Egypt and Turkey have indicated similar plans. The region's appetite for nuclear weaponry can be attributed at least in part to the behavior of Israel, which already has an estimated 200 warheads—and reportedly signed a deal on Wednesday to purchase submarines capable of carrying nuclear weapons.

Given the notorious instability of the region and the multiple sources—

indigenous, foreign, and various combinations of the two—of that instability—this is the last place on the planet where the deadliest armaments yet created should be present. If this is not the time to be pushing for the creation of a nuclear-free zone—from the Atlantic to South Asia—then when might that time possibly come?

Iran's current standoff with the international community may be nothing more than a ruse designed to obtain concessions. But it is viewed by many governments as an attempt to buy time for the development of nuclear weapon. Between those two perspectives lies a vast gulf with the capacity to produce dozens of different miscalculations by one or more parties. The war between Israel and Lebanon offers a convenient reminder of how easy it for such misunderstandings to spin out of control. Time is running out for this part of the world to recognize that unless it changes course, a nuclear war at some point in the future is not just an alarming possibility: It is a virtual certainty.

【译文】

不稳定地区有核武器是够糟糕的

在布什的任期里没有看到和平民主的诞生和发展，却看到了冲突、战争、紧张局势的到处萌生、边缘政策和随处可见的不稳定。

然而，在这个地区的国家中存在的最烦人的趋势是变成有核武器的民族。最近，伊朗的被认为不过是发展核弹的伪装的核能计划吸引了很多注意。埃及和土耳其也显示出有类似的计划。这个区域对核武器的爱好至少一部分归结于以色列的行为，它估计已经拥有 200 枚弹头，并且据传周三还签署了购买能携带核武器的潜艇的交易。

伊朗目前对国际社会的疏远无非是个有预谋的诡计，以获得让步。但是很多政府看来这是企图为开发核武器赢取时间。让这一地区认识到将来在某处发生一场核战争并不仅是一个令人担忧的可能，而是一个确定的事实。

这篇社论的原文不长，但其中的信息却非常丰富。这篇社论主要讲了诸如伊朗、埃及和土耳其这样的国家对核武器的开发计划，使得这一地区呈现出了不稳定的局面。因此，在翻译时，只要抓住主要信息进行摘译就可以了。译文突出了三个要点：一是这个地区的目前状况不稳定；二是不稳定的原因；三是不稳定状态将带来的危险未来。

【练习题】

1. 采用全译法翻译下列消息[A]。

油价高涨引起的机票燃油附加费

中国将调高国内航班的燃油附加费，以帮助航空公司缓解高涨的油价带来的影响，这样的做法在今年已经是第二次了。

星期五，行业调整者——中国国家民航总局总署在网上声明，从 9 月 1 日开始，800 千米以下航线，每位旅客收取的燃油附加费从现在的 30 元 (US\$3.7) 调整为 60 元 (US\$7.5)。而 800 千米以上航线，每位旅客收取的燃油附加费从 60 元调整为 100 元 (US\$12.5)。

引起这次调整的原因是，从 3 月份以来，航空燃油的价格提高了 5800 (US\$725) 多元每吨。

中国国家民航总局在上个月公布，在上半年，大陆航空公司总共损失了大约 25 亿元 (US\$310 million)，主要原因就是燃油价格的飞涨。这个数目是去年同期的四倍多。

根据拥有中国最大机群规模的中国南方航空公司报道，今年上半年的净损失为 8.35 亿元 (US\$104.4 million)，相当于去年全年的净损失。

跟去年 1335 万元 (US\$1.66 million) 的利润相比，上海航空公司在上半年净损失总共是 1.6327 亿元 (US\$20.4 million)。

在国际市场上，每桶原油 US\$70 的价格已经持续了几个星期。

分析家们预期今年价格将会继续上升。他们认为，受高油价和传统的第四季度旅游淡季的影响，航空公司的利润将会受到重创。

位于上海的东方航空公司的财政主管罗德伟说："飞机燃油价格每涨 1%，就意味这公司每年的运输成本将上升 4245 万元 (US\$5.23

million）。"

中国民航管理干部学院一位航空专家刘伟民说,航空公司大约80%的运作成本是不可控制的,航空燃油至少占了大多数国内航空公司的40%的成本。

刘说:"燃油的价格一直在上升,政府允许航空公司增加燃油附加费的措施是合理的,这样能够保护航空行业。"

然而,从长远的角度来看,航空公司应该通过提高燃油效率来消减油价飞涨带来的影响,比如节约燃油量和优化他们的网络。他说:"增加燃油附加费在一定程度上,能够在短期内弥补航空公司的损失,但是也要冒失去客户的危险。"

中国是在去年8月再次提出燃油附加费的,继当局提高燃油价格后,于4月10日提高了国内航班的燃油附加费。

那时,800千米以下航线,每位旅客收取的燃油附加费从20元（US$2.5）调整为30元；800千米以上航线,从40元（US$5）调整为60元。

胡小波,一位北京合资企业的行政管理者,经常乘坐飞机出差,他说:"我除了接受增加的燃油附加费外别无选择。因为我的工作要求我飞行来往于各个国家间。但是对于旅游者来说,他们可能会犹豫是否要搭乘飞机。"

2. 采用全译法翻译下列特写[A]。

李嘉诚将个人资产的三分之一捐赠

继美国富豪比尔·盖茨（Bill Gates）和沃伦·巴菲特（Warren Buffett）将家产捐给慈善基金会之后,78岁的亚洲首富李嘉诚（Li Ka-shing）将把至少三分之一的个人财产（估计为188亿美元,并在迅速增长）,捐赠给以他本人命名的慈善基金会。

李嘉诚昨日在出席两家旗舰企业长江实业与和记黄埔的业绩发布会时表示:"（李嘉诚）基金会是我第三个儿子。其规模将不会低于我名下财产的三分之一。"李嘉诚丧妻,育有两子。

李嘉诚在出席旗下公司业绩发布会时表示:"这个基金会是为慈善事业而成立的,家族成员或公司董事不能动用基金的一分一毫。"

李有时候被华语媒体称为"超人",他建立了作为一个精明的投资商的声誉。李通过 1967 年购买香港房地产而成为商界巨头,那时由于特定的年代,土地的价格接近于崩溃。

按照李的意思,90%的基金将会投资于香港和中国内地,虽然他已经将他的财产捐赠给了一些海外组织。

谈论到基金的运转时,李说他不会满足于随心所欲的捐赠。"不管这些项目涉及的金额是 2000 万美元、5000 万美元,还是 5 亿美元,即使是 10 亿,我都不会犹豫。"

《财富》杂志称李为世界第十大首富,他追随了一些投身于慈善事业的世界首富的脚步。比尔·盖茨和沃伦·巴菲特保证将把自己大部分的财产捐赠出来。巴菲特在 6 月份时,保证将在几年内捐 317 亿美元给比尔及梅林达·盖茨基金会,根据慈善事业编年史,这是一项历史上最大的慈善委托事项。

李嘉诚说他现在还不打算退休。

李说:"我很健康,所以我不退出。"他还说,如果有一天,他不那么能干了,他将以继续投身于基金和慈善事业的方式,来取代退休。

3. 采取全译法翻译下列社论[A]。

China's Path to Innovation—Looking Ahead to 2020

What will the world be like in 2020? I believe that it will be an exciting and dynamic place, and one in which China's economy is likely to serve as a platform for innovation globally. Why? Because the unique opportunities and challenges that China faces have the potential to become drivers for invention for the rest of the world as well. In an integrated global economy, we are likely to find many important innovations coming out of China, some led by Chinese companies and some by major multinational corporations.

The auto industry offers an example. According to a Goldman Sachs report ("The BRICS and Global Markets", October 2004), there were approximately 30 million cars on the roads in China and India in 2005. If economic growth continues as predicted, there could be as many as 750 million by 2040. Given these predictions, I see two possible scenarios: either that the growth will not happen because raw material availability and manufacturing processes cannot sustain it; or we will see dramatic innovations in terms of the design, manufacture and energy usage of cars. Will the pioneers of tomorrow be Shanghai Auto or Toyota or Volkswagen? That's hard to predict. Probably the winners in the auto industry of 2020 will include some combination of domestic and multinational companies.

Within China, some of the major areas of both challenge as well as opportunity include energy, environment, infrastructure, population density, aging, biotechnology and mobile devices. Currently, these are unique challenges and opportunities for innovation that China faces. Certainly they are vastly different, at least in terms of scale, from the challenges that Europe and the US face. But they are also phenomenal opportunities for innovation.

For instance, China has 600 million mobile phone users, the largest in the world. This is a uniquely Chinese characteristic. It also presents companies like Microsoft and Google a phenomenal opportunity to push the boundaries of technology in areas such as operating systems for the mobile device, mobile search, mobile banking, and other types of mobile data services. As Microsoft, Google and other companies develop these innovations in China, they will also be rolling them out for the rest of the world.

While current multinational incumbents—companies like Proctor & Gamble, IBM, Cisco and Nokia—that are giants today will likely remain giants in 2020, there will also be a second group of winners that will consist of newcomers from China and other emerging economies. But if these firms are to be winners in 2020, they cannot be like the Chinese companies of today. They must become the Chinese companies of tomorrow. And the Chinese company of tomorrow—indeed any successful company of tomorrow—will have to be not just a Chinese company but at the same time also a partly American company, a partly European company and a partly Indian company.

What do I mean by this? The Chinese company that is a global winner in 2020 cannot be exporting mostly out of China. It will require research and development activities in major hubs around the world—likewise with manufacturing, marketing and sales, and service activities. If the bulk of your core activities are sitting outside China, then you will no longer be a historical, traditional Chinese company.

A perfect example of a company like this is already being created in the form of Lenovo. Of course, Lenovo's roots are in China. The chairman is Chinese but his office is in North Carolina. The firm's CEO is an American but he sits in Singapore. The CFO is based in Hong Kong. And the chief marketing officer is an Indian-American and Lenovo's global marketing hub is in Bangalore.

Thus, Lenovo is simultaneously a Chinese, an American and an Indian company. This is the type of future enterprise that Chinese business leaders will have to create and that the Chinese government will need to encourage. When we talk about global Chinese companies, we are describing activities that are geographically distributed. Key managers may come from many different nationalities, separated by huge distances of time, language and cultures. Given that China has a culture that respects hierarchy and that it is a country that is relatively quite homogenous, the cultural DNA of Chinese business leaders does not naturally cultivate skills at working across diversity. This is a learning challenge that Chinese business leaders will need to overcome. China has the capital, it has the hard capabilities, but what still needs to be accumulated and cultivated are the soft capabilities to make it happen.

This is a phenomenal time for individual entrepreneurs and innovators in China. Old business models, products and processes are deteriorating at a rapid rate—and when something existing decays, something new has to take its place. Incumbent organizations are often at a disadvantage in creating something new. This gives local entrepreneurs an advantage. There is no better time to be focused on creating solutions to uniquely Chinese problems, with an eye towards rolling out these solutions to other countries and thus ultimately having an impact on the whole world.

4. 采用摘译法翻译下列特写[A]。

Japan: DPRK nuclear test would be a threat[2]

TOKYO—Japan said Friday that a nuclear test by DPRK would pose a grave threat to Northeast Asia, amid reports Tokyo is boosting surveillance of the nation after seeing vehicles entering a suspected test site.

The comments by Chief Cabinet Secretary Shinzo Abe came after Kyodo News Agency reported that the vehicles were seen in recent days at what is thought to be a nuclear testing site in northeastern DPRK.

Abe did not confirm the report, saying he could not comment on what Japan knows because of intelligence reasons, but he urged Pyongyang to return to the stalled six-nation talks on its nuclear disarmament.

"If DPRK does carry out its nuclear experience, it will pose a grave threat to the peace and security of Japan, Northeast Asia, and the international community," Abe said. "It will be absolutely unacceptable."

"DPRK's nuclear problem should be resolved peacefully through the six party talks," he added.

Kyodo, in the Thursday report, quoted an unidentified government

---

2 总主编注：已对 ST 做了词汇特殊处理。

official as saying it was unclear whether any nuclear tests by DPRK were imminent, but that Japan was closely monitoring the situation.

Japan's Foreign Ministry said that Tokyo had boosted surveillance of the area, but defense officials also refused to confirm the Kyodo report.

American media reported last week that US officials were monitoring potentially suspicious activity at a suspected underground nuclear site.

On Thursday, ROK's chief nuclear negotiator Chun Yung-woo warned that time was running out for countries seeking to persuade DPRK to disarm, but said chances of resuming international disarmament talks were slim.

Meanwhile, DPRK's army chief said Thursday his country will "do our utmost to bolster our self-defensive war deterrent, unhindered by anything," and criticized Washington for what he called a "dastardly and malicious hostile policy" toward DPRK.

DPRK regularly uses the term "war deterrent" to refer to its nuclear weapons program.

DPRK has claimed it has nuclear weapons, but hasn't performed any known test to confirm it. Many experts believe DPRK has enough radioactive material to build at least a half a dozen nuclear weapons.

Talks on DPRK's nuclear program have been deadlocked since November, when negotiators failed to make headway in implementing a September agreement in which DPRK agreed to drop its nuclear program in exchange for aid and security guarantees.

DPRK has since refused to attend the six-nation talks until Washington stops blacklisting a bank where the communist regime held accounts, a restriction imposed over alleged counterfeiting and money laundering.

Washington wants DPRK to return without condition to the talks, which involve ROK, DPRK, China, Japan, Russia and the US.

5. 采用摘译法翻译下列消息[A]。

Paramount cuts ties with Tom Cruise—WSJ

LOS ANGELES—Paramount Pictures has cut its 14-year-old ties to Tom Cruise's production company because of his off-screen behavior, the chairman of the studio's parent company told the *Wall Street Journal* on Wednesday.

The remarks by Viacom Inc. Chairman Sumner Redstone signaled the end of one of the most lucrative production deals commanded by an A-list Hollywood star and followed other signs that Cruise's stature had been damaged by his conduct during the past year.

There was no immediate comment on the Journal interview from Cruise's representatives, or from officials at Viacom and Paramount.

Although Cruise recently topped *Forbes* magazine's annual list of the world's 100 most powerful celebrities, his latest film, *Mission: Impossible III* opened in May to lower-than-expected ticket sales. Days later an opinion poll showed his star power had dimmed considerably in the eyes of the public.

Months earlier, Grey was one of several movie industry executives who publicly rallied to Cruise's defense to insist that the actor's status and popularity were undiminished.

They were reacting to a *USA Today*/Gallup poll in which half of those surveyed registered an "unfavorable" opinion of Cruise. Many cited his off-screen behavior during the past year, including his intense public discussions of his faith in Scientology, and his blunt criticism of psychiatry and actress Brooke Shield's treatment for postpartum depression.

Cruise also became the butt of jokes for his manic, couch-hopping appearance on "The Oprah Winfrey Show" last May to declare his love for actress Katie Holmes, who recently gave birth to Cruise's first biological child, a daughter named Suri.

"As much as we like him personally, we thought it was wrong to renew his deal," Redstone was quoted as saying in the *Wall Street Journal* report e-mailed to reporters. "His recent conduct has not been acceptable to Paramount."

According to the Journal, representatives for Cruise said his production company, which had been on the Paramount lot since 1992, had decided to set up a new independent operation financed by two top hedge funds, which they declined to name.

6. 采用编译法翻译下列消息[A]。

Long-suffering Lebanese deserve something better

The past few days since the cessation of hostilities in Lebanon have been yet another testament to the comeback character of the Lebanese people. Just minutes after the guns fell silent, refugees started making their way back to their homes, and began the process of rebuilding their cities and villages.

Few people around the world have endured as many wars, conflicts and tensions as the Lebanese, and even fewer have done so with such extraordinary resilience. What is most impressive is that the Lebanese always manage to bounce back from conflict, despite the fact that all the odds often seem stacked against them. Their tiny country is sandwiched between two unforgiving neighbors—the unhelpful ones in Syria and the aggressive ones in Israel—and they are continually subjected to interference and pressure from countries near and far.

But worse than these external pressures is the fact that the Lebanese are so often cheated by their own politicians, who are up to their waists in the honey jar of the state. For decades, the political elite have stolen money from the state's coffers and skimmed billions from the government's financial transactions. The Lebanese mafias which profit from the theft of hundreds of millions of dollars every year are protected by politicians in Parliament and Cabinet—politicians who are often paid compensation over and above the money that has been stolen from the citizens.

Instead of responding to the needs of their citizens, the political elite respond to the whims of their cronies, employing them in government offices and creating bloated bureaucracies that cannot meet the needs of the people. Instead of seeing themselves as public servants, Lebanon's political elite view themselves as a privileged class. Instead of acting like responsible representatives, they have dithered in addressing the people's demands—including an end to corruption, accountable leadership, a fair electoral law and an independent judiciary.

The train of the corrupt sectarian system has reached its last station. The Lebanese people, who have long endured a torturous journey to nowhere and whose resilience has been unnecessarily tested, want to take off toward a new and promising destination.

Chapter 9

新闻标题的翻译

9.1　新闻标题简述

　　在当今这个媒体爆炸的时代，电影、电视、网络和报刊无处不给人们带来信息的冲击。20 世纪 60 年代，美国新闻媒体内部及社会各界曾讨论过关于报纸和新闻杂志是否会被广播、电视替代的问题。当时的一位新闻教授作出这样的言论："报纸和杂志永远没有广播和电视那么快！但是，广播和电视也永远没有报纸和杂志那么深刻！"事实证明，从那时起至今，广播、电视和报纸杂志各自在"迅速"和"深刻"的轨道上迅跑，它们相互补充，相得益彰。更为精辟的是，美国《华盛顿邮报》资深记者小唐尼和凯泽在《美国人和他们的新闻》一书中这样写道："现在许多人说他们的新闻大多从电视而不是报纸上获知的。许多美国人误解了报纸和电视报道新闻方式的巨大差别，事实上，如果没有报纸，新闻世界会像一辆雅致的敞篷汽车，但是没有引擎。正如电视从业者所说的，电视新闻依赖于报纸，广播新闻也经常来自于报纸，政府官员和政治家都明白报纸的重要性，一旦有重要的或复杂的信息，就会向报纸记者提供。"

　　不过报纸固然有其存在的理由和必要性，但是就全世界成千上万的报纸企业而言，靠什么来获得读者呢？靠什么来吸引读者呢？重大事件几乎每家报社都会抢着报道，内容的多少、内容的可信度固然是新闻事件报道的立足之本，不过这当中，不能不提新闻标题的重要性。

　　新闻一般由标题、导语、主体组成。一篇新闻(有时)可以没有导语，但绝不可以没有标题。标题就是给读者的第一印象，好的标题会激发读者的好奇心和探索力，一般的标题则会让读者一带而过，主体内容再丰富也是枉然。实际上，在这个生活节奏不断加快的时代，人们看报的时间也是很有限的，看新闻的时候只看标题不看全文的现象非常普遍。可以说，新闻的竞争始于标题的竞争，这句话一点也没错。因此，一个好的新闻标题不仅要有高度的概括力，语言精练简洁，还要形象生动，富有感染力、鼓动力和吸引力。

中英文新闻标题有很多很好的例子，给我们留下了非常深刻的印象。例如：

● 【报道中国】

2006 年 8 月 21 日，前伊拉克总统萨达姆·侯赛因再次受审，各大报刊的新闻标题各有千秋，例如：

- Day of retribution for Kurds as Saddam stands trial for genocide 萨达姆因大屠杀受审　库尔德人迎来审判日 (*The Times*)
- As 2nd Hussein Trial Starts, Kurds Are Fixated（二审侯赛因，注焦库尔德）(*New York Times*)
- Defiant Saddam Refuses to Enter a Plea 目空一切　萨达姆拒绝认罪 (*New York Daily News*)
- Defendant: Anfal Campaign Targeted Kurds 被告罪名：发动打击库尔德的安法战役 (*New York Post*)
- Gas victims ask God to blind Saddam 毒气受害者祈求上帝惩罚萨达姆 (*Daily Star*)
- Kurds await justice as Saddam trial begins 萨达姆受审开场　库尔德等待正义 (*Guardian*)
- Saddam genocide trial opens 萨达姆大屠杀案受审开始 (*China Daily*)

由此可见，不论是中文还是英文，在新闻标题上都是力求达到真实可靠、吸引读者、提挈内容的功效。但是，由于中英文语言文化背景和新闻传统不一样，两者在词汇、结构和表现手法上必然存在很大的差异，也使中英文标题各自具备自己鲜明的特色。

9.2 中英文新闻标题的异同

9.2.1 中英文标题的词汇特点

首先，从含义上讲，中文字词比英文单词内容更加丰富一些。不

过，即便如此，中文标题也还是和英文标题一样，为了节省刊头空间，
都要尽可能地使用简短词，以达到言简意赅的目的。例如：

- Flu Fever（流感恐慌，指美国流感疫苗短缺引起的民众恐慌）
- A Window into War（窗外的战争，指一美国记者跟踪采访驻伊美
  军时透过车窗看到的情况）
- Makeover Nation（整形国度，指美国人对整形美容手术的极大兴趣）
- TRIUMPH!（胜！指美国总统布什再次赢得大选。）
- Final Cut（最后出局者，指最后一轮投票中被淘汰出局的美国总
  统候选人克里）
- Our Con Man in Iraq（在伊拉克的我们的骗子，指被说成是伊朗
  间谍的伊拉克国民大会主席沙拉比）
- Snake on a Plane（机上毒蛇，指涉嫌 10 年前杀害 6 岁的选美小
  皇后的疑犯被从曼谷遣送回美国的 Karr）
- Party Turns Tragic（聚会变悲剧，指纽约布鲁克林区一少年在与
  朋友聚会时发生冲突，杀死对方后跳楼自杀，酿成悲剧）
- No Calm after the Storm（风暴过后难安宁，指以黎双方开火以
  后，给双方带来难以平复的伤痛）
- Brawl "just a fistfight"（争吵与"斗殴"，指美国一位消防队员因
  和女友发生争吵，继而与一名警察发生互殴，导致这名警察昏
  迷不醒的事）
- "大学生保姆团"在京热
- 暑期学生整容热
- 穷光荣还是富光荣？
- 爸爸妈妈教会了我什么
- 出国了，你就是"形象大使"！
- 五驳小泉参拜诡辩

其次，在使用简短词的同时，中英文标题都会有用到缩略词的情
况。一般来说，英文的缩略词分为缩短词，如"bike"取代"bicycle"，
和首字母缩略词，如 US 取代 the United States of America。中文则用

简单的词组来表达一个繁琐的含义，但这个缩略词一定是为大众所接受的。例如：

- Egoyan <u>preps</u> for new role（preps = prepares）伊高扬准备新角色
- Gov't move encourages public fund mortgages（Gov't＝government）政府行动鼓励公众资金抵押
- Fears over Beijing Olympic rail link（rail=railway）担心北京奥运铁路干线
- Chinese entrepreneur parlays ads into riches（ads=advertisements）中国企业主押注广告致富
- Ford to add 2,000 jobs in China as 1st-qtr sales doubled（1st=first; qtr=quarter）第一季度销售额翻番，福特公司在华增设2000职位
- Biz group paves way for Hu（Biz=Business）商务团为胡铺路
- Hunt for Escaped Inmate Closes Va. Tech（Va.=Virginia; Tech=Technology）搜捕逃跑室友，弗技院关闭校园
- On the Web, Pedophiles Extend Their Reach（Web＝Website）恋童癖，网上伸出黑手
- McCain Mines Elite of G.O.P. for 2008 Team（G.O.P.= Grand Old Party 美国共和党的别称）麦卡因挖角大老党精英备战2008
- Heat, drought continue in SW China despite showers（SW＝Southwest）阵雨不减中国西南酷热干旱
- AIDS vaccine shown to be effective（AIDS＝Acquired Immure Deficiency Syndrome 艾滋病）艾滋疫苗显示有效
- Chinese firm drafts NBA's Shaq（NBA＝National Basketball Association 美国职业篮球联赛）中国企业设计NBA大鲨鱼奥尼尔球鞋
- Hong Kong elite score hot IPQs（IPQ=Individual Psychology Quality 个人心理素质）香港精英个人心理素质高
- EU warns China on hasty currency boost 2006（EU=the European Union）欧盟告诫中国谨慎2006货币急速膨胀

- Dozens of Taliban Die in Attack on NATO and Afghan Soldiers （NATO＝North Atlantic Treaty Organization 北大西洋公约组织）袭击北约及阿富汗联军，多名塔利班丧生
- I.R.S. Enlists Help in Collecting Delinquent Taxes（I.R.S.＝Internal Revenue Service 美国国税局）美国税局谋求帮助　追回拖欠税务

中文标题中出现的缩略词也同样是为公众所接受和熟悉的简短和习惯说法。例如：

- 剖析<u>民工</u>荒(民工：农民务工人员)
- 白宫高调<u>反贪</u>(反贪：反对贪污)
- 活人<u>上户</u>难，死人不<u>销户</u>(上户：登记户口。销户：注销户口)
- 三千多人争着进<u>外企</u>(外企：外资企业)
- <u>台检调</u>清查陈水扁财产流向(台检调：台湾检调部门)
- <u>发改委</u>整肃全国医药价格(发改委：国家发展和改革委员会)
- 上海电气三<u>高管</u>涉不法被查(高管：高级管理人员)
- 都想生个"<u>猪宝宝</u>" "双春闰月"新人扎堆结婚(猪宝宝：生肖属猪的宝宝)
- 因拥有股票使用手机"<u>低保户</u>"被判返还低保金(低保户：家庭人均收入低于最低生活保障标准的人员)
- <u>业主</u>自治社区自治，尚需从头学起(业主：房屋所有权人)
- 广州 23 岁少女反抗<u>飞车党</u>抢夺 23 元钱　遭重创致死(飞车党：骑摩托车飞快抢走路人财物的犯罪团伙)
- 中国"<u>留守儿童</u>"悄然成长：心理孤僻敏感　厌学弃学(留守儿童：父母一方或者双方离家在外打工的农村儿童)

还值得注意的一点是，不论中英文标题，都经常会用阿拉伯数字的形式来突出关键的信息，让人眼前一亮。

- Egyptian trains collide, killing up to 80(埃及火车相撞，80 人死亡)
- China world's 3rd food donor(中国成为世界第三大食品供应国)
- China's GDP surges by 11.3%(中国国内生产总值提高 11.3%)
- China Mobile nears $5.3B Millicom deal(中国移动接近 53 亿美元

并购 Millicom 这单生意，Millicom 是国际移动通信营运商)

- Yuan breaks key 8.0 to the dollar（人民币兑美元，跌破 8.0 线）
- 11 Suspects Are Charged in British Plot（11 嫌犯被指控参与英国班机阴谋）
- Ranking shows top 500 manufacturers（500 强制造商排位已定）
- FIVB: China sweeps Russia 3-0（国际排联赛：中国 3 比 0 狂胜俄罗斯）
- China win at FIFA U-20 champs（国际足联世界青年足球锦标赛：中国胜出）
- A 10,000-kilometer tour with gratitude（万里感恩）
- 警方首次披露 8—7 北京站劫持长途客车案处置细节（8 月 7 日）
- 北京警方 12 分钟处置一起持枪和爆炸物劫持客车案
- 北京一公司老总疯狂诈骗八千余万元被判处死缓
- 广东罗定六年建不成一座桥　500 村民过河如耍杂技
- 诈骗 8000 余万元　海南一下海经商检察官被判死缓

　　其次，中英文标题中都会使用广泛大众词语和流行语。新闻面向的读者是大众，因此，一目了然的大众词语相比于偏涩的词语更加适宜新闻标题。而网络或日常生活中的流行语，甚至典型的地方方言也会出现在标题中，以吸引读者。例如：

- 13 Tied to Sri Lankan Separatists Are Charged by U.S. With Aiding Terrorists（美国指控 13 名与斯里兰卡分裂分子有关者纵容恐怖分子。这里的"恐怖分子"可谓一个流行词）
- Let's Make a Deal（成交！商业流行语，指美国现今房产业面临的价格战）
- On the Road: Take the Liquids, but Leave the Laptops（在路上：拿走液体饮料，放下手提电脑。指英国挫败炸机阴谋后，机场安检草木皆兵。"手提电脑"是一句流行词语）
- Web Surfing in Public Places Is a Way to Court Trouble（公众场所上网冲浪惹祸端。指用无线上网或用酒店商务中心打印文件或

新世纪翻译学 R&D 系列著作

查询邮件容易泄密。"上网冲浪"是网络词语)

- The Trouble When Jane Becomes Jack(女人变男人的烦恼。指男性化女子的变性引来的是非。"Jane"和"Jack"是大众语中分指"女人"和"男人"的词)

- Don't give a place a bad name and damn it(别给了臭名还糟践。指人们对某些贫困地区的无端指责。"damn it"是句日常俗语)

- What's tame about gay marriages and euthanasia?(同性恋婚姻和安乐死的乏味在哪里？指中国人大的议程并不像人们想象的那样平淡，它也同样暗含着诸多争论。"gay"指"同性恋"也是个流行语)

- Let's take a break from long holidays(长假该歇歇了。指中国春节长假出现的交通和社会问题。这里的"take a break"是一句日常用语)

- Oath absent action turns into parody(光宣誓不行动　一场拙劣戏。指公务员必须将誓词和实际行动结合。"parody"是个时髦词，常指"戏仿")

此外，还有：

- 快餐文化 PK 掉文学名著？中学生离名著越来越远(PK：player killing，网络游戏中玩家之间的对打，名为"单挑"；也可以说 penalty kick，即足球比赛中的点球大战，往往决定胜负)

- 舒缓压力大哭让心情变好　京城白领兴起"号哭族"(号哭族：特意用大哭来缓解心里和工作压力的人)

- 北京 NEET 族素描：35%靠恋人或配偶支撑维持生活(NEET 族：Not in Education, Employment or Training 的缩写，指既没有就学，也没有工作或接受职业技能培训，而是必须依靠家人生活的青年人)

- "白日放歌"不纵酒　广西首府南宁涌现"日K族"(日K族：大白天唱卡拉 OK 的人)

- 真自律还是真作秀？公务员宣誓不当贪官惹争议(作秀：为了某

种目的而进行的表演)
- 中国首例博客告博客案开审　被告称先被骂才骂人(博客：blog 的音译,BLOG 也就是 WEB LOG 的缩写,也就是就是网络日记)
- 发生交通事故,交警不再做"娘舅"(娘舅：南方方言,指母亲这方的兄弟,是家里的靠山)
- 考研班"教父"江湖路终结(教父：原指在洗礼时做某人担保的男子,后有马里奥·普佐撰写的《教父》小说,以及由派拉蒙影业拍摄的同名电影,描述的是一段关于家族、尊敬和忠诚的故事。教父一词就代表了一个有组织的犯罪家族的首领)
- "后张保庆时代"的助学贷款靠什么力挺?(后张保庆时代：张保庆(原中国教育部副部长)退休以后的时代)
- 多方博弈　驻韩美军重新部署遇难题(博弈,即 game,指一些个人、团队或其他组织,面对一定的环境条件,在一定的规则约束下,依靠所掌握的信息,同时或先后,一次或多次,从各自允许选择的行为或策略进行选择并加以实施,并从中各自取得相应结果或收益的过程)

第三,为了使标题简洁,中英文标题都非常注重字词的省略,一般来说,系动词、助动词、冠词等都是被省略的对象,但是英文标题往往不能省略主语,所以名词是英文标题中出现比率最高的,我们甚至可以看到名词连用的现象。中文标题可以省略主语,标题中出现比率最高的是动词,甚至几个动词连用。

一、英文标题

- Duty Free Shops Closed(免税店倒闭。这里省略了系动词"are")
- Improvements We Need in Aviation Security(航空安全需要改进。这里省略了关系代词"that")
- Efforts stepped up to curb growth(逐步努力抑制发展。这里省略了"Efforts"后面的"have been")
- Seven Chinese injured in Moscow blast(莫斯科爆炸 7 华人受伤。这里省略了"injured"前面的"were")

- Japan's FM to announce bid to replace Koizumi(日本外相将宣告有意取代小泉纯一郎。这里省略了"to"前面的"is")
- 4 Texas lawmen shot(4名德州法官被枪杀。这里省略了"shot"前面的"were")
- Congo leader to face ex-rebel in runoff(刚果领导人将与前反叛分子对决竞选。这里省略了"to"前面的"is")
- Hu, Bush to boost economic, trade ties(胡锦涛和布什共同推进经济贸易合作。这里省略了"to"前面的"are")
- Working on a dream: fine wines(怀揣梦想工作着：好酒。这里用了动名词短语，省略了动词，用标点符号代替)
- China likely to take more steps to cool economy(中国可能加大措施给经济降温。这里省略了"likely"前面的"is")

二、中文标题

- 喜执黑白子　对弈在营地(无主语，动词"执"和"弈"对称连用)
- 土里被埋12分钟后获救(无主语，有两个动词"被埋"和"获救")
- 愧对白求恩(无主语)
- 放弃丰厚年薪　回到偏远山村(无主语，两个动词"放弃"和"回到")
- 提高人文含量　告别"唯GDP"发展(无主语，两个动词"提高"和"告别")
- 要美丽，不要残忍(无主语，动宾结构)
- 追问哥德堡号(无主语，动宾结构)
- 调教"问题孩子"(无主语，动宾结构)

9.2.2　中英文标题的表现手法

除了词汇上的选择以外，中英文标题在其表现形式上也有共同的特点。为了求得标题的准确、鲜明和生动，新闻工作者运用了大量的修辞手法，刻意把标题做得生动形象。有人说，标题是新闻的再创作，修辞手法运用得好，效果就大为不同。和正文中使用的修辞方式一样，中英文新闻标题也常用比喻、拟人、借代、双关、设问、反问、典故、仿词、夸张等修辞方式来达到其所需的表现力度。例如：

- CAPTAIN TERRYFIC（队长真棒。指球队队长 Terry 表现极好，获得累累战绩。Terrific 在这里既是个仿词，又是个双关，既含了队长的名字，又有 terrific 之意）
- Don't forget all people are born equal（别忘了人人生而平等。报道人权的新闻套用了美国《独立宣言》中的一句名言 "All men were created equal"，取经用典，既是仿词又是典故）
- New Firestorm（新火警风暴。指纽约布鲁克林区消防署利用特权违法停车被揭露。这里的 Firestorm 有双关的含义，一方面指消防队员乱停车，另一方面指此事被暴露引发的争论）
- No Match for Tiger（泰格打遍天下无敌手。这里的 Tiger 是个双关词，既指高尔夫球手泰格战绩赫赫，又指他势头猛如虎，在球场称霸）
- What's in a name? Quite a lot, actually（名字里有什么名堂？多着呢。这是个设问的标题）
- Why We Don't Prepare for Disaster（面对灾难，我们为什么没准备？反问）
- How Much Risk Will We Take?（我们经得起多少危险？这是个反问句，针对英国炸机阴谋的讨论）
- Confidence sky-high in soaring Shanghai（飞速发展的上海 日益高昂的自信。夸张地形容自信用 "sky-high"）
- Crowds flock to see gods "drink"（人群蜂拥看神像 "喝奶"。这里指的是印度信徒涌至神庙供奉牛奶，相信神像会把它们喝掉。"flock" 一词在这里就是个比喻的用法）
- Oil brings cash and a new reality to Gulf（石油带给海湾财富和新面貌。这里用拟人的手法来形容石油）
- The Republicans now control the House（共和党重新控制众议院。这里的 the House 可以理解为借代，它既不指英国的上下议

院，也不指白宫，而是指美国国会众议院）

- 桑拿天热得难熬　今夏沪人重拾户外纳凉传统旧习（桑拿天借代让人热得汗流浃背的天气，这里用桑拿替代酷热，是借代的手法）
- 卡拉能否 OK？（这里的 OK 是双关词。Karaoke 就是卡拉 OK 的原文词。OK 在英文中又有"好，行得通，很棒"的意思。这里指中国的卡拉 OK 业面临支付版权费用的事，一个简单的"OK"蕴含了两重意思，而这里着重的是后者）
- 侏儒杀手"桑美"（这里的"侏儒"和"杀手"都是比喻的手法。"桑美"台风造成了人民生命和财产巨大的损失，从气象学上来说，它的云柱高度只是个"小个子"，但从威力上讲，它却破坏力极强）
- 挖个大坑往下跳（这里是夸张的手法，指在中意男篮之战中，自掘坟墓）
- 后舍男生：比禽流感流行得还快（这是夸张的手法。后舍男生这个音乐组合很受大众欢迎，用"禽流感"来形容他们的流行度）
- 小坑村需要我雪中送炭（"雪中送炭"是指在他人急需时给以及时的帮助在，出自"只有锦上添花，那有血中送炭"的典故，这里报道一名海归人士回国建设的事）
- "煮妇"集体大逃亡　高温下南京人的"小资情结"（"煮妇"仿词"主妇"）
- 举头望明月，我叫郭德纲（原句的"举头望明月，低头思故乡"在这里被仿词）
- 保险业的银行冲动（拟人，用"冲动"形容保险业涉足银行业的现象）
- 车市掀翻醋坛子（拟人，用"掀翻醋坛子"形容某市两家汽车公司之间因一洋姑娘介入后发生的一种激烈的特殊竞争关系）
- 当代艺术品，火得就像房价（比喻，用"房价"的攀升不跌比喻艺术品的高价）
- 濮存昕：跳进"人艺"这锅粥（比喻，用"这锅粥"比喻"人艺"

这个单位)
- 央视新诗会,诗歌界的"春晚"(借代,用"春晚"显示"央视新诗会的重要性和影响力")
- 股市是中国经济的良方吗?(反问)
- (副题)喝酒脸红酒量大,还是脸白酒量大? 两个都不大
  (主题)脸孔通红还出汗的酒量最大(设问)

相比较于英汉新闻正文中出现的修辞手法,英汉新闻标题还有一些比较特别的修辞,它们在正文中出现的不多,起到的效果在标题中更加强烈一些,如映衬和感叹。

映衬是指将相反或相排斥的事物来相互映衬的修辞格。标题中把两个对立的事物或一个事物的不同方面加以比较叙述或说明,可以增强语言的鲜明性,收到烘云托月之效。值得说明的是,英文的映衬和中文的映衬相比,要自由一些,不像中文那样讲求工整。例如:

- Farewell noxious nasal spray. Hello chicken dansak with poppadums (告别有毒喷雾,拥抱美味鸡肉。这里的 Farewell 和 Hello 就是一对反义概念,spray 和 chicken 虽然不是反义词,但从意思上可以看出两者是治疗同一疾病的不同方法。这里的映衬手法,明显可以看出作者的倾向性)
- People hate corruption, not wealth(恨的是腐败,不是财富。这里的映衬也同样是事物的两个方面)
- Let sages enrich us, not polarize us (让圣贤充实我们的思想,不是分裂我们。这里的映衬由"enrich"和"polarize"这两个在本句中相反概念的词完成)
- 国民遇难海里挣扎　首相挥汗球场尽兴(这个映衬手法体现了同一时刻不同人群的截然相反的处境)
- 剽窃风波的背后:是重大突破还是学术泡沫?(用学术剽窃这个大背景来看重大突破和学术泡沫,起到了明显的映衬效果)

感叹指深沉的思想或猛烈的感情,用一种呼声或类似于呼声的词句表达出来。例如:

- Oops! Pete's otherwise engaged（唉，佩迪结不成婚了！这里指本打算结婚的佩迪因涉嫌毒品买卖而不能举行婚礼）
- Long live the newspaper in a digital age（数字时代的报纸，万岁！这里指报纸在当今网络和视觉冲击下的重要作用）
- Mamma Mia! Twins are reunited 12,000 miles from home（天啊！离家12000英里，双胞胎相聚。这里指双胞胎兄弟自小分离，后他乡偶遇的事）
- 他是写歌词的方文山啊！
- 河北钢铁业：大鱼吃小鱼，难哪！
- 瞧，他能把你"摆"成什么样！

跟英汉新闻正文中出现的修辞特点一样，英汉所特有的修辞手法在标题制作上也多有体现。除了对偶在汉语新闻标题中经常出现以外，有时汉语标题还会出现相对复杂的复叠和回文修辞，这些都会让标题看起来赏心悦目，读起来琅琅上口，会有意想不到的效果。英语新闻标题还大多会体现出头韵、尾韵和类韵等修辞方式。例如：

- 老百姓先推选　党组织再定人（对偶）
- 李泽楷套现博弈网通　田溯宁居中化解风波（对偶）
- 放大的离婚之刀，忽略的失地之苦（对偶）
- （副题）奏时代声　唱国际音
  （主题）西湖之夏音乐节盛大开幕
- 童声乐声掌声声声悦耳　少年青年老年个个欢欣（复叠）
- 春晚变变变（复叠）
- 猪多肥多　肥多粮多　粮多猪多（回文）
- Hillary Gets Ready to Run（希拉里备战大选。头韵）
- Sicko Had Dreams of Dabbling in Day Care（那个坏蛋曾有开托儿园的梦想。头韵，这个"坏蛋"指的是涉嫌10年前杀害6岁选美小皇后的Karr）
- Tom's Terrific（汤姆真棒。头韵）
- Itsy Betsy Job（贝茜干的活。尾韵）

- New Slate Turns Blank For Frank（弗兰克重新洗牌。尾韵，指曾经的银行家弗兰克东山再起）
- Nuke Crisis at Boiling Point（核危机达到沸点。类韵，指伊朗在核问题上的强硬态度引起的冲突沸点）
- Green Giant Takes Shape（新巨头诞生。类韵，指一个新集团成立）

9.2.3 中英文标题中的标点符号

中英文标题一般都会使用标点符号来补充信息，例如逗号、冒号和感叹号都是用来间隔信息和强调情感的。但是，由于语言习惯的不一样，中英文标题中使用的相同的标点符号会有不一样的表达效果。问号和破折号在中文标题中的表达力度比在英文标题中的表达力度要强烈得多。例如：

- Bush's Vow on Iraq: No Defeat, No Surrender（布什就伊拉克立誓：没有战败，没有投降）
- Win, Or Go Home（要么胜利，要么回家）
- Listening to Moynihan, at Last（最后还是听默尼汉吧。默尼汉是曾质疑福利改革立法的议员）
- Friends for Life, Today and Then（今天昨天　生命之友）
- Teen Choices: Sex, Drugs, Bad Rock（少年选择：性、毒、摇滚）
- 斗哀兵，绿城求胜
- 公平，不能以价格衡量
- 爱的信徒，边走边唱
- 长沙艺人，一统两个江湖
- Teen Saves 5 From Fire!（少女火场救 5 人！）
- No mercy for Rev!（对神父也不留情！一名神父因忙着给一位将死的妇女做最后祷告而违法停车，警方未对其留情。）
- Ka-Broom!
- 杨阳："我不服气！"
- "可怜的荷尔德林！"

- 日本投降了！
- "市话清单"问题该解决了！
- Israel: No plans to end Lebanon blockade（以色列：没有计划结束对黎巴嫩的封锁。冒号表示援引以色列的说法）
- Iran: Response will clear path for talks（伊朗：回应会为会谈扫除障碍。冒号表示援引伊朗的发言）
- 肖全：向美丽女人示爱（冒号表示信息出处）
- 刘晏：利国利民，官商并用（冒号表示信息出处）
- 每吨 0.80 元：我国城镇年内全部开征污水处理费（冒号表示具体说明）
- Another monopoly in the making?（有一个正在形成的垄断？问号表示疑问）
- What's wrong with an office dress code?（办公室着装规定怎么了？问号表示不解）
- Can tougher rules end disasters?（严规能结束灾难吗？问号表示困惑）
- 波普？油画？花样水墨（问号表明选择性）
- "你是人民的公仆，还是人民的老爷？"（问号既表示选择性，有表示一种质问）
- 白求恩最恨什么？（问号表示一种引起读者好奇心的发问）
- 破产了，谁来保护我们？（问号表达出一种弱势的寻求依靠和答案的语气）
- 飞机为乘客发"劫机工具"？（问号表示一种不相信的语气）
- （主题）Living in Amsterdam（住在阿姆斯特丹）
  （副题）—The Best Way to See a City（——观赏这座城市最好的方法）（这里的破折号替代系动词 is）
- （主题）Israel deliberately hit civilian targets（以色列故意打击平民目标）
  （副题）—Amnesty（——大赦国际人权组织）（这里的破折号替代介词词组 according to）

- （主题）该不该拆分国家电网？

  （副题）——电力专家号脉下一轮电力改革（引出具体实例）
- （主题）以色列的不安全感是第一位的

  （副题）——专访以驻华大使海逸达博士（引出专家看法）
- （主题）"真正的狩猎者是热爱自然的"

  （副题）——专访美国中部狩猎协会执行经理约翰文策尔（引出主题的出处）

　　另外，由于语言习惯和用法的不同，中英文标题中也有各自特有的标点符号，来体现不同的语言特色。中文标题会出现双引号、省略号、间隔号、书名号、括号，英文标题会有单引号（美国英语中一般用双引号）、斜线符号、连字符和所有格符号。例如：

- 女副市长"大刀"砍向高药价（表示一种比喻）
- 副省长退休当"农民"（表示强调）
- 把省部级官员"推上"电视（表示强调）
- 调教"问题孩子"（表示强调）
- 耶稣是……（省略号引起读者兴趣：耶稣众所皆知，文章的观点是什么呢？）
- （引题）两个中国小女孩被两个美国家庭各自领养，彼此相距2000公里

  （主题）人生总是充满奇迹，她们竟然是……（省略号引起读者对下文的好奇心）
- （引题）高架桥上纳凉真危险

  （主题）万一翻个身……（省略号避免说出那个可怕的后果，起到隐晦，又让读者思考的作用）
- 印象·天域——西藏之行（间隔号说明西藏之行中要提到的两个要点）
- 西望创业路·是什么阻挡浙江大学生西行的脚步？（间隔号说明前者是系列报道的主题，后者是系列报道之一）
- 8·22：伊朗婉拒六国方案（间隔号起到分隔月日的作用）

- 《品三国(上)》卖断档了(书名号、括号)
- 《大旗》剧组向公众道歉(书名号)
- 《毛主席去安源》的幕后风波与历史真实(书名号)
- Pardons for executed soldiers 'nonsense' (对处死的士兵道歉：不可能。单引号表示引用官方对此的回答。)
- McGuinty named 'personality of year' (马克奎因获称 "年度人物"。单引号表示强调)
- Katrina recovery has 'gross inequalities' (卡特林娜灾后救助有 "贫富悬殊。单引号表示引用的话)
- Time to downsize Rudy 9/11 myth (揭开鲁迪 911 神秘面纱。指纽约市长鲁迪利用 911 事件为自己谋求声名的报道。英文中常用 "/" 来区分月日，并用在标题中)
- For Asia-based staff, a 24-hour workday (亚洲区职员　一天工作 24 小时。指因时区误差引起分派在亚洲区工作的美国职员不得不 24 小时待命。连字符表示时间)
- Iran tests short-range missile (伊朗试发短程导弹。连字符连接形容词和名词)
- Ex-Pre. Ford receives pacemaker (前总统福特获和平奖。连字符连接前缀)
- India's cellphone boom may lose charge (印度手机发展可能失控。所有格符号)
- World's oldest person celebrates 115th birthday (世界最长寿的老人庆祝 115 岁生日。所有格符号)

9.2.4　英文标题的结构

新闻标题一般为一行，有时两行或三行，通常的结构由引题、主题、副题等组合而成。英文标题通常较短，主要的英美报刊都喜欢单用主题作为标题，而有些地方性新闻报刊有时会使用引题+主题或主题+副题来组成标题，例如：

- （主题）All 170 killed in Russian plane crash（俄罗斯空难 170 人死亡）
- （主题）Iran spurns deal on nuclear impasse（伊朗拒绝打破核僵局）
  （副题）Iran has rejected an international package of incentives designed to stop it developing a nuclear bomb（伊朗已经拒绝了旨在停止其发展核弹的国际意见）
- （引题）Ready for "Serious Negotiations"（做好"郑重商谈"准备）
  （主题）Iran Wants to Talk but Keep Nuke Program（伊朗愿意商谈，同时继续核计划）

中文的标题结构形式比英文的标题结构更加丰富一些，除了主题、主题+副题、引题+主题以外，还常可以看到引题+主题+副题的结构，而且，越是重要新闻事件，引题、主题和副题同时出现的比率越大。例如：

- （主题）宝贝不哭　明年再来（民工子女返乡上学时与父母告别的伤感场面）
- （主题）小河直街将再现运河老码头风貌
  （副题）恢复老店面、老字号　机动车、非机动车禁行
- （引题）半个月结对 10000 人
  （主题）宁波市争抢贵州贫困生
- （引题）强者有霸道　弱者有谋略
  （主题）伊朗最后摊牌大打太极拳
  （副题）《纽约时报》：制裁伊朗会导致美国盟友分化

9.3　中英文新闻标题的翻译

由于中英文标题有各自的特点，因此，在翻译中英文标题时，在准确理解标题的基础上，力求保持标题的本来面目就显得更加有必要，既要考虑两者的差异，又要兼顾译入语的表达习惯。

一般来说，英文标题相比于中文标题更加朴实平淡一些，汉语语

言的丰富性决定了汉语标题的多彩性。而且，汉语标题喜欢重点交代事件发生的人、地、时、事、果，而英文标题则更加隐晦一些。因此，在译英汉标题的时候，可以根据正确的理解，采用直译或意译的手法，通过增减词来利于译入语读者的理解。另外，在适当的时候，还可以利用改变句式和标点等技巧使翻译达到最好的效果。

就新闻标题的汉译英而言，值得一提的是英文首字母大写的规范问题。建议读者参照 *Merriam-Webster's Guide to Punctuation and Style* 及有关语法书，注意 Capitalization 部分的详细规则。简而言之，英文新闻标题的大写有两类现象：一是第一个单词的首字母大写，其余均小写(本身必须大写的除外，如专有名词等)；二是实词首字母大写、部分介词首字母大写等。但务必注意英文中的习惯用法，切忌一刀切。

9.3.1　直　译

当英汉新闻标题的表达方式完全或基本相同时，可采用直译或基本直译的手法。

- Draft law backs right to private property 律法草案保护私人财产(基本直译)
- Chinese, Vietnamese leaders hold talks 中越领导人举行会谈(直译)
- Don't look down on city's "slums"不要小看城中"贫民区"(直译)
- Business opportunities attract talent 商机引来人才(直译)
- Private sector remains HK's driving force 私营企业仍是香港主力(直译)
- Examine ties between gov't and business 检视政府与企业关系(基本直译)
- NATO warplanes kill 11 Taliban in Afghanistan 北约战机击毙阿富汗 11 塔利班成员(直译)
- 穷光荣还是富光荣? Poverty and Prosperity, Which Is Glorious?(基本直译)
- 五驳小泉参拜诡辩 Five Retorts against Koizumi's Sophism on His

Visit to Yasukuni Shrine（基本直译，添加了靖国神社一词，使意思更加清楚）

- 剖析民工荒 On the Lack of Folk Workers（基本直译）
- 三千多人争着进外企 Over 3,000 Struggling for Foreign Enterprises（直译）
- 发改委整肃全国医药价格 NDRC Neaten Medicine Prices Over the Country（基本直译）
- 台检调清查陈水扁财产流向 TII to Check Chen Shuibian's Flow of Property（基本直译）
- 80 后，结婚啦 Those Born-after-1980 Get Married（基本直译）
- 愧对白求恩 Ashamed to Face Bethune（直译）
- 要美丽，不要残忍 For Beauty, Not for Cruelty（直译）

9.3.2 意 译

当英汉新闻标题直译无法准确地概括新闻内容，且显得生硬可笑，不符合译入语的习惯时，可采用意译。

- Fame addicts scorn public social norms 一心要出名　传统抛脑后（意译更符合中文习惯）
- Chinese football fans face long wait for glory 中国足球让我心碎（意译表达文中情感）
- Name of rose 芳名（意译表示文中意思）
- All she wants is a packet of green tea 悠悠思乡情（意译表达文章重点）
- Terrorism: let's do the maths 反恐代价（意译表达文章主题）
- Universities have right to manage visitors 大学有权对游客说不（根据原文意思意译）
- 都想生个"猪宝宝"　"双春闰月"新人扎堆结婚 Best time for marriage　Best time for baby（意译点名文章的实际内容）
- 中国"留守儿童"悄然成长：心理孤僻敏感　厌学弃学 With

Parents away, Rural Children Lonely, Sensitive, and Weary(意译指出原文要点)

● 发生交通事故，交警不再做"娘舅"No Call Traffic Police for Accidents Checkup(意译指出原文真实含义)

● 考研班"教父"江湖路终结 The End of Bloody Combat(意译指出文章的要点)

● 调教"问题孩子"Help for Children Astray(意译点出文章真实用意)

● 河北钢铁业：大鱼吃小鱼，难哪！Hebei Steel Industry Dilemma(意译指出文章的核心问题)

9.3.3　句式的变换

由于英汉新闻标题有着各自不同的句式特点，在进行翻译的时候，不要拘泥于原文的句式，要了解各自的句式特点和习惯，进行适当的句式转换。

● Drive to oust Chen reaches 1m backers 百万"倒扁"(原文的句子转换成短语)

● China downs Senegal 100-83 to earn first win　100：83：中国首场赢塞内加尔(原文的句子转换成突出比分的句式)

● Are big-box stores truly a blessing? 大型商场不是福(原文的疑问句转换成陈述句)

● Violence tests Israel-Lebanon ceasefire 以黎停火能坚持多久？(根据原文含意，将陈述句改成疑问句)

● Little for Hong Kong to learn from Singapore 香港学新加坡，有必要吗？(短语转换成疑问句)

● Taking taxis in big cities causes major headaches 都市打车，难哪！(陈述句转换成感叹句)

● Ageing society to dull China's labour edge 老龄化社会将使中国劳力失去优势(短语转换成句子)

- Severely punish those who wilfully break laws 肆意违法者，必当严惩！（动词词组转换成语气强烈的感叹句）
- Flight recorders from Russia crash found 俄罗斯空难的黑匣子找到了！（原文的名词+分词结构转换成句子）
- US marines to recall troops to active duty 美国海军要招兵服役（词组转换成句子）
- Don't go soft on offenders who profit from crime 严厉打击犯罪谋利（原文的否定转换成肯定的命令式）
- Money can buy service but never remembrance 钱买得来服务，买得来回忆吗？（陈述句转换成疑问句）
- 出国了，你就是"形象大使"！ When Abroad, You Stand for "China"!（动词短语转换成关系副词+形容词结构）
- 活人上户难，死人不销户 Permanent Residence Registration: Nightmare to both the Living and the Dead（并列句转换成名词短语）
- 上海电气三高管涉不法被查 Three Senior Executives Checked for Illegal Behavior（句子转换成名词+分词结构）
- 业主自治社区自治，尚需从头学起 Autonomy of Owner Community Starting from ABC（两个句子转换成一个短语）
- 广州23岁少女反抗飞车党抢夺23元钱　遭重创致死 Girl of 23 in Guangzhou dead for keeping 23 yuan from robbers（句子转换成短语）
- 广东罗定六年建不成一座桥　500村民过河如耍杂技 No Bridge over River in 6 Years: 500 Villagers Jugglers（句子转换成名词短语）
- 诈骗8000余万元　海南一下海经商检察官被判死缓 Obtaining over 80 Million Yuan, Ex-Procurator Sentenced to Stay of Execution（句子变成短语）
- 北京警方12分钟处置一起持枪和爆炸物劫持客车案 Beijing Police 12-minute Settlement of Bus-hijacking with Guns and Explosives（句子变成名词连用短语）

9.3.4 修辞的变换

英汉修辞手法的不完全对应，必然让同一修辞也难以做到直接的转换。因此，在进行英汉新闻标题的互译时，要注意在理解原文的基础上，采用意译手法，或根据译入语的语言习惯更换修辞手法。尤其是在进行英文标题的汉译时，可利用汉语的四字格成语和文言文的用法，使标题更加简洁明了。例如：

- Watchdog will be free to bite hand that feeds 监管部门对贿赂说不！(原文中的"Watchdog"和"bite"都有比喻的修辞，译成中文不能直译，只能转换修辞为意译)
- Cruise Axed 克鲁斯遭解约(原文用了夸张的"axe"来形容演员克鲁斯与东家解约的情况，译成中文只可意译)
- Rosy Report Adds up to Nonsense 桃色新闻纯属无稽之谈(基本直译，"rosy"译成了"桃色"，把原文的无修辞句转换成有比喻修辞的句子)
- Broom and Gloom for a Bad "Boy" 为你疯狂为你忧(原文中的尾韵在中文中无法体现，只有根据原文意思改成一句流行语。这里的 bad boy 指的是一个忧郁摇滚乐歌手，因此，用"为你疯狂为你忧"的表达还是比较确切的)
- 桑拿天热得难熬　今夏沪人重拾户外纳凉传统旧习 Scorching Hot: Shanghaiese Go Back to Cool Outdoors(原先的借代转换成比喻)
- 挖个大坑往下跳 Great Depression(原先的夸张转换成意译的词组)
- 后舍男生：比禽流感流行得还快 Moto Twins: Popular Group(原先的夸张转换成无修辞的意译)
- "煮妇"集体大逃亡　高温下南京人的"小资情结"Dining out Not in: Hot Nanjing Cool Kitchen(原先的仿词修辞没有了，转换成一个映衬)
- 举头望明月，我叫郭德纲 My Name is Guo Degang(原先的仿词转换成一句平白的句子)

- 保险业的银行冲动 Insurance and Banking（原先的拟人手法转换成平白的句子）
- 濮存昕：跳进"人艺"这锅粥 Pu Cunxin: Involved in People's Art Troupe（原先的比喻去除，直言要点）
- 当代艺术品，火得就像房价 Modern Art: as Dear as House（比喻转换成直译）
- 央视新诗会，诗歌界的"春晚" Party of Fresh Poems by CCTV, All Attention Paid（原先的借代转换成直译）
- 小坑村需要我雪中送炭 Xiaokeng Village in Bad Need of Me（原先的典故只能转换成意译）
- 春晚变变变 The Changing Evening Party of Spring Festival（原先的复叠转换成一般句式）

9.3.5 标点的增减和转换

英汉新闻标题中出现的标点符号，在翻译的时候可以根据需要进行转换，有时也可以增减。另外，在必要的时候，为了表达力度的清晰和强烈，可以在原文没有标点符号的情况下，增加适当的标点，以使译文符合译入语的习惯。

- Hong Kong remains key to mainland's bright future 香港：内地美好未来的重中之重（增加冒号，表示强调）
- Help rural students get education 助学农村学子！（增加感叹号的基本直译，使语气更强）
- Winning medals or winning hearts 要奖牌，还是要民心？（增加逗号和问号，使语气更强）
- Spotlight on real China is not offensive 聚光本色中国不好吗？（增加问号，将原文的否定句改成疑问句，加强语气）
- 白宫高调反贪 The White House: Anti-Corruption Claim（加冒号使信息内容更加清楚）
- 警方首次披露 8-7 北京站劫持长途客车案处置细节 Details about

Settlement on August 7 bus-hijacking in Beijing（将原来的 8-7 变成符合英文习惯的表达）

● 侏儒杀手"桑美"Sangmei: Dwarf Killer（引号变成冒号）

● 公平,不能以价格衡量 Justice: Not Weighed by Price 逗号变成冒号)

● 副省长退休当"农民"Retired Chief Executive as 'farmer'（双引号变成单引号，但也完全可以保留双引号。这是一个用法和风格的问题)

● 耶稣是⋯⋯ What can be said about Jesus?（去除省略号变成一个句子)

● "大学生保姆团"在京热 Academician Babysitter: Hot in Peking（双引号变成冒号)

【练习题】

翻译下列新闻标题,并说明你采用的翻译技巧以及采用该技巧产生的效果[C]-[A]。

1. Branding or advertising?

2. Hydropower accident kills seven in SW China province

3. Official: China's poverty line too low

4. Protecting the environment begins at home

5. Freedom from fear encourages spending

6. Girl offers good example for us all

7. The Deeper the Downturn, The Quicker the Recovery

8. （引题）高架桥上纳凉真危险　（主题）万一翻个身

9. 8·22：伊朗婉拒六国方案

10. 《大旗》剧组向公众道歉

11. 快餐文化 PK 掉文学名著？中学生离名著越来越远

12. 真自律还是真作秀？公务员宣誓不当贪官惹争议

13. "后张保庆时代"的助学贷款靠什么力挺？

14. 土里被埋 12 分钟后获救
15. 放弃丰厚年薪　回到偏远山村
16. 剽窃风波的背后：是重大突破还是学术泡沫？
17. 瞧，他能把你"摆"成什么样！
18. 童声乐声掌声声声悦耳　少年青年老年个个欢欣
19. 猪多肥多　肥多粮多　粮多猪多
20. 女副市长"大刀"砍向高药价

Chapter 10

新闻语体、文体与翻译

10.1　新闻语体和文体简述

10.1.1　语　体

　　汉语中有"语体"和"文体"之说，其定义不同。前者的定义是："语言为适应不同的交际需要（内容、目的、对象、场合、方式等）而形成的具有不同风格特点的表达形式。通常分为口语语体和书面语体。"[1] 而书面语体又可以分为政论语体、科技语体、文艺语体、新闻语体、公文事务语体等。

　　语体就是指以语言交际功能为标准建立的一种语言风格类型与规范，是为适应不同交际需要的语言表达体系。一种语体要经历一个相当长的发展过程才能形成。

　　新闻语体指以客观、精确、简洁为特征的报纸新闻（暂涉及狭义上的消息，不含广播电视新闻语体等）的语言形式。通用书面词语是新闻造词的主体。其中报刊新闻和通讯社新闻稿的语体，是现代汉语书面语体。新闻语体要素则是语体的不同特点和不同语体色彩，两者都通过语音、词汇、语法、修辞方式、篇章结构等语言因素，以及一些伴随语言的非语言因素具体表现出来。新闻语体的语言特征包括叙述性、准确性、接近性、通俗性等。从历史角度看，中国新闻语体脱胎于文学语体，所以，即使在新闻语体形成自己独特的风格与规范后，仍有大量的新闻作品摆脱不了文学化、文艺化的倾向。但跟文学语体比较，新闻语体的用词朴实无华，句子短小精悍，内涵相对单纯。

　　由于汉英语言在思维方式、语言表达、语义信息等方面存在差异，在英语中似乎还没有一个与语体完全对应的术语。据笔者之主观判断，似乎可以在不同的语境分别用 register, speech variety, genre, style, the

---

1　参见《现代汉语词典（第 5 版）》（商务印书馆，2005）第 1665 页。

type of writing 等来表述。

10.1.2　文　体

　　汉语中的"文体"指文章的体裁和风格(文娱体育不是本书的讨论范围)。它通常指由于交际环境、交际目的的不同，而逐步相对稳定下来的篇章结构及言语总体格调。作为特定的程式，它既可以成为学科理论体系中的重要关注对象，又能为人们的应用提供最为切实的规则范例。与其对应的英文是 literary form 和 style。

　　英语的文体(style)来自于拉丁语 stilus，原指古代一种用金属或骨头制作的在蜡板上写字而用的工具。style 的词义随着时间而逐渐扩大，当今这个词有了二十多个词义，对它与语言的联系人们也理解不一：有些人认为 style 是风格，即一个时代、一个民族，一个流派或一个人的作品所表现的主要的思想特点和艺术特点，它包括了语篇体裁的语言特征；也有些人将它理解为文体，狭义上的文体是指文学文体，而广义上的是指包括文学文体在内的各种语言变体。对文体的理解远不止这些，因为涉及语文学和语言学的问题，以及不同的流派，因而要研究新闻文体，需先确定新闻文体的范畴。

　　狭义的新闻文体是指新闻报道，而广义的新闻文体则涉及报刊杂志上登的各类文章。虽然报刊杂志上的文章种类多样，包括社论、时事报道、特写、专栏文章、评论、气象预报、广告等，而本章将主要从新闻报道中篇章的整体特色和语言特点这个层面来分析其文体特征。

　　新闻结构千姿百态，但通常由三部分即标题、导语、正文组成，英美报刊的段落大概由 60 多个单词组成。他们的报纸注意句子结构和遣词造句，尽可能采用简洁明了的动宾结构的句子。像美国的《时代》周刊、《纽约时报》都规定，尽可能采用短句，每句一般都在 16—18 个英文单词之间。一个句子只能是一个事实，并使事实具体、形象、有色彩。美国新闻学家米切尔·查恩利在他所著的《新闻报道》(*Reporting*)中说："新闻的生动性如果不是新闻的肉至少是其调料；它的声音，它的颜色，它的气味，它的形状。它是情绪，是环境，是气

氛，是周围人。"(陈明瑶，2006：10)

新闻文体的划分，根据各类文章的"纪实性"(factualness)即某类文章包含的"事实"(fact)或"消息"(information)，可分成三个梯级。第一个梯级是新闻电讯和报道(news reporting)，或者是纯硬性新闻(pure hard news)，"纪实性"最强。第三个梯级为纯软性新闻(pure soft news)，"纪实性"最弱，"娱乐性"(entertainment)最强。中间梯级范围最广，既有"纪实性"又有"娱乐性"，统称为"特写"(feature articles)(刘宓庆，1998：1)。

10.2 纯硬新闻

西方新闻学中的硬新闻(hard news)是一种强调时间性和重大性的动态消息。

在文体上，硬新闻的典型标志是倒金字塔方式，一般采用概括式导语，又称硬导语，它要求开门见山，一事一报，一语中的，简洁明快。以事实为叙述的主干，结构多采用"倒金字塔"式(the inverted pyramid form)。

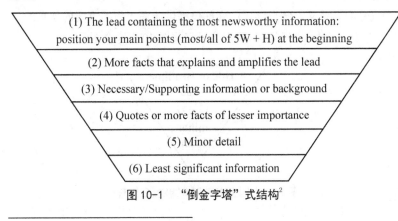

图 10-1　"倒金字塔"式结构[2]

---

2 总主编根据西方新闻写作规范进行了阐释，并对一则英语硬新闻做了新闻的结构特征分析。

在此我们以硬新闻的一种——消息——为例，详细分析一下它的基本结构(含部分写作要点)。

(1)消息报道中的导语十分重要，它是一则消息中最"抓人"的信息，位于第一段(或前两段)。通过它点出新闻的主题，这是消息这种新闻文体区别于其他文体的一个重要特征。五个 W 和一个 H(when + where + who + what + why 和 how)是构成一则完整的消息不可缺少的要素。导语中通常要包含这"6 要素"(5W + H)，起码是其中大多数要素。导语最好是一段(一句)，短小精悍，文字为二三十个单词(短的只有十几个)。导语有十几种类型，常用的也有五六种，此处主要涉及"看门见山"一类。

(2)此段应为导语的扩展、解释部分。所提供的各种信息，均以事实的重要性递减的顺序来安排(in the order of descending importance)材料。

(3)此段提供必要的/辅助性信息，可能是 background detail，也可能是 technical detail。有时消息短，这段可以省略。

(4)引语或其他次重要的信息，通常会处于这个位置。

(5)如果这则消息还有必要提供额外(additional)的细节，可以安排在此位置。

(6)顾名思义，倒金字塔的底部仅提供所谓"最不重要的信息"。

为了让读者一目了然，我们可以记住图 10-2 这个图示。

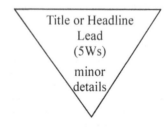

图 10-2　倒金字塔基本结构(含标题)

下面来看纯硬新闻的一篇实例。该实例客观简明的叙述体现了这种新闻文体的特点。

【例1】

US Missile Targets Iraqi Radar Site

(1) WASHINGTON: A United States Air Force F-16 fighter plane fired a missile at an Iraqi radar site after the jet was tracked electronically while in the "no-fly" zone over southern Iraq, the Pentagon said yesterday.

(2) But the White House, explaining a long delay in announcing the strike, said it was unclear whether Iraqi radar has "locked on" to the plane on Saturday.

(3) A Pentagon spokesman said the F-16 returned safely to its base in Saudi Arabia. It was not immediately known if the Iraqi site was damaged. The spokesman, confirming the strike about 18 hours after it occurred, said an investigation was under way. Iraq denied any such incident had taken place.

(4) White House press secretary Mr. Mike McCurry, traveling in Florida with the US President, said Mr. Clinton had been briefed early on Saturday about the incident by a member of the National Security Council staff.

(5) "There are no indications of changes in the status of anti-missile deployment" by Iraq, Mr. McCurry said. He referred reporters to the Pentagon for further details.

(6) The Pentagon spokesman read from a statement that said the F-16 "fired a HARM (high-speed anti-radiation missile) at a radar site in southern Iraq after the aircraft was illuminated during a routine Southern Watch Mission".

(7) The incident was first reported by *The Washington Times*. Only then was it acknowledged by the Pentagon and the White House.

(8) Mr. McCurry denied that the delay was designed to protect Mr. Clinton from political fallout just before this week's presidential election. But he struggled to explain why the incident had not been announced sooner,

telling reporters aboard Air Force One that he had assumed the Pentagon had announced it earlier in the day.

(9) Asked about the delay, White House chief of staff Mr. Leon Panetta said, "I think they were waiting to see whether he (the F-16 pilot) was locked on to (by Iraqi radar). They don't know the answer to that."

(10) The missile firing was the first of its kind since September 4, when Iraqi forces confronted US flyers twice as the US flyers twice as the US jets began their patrols over an expanded no-fly zone for Iraqi aircraft that Washington unilaterally declared the day before.

【译文】

美导弹击中伊拉克雷达基地

(1)华盛顿：五角大楼昨天宣称：一架美空军 F-16 战斗机在伊拉克南部禁飞区被电子跟踪后，向伊一雷达基地发射了导弹。

(2)但是白宫在解释拖延很久才公布这次打击行动的原因时称：星期六时尚不清楚伊雷达是否已"锁定"了这架飞机。

(3)五角大楼的一位发言人说，该 F-16 战斗机已安全返回设在沙特阿拉伯的基地，伊雷达站是否被摧毁尚无法立刻得知。该发言人在这次打击行动发生 18 小时之后证实了此事，并说正在进行调查。伊拉克却否认有此事件发生。

(4)正随美国总统在佛罗里达旅行的白宫新闻秘书迈克·麦考利说：星期六早晨，一位国家安全委员会工作人员已向克林顿先生简要汇报了此事。

(5)"没有迹象表明伊反导弹部署情况有何变化，"麦考利说，详细情况他请记者向五角大楼查询。

(6)这位五角大楼发言人宣读了一份声明说：这架 F-16 战斗机"在执行日常的南部警戒任务时遭到雷达跟踪后，向伊南部一雷达基地发射了一枚高速反雷达哈姆导弹"。

(7)这次事件最早是由《华盛顿时报》报道出来的，到这时五角大楼和白宫才承认。

（8）麦考利先生否认推迟公开此事是有意保护克林顿先生，以免在本周总统选举之前引起政治纠纷。他竭力解释为什么这次事件未更早公开的原因，对驻空军第一军的记者说，他遗忘那天早些时候五角大楼已公开了此事。

（9）当被问及此次拖延时，白宫参谋长雷恩·潘尼特说："我想他们是等等看他（F-16 战斗机飞行员）当时是否被锁定。他们不知道这个问题的答案。"

（10）这次导弹射击是 9 月 4 日以来这类行动的第一次。当时美方飞机开始在华盛顿前一天单方面宣布的扩大了的伊拉克飞机禁飞区内执行巡逻任务，伊拉克军方两次与美方飞机发生对抗。

这篇新闻由 10 小段构成，只用三百多字就将美军导弹击中伊拉克的一个雷达基地这一事件和相关内容展现了出来。采用"倒金字塔"结构，先概括指明，后详细陈述，使读者很快得到新闻的精华部分。

第 1 段是导语，"A United States Air Force F-16 fighter plane fired a missile at an Iraqi radar site after the jet was tracked electronically while in the "no-fly" zone over southern Iraq, the Pentagon said yesterday." 用了三十多个字将事件的最主要事实摆在读者面前，并且回答了"5W + H"：①who——The US (A United States Air Force F-16 fighter plane + the Pentagon), Iraq；②what——fired a missile at an Iraqi radar site；③when——after the jet was tracked electronically，yesterday；④where——in the "no-fly" zone over southern Iraq；⑤why——after the jet was tracked electronically while in the "no-fly" zone over southern Iraq；⑥how——attacked the site by firing a missile.

第 2 段是对导语的解释。

第 3—9 段是对这一事件的补充和延伸，包括第 2、5、6、9 段中的直接引语。

第 10 段，即最后一段，是这则消息中所谓"最不重要的信息"。

通过简要分析，我们可以看出这篇新闻报道是典型的"倒金字塔"结构，导语是一段简单清楚的叙述，随后的 9 段对导语进行了解释、补充和扩展，有力地支撑了导语。在导语中则已将"5W+H"交代清楚。

该新闻报道的译文也与原文的文体相一致，叙述简明，准确客观，行文流畅。

词汇层面上，使用了借用词，借用一国家有代表性的地名或建筑物来代替该国家。如用 White House 指美国政府，翻译为"白宫"，保留了原文的这一词汇特点。同样 Pentagon 译为"五角大楼"，指美国军方。文章还使用了缩略词。缩略词可用于标题和文章中，如 HARM 就是指 high-speed anti-radiation missile，译为"高速反雷达哈姆导弹"。另外还应用了新颖别致的词汇，这篇文章里面是旧词新用，如 fallout 本来指"原子尘的降下，辐射性微尘，原子尘"，在这里译为"（政治上的）纠纷"。译文还用了"美"代替"美国"，"伊"代替"伊拉克"，很好地体现了新闻文体的简要特点。西方新闻慎用形容词、副词，因为它们带有感情色彩和倾向性，西方写作中，人们会认为形容词戏弄人，所以即便使用形容词，也只使用简明或几乎不带任何色彩的形容词。本文中也很难找出主观性的词语。

句子层面上也是复杂多样。首先灵活使用定语，即同时用两个或多个单词来修饰某个词。如 an expanded no-fly zone 就使用了复合定语即分词和合成词来修饰 zone，而没有用短语或者从句，使得句子结构简单明了，便于读者阅读，而译文也照顾到了这一点，译为"扩大了的（伊拉克）飞机禁飞区"。其次是引语的广泛应用，新闻报道中使用直接或间接引语，显示其客观性和真实性，又为文章平添一份生动的色彩。在第一段导语 "A United States Air Force F-16 fighter plane fired a missile at an Iraqi radar site after the jet was tracked electronically while in the "no-fly" zone over southern Iraq, the Pentagon said yesterday" 中，是先讲间接引语的内容，再说引语来源。而在翻译时考虑到汉语的表达习惯是先讲来源即发话人，再说引用内容，故使用了"五角大楼昨日宣称……"的句序。第三段中 "The spokesman, confirming the strike about 18 hours after it occurred, said an investigation was under way." 译文跳出原文句式，译作"该发言人在这次打击行动发生 18 小时之后证实了此事，并说正在进行调查。"另外还有一个特点就是倒装句的使用，使句式生动活泼，富于变化。例如文中"Only then was it acknowledged by the Pentagon and the White House."而译文的处理也非常灵活，把它和上一句联合成一句话"……到这时五角大楼和白宫才承认"。

【例2】

胡锦涛主席正式出访印度

应印度总统阿卜杜勒·卡拉姆(Abdul Kalam)邀请，中国国家主席胡锦涛于本周一抵达印度首都新德里开始国事访问。

这是过去10年里中国国家领导人第一次出访印度。

胡锦涛主席在机场的书面演讲中说到，中印两国是友好邻邦，两国的友好往来可追溯到远古时期。

胡主席说，最近几年两国关系全面发展，保持良好的稳健势头，强化了双边的政治互信，扩大了双方的互利合作和友好往来，增强了全球与地区热点问题相互协作。

中印两国都是发展中大国，睦邻友好，加强合作将会使两国人民受益，亚洲及其他地区的和平稳定也会得以保障。

此次出访将增进友谊，加强互信，促进合作，为两国发展关系指明方向。胡锦涛主席期待与印度领导人和印度各界代表就双边关系、全球及地区事务进行深入交谈。

胡锦涛表示，他相信此次出访将会加强双边传统友谊，增进互信，扩大双方互利合作，促进两国战略合作伙伴关系的发展。

印度是胡主席四国之旅的第三站，之前胡主席已访问过越南和老挝，巴基斯坦将是最后一个访问国家。

11月17号至11月19号，胡锦涛主席还出席了在越南首都河内举办的亚太经合组织第14届经济领导人会议。

【译文】

Chinese President Starts State Visit to India

Chinese President Hu Jintao arrived in New Delhi on Monday for a state visit as guest of Indian President Abdul Kalam.

This is the first visit to India by a Chinese head of state in 10 years.

In a written statement delivered upon his arrival at the airport, Hu said China and India were close neighbors, and the friendly exchanges between the two peoples dated back to ancient times.

In recent years, he said, China-India relations had maintained sound momentum of all-round growth, marked by strengthened mutual political trust, expanded mutually beneficial cooperation, broadened friendly exchanges and good coordination in international and regional affairs.

Both China and India were large developing countries, and good-neighborliness and friendly cooperation between China and India both benefited the two peoples and contributed to peace and development in Asia and beyond, Hu said.

He said this visit was to enhance friendship, increase mutual trust, strengthen cooperation and chart the course for our future relations. Hu looked forward to in-depth exchanges of views with Indian leaders and public representatives on bilateral relations, as well as international and regional issues of mutual interest.

He said he was convinced that this visit would strengthen the countries' bilateral traditional friendship, enhance mutual trust, expand mutually beneficial cooperation, and promote the growth of the China-India strategic and cooperative partnership.

India is the third leg of Hu's four-nation tour, which has already taken him to Vietnam and Laos, and will also take him to Pakistan.

He also attended the 14th APEC (Asia-Pacific Economic Cooperation) Economic Leaders' Meeting from Nov. 17 to 19 in Hanoi, capital of Vietnam.

这篇新闻以概括性的叙述方式，将最新发生最具有价值的信息即胡锦涛主席正式出访印度报道给读者，再现了当时的场景。篇幅不长，报道直接而客观，相关的背景资料确切无误。

中文喜用四字结构，使语言凝练，文章短小精悍，同时也有加强气氛的作用。翻译的时候需要灵活对待，可用对应、阐释、转换、替代、融合等方法以求意义上的对等。如第 4 段中的"稳健势头"因"稳健"有"平稳有力"的意思，而英文中"sound"可指"健全的，可靠的"，"momentum"指"动力，动量"，因此译为"sound momentum"。中文重复多，如"（双边的）政治互信"而英文用"mutual political trust"中"mutual"一词就融合了"双边"和"互"的意义，用它就已足够，译文的准确精悍可见一斑。

中文按先因后果的逻辑多把事情的由来起因放在前，而英文则多是"头重式"把最重要的信息放在前，该篇的导语就是一例。"应印度总统阿卜杜勒·卡拉姆邀请，中国国家主席胡锦涛于本周一抵达印度首都新德里开始国事访问。"译文就调整了语序照顾了这点："Chinese President Hu Jintao arrived in New Delhi on Monday for a state visit as guest of Indian President Abdul Kalam."译文短小精悍，如翻译"印度是胡主席四国之旅的第三站，之前胡主席已访问过越南和老挝，巴基斯坦将是最后一个访问国家。"为"India is the third leg of Hu's four-nation tour, which has already taken him to Vietnam and Laos, and will also take him to Pakistan."用一个复合句将信息衔接得很巧妙，使行文紧凑简洁。

综观以上的例文，硬新闻客观真实、富于时效性的文体特点在译文中也得到了体现。

10.3　中间类新闻

此类新闻覆盖广泛，表现手法多样，可以是一种描绘性新闻，也可以是议论性新闻等。较之纯硬新闻，它更形象、生动、传神；较之纯软新闻，它更迅速，集中洗练。凡旨在充分而集中地表现新闻事实中最生动感人的部分，并造成主体性感应效果者，都可谓之特写。对新闻事件、人物和各种见闻的比较详尽而生动的报道，不仅交代什么事，而且交代事情的来龙去脉，以及情节、细节和有关环境气氛，可谓之通讯。下面就是一篇通讯。

【例1】

Gandhi's Assassination: "Bapu (father) Is Finished"

New Delhi, January 30—Mohandas K. Gandhi was assassinated today by a Hindu extremist whose act plunged India into sorrow and fear.

Rioting broke out immediately in Bombay.

The seventy-eight-year-old leader whose people had christened him the Great Soul of India died at 3:45 p.m. (1:15 a.m. EST) with his head cradled in the lap of his sixteen-year-old granddaughter, Mani.

Just half an hour before, a Hindu fanatic, Ram Naturam had pumped three bullets from a revolver into Gandhi's frail body, emaciated by years of fasting and asceticism.

Gandhi was shot in the luxurious gardens of Birla House in the presence of one thousand of his followers, whom he was leading to the little summer pagoda where it was his habit to make his evening devotions.

Dressed as always in his homespun, sacklike dhoti, and leaning heavily on a staff of stout wood, Gandhi was only a few feet from the pagode when the shots were fired.

Gandhi crumpled instantly, putting his hand to his forehead in the Hindu gesture of forgiveness to his assassin. Three bullets penetrated his body at close range, one in the upper right thigh, one in the abdomen, and one in the chest.

He spoke no word before he died. A moment before he was shot he said—some witnesses believed he was speaking to the assassin—"You are late."

The assassin had been standing beside the garden path, his hands folded, palms together, before him in the Hindu gesture of greeting. But between his palms he had concealed a small-caliber revolver. After pumping three bullets into Gandhi at a range of a few feet, he fired a fourth shot in an attempt at suicide, but the bullet merely creased his scalp.

The shots sounded like a string of firecrackers and it was a moment before Gandhi's devotees realized what had happened. Then they turned on the assassin savagely and would have torn him to bit had not police guards intervened with rifles and drawn bayonets. The assassin was hustled to safekeeping.

Gandhi quickly was borne back to Birla House and placed on a couch with his head in his granddaughter's lap. Within a few moments she spoke to the stricken throng, among them Pandit Jawaharlal Nehru, premier of India: "Bapu（father）is finished."

Then Mani rose and sat crosslegged beside the body of the man whose life was forfeit for the cause of peace and humanity. She began to chant the two-thousand-year-old verses of the Bhagavad-Gita, the Hindu scripture.

Over all India the word spread like wildfire. Minutes after the flash was received in Bombay rioting broke out, with Hindu extremists attacking Moslems. A panic-stricken Moslem woman echoed the thoughts of thousands with a cry, "God help us all!"

In Delhi itself, in the quick-gathering gloom of the night, the news set the people on the march.

They walked slowly down the avenues and out of the squalid bazaars, converging on Birla House. There by the thousands they stood weeping silently or moaning a wailing. Some sought to scale the high walls and catch one last glimpse of the Mahatma. Strong troop contingents strove to keep order. Tonight in response to the insistent demand of the people, his body was shown to them.

The balcony window of the house opened and the body was borne outside. The people gasped and surged forward as it was placed in a chair, facing them. A brilliant spotlight blazed on the wrinkled, brown face. The eyes were closed, the face peaceful in repose. A white sheet covered the bloodstained loincloth.

Within Birla House there was grief and mourning which at least for the moment fused the dissident sects of India—the Hindus, the Moslems, and the Sikhs—into a community of sorrow.

But there were grave fears, heightened by the savage outbreaks in Bombay, that without her saint to hold passions in check, all India might be whirled into strife.

【译文】

甘地遇刺："爸爸死了"

[合众社新德里一九四八年一月三十日电] 穆罕达斯·K. 甘地今天被一名印度教极端分子行刺身亡，此举使印度全国上下悲恸欲绝，惊恐不安。

甘地刚被刺，孟买就爆发了骚乱。

这位被人民尊称为"印度的伟大灵魂"的 78 岁领袖于当日下午 3 时 45 分（美国东部时间凌晨 1 时 15 分）头枕在他 16 岁的孙女曼妮膝上死去。

就在半小时前，一个名叫拉姆·纳脱拉姆的狂热印度教徒用左轮手枪向甘地连开三枪，子弹射进了甘地那由于多年苦行和绝食而变得衰弱不堪的身躯。

甘地是在波拉宫优雅的花园内被枪击的。当时有一千多名他的信徒在场，他正带着这些人前往他经常做晚祷的一座夏日小塔。

甘地同平日一样，穿着宽松的土制印度袍，费力地挂着结实的木拐杖，在离塔仅几英尺远处遭到枪击。

甘地当即摔倒在地，按印度教的姿势，一手加额表示宽恕凶手。三颗子弹在近距离射穿了他的身体，一颗在右胯，一颗在腹部还有一颗在胸部。

死前他没说一句话。就在他被枪击前一刹那，他说："你来迟了。"一些目击者认为这句话是他对凶手说的。

凶手曾一直站在花园小径旁，在他面前双手合十，作出印度教徒顶礼的样子。然而他的手掌间却藏着一支小口径左轮手枪，在几英尺外向甘地连开三枪后，又开第四枪，企图自杀，但子弹仅擦破了他的头皮。

枪声听起来像一串爆竹声，片刻后，甘地的追随者才意识到发生了什么事。他们立即发疯似地扑向凶手，要不是警卫人员用步枪和刺刀把他们隔开，他们也许早就把他撕成碎片了。凶手被押走，保护起来。

甘地迅即被抬回波拉宫，放在一个长沙发椅上，头枕在他孙女的膝上。过了一会儿，她对惊恐的人群说："爸爸死了。"人群中有印度总理潘迪特·贾瓦哈拉尔·尼赫鲁。

然后曼妮站起来，盘膝坐在这位将一生献给和平事业和人类的伟人的遗体旁，开始吟诵流传两千年之久的印度教经文。

甘地遇害的消息犹如野火燎原，迅速传遍印度。消息传到孟买，那里立即就爆发了骚乱，印度教极端分子袭击了穆斯林。一位惊恐万状的穆斯林妇女喊出了千万人的心声："真主保佑我们大家吧。"

在德里当地，在迅速变浓的阴暗的夜色中，这一消息使人们上街游行。

他们沿大街慢慢走着，走出肮脏的市场，在波拉宫会合。成千上万的人站在那里，悄悄啜泣，或哀声痛哭。有人设法爬上高墙，想最后看一眼圣雄。大批军队力图维持秩序。当晚在人们的一再请求下，甘地的遗体终于供人瞻仰了。

波拉宫阳台的窗户打开了，甘地的遗体被抬了出来，放在椅子上，面对人群，这时人们喘着气涌向前去。明亮的聚光灯照在甘地满布皱纹的褐色脸上，他的双目紧闭，面容安详。一块白布盖在血迹斑斑的长袍上。

在波拉宫内，悲伤与哀悼至少暂时弥合了印度各宗派之间的分歧，把印度教徒、穆斯林和锡克教徒融成忧伤的一体。

人们十分恐惧，害怕失去了圣雄，无人能控制民众的狂热，整个印度会卷入纷争之中。孟买发生的暴乱更加剧了这一恐惧。

通讯以叙述为主，明白简练地直叙，易让读者接受；行文自由舒展，灵活恰当地运用叙述、描写、议论和抒情等多种表达手法，其中的描写不同于文学作品中的细致描绘，它往往用"一目传神"的白描手法，轮廓鲜明，清晰可见，抒情也要准确恰当，议论合情合理。

这篇通讯交代了甘地遇害这一事件的过程、后果、相关细节和当时的政局环境，结构清晰，主次分明，既有客观的事实叙述，又有传神的细节描绘，将甘地的人格魅力，他遇害后人们的悲痛心情形象地勾画出来，富于感染力。

词汇上使用了合成词、简短词语，避免使用长的短语或分句。如第9段中的"a small-caliber revolver"，译为"一支小口径左轮手枪"；以及第13段中"A panic-striken Moslem woman"中的panic-striken，使得描写既生动传神又紧凑洗练，译为"惊恐万状"也是恰到好处。还有一些词语翻译也非常灵活。如第4段的"pumped three bullets from a revolver into Gandhi's frail body"中的pump有"打进"的意思，若直译为"用左轮手枪中的三颗子弹射入……"显得不地道，而译文"用左轮手枪向甘地连开三枪"就很地道，特别是一个"连"字把当时的情景流畅而生动地表现出来。翻译时还使用了汉语中喜用的四字结构，如第1段中的"sorrow and fear"就译作"悲恸欲绝，惊恐不安"。这样译文就显得栩栩如生，情景交融，具有穿透力和感染力。

句子层面上使用了直接和间接引语，特别是直接引语给人以身临其境之感，如文章的第11和第13段。文章还有两处使用破折号来引出插入语，以示醒目，对事件进行补充，如第8段；或者是提供背景说明，如第17段。

在翻译时，有些带有不明确意思的词句用诠释或转译的方法来处理，使译语简介明了。比如第9段中的"his hands folded, palms together"若译为"双手交叉握着，手掌相贴"就显得拖沓且模糊，译为"双手合十"则简练明了。还有第15段中的"this body was shown to them"，表层含义是给人看，而深层则有人们怀念并尊敬甘地的意味，因此译为"遗体供人瞻仰"看似普通，却把深层意思也不露痕迹地表现了出来。整个译文准确客观，又不失生动传神。

【例2】

新加坡人心理防卫亟待加强

韩山元

国防部不久前公布了一项调查结果，显示一般新加坡人对于与恐怖活动相关的课题不关心、不知情及不感兴趣。调查结果也显示，如果新加坡遭恐怖分子袭击，国人未必有足够的心理准备去面对袭击的后果。

了解新加坡国情的人对于这样的结果并不感到意外，原因是好多新加坡人长期以来对国事、天下事，事事不关心。炸弹不在自己家中爆炸，很难惊醒梦中人。

但无论如何，这样的调查是很有必要的，它让我们看到，新加坡人的心理防卫水平不高，如有大难临头，很多人会惊慌失措。

国庆日表现的爱国情绪，民防演习的有条不紊，那都是在和平时期做的。有句老话说：疾风知劲草，岁寒知松柏，文天祥的《正气歌》还有句名言：时穷节乃见。新加坡人的爱国热忱热到什么程度，得经过考验才知道。

但是我们的心理防卫基础不够坚实，却是我们必须正视的问题。心理防卫的基础是什么？是人民对这个国家的深厚坚实的感情以及对国家的强烈责任心。如果人人都只会问："国家能给我什么？"而不问"我能给国家什么？"或者都在问："我爱国家，国家爱我吗？"那么，这个国家人民的心理防卫就谈不上固若金汤了，爱国热忱也要打折扣。

爱国精神、心理防卫的最可靠的基础是建立在"义"而不是"利"之上。不妨问问新加坡人：你为什么爱这个国家？是因为这个国家给你提供高官禄位，带来发财致富的机会，你才爱这个国家吗？一旦这些机会都没了，你还爱不爱这个国家？你愿为她而战吗？

中华民族历代的爱国者，从屈原到孙中山，都不是因为国家能给他们舒适安逸的生活，他们才爱国的，相反，国家给他们带来的是屈辱、灾难与痛苦。

爱国应当是基于"义"而不是"利"，见利忘义，还谈什么爱国？

然而，长期以来，我们习惯于以拥有的财富多少来衡量一个人成就的大小，以及社会地位的高低，很多人重"利"轻"义"。在他们看来，国籍不过是一件随时可以更换的衣裳。

心理防卫不强还表现在新加坡人普遍不关心政治。不关心政治，说到底就是不关心国事与天下事。

人们对政治无非是三种态度：一是不满现状，不满当权者，老是想造反；二是满足现状，对政府说：你号召，我响应，你办事，我放心；三是虽有不满意，但不想造反，基本上不管。后两种态度的人对政治都不关心，或是只关心，不热心。

对政治热心过头，导致狂热，绝非好事。像世上有些国家的老百姓，动不动就上街示威，示威的时候就目无法纪，人家的汽车跟他们无冤无仇，他们看不顺眼就砸汽车，一怒之下就放火烧别国的大使馆，让政府去给人家赔钱道歉，所花的还不是纳税人的钱？

对政治冷漠麻木，那也不行，不知国家有难，一旦危机浮上水面，人民如惊弓之鸟，这个国家怎么保？从恐怖活动白皮书揭露的事实看来，新加坡并非没有危机，只是由于政府非常能干，化解了一个又一个危机，很多人就以为没有危机。

对于小而富的新加坡来说，人民缺乏危机感，这本身就是危机，没有忧患意识就是最大的忧患。

【译文】

Beef Up Our Psychological Defense

By Han Tan Juan

Singaporeans are by and large unconcerned, unaware and uninterested in terrorism-related issues, according to a recent survey conducted by the Ministry of Defense. The poll also revealed that Singaporeans might not be psychologically prepared to deal with the fallout of a terrorist attack on the country.

The findings are hardly surprising considering that many Singaporeans have always displayed a couldn't-careless attitude towards national and global affairs. Nothing short of a bomb explosion in their homes will wake these Singaporeans up to the gravity of the threat we face.

Such surveys are necessary in that they show Singaporeans up to be rather ill-prepared psychologically. Many will doubtless be thrown into panic should a disaster strike.

True, we have always expressed a sense of patriotism on National Day and carried out civil defense exercises in an orderly manner "during peace time". But we will only know just how far we will go in showing our love for our country when we are put to the test.

There is an old Chinese saying that "only sturdy grass can withstand strong winds". "A Song of True Spirit", which is the best-known writing of Chinese patriot Wen Tianxiang during the Song dynasty, also contains an oft-quoted phrase that "a man's true qualities are revealed only in times of adversity".

The weakness in our psychological defense is something we must take seriously. What forms the basis of psychological defense? It is the deep sense of affection we feel for the country and an equally strong sense of duty to protect it.

However, if everyone is only concerned about "What can the country do for me?" and not "What I can do for the country?" or if everyone is asking "I love the country, but does the country love me?", then I think our psychological defense is far from impenetrable and we should also take the display of peace-time patriotism with a pinch of salt.

A sense of duty or obligation is the most reliable premise upon which loyalty to the country and psychological defense can be developed and strengthened. The love for our country and the willingness to defend it should never be motivated by material gains.

Perhaps Singaporeans ought to ask themselves these soul-searching questions: Do you feel for Singapore because it has given you high status and a good income to match and many chances to get rich? When such opportunities are no longer available, would you still feel the same and would you fight to safeguard Singapore if war broke out?

In Chinese history, patriots such as Qu Yuan and Dr. Sun Yat Sen were not loyal to the country because they had been given a cosy life. On the contrary, the country only brought them humiliation and suffering.

However, we have for a long time been used to measuring one's achievements and social status by means of wealth and many are ready to "forsake good for the sake of gold". To them, citizenship is like a piece of clothing that can be changed anytime.

The inadequate sense of psychological defense is also demonstrated by Singaporeans' general indifference towards politics—they do not care about what happens here and in the world.

People usually adopt one of three types of attitudes towards politics. Firstly, they are unhappy with existing circumstances and the people in power and will push for change.

Secondly, they are comfortable with the status quo and will respond to any calls from the leadership which they trust. Thirdly, they are not completely satisfied but have no intention of rising against the authorities either. Basically, they belong to the "bo chap" category. The last two groups are generally unconcerned about politics, even if they are concerned, they are unlikely to be galvanized into action.

We should obviously eschew political fanaticism. We have seen how people in some countries will take to the street for the slightest reason. Some demonstrators will sometimes even vent their anger by burning cars and foreign embassies. In the end, the government has to apologies and use taxpayers' money to pay for the damage.

Political apathy is equally undesirable. When the people are panic-stricken when caught off-guard in a crisis, can they be counted on to protect the country?

From the facts detailed in the government White Paper on terrorism, it is clear that Singapore is not spared from threats. But since they have been taken care of by our capable government, many will continue to feel that we are in safe hands and there is little to fear.

For a small and affluent country like Singapore, the lack of a sense of crisis among its people is perhaps the biggest crisis for us.

(http://www.zaobao.com/bilingual/pages1/bilingual220203.html)

这是一篇新闻评论，以议论为主，运用逻辑推理的思维方式，针对各种新闻事实和人们普遍关心的现实问题进行分析，以帮助人们明辨是非。因此，它的文体总特点是：政治性，体现新闻媒介的宣传舆论导向；思想性，触及工作生活的主题；评论性，揭示事情的本质，判别是非对错；现实性，针对当前发生或人们普遍关心的问题。

例文就一个新加坡的心理调查和生活常态表现出的对恐怖活动等缺乏心理准备的问题向全社会提出心理防卫需要加强的呼吁。按照提出问题、阐述论题、得出结论告之国民的顺序，结构清晰，态度鲜明，语言干净有力。

词汇层面上，增加了很多生动形象或富有感情色彩的词语，来体现文章的态度。如"惊醒梦中人"，翻译时注意其在语境中的含义，把基本的意思（包括指代的意义）翻译出来，"wake these Singaporeans up"。再如"惊弓之鸟"译为"panic-stricken"。

使用倒装句等也是新闻文体句式的特点。文中的倒装句体现虚拟语气。例如："如有大难临头，很多人会惊慌失措。"中文表示假设句子往往带上一个条件句，用"如，假若"等词语连接，而英文中可用"should（would）"来表示非真实的条件句，把 should 提前，部分倒装，本句译作"Many will doubtless be thrown into panic should a disaster strike."就是一个优秀的范例。

文章的引语也体现了中间类新闻较之硬新闻形式更丰富，更有文学性的色彩。如"疾风知劲草，岁寒知松柏"，译文主要用阐释法，"only sturdy grass can withstand strong winds"；"时穷节乃见"译为"a man's true qualities are revealed only in times of adversity".

10.4 软新闻

软新闻通常是指情感味浓、写作方法诙谐、轻松幽默、可读性强、易被读者接受的社会新闻。软新闻在写法上不注重时效性，强调戏剧性冲突，注重深入挖掘细节，借鉴文学手法，不拘一格的表现手法，并尊重记者的个人风格。

【例1】

Parents Angry as Harry Potter Strips

One of the publicity photos shows a topless Radcliffe being hugged by a naked woman. Another shows him leaning against bales of hay as he stares up at the topless woman. A third has him posing in front of a white horse.

The pictures have been released ahead of the opening of *Equus*, a controversial Peter Shaffer play showing at London's Gielgud Theatre from next month.

Radcliffe, 17, plays a troubled stablehand who one night blinds six horses with a hoofpick.

He features in numerous nude scenes with co-star Joanne Christie, the woman in the publicity shots.

The UK's *Daily Mail* reports that Harry Potter fan sites have received a lot of emails from parents.

"We as parents feel Daniel should not appear nude. Our nine-year-old son looks up to him as a role model. We are very disappointed and will avoid the future movies he makes," one parent wrote.

Another said: "I am curious as to how and why his parents said this was okay."

Some of his younger fans, however, are impressed with Radcliffe's tough new look.

"I am completely stunned by these pix," wrote Ginny Potter on fan site danradcliffe.co.uk.

【译文】

哈利·波特裸演话剧　　"哈迷"家长严重不满

哈利·波特的扮演者丹尼尔·雷德克利弗新剧的一组宣传照日前被公布。其中一张照片是赤裸着上身的雷德克利弗被一个赤裸的女人拥抱着，另一张是雷德克利弗靠在一大堆干草旁，注视着那个赤裸的女人，还有一张是上身赤裸的他在一匹白马前摆了个姿势。

这些宣传照在丹尼尔的新剧《恋马狂》首映之前被公布于众。这部受到争议的话剧由彼得·夏弗尔担任编剧，将于下月在伦敦吉尔吉德剧院上映。

今年 17 岁的雷德克利弗在剧中饰演一个不安分的马仔，有一天晚上他用蹄签戳瞎了六匹马的眼睛。

在剧中，他和宣传照中的女演员乔安娜·克丽斯汀有很多裸露的镜头。

据英国《每日邮报》报道，哈利·波特迷网站已经收到了很多家长们发来的邮件。

其中一位家长这样写道："作为家长，我们认为丹尼尔不应该演裸戏。我们 9 岁的儿子将他视为偶像，很崇拜他。我们很失望，以后不会再看他演的电影了。"

另一位说道："我很纳闷丹尼尔的父母怎么会同意他演那样的戏。"

然而，丹尼尔的性感新造型则给他的一些年轻影迷们留下了深刻的印象。

基尼·波特在"哈迷"网站(danradcliffe.co.uk)上说："看到那些照片时，我简直都懵了！"

这篇新闻报道娱乐性强，平实，轻松。词汇上使用新词，如"fans"特指哈利·波特的影迷，翻译时套用现今的时髦词简称为"哈迷"。还使用大量口语化的词汇，更亲近读者，如"strips"（"裸照"）、"topless"

（"[上身]赤裸的"）、"(the publicity) shots"（"[宣传]照"）等。

文章一开头就讲述了哈利·波特拍裸照这一事实，吸引了读者的目光，然后再说父母和孩子们的反应，不同于硬新闻要把时间、地点、人物等要素在导语中准确客观地报道出来。在表现技巧上更强调情节性、接近性和趣味性，刻意突出新闻事件中的矛盾冲突和感官刺激的因素，强化事件的戏剧悬念或其煽情、刺激的方面，走新闻故事化、戏剧化、文学化的道路。

【例2】

中国风水风靡美国

一些孤单的美国人渐渐放弃了通过网络寻找浪漫灵魂伴侣的做法，而是把希望寄托在"风水"上。

一位虔诚的风水先生说，风水是古代中国的泥土占卜艺术，目前还没有太多人说它能提升桃花运，但是在不久的将来，它将成为大城市渴求爱情的单身男女的恋爱保护神。

洛杉矶广告艺术总监艾丽西娅·希福尔和一些人坚信风水可以提升一个人的桃花运。

她说："值得尝试。"借助风水中的桃花术，她得到了一份令人满意的长久恋爱关系。

西方世界越来越接受风水，他们认为风水可以增加物质财富、保持身体健康，还能利用宇宙间的生命能量，也就是"气"，来创造和谐的环境。

风水先生苏吉塔在电子图书《风水平衡》中说："不仅可以通过改善环境来获得艳遇，还可以通过提高自身的能量使自己感到有活力、有魅力。"

但是如果你询问无神论社区的合伙成立人帕特·林斯，她就不会很快放弃网络恋爱。无神论社区是一个致力于促进科学发展、帮助人们正确认识科学的组织。

她认为风水浪漫听起来很迷人、富有诗意，可以让人更愉悦、更轻松地享受一段恋情。

林斯说如果能以科学的手段来测试风水术一定会很有趣。让 100 个不了解风水术的人参加测试，其中 50 个人接受正确的风水术，另外 50 人接受错误的，然后追踪观察两组的结果会有何不同。

同时，热爱古代艺术的人们为了更深入地理解风水，进行了一次"风水之旅"。

在 10 天的旅行中，"风水大师"带着善男信女们参观一系列中国古代风水的发源地。

房屋院落都依照风水的规则而造，错落有致。一路有专门的解说员讲解风水的重要性。

"风水大师"执行总裁约那逊说："每个人对于旅行的反应都不一样，取决于他们的文化背景。"

他说："杭州的寺庙让很多人都感动得掉下泪来。他们感觉太好了，因此效果很不错。"

【译文】

Feng shui sparks romance and travel trend in US

Some lonely Americans are eschewing Internet dating and instead putting their faith in *feng shui* in a bid to find their romantic soul mates.

It is not a common sight yet to see *feng shui*, the ancient Chinese art of geomancy, advertised as a romance enhancer, but it may not be long before it becomes an accepted part of dating in big cities where singles frequently battle to find love, devoted practitioners say.

People like Los Angeles advertising art director Alicia Schiefer insist that *feng shui* works to improve one's romantic life.

"It's worth it to do it," she said. Using the peach blossom technique in *feng shui*, she entered into what she says was a very satisfying long-term relationship.

Feng shui is increasingly becoming accepted in the West as a way of increasing business prosperity and maintaining health, harnessing the universal energy of life, or qi, to create a harmonious environment.

"Not only will you be able to improve your surroundings to attract romance, but you can increase your personal energy that will make you feel more energized and attractive," according to *feng shui* consultant Sugita's E-book "*The Feng Shui Equation.*"

But if you ask Pat Linse, co-founder of the Skeptics Society, an organization devoted to the promotion and better understanding of science, she will not be giving up Internet dating anytime soon.

To her, *feng shui* romance sounds "charming and poetic. It could make a person happier and more receptive to a relationship."

Linse said it would be interesting to test the technique scientifically by gathering 100 people who do not know the ritual and having 50 of them practice the correct ritual while showing the wrong ritual to the other 50, and then observing whether there is a difference in the groups' outcomes.

Meanwhile, enthusiasts of the ancient art are finding that they can increase their understanding by doing a *feng shui* travel tour.

The 10-day tour, organized by *Feng Shui* Masters, takes the faithful to a series of ancient sites in China that represent *feng shui*'s early beginnings.

Locations are beautifully landscaped in accordance with *feng shui* principles, and special lecturers explain their significance along the way.

"Each person has a different reaction（to the trip）, depending on their cultural background," said Johnathan, executive director of *Feng Shui* Masters.

"A visit to the Hangzhou temple has moved people to tears," he said. "They feel so great, so very positive."

　　这是讲述当今中国的风水术开始在美国流行的一篇新闻，笔调轻松愉悦，更像是在说新闻或者侃新闻，体现了软新闻大众化的特点。

　　在词汇的处理上，一些有中国特色的词语或专有名词可以使用音译的方法，比如"风水"（*feng shui*），或者用指代转换的方法，如"风水先生"译为"practitioners"，它是指从业者、信仰疗法术士。软新闻，用词轻松随意，如第一段"eschew"，可译作"放弃"，翻译也应遵循它的文体特点，尽量使译文活泼生动。

如"但是如果你询问无神论社区的合伙成立人帕特·林斯，她就不会很快放弃网络恋爱。无神论社区是一个致力于促进科学发展、帮助人们正确认识科学的组织。"的译文："But if you ask Pat Linse, co-founder of the Skeptics Society, an organization devoted to the promotion and better understanding of science, she will not be giving up Internet dating anytime soon." 等，突破了硬新闻直接生硬的描写，增强了娱乐性。翻译时根据情境，或增或减，或合或拆，使译文更栩栩如生，更富感染力。比如，"房屋院落都依照风水的规则而造，错落有致。（一路有专门的解说员讲解风水的重要性。）"的译文："Locations are beautifully landscaped in accordance with *feng shui* principles, (and special lecturers explain their significance along the way.)"

文章带有抒情描写性的引语，更好地渲染了气氛，全然不同于纯硬新闻庄重严密、争分夺秒的气息。

【练习题】

翻译下列具有不同文体特征的新闻，并思考以下问题：

1. 下列语篇分别属于哪种新闻文体[E]？
2. 该文体类别的翻译有哪些特点[I]？
3. 画线部分的译法是如何从字词句篇体现其文体特征的[C]？

新闻 1[A]：

大型翻译论坛在京举办

国际译者联盟主席 Peter W. Krawutschke 在北京举办的职业翻译论坛上表示，全球笔译年产出量和口译产业所带来的价值已经达到 130 亿—140 亿美元。

在知识产业的整体结构中，笔译和口译占据了重要的位置。目前，尽管还没有一套现行的标准来衡量翻译产业的规模，但他的估计还是显得有些保守。

在论坛的开幕式上，译者联盟主席提出了关于中译外的各种议题。本次论坛的主题就是"中译外论坛——通往世界的桥梁"。

国务院新闻办领导在论坛中也说到："19 世纪末期，中国知识分子通过翻译西方作品推进了国家现代化的进程。如今，我们要重视将中国传统文化介绍给全世界人民。五千年的中国文化不仅属于中国，而且属于全世界。在新世纪，中国应在全球文化构建中作出自己的贡献。"

"译者的作用举足轻重。"

中国的发展及其速度举世瞩目。与会的翻译专家们强调，我们应该让外国读者更好地了解中国的变化。"中译外"作为国家文化战略和国际交流项目中的重要组成部分应该得到重视和加强。

论坛涉及了中译外过程中的方方面面，包括了政府文件翻译、新闻翻译、古典名著翻译、专业翻译以及跨文化交际中的创新问题。

该论坛由中国国际出版公司和中国翻译家协会共同举办，200 多位本行业的杰出代表参加了本次论坛，他们分别来自政府部门、新闻媒体、北京奥委会和世界各地。

2008 年 8 月 4 日，第 18 届国际译者联盟大会将在上海举办。本次论坛只是一系列翻译盛会的一部篇章。

提示：

1)注意准确性，如画线的"已经达到""他的估计还是显得有些保守"等部分需使用正确的语气和语态。

2)注意用词的丰富多样，如"提出"、"说到"等词语的翻译，以增强宣传效果。

新闻 2[A]：

China Citic Bank IPO to raise $6bn

By Sundeep Tucker in Hong Kong

Monday, April 23, 2007

China Citic Bank, the mainland's seventh largest lender, is to raise

$6bn in the world's biggest initial public offering this year, according to people familiar with the situation.

Citic Bank, which will <u>list</u> simultaneously in Hong Kong and Shanghai next week, is the latest mainland bank to tap unprecedented investor interest in the sector, which is viewed as a proxy for the country's double-digit growth rates.

Sources close to the IPO said that Citic Bank has priced 4.885bn Hong Kong <u>H-shares</u> at HK$5.86 each, raising HK$28.6bn（$3.7bn）.

The H-share listing is expected to raise a further HK$4.3bn, when extra shares are allocated to retail investors later this month as part of the "greenshoe" mechanism.

The bank also priced 2.3bn Shanghai A-shares at RMB5.80 each, raising RMB13.34bn（$1.7bn）.

The capital raising was underpinned by phenomenal demand for the shares, highlighting continued strong investor interest in the country's banking sector.

The overseas institutional part of the H-share was more than 90 times <u>oversubscribed</u>, while the Hong Kong <u>retail portion</u> was around 230 times covered, according to people familiar with situation.

The domestic portion of deal drew RMB1,200bn in subscriptions from retail investors, a record for a domestic Chinese IPO, according to the *Shanghai Securities News*.

The event marks only the second ever simultaneous listing in Hong Kong and Shanghai, following last October's $21.9bn IPO of Industrial and Commercial Bank of China, the mainland's largest lender.

Citic Bank is the sixth mainland lender to list in Hong Kong within the past two years.

Citic Bank was advised by <u>Citigroup, Lehman Brothers, HSBC, Citic Securities and China International Capital Corp</u>.

提示：

1)注意导语中新闻来源的翻译，英语喜"头重式"，而中文一般习惯先讲来源再说内容。

2)结合语境，注意"list"、"oversubscribed"、"retail portion"词语的多义性，选择合适的译词。

3)集团机构的译名一定要准确。

新闻 3[A]：

September 11 Remembered

By Frank Lavin

Three years ago today, the world witnessed an unprecedented attack on the civilized world. The attacks of 9/11 shocked men and women everywhere, and images from that day remain etched in the minds of all of us who saw them.

On that dreadful day, al-Qaida's hijack crews stole the future from nearly 3,000 innocent people, devastating the lives of their families and friends.

On this day, we want to honour the victims, and to pray for their families and loved ones who are still struggling with their loss, left only with memories.

We should all be mindful that Singapore itself could have had its own 9/11 experience, suffering a series of deadly terrorist assaults in December 2001, but for the effectiveness and vigilance of its security officials.

Americans are well aware that terrorism was not invented on September 11, and that far too many countries around the world have endured terrorist attacks for decades and even centuries.

Thursday's bomb blast in Jakarta, last week's cold blooded killings of children in Russia, the recent kidnapping of two French journalists and savage murder of Nepalese workers in Iraq, are grim reminders that terrorism is an international curse of tragic proportions. It is obvious that today's terrorists intend to strike far and wide, to the limits of their power.

During the past three years, al-Qaida's capabilities have been reduced by relentless international action on the law enforcement, military, intelligence, diplomatic and financial fronts.

The United States and Singapore have worked closely and successfully together in this common fight. Al-Qaida's desire to kill on a massive scale remains unchanged, and this danger is increased when outlaw regimes build or acquire weapons of mass destruction and maintain ties to terrorist groups. We are not out of harm's way yet, and must all resolve to face these new threats head on, rather than to just ignore them or simply wait for future attacks.

International efforts to defeat the terrorists serve to provide the global security upon which free, peaceful nations can advance their social, cultural and economic development goals.

In democratic and successful societies, men and women do not adopt mass murder as a national policy; they turn their hearts and minds to building better lives for themselves and for their families through education and hard work.

Democratic governments do not shelter terrorist camps or kill innocent men, women, and children. Rather, they raise their citizens up, expending their energies and resources on fostering the rule of law and seeking expanded opportunities for trade and other exchanges.

Americans will join people around the world today to pause and recall the horrific events and heroic actions we associate with the September 11 attacks.

What I will always remember with deep gratitude and great admiration is the spontaneous outpouring of shock, sorrow and solidarity that Singaporeans showed Americans living here in the wake of these attacks.

On the third anniversary of that sad day, I thank you for this memory.

提示：

1）注意标题的翻译。

2）注意兼顾语言的文学性和准确性，如 "stole the future"、 "devastating the lives"、"shelter" 等的翻译。

3）注意句式的译法。

新闻 4[A]：

维持高水平医药道德

朱崇科（2003-06-07）

法国著名思想家福柯（1926—1984）在他著名的《诊所的诞生》（1963）中一针见血地指出，现代医学的诊断中，医生并不能完全探知所有疾病"纸牌"的数量和图案，他也只是通过自己的目光观察病人，从而给出相应的判断与勾勒。

当然，作为医生，居高临下的地位赋予了他无上的权力。在福柯看来，诊所不过是知识和权力互化和转换的社会机器，里面充满了社会权力。

抛开福柯繁复的理论缠绕不谈，我们在仔细阅读最近接二连三、看似偶然的医学事件后，难免感触良多。

首先是国立脑神经医学院一项帕金森临床研究被指违反道德标准，其研究员未经批准，便在 127 名帕金森病人的身上进行药物测试，而且，要命的是，该测试曾经导致一些病人血压骤降、产生运动障碍及身体不适的现象出现。

其次是陈笃生医院职员牙痛到职总牙科保健合作社属下诊所求诊，遭一名牙医拒绝看诊。

耐人寻味的是，恰恰就在我们力图避开福柯所言的权力关系时，我们发现上述事件恰恰仍然是现代医学权力网络生成并发展的恶果表现之一。

<u>我们自然可以指责那名研究员和医生缺乏职业道德，甚至可以追问和质疑这种道德的底线。</u>当然，我们或许也可以愤愤不平地指责他们缺

乏同情心，为了某种目的，违背了他们的职责。

　　在我看来，问题的关键在于他们的表现不过是他们整个学科走向科学化、机械化，而有时无意或故意罔顾了人性的弘扬的一个小小的注脚而已。我们自然不能完全否认或推翻目前的医疗制度，问题在于，我们在推行这些人为的、长期延续下来的制度时，该怎样反思并修补制度中的缺陷。

　　如果我们过分强调科学、现代化、机械化、高科技等的巨大功用，忽略了所有的制度和制造不过是为人类服务的工具这样的本质时，我们仍然会持续不断地重蹈类似的覆辙，物于物而非物物。

　　毋庸讳言，哪怕那名研究员是真正为了研究的需要和科学精神而进行了实验，他的这种标准与规范职业道德也自然有其可疑之处，因为，他还是将活生生的生命(尽管是有缺憾的)当成了了无生气的试验品。而那名牙医即使是打着为了大多数病人的利益的旗号，他仍然忘记了作为一个医生的最高荣誉和精神生命是：不分种族、职业、政党、病种等的对病人的热忱的"救死扶伤"。如果不能以此作为神圣使命，自私(拒绝病人)和逃避(比如台湾某些医生不合时宜的辞职)则不可避免。

　　某种意义上讲，我们灌输给医生的不应仅仅是职业素质，他们的心中还应该始终涌动着弘扬普遍人性的潮流。当然，需要指出的是，作为凡夫俗子中的一员，医生自然也有喜怒哀乐、七情六欲，作为(可能)病人的我们的体谅、尊重和积极配合也是人类整体得以长期共存的必需。

提示：

　　1)注意整篇文章的语气。

　　2)注意画线部分的翻译。

新闻 5[A]：

传统的可变与不变

韩山元(2003-01-25)

　　你过年，我避年；除夕夜，有人合府共享年夜饭，有人一家分头赴机场、火车站。

　　过去，每到年关旅行社就几乎"冬眠"，如今风气大变，越来越多的人出国旅游，有些人是为了避年，旅行社的生意像冬天里的一团火。

　　不是说春节(农历新年)是华人最重要的传统节日吗？在那些避年者眼里，春节的意义是：利用假期出国逍遥。连最重要的传统节日也可以不要，还有什么传统节日不可抛？

　　为什么要保留传统节日？首先因为这些节日是跟自己的民族身份分不开的。华人、马来人、印族人过各自的传统节日，他们就有了"我是这个民族的成员"的自我意识。如果有哪个华人不认自己是华人，他当然也就没有庆祝华族传统节日的必要。

　　每个人都有权放弃传统，问题是：你没法放弃你的民族特征，没法改变你的肤色。人的肤色是与生俱来的，现在还没有一种漂白剂，能将有色人种来个全身"漂白"，你也没法改变那黄棕色的脸。你不愿跟自己的民族认同，你想跟谁认同？

　　其次，延续了两千多年的春节其基本精神是跟华人的传统文化与价值观分不开的。以儒家为代表的传统意识，其核心是一个"<u>仁</u>"字；"<u>仁者人也</u>"，这个字分来就是"二人"，也就是"人"与"人"，用现代的话来讲就是人际关系。

　　华族的传统节日都离不开维系人伦与增进人际关系这个基本主题。通过团圆饭，增进亲情，通过送礼拜年，增进友情。错过了团圆饭，避开了农历新年，那就等于错过了增进亲情与友情的大好时机，那是不是一种损失呢？

　　那些面对传统失传而痛心疾首的人也要好好反思：我们的传统是否有些过时的成分？我们是重视传统的内涵，还是传统的外壳？

　　为了适应时代，我们在保留传统的精神实质的前提下，可以改变传统的表现方式。传统必须能一代一代往下传，不能传的，还能叫"传统"吗？传统也不是一成不变的，两千多年来，庆祝春节的方式一直在变，一个最明显的改变是：过年不再燃放爆竹。

　　在新加坡禁止爆竹之初，很多人一时没法接受，认为没有爆竹就不像过年。如今连中国大陆的大城市春节都禁燃爆竹了，谁敢说春节非放爆竹不可？

再说说年夜饭，可以在家里吃，也可以到酒楼吃，在哪里吃并非最重要，最重要的是一家人要团圆，可见传统是可以改变的。

改变不是为了告别传统，恰恰是为了更好地保留好传统、捍卫好传统。如果改变带来的是传统精神的丧失，那是不值得鼓励的。

就以新年期间出国来说，不妨做具体分析，如果是全家高高兴兴吃过团圆饭才出国，所到的还是华人生活的地方(如中国大陆、港澳台地区)，在那里还能感受到浓浓的春节气息，那叫做"易地过年"而不是避年，有何不可？连团圆饭都不吃就走，那是不是走过头了？

遗憾的是，有些人刻意找个没有(或极少)华人的地方避年，有意跟华人传统"绝缘"。对于这些下定决心要"永别传统"的人，我们能做什么？只能是"有看法，没办法"。

提示：

1)注意"仁"以及"仁者人也"、"有看法，没办法"等的译法，照顾文化差异。

2)注意把握新闻文体中长句的翻译，体现层次感。

Chapter 11

新闻体裁、题材与翻译

11.1　新闻体裁和题材简述[1]

新闻体裁(news style)指的是新闻报道的形式。

要探讨新闻体裁的翻译，首先要解决的便是英语新闻与汉语新闻在体裁上的联系与区别。

根据林永年先生在《新闻报道形式大全》上的说明，就我国读者阅读英语报刊的基本情况而言，新闻体裁主要可分为四大类：消息报道(news reportings)、特写(features)、社论(editorials)和广告(advertisements)或广告新闻(advertisements news)。

消息报道以简要的文字迅速报道新闻事实，是最广泛、最常采用的新闻体裁。

特写与消息的区别在于报道的范围与目的不同。消息着重在全面完整地交代清楚新闻的各个要素。特写则只是侧重于某个方面，将新闻事实诸要素中最有意义、最有情趣和影响力的一两个要素或片段，形象又突出地再现出来。因此，相较于消息而言，特写读来更感集中、细腻，所得到的细节更多，也更为详尽。

社论代表着报社的言论，最集中地体现某种立场、观点，及时地评述当前社会的重大事件或问题，言辞明快犀利，论理深刻、透辟。现代英语报刊常聘请资历深、声望高的老记者和名记者担任专栏作家(columnist)，辟专栏，每天或定期刊登他们的署名评论性文章。

汉语新闻的体裁分类与英语新闻稍有不同。

我国通常将新闻体裁划分为消息、通讯、报告文学、调查报告和新闻评论五大类，其中又以消息、通讯和新闻评论为最常见。

汉语新闻中的消息同英语新闻的消息报道一样，要求以明确的思想、简洁的文字、迅速及时地反映现实生活中新近发生、具有一定意

1　本章的撰写参考了有关资料，如《新闻英语与翻译》(许明武，2003)等。

新世纪翻译学 R&D 系列著作

义的事实。汉语新闻的消息大致又可分为动态消息、经验消息、综合消息、评述消息、特写消息、新闻公报和答记者问。而其中，特写消息主要是集中突出地描绘某些重大事件或富有特色的场面，或激动人的场景，与英语新闻的特写有交叉之处。

通讯，报道事物发展的全过程，或一件事相互关联的几个侧面，比消息详尽、细致、完整。通讯又分为人物通讯、事件通讯、工作通讯、风貌通讯以及小故事（小通讯）。汉语新闻的通讯基本等同于英语新闻中的特写。

新闻评论，跟英语新闻社论一样，同样是报纸的旗帜和灵魂，通过逻辑推理的方式分析问题，阐述道理，旗帜鲜明地判断是非曲直，毫不含糊地表明立场、态度。从形式分，有社论、评论员文章、编辑部文章、短评、编者按语、思想评论，以及杂文、随笔小品文等。

另一方面，根据新闻涉及题材（subject）的不同，又可以将其分为政治新闻（political news）、经济新闻（economic news）、科技新闻（technological news）、文化新闻（cultural news）、体育新闻（sports news）、暴力与犯罪新闻（violence and crime news）、灾难新闻（disaster news）、天气新闻（weather news）、讣告（obituary）和娱乐（entertainment）等若干大类。如按照事件的性质，新闻又可分为"硬新闻"（hard news）和"软新闻"（soft news）两大类。硬新闻亦称"纯消息报道"（spot news or straight news），指题材比较严肃、具有一定时新性的客观事实报道。软新闻是指人情味较浓、写法轻松活泼的社会新闻，其题材可能会显得陈旧或无关紧要，但绝非枯燥乏味。软新闻能引起读者情感上的波动，使读者既想笑又想哭，既爱又恨，既妒又怜。关于新闻题材的分类，英语新闻与汉语新闻基本相同，因此不另做区分。

由此看来，英语新闻与汉语新闻除汉语新闻的特写、消息与英语新闻的消息稍有重叠，在体裁划分上大致相同。而新闻题材也在一定程度上对各个体裁的新闻产生着影响。以下，我们将以消息、特写（通讯）、社论为划分，对每种新闻体裁及最常见的题材的英/汉翻译进行分析。广告或广告新闻将不在此赘述。

11.2　消　息

消息(news story/article/report)常被称作"报纸的主体"、"报纸的主角"。传播媒介中，各种各样的事实主要靠消息传播。消息刊登时一般在文首加电头或"本报讯"字样。(甘惜分等，《新闻学大辞典》，1993)

英语新闻中所谓的消息通常指的是纯新闻(hard news)，所以英语消息的范围比汉语消息的范围小得多。西方记者认为，消息只涉及事实的报道，而不融入自己的感情和想法，因此，英语的消息相当于汉语的动态消息；英语里的 news story 则可能是汉语里的消息或通讯。

消息的种类，按其题材内容来分，可以分为政府新闻、经济新闻、科教与文化新闻、社会新闻等。

11.2.1　政府新闻

政府新闻即平常所说的时政新闻，就是时事新闻与政治新闻的简称。广义上的时政新闻，就是有关政党的施政纲领、政治思想及其政治活动与政策发布的报道，内容包括：政党的日常活动与重大活动、政府的工作动态、外交事务、政治会议、法制建设、重大政治性庆典、突发性的政治事件等。

政府新闻的最大特点就是其鲜明的政治色彩。政府新闻与其他比较"软性"的新闻相比，是政治性最强的"硬"新闻，充分体现"喉舌"功能。报道党的会议与决议，宣传党的思想与政策，传播党的路线与方针，歌颂党领导下取得的巨大成就，展示领导人物的风采，公布领导者的指示与讲话，等等，无不显示出鲜明的政治色彩。也正因为如此，政府新闻具有严格的规范性和程序性，特别是关于党和国家领导人活动的报道，在称谓、规格等方面都很严谨，具体报道内容要求有一定的统一性，不能断章取义，报道口径要一致。

社会、政治、文化新闻翻译的政治性强，译者常常要考虑本国上层建筑的需要，有时必须进行一些摘选，以选取其中有利于本国政治、经济、思想、文化等建设的材料。（许明武，新闻英语与翻译：99）

【例1】

胡锦涛总书记等党和国家领导人看望老同志

[新华网北京2月15日电] 春节前夕，胡锦涛总书记等党和国家领导人分别看望或委托有关方面负责同志看望了江泽民、李鹏、万里、乔石、朱镕基、李瑞环、宋平、刘华清、尉健行、李岚清和李德生、肖克、张劲夫、黄华、彭冲、王芳、谷牧、吕正操、郑天翔、刘复之、杨白冰、丁关根、田纪云、迟浩田、张万年、姜春云、钱其琛、王汉斌、张震、倪志福、陈慕华、孙起孟、雷洁琼、李锡铭、王丙乾、邹家华、王光英、布赫、铁木尔·达瓦买提、吴阶平、彭珮云、周光召、曹志、韩杼滨、吴学谦、钱学森、董寅初、叶选平、杨汝岱、钱伟长、任建新、宋健、钱正英、孙孚凌、朱光亚、万国权、胡启立、陈锦华、赵南起、毛致用、经叔平、王文元、邓力群、张廷发、韩光等老同志，向老同志们致以亲切的节日问候，衷心祝愿老同志们新春愉快、健康长寿。

老同志们对此表示感谢，请胡锦涛等同志转达他们对全国各族人民的新春祝贺，希望全党全国各族人民紧密团结在以胡锦涛同志为总书记的党中央周围，高举邓小平理论和"三个代表"重要思想伟大旗帜，全面落实科学发展观，为全面建设小康社会、构建社会主义和谐社会而努力奋斗。

【译文】

Leaders extend new year greetings to veteran leaders

BEIJING, Feb. 15（Xinhua）—As the traditional Spring Festival draws nearer, Chinese leaders, including Hu Jintao, have called on former leaders of the state and the Communist Party of China to extend New Year greetings.

These veteran leaders included former President and Party chief Jiang Zemin, former top legislators Li Peng, Wan Li and Qiao Shi, and former Premier Zhu Rongji.

The former leaders thanked Hu Jintao and other leaders for the visits and passed on their best wishes to the people of all ethnic groups in the country.

They also expressed hope that the whole Party and all the people fully implement the scientific concept of development and devote themselves to the establishment of a moderately prosperous and harmonious socialist society.

The Spring Festival, or China's lunar new year which falls on Feb. 18, is the country's most important annual event for family reunion.

【解说】

例1中这段汉语消息，从字里行间的政治性色彩到模式化的词句、用语，都体现了很典型的中国特色。

1) 被看望的老同志共计 66 位，若在译文中仍——列出，则既徒占了版面，对于对中国领导阶层不甚熟悉的外国读者而言也是多此一举的。所以，此处仅需要列出几位主要的具有代表性的老同志，并交代其过去所担任的职务。

2) 最后一段"希望全党全国各族人民……而努力奋斗"完全是中国政策的指向和宣传，考虑到译文面向的主要是国外读者，其中不乏持与中国不同政治立场的读者，因此译文中就不需也不便译出了。

3) 译文的最后对中国的"春节"做出了补充说明，以便于外国读者了解此新闻事实发生的文化背景。

【例2】

Region unites to tackle criminals

A regional conference on transnational crime, in particular people-smuggling, opened today in Bali against a backdrop of growing tension in Southeast Asian diplomacy.

The conference is co-hosted by Indonesia and Australia. Some diplomats said it is primarily intended to gloss over problems in that bilateral relationship by internationalizing them.

Indonesia's geography has made it a transit point for thousands of Afghan and Middle Eastern asylum seekers aiming to reach Australia.

As boats have sunk or gone a stray, their passengers have washed op on island across the archipelago and been held by Indonesian authorities, awaiting interviews with the United Nations High Commissioner for Refugees to determine their status.

The Bali meeting included ministers and observers form about 40 countries ranging from Afghanistan, Iran, Iraq, and Jordan to Pacific nations such as Kiribati, Papua New Guinea and New Zealand.

"People-smuggling is an international issue and we've all got to look for an international solution," a western diplomat said.

But starker issues have come up in the meantime, notably international criticism, led by Singapore, of Indonesia's alleged failure to tackle Islamic terrorism.

Luckily for the diplomats involved in organizing the conference, its goals are modest. Their humble hope is to seek specific measures to improve some of the worst aspects of the transnational crimes and bring a sense of urgency to everyone involved.

(selected from SCMP, February 24, 2002)

【译文】
南亚国家召开地区会议商讨打击犯罪的合作

在东南亚外交关系日趋紧张的情况下，一次关于共同打击跨境犯罪特别是走私人口犯罪的地区性会议今天在印度尼西亚的巴厘岛召开。

这次会议是由印度尼西亚和澳大利亚共同主办的。外交界人士说，会议的主要意图旨在通过把印度尼西亚和澳大利亚双边国际化来掩饰两国间存在的分歧。

印度尼西亚的地理位置使其成了数以千计的希望前往澳大利亚的阿富汗和中东国家难民的中转站。

因为难民船有的沉没，有的迷失方向，船民被冲至印尼群岛，往往被印度尼西亚当局扣留，须等待联合国难民署高级专员来鉴别他们的难民身份。

参加这次巴厘会议的有来自40多个国家的部长和观察员。这些国家包括阿富汗、伊朗、伊拉克、约旦，以及基里巴斯、巴布亚新几内亚、新西兰等太平洋国家。

一位西方外交官说："人口走私是个国际问题，我们应共同寻求一个国际性的解决方案。"

但是，棘手的问题也同时存在，其中最引人注目的是新加坡带头对印度尼西亚打击伊斯兰恐怖活动不力提出的指控。

然而，令参与组织此次会议的外交家感到欣慰的是，大会的目标定得并不高。他们只是希望就打击跨境犯罪最不力的方面提出一些具体措施，并使与这一问题有关的人都有一种紧迫感。

【解说】

1) 虽然通常说来，消息的标题以简洁和突出核心信息为原则，但这段消息报道中，译文标题对原标题进行了适当展开，使得报道的基本内容更加一目了然。

2) 原文中引语的表达方式在译文中继续沿用。需要注意的是，直接引语的翻译以口语化语言为宜，间接引语则可以处理得更官方化一些。

【例3】

千英宇：六方会谈正处在"重要的十字路口"

[新华网北京2月8日电](记者张利、白洁)六方会谈韩国代表团团长千英宇8日中午在离开下榻酒店时表示，六方会谈正处在"重要的十字路口"，因此，现在比以往任何时候都更需要与会各方付出共同努力，发挥智慧，显示出更大的灵活性。

千英宇是在赶赴韩日双边磋商之前作出上述表态的。他说，迄今为止，有关朝鲜半岛无核化的六方会谈主要还是在"承诺对承诺"的阶段，接下来应该向"行动对行动"的阶段迈进。

"朝鲜半岛无核化并非单靠某一方能够实现的，因此迫切需要与会六国比任何时候都要付出更多的共同努力，发挥智慧，显示出更大的灵活性。"千英宇说。

他表示，现在对会谈结果表示乐观还为时过早，今后几天等待各方的将是艰难的谈判。

在回答有关美朝是否已就冻结核设施达成有关协议的问题时，千英宇表示，他没有听到这种说法，而且美朝之间的事情应该由当事者来宣布，韩方宣布不合适。"据我所知，希尔已经确认没有这回事。"

第五轮六方会谈第三阶段会议将于 8 日下午在北京开始举行。各方将重点探讨落实"9·19"共同声明起步阶段各方应采取的行动和措施。各代表团于 7 日、8 日陆续抵京。有关各方在言谈中都对此次会议寄予厚望，将此次会谈视为取得突破的契机。

【译文】

ROK chief negotiator: six-party talks at "important crossroad"

BEIJING, Feb. 8（Xinhua）—Chief negotiator of the Republic of Korea（ROK）Chun Yung Woo said here Thursday afternoon that the current six-party talks on Korean Peninsular nuclear issue are at "an important crossroad" and the negotiations need to move from words to actions.

The denuclearization of the Korean Peninsular did not depend on any single party, Chun told reports when left hotel for the bilateral talks with Japan, "Therefore, joint efforts, wisdom and flexibility from all six countries are badly needed now more than any other time."

He said it is too early to be optimistic over the results of the talks now. There will be arduous negotiations in the following days.

In response to the question whether the United States and the Democratic People's Republic of Korea（DPRK）inked any memorandum on denuclearization during Berlin talks, Chun said he did not heard about it.

It is unsuitable for ROK to say anything about the discussion between the United States or the DPRK, said Chun, adding as far as he knows, Hill has denied the information.

The fresh phase of the six-party talks will resume in the Chinese capital later Thursday, focusing on initial steps to implement a 2005 joint statement.

The previous phase recessed in December last year after five days of negotiations which produced no breakthrough.

【解说】

1)编译是新闻翻译中一个常用的处理手法，尤其在政治性消息中十分常见。译者在保留原文主要内容，不随意割裂和打碎原文篇章结构的前提下，可以根据需要或个人喜好重组译文中的段落结构甚至调整段落顺序。

2)时间是新闻的生命线。在翻译过程中要格外注意时间表述方法的处理。汉语新闻习惯用具体的日期来体现新闻事实发生的时间，英语新闻则偏爱采用礼拜、周数来表示，因此在翻译中要注意汉语与英语的这一区别。

通常，在涉及外电、外报、外刊宣传的重大新闻时，往往需要采用编译的处理手法。例如，重大国际新闻事件、突发事件及对这些事件的反应；国际会议、双边或多边外交活动；重要讲话或报告；重大的地区性新闻事件；其他重大新闻事件，如全球性气候问题、经济衰退、自然灾害等等。

11.2.2　经济新闻

顾名思义，经济新闻就是有关经济、贸易问题的报道。它包括工业、农业、商业、金融和消费等各个方面。

为达到客观真实的效果，经济新闻，尤其是财经报道的正文中往往采用大量的引述。因此，一篇报道中源引政府官员、市场人士、分析评论专家的话层出不穷。引述可以是一段完整的话，或者一句话中的一部分，甚至是原话中一两个词。以下这篇新闻引自英国《金融时报》（*Financial Times*）。

【例】

Frenzied trading takes its toll on world's markets

By Christopher Brown-Humes and Gillian Tett in London

Friday, March 02, 2007

Financial markets swung wildly yesterday in frenzied trading marked by further selling of equities and fears about an unravelling of the global carry trade.

At the same time, trading in the European credit markets in London was exceptionally heavy as traders frantically reassessed their appetite for risk—prompting wild swings in the prices of key derivatives.

It was the third day of frenetic activity in the European credit markets, suggesting that equity market swings were prompting a wider repositioning of investors in a host of asset classes.

Wall Street—where the Dow Jones Industrial Average plunged more than 200 points in the opening minutes and the S&P 500 recorded a corresponding percentage fall—recovered strongly after the publication of strong manufacturing data.

At midday in New York the DJIA was down 0.32 per cent, or 39 points, at 12,229.70, while the broader S&P 500 index was 0.3 per cent lower.

The same pattern was seen in Europe where the FTSE Eurofirst 300 index, which was up 0.9 per cent in morning trade and down 2.4 per cent at its worst, partially recovered to end the day 0.9 per cent lower at 1,469.02. In London there was a near 200-point swing on the FTSE 100 index, which closed down 0.9 per cent at 6,116.0,

In Asia, the Nikkei 225 Average closed 0.9 per cent lower, with the Shanghai Composite in China falling a further 2.9 percent. US and European government bond markets rallied in the face of the equity sell-off.

It marked the third day of market turbulence that was initially triggered by a 9 per cent fall in the Chinese market on Tuesday.

【译文】

全球金融市场昨日继续动荡

[英国《金融时报》克里斯托弗·布朗-休姆斯(Christopher Brown-Humes)、吉莲·邰蒂(Gillian Tett)伦敦报道] 2007 年 3 月 2 日星期五

全球金融市场昨日剧烈动荡，交投疯狂。投资者继续出售股票，

同时投资者对解除全球套利交易(carry trade)头寸感到担忧。

与此同时，位于伦敦的欧洲信贷市场交易量异常巨大，交易员们疯狂地重新评估自己的风险承受能力，导致主要衍生品价格剧烈波动。

欧洲信贷市场已是第三天出现这种狂热的交易行为，表明股市的波动正促使投资者更广泛地调整各类资产的头寸。

美国股市在开盘后的几分钟，道琼斯工业平均指数(Dow Jones Industrial Average)暴跌超过 200 点，标准普尔 500 指数(S&P 500)也录得相应的百分比跌幅，但在强劲的制造业数据发布后强势反弹。[2]

截至纽约股市午盘，道琼斯工业平均指数下跌 39 点，至 12229.70 点，跌幅 0.32%；标准普尔 500 指数下跌 0.3%。

同样的格局亦见于欧洲股市。富时 Eurofirst 300 指数(FTSE Eurofirst 300)前市上涨 0.9%，最低下挫 2.4%，尾盘收复部分失地，最终收于 1469.02 点，全日下跌 0.9%。在伦敦股市，富时 100 指数(FTSE 100)振幅达到近 200 点，最终收于 6116.0 点，跌幅 0.9%。

在亚洲，日经 225 种股票平均指数(Nikkei 225 Average)收盘下跌 0.9%，中国的上证综合指数(Shanghai Composite)下跌 2.9%。面对股市的下跌，美国和欧洲的政府债券市场上涨。

这标志着市场动荡进入第 3 天。此次动荡最初由中国股市周二近 9%的跌幅所引发的。

【解说】

在经济新闻中，财经、金融消息非常常见。这类消息最显著，也是在翻译中需要注意的特点是：术语多、数字多、句式复杂。

1)消息中第 1 段和第 3 段中出现的"头寸"是金融行业常用到的一个术语，尽管译文相同，但原文中两处却并没有出现一个统一的与"头寸"相对应的表达。这就是译者在翻译过程中，根据原文意思，加上对金融知识的了解和运用，做出的专业的处理。

---

2 该段录自中文版《金融时报》(2007 年 3 月 2 日)，原译发生严重逻辑错误，并极易误导读者，总主编已重译。

2)一些常见的词汇在报道中有着与平时的理解不同的意义，例如"carry trade"，"equities"分别对应金融术语中的"套利交易"和"股票"。这样的词汇，如果按照一般理解而翻译成"运载交易"和"公正"，则必然影响全文的理解。

3)原文报道中第4段是一个完整的句子。如果生硬地套用原文结构，译为"道琼斯工业平均指数(Dow Jones Industrial Average)在开盘后的几分钟暴跌超过200点，标准普尔500指数(S&P 500)也录得相应的百分比跌幅的美国股市在强劲的制造业数据发布后强势反弹"，则难免晦涩，不符合汉语阅读的习惯，因此采用拆译，句子意思一目了然。

4)关于各指数数据及其跌涨情况的表达，也是要注意的。

11.2.3　科教与文化新闻

科教与文化新闻专注于科技新闻和文教动态，不仅具有传播信息的职能，还兼有教育和娱乐的作用。以下两则新闻均出自《金融时报》。

【例1】

China turns off two US channels

By Mure Dickie in Beijing

Friday, March 02, 2007

A joint venture between News Corp and Disney has had two of its sports channels cut from China's list of foreign broadcasters that may be distributed to hotels and upscale housing compounds.

The removal of the channels, run by Singapore-based ESPN Star Sports, is the latest setback for the two companies, which, like other international media groups, have struggled to establish a presence in the fast-growing Chinese TV market.

Star Sports and ESPN were not included in the 31 channels approved by Sarft—the state administration of radio, film and TV—for broadcast to hotels and compounds in 2007.

China International Television Corp, the state company that handles such distribution for foreign broadcasters, has blocked broadcasts of the two channels in at least one province, though they continue to air in key markets such as Beijing.

【译文】

中国将两个外国电视频道除名

英国《金融时报》王明(Mure Dickie)北京报道

2007 年 3 月 2 日 星期五

中国日前将新闻集团(News Corp)与迪斯尼(Disney)合资企业的两个体育频道，从可在酒店和高档住宅区播放节目的外国广播公司名单中剔除。

由新加坡 ESPN 星空体育(ESPN Star Sports)运营的两个频道被除名，是这两家公司遭受的最新挫折。与其他国际媒体集团一样，它们一直在艰难地争取进入迅速成长的中国电视市场。

中国国家广电总局(Sarft)日前批准了 31 个频道在 2007 年向酒店和高档住宅区播放节目，星空体育和 ESPN 都不在其列。

中国国际电视总公司(CITVC)至少已在一个省份停播了这两个频道，不过它们目前仍在北京等主要市场播放。中国国际电视总公司是负责为外国广播公司播放节目的中国国有企业。

(译者 朱冠华)

【例 2】

Applicants to be quizzed about parental degrees

By Jon Boone, Education Correspondent

Friday, March 16, 2007

University applicants will be asked to declare whether their parents have degrees to try to admit more students from poor backgrounds, the UK admissions service said yesterday.

Private schools attacked the decision, fearing that it would discriminate against middle-class students.

Jonathan Shephard, general secretary of the Independent Schools Council, said there would be no problem if the information about parents' backgrounds was used solely for research.

"But this information is of no relevance to admissions tutors—who are looking at candidates, not at parents—and should not be disclosed to universities," he said.

【译文】
英国大学招生：申请者须说明父母是否拥有学位
英国《金融时报》教育记者乔恩·布恩(Jon Boone)报道
2007 年 3 月 16 日　星期五

英国大学招生机构昨日表示，将要求大学申请者声明其父母是否拥有学位，以尽力录取更多(家庭)背景不太好的学生。

私立学校对这一决定表示批评，它们担心这会对来自中产阶级家庭的学生形成歧视。

英国私立学校委员会(Independent Schools Council)秘书长乔纳森·谢泼德(Jonathan Shephard)表示，如果父母的背景信息只用于调查，就没有问题。

他表示："但这种信息对于负责招生的教师没有实用价值，他们看的是学生，而不是学生父母。而且这些信息不应透露给大学。"

(译者　何黎)

11.3　特　写

特写(features)是相对于英语新闻而言的，在汉语新闻中与之相对的应该算是通讯。美国的丹尼尔·威廉森教授将特写定义为：一种带有创作性的，有时也带有主观性的文章，旨在给读者以精神享受，并使他们对某件事、某种情况或对生活中某个侧面有所了解。

特写的种类很多，不论是哪一种性质的特写，其写作形式或结构与消息报道不一样。它们一般没有特定的规律或格式可循。读者在阅读英文报纸时，可看到各种不同结构的文章，别开生面。有的略提一下整个会议程序和会场情景，专写一个问题的讨论，一个提案的提出，一次独特的会面，等等。有的抓住事件发展过程中的某一个富有情趣或人情味浓厚的细节，层层开掘，溯前追后，写出立体化的新闻。

总的说来，特写文章的篇幅比消息长得多，少则几百字，多则成千上万字。为了要引起读者兴趣，吸引他们一直往下看，作者常以细腻的笔触、挥洒自如的笔调突出表现事件的精髓。

对于典型的报纸编辑而言，人情味报道和特写文章被统称为"特写"或"特写报道"，其他特写包括专栏、卡通、戏剧节目，甚至包括除广告和社论外的所有内容。从记者的视角看，特写可以分为新闻性特写与非新闻性特写。而根据特写内容涉及的题材，则可以分为事件特写、场面特写、人物特写、景物特写、工作特写、杂记特写等六类。但不论那种分法，各类特写之间也不是互相排斥的，而是互补相容的。

汉语新闻中通讯的分类也与此基本一致。

【例】

A paradise for food-lovers

By Sumathi Bala, *Financial Times*

Monday, February 26, 2007

Singapore's Changi Airport has frequently been named by travel magazines as the best in the world. Arriving is an experience in itself. The airport is split into two terminals connected by a shuttle train that runs from 6am to midnight every day.

Everything goes like clockwork. Going through immigration and customs is a breeze: checks are done speedily and efficiently with hardly any waiting for luggage.

Those with time to kill between transits are spoilt for choice in things to do. There is an array of duty-free shops, high-quality airport lounges, food places and a fitness centre.

Getting to the city centre is easy. You can take the train or a cab. Taxis are regular and cheap compared with London or Tokyo. The drive to the city takes about 30 minutes and costs less than US$15. The underground train takes you right to the heart of Singapore, and is even cheaper.

Where to stay

The best business hotels are superbly located and offer world-class service with modern facilities. If you want to enjoy the lap of luxury then Fullerton Hotel is the place to stay. In the central business district, it is a 25-minute drive from the airport. Its neo-classical colonial architecture with tall Doric columns, gives it a majestic look.

There are other equally commendable hotels near the business district: for instance, the Swissotel The Stamford Singapore, Ritz Carlton and Four Seasons Singapore.

For the budget-conscious who prefer a no-frills place to stay, there are boutique hotels around Chinatown and Little India, not too far from the city centre. Most provide high-speed internet access, have an impressive menu, and are close to convenient transport.

Where to eat

Singapore is a food-lover's haven. Be it Chinese, Indian, Japanese or European—one can find all types of cuisine in the city-state because its multicultural population means many restaurants offer fusion cuisine.

If you are into fine dining, then hotels are the best bet with their sumptuous buffet spreads. For instance, the Courtyard at Fullerton Hotel serves an Indian curry buffet featuring north Indian curries, and a Japanese buffet of authentic specialities including fresh sashimi for lunch.

For authentic local food, one of the best is Lau Pa Sat, close to the business district. Built in 1894, it is the largest remaining Victorian filigree cast-iron structure in south-east Asia.

It used to be a wet market, but has been restored and is a food centre.

The food is cheap. A plate of chicken rice, a popular local Chinese dish, is US$3. At night, the place comes alive with foreigners wanting barbecued sea food prepared on the spot.

For those craving western food, there are snazzy and quaint restaurants along Clark and Boat quay, offering plenty of choices. Most serve authentic Italian and French food.

This stretch faces the Singapore River and at night bustles with entertainment and activity. Dining can be a feast for the eyes as well as the tastebuds.

What to do

Contrary to what you hear, Singapore does not have a boring night life. Clark Quay and Boat Quay are the best spots for entertainment. The stretch is always heaving with throngs of working professionals and expatriates dancing and drinking at the pubs and clubs.

For those who want a quieter, more laid-back place then Holland Village is the place. Tucked away in the western side of Singapore, it has an alley of bars and lounges.

Paying a visit to the Esplanade—theatres on the bay—is a must during the day. It presents a myriad of local and international performances from musicals and concerts to dance and theatre. Outdoor performances and lunchtime concerts offer casual and light-hearted entertainment. It is a great place to soak up the atmosphere even if you do not want to see a performance.

【译文】

新加坡美食何处寻

作者：英国《金融时报》苏马蒂·巴拉(Sumathi Bala)

2007年2月26日　星期一

新加坡樟宜机场(Changi)频繁地被旅游杂志评为全球最佳机场。到达樟宜机场本身就是一种体验。这个机场有两个候机楼，由一列短程往返列车相连，列车每天从早 6 点运行到午夜。

一切都像时钟一样精确无误。办理入境和通关轻而易举：检查进行得迅速、高效，几乎不用等行李。

那些要在转机期间消磨时间的人，简直要被众多选择给宠坏了。这里有大量的免税店、高等级的机场休息室、美食区和一个健身中心。

到达市中心很容易。你可以乘坐地铁或出租车。与伦敦或东京相比，新加坡的出租车又多又便宜。开到市里大约要用 30 分钟，费用还不到 15 美元。地下的地铁能把你直接带到新加坡的中心地带，费用甚至更低。

住在哪里

最好的商务酒店建得非常壮观，提供世界一流水准的服务，拥有现代化设施。如果你喜欢奢侈的环境，那么，浮尔顿酒店（Fullerton Hotel）是个好去处。它位于中央商务区，距离机场 25 分钟车程。它那带有多立克（Doric）柱的新古典主义殖民地风格建筑，让它看起来非常宏伟。

在商务区附近，还有其他一些同样值得推荐的酒店，例如新加坡史丹福瑞士酒店（Swissotel The Stamford Singapore）、丽思·卡尔顿酒店（Ritz Carlton）和新加坡四季酒店（Four Seasons Singapore）。

对于想省点钱、宁愿找个"能省就省"住处的人来说，在新加坡唐人街"牛车水"（Chinatown）和"小印度（Little India）"周边有一些小旅店，离市中心也不太远。大多数小旅店都提供高速上网服务，有不错的菜肴，而且交通便利。

美食何处寻

新加坡是美食爱好者的天堂。不管是中国人、印度人、日本人，还是欧洲人——你总能在这个"城市国家"里找到所有类型的菜肴，因为新加坡的多元文化人口，决定了许多餐馆都提供融合的菜式。

如果你想来顿精美大餐，那么，拥有豪华自助餐的酒店可谓最佳选择。例如，浮尔顿酒店大堂提供一种印度咖喱自助餐，特色是印度北部的咖喱菜。那里还提供一种正宗的日餐自助，午餐有新鲜的生鱼片。

要吃地道的当地食品，最好的去处就是"老巴刹（Lau Pa Sat）"，那里离商务区很近。"老巴刹"建于 1894 年，是东南亚现存最大的维多利亚时期装饰优美的铸铁结构建筑物。

它曾经是一个农贸市场，但经过了重建，现在是一个小吃中心。

食物很便宜。一盘鸡饭（当地很受欢迎的一种中国菜）是 3 美元。夜晚，这个地方热闹起来，想吃海鲜烧烤的外国人在那里现烤现吃。

对于那些钟爱西餐的人来说，沿着克拉码头（Clarke Quay）和驳船码头（Boat Quay）有一些时髦、奇特的餐馆，提供了诸多选择。大多数餐馆有正宗的意大利菜和法国菜。

这里面朝新加坡河（Singapore River），夜晚来临的时候一片笙歌。用餐既可大快朵颐，还能够享受到一场视觉盛宴。

做点什么

与你听到的情况截然相反，新加坡的夜生活并不乏味。克拉码头和驳船码头是最好的娱乐场所。这里总是有一群又一群的上班族和外国移民，在酒馆和夜总会里跳舞畅饮。

如果想找个更安静、更闲适的地方，就去荷兰村（Holland Village）。那里偏安于新加坡西侧，有一条全是酒吧和休闲场所的小巷。

去一趟新加坡滨海艺术中心（Esplanade），是白天必做之事。那是在海湾建的表演艺术场馆。它提供各种各样的当地及国际演出，从音乐剧、演奏会到舞会和戏剧都有。户外表演和午餐时间的演奏会提供了休闲、轻松的娱乐节目。就算你其实并不想看演出，到那里去感受一下氛围，也是很不错的。

【解说】

1) 从以上新闻特写稿不难看出，新闻特写的文字相较消息、社论而言，是相对轻松而随意的。

2) 在这篇特写中，作者着重在对新加坡的食、住、行的描写，意图以此吸引读者，激发其对新加坡旅游的向往。从交际功能来看，这篇特写有着明显的诉求性倾向，因此译文也应忠实地实现这一功能，力求在中文读者的角度，以通俗且有具有煽动力和吸引力的文字，实现对原文的诉求功能的传递。

3) 从另一角度来说，特写的翻译更相似于文学类翻译。翻译过程中应注意，在不曲解原文意思的基础上，力图展现原文作者所要传达和突出的内容及目的。

11.4　社　论

前面已经提过，社论(editorials)作为报纸的灵魂，代表着报社的言论，最集中地体现某种立场、观点，常常及时地评述当前社会上的重大事件或问题。这样的体裁职能决定了它言辞明快犀利的特点。在结构上，社论通常采用夹叙夹议的手法，因此文章在充分尊重客观事实的同时，也体现出作者的观点。

在题材上，汉语社论与英文社论有一定的差别。西方媒体往往从追求最大商业利益出发，所选取题材自然而然偏向广大读者可能相对较为感兴趣的话题，以实现尽可能大的报刊销售量，因此，英文社论题材通常倾向于社会最热点问题；而中国的新闻事业作为我国政治生活的组成部分，承担着党和国家政策的喉舌、人民的喉舌的作用，其主要作用不是为了谋取商业利益，而是为了在舆论导向上引导人民，因此在题材的选取上更加注重其教育性和反映党和人民的呼声，也因而更偏重于政治内容。

【例1】

Dry reality—China and India face up to curbs on carbon

By Richard McGregor in Beijing and Jo Johnson in New Delhi

Thursday, March 01, 2007

Beijing's eerily mild winter has provoked anxious media coverage in the Chinese capital. In India, the melting of the Himalayan glaciers that feed the country's great river systems is alarming policymakers. The world's two fastest-growing large economies are growing increasingly conscious of the global warming in which their rapid development is playing a part.

The politics of pollution has also been brought home in recent weeks with the publication of the report of the United Nations' Intergovernmental Panel on Climate Change—containing a fresh and, in Beijing and New Delhi, unwelcome focus on the role of the two Asian behemoths.

The UN report signals a decisive shift in the debate, drawing attention not just to overall levels of carbon emissions released into the atmosphere—largely from industrialised countries, led by the US—but also to the rising flow of greenhouse gases from big developing nations.

After a quarter-century of improvements, China's surge of investment in heavy industry and power capacity since 2000 has seen energy efficiency levels retreat and pollution measurements soar. China added power capacity last year equal to the entire grids of the UK and Thailand combined, 90 per cent of it coal-fired, to feed its growing stack of steel, aluminium and cement plants and the like.

By 2009, says the International Energy Agency, China will have overtaken the US as the largest emitter of the portion of greenhouse gases that are energy-related. "In the past three to five years, [China] has gone on this frenzy of investment, and in this frenzy, they have lost a lot of their energy efficiency," adds Jim Brock, a Beijing consultant.

Although China and India acknowledge their emissions are rising, they argue that, per capita, these remain a tiny fraction of those from developed countries. Moreover, China's cumulative emissions are only one-third of those of the US and one-sixth of those of all the developed countries grouped in the Organisation for Economic Co-operation and Development, according to the World Bank. The cumulative emissions of India, which has a higher energy efficiency rate than China, are about one-tenth those of the US.

The initial reaction in both countries to international pressure has been to point to the refusal of the US and rich fellow-travellers such as Australia to sign the Kyoto Protocol for mandatory emissions caps. "As the biggest developed country and the biggest emitter of greenhouse gas, the irresponsible remarks and behaviour of the US government will only leave an impression of it being 'heartlessly rich'," sniped the People's Daily, mouthpiece of China's ruling Communist party, in the wake of the UN report.

Gao Guangsheng, the director of China's Climate Change Co-ordination Office, pointedly singled out Australia, population 20m, at a recent conference in Nairobi, saying that if it had as many people as China's 1.3bn, its carbon emissions would total 8.6bn tonnes a year. China's emissions are now about 1.3bn tonnes a year.

"China uses coal not because we love coal but because that is the resource we have," he said.

The US and Australia in turn cite China and to some extent India to justify their own refusal to move on the issue, arguing that new caps are pointless until Beijing and New Delhi come on board. "Climate change to date is an area where the US and China seem locked in an unholy alliance of inaction, at least at the federal level," says Elizabeth Economy, of the Council on Foreign Relations in New York.

Beijing and New Delhi have already begun to rehearse their arguments in advance of any new global negotiations for a post-Kyoto accord. In an interview with the *Financial Times*, Palaniappan Chidambaram, India's finance minister, reiterates what amounts to the country's doctrine of its "right to develop", a view also advanced by Beijing.

"We are prepared to assume our share of the responsibilities and obligations, provided the world recognises we have a right to grow and that means that we will consume large quantities of energy and, second, that we need to be given access to clean technology, including civilian nuclear energy," he says. "If these two points are recognised, I have no doubt that India and other developing countries will come forward to assume their share of the responsibilities. But we are not the largest polluter: our carbon emissions are still very small."

China is in the crosshairs of the global community, more so than India because its economy has grown faster than that of its neighbour, is more reliant on heavy industry and is thus more energy intensive. In recognition of the problem, China's leaders have set stringent numerical targets for improving energy efficiency per unit of economic output by 4 per cent annually in the five years from 2006. So far, however, they have failed to meet the benchmark, an embarrassment for Beijing as it was one of only two numerical targets in the latest five-year economic plan.

"Without major incentives to support energy efficiency technologies and discourage wasteful practices, it is almost certain that the target won't be met," says Jiang Lin, of the China Energy Group at the University of California, Berkeley.

Both China and India suffer from acute air and water pollution. In 83 Indian cities for which air quality monitoring data are available, more than 84 per cent of the population was in 2004 forced to inhale poor, bad or dangerous air. Only 3 per cent had access to air that was rated good. China is home to 16 of the world's 20 most polluted cities, with dirty air causing the premature deaths of 400,000 people a year. About 340m people, about a quarter of the population, do not have access to clean water.

With such pressing short-term issues on the desks of central and local government leaders, the ability of the political system to tackle global warming may be limited, even if the urgency is recognised. "If China can't even get traction on cleaning up the water supply, it is difficult to see how it can get traction on this," says Ms Economy.

Still, both China and India are clearly concerned about climate change for their own sakes, let alone the impact on the rest of the world. In China, scientists warn that the impact of rising temperatures on the Qinghai-Tibet plateau could alter the amount of water flowing into the Yangtze and Yellow rivers, which originate in the region. The same sort of impact may be felt in key Indian river systems. Glacial melt would lead to increased summer flows in some directions for a few decades, followed by a reduction as glaciers disappear.

India's agricultural productivity, already flagging, is thought likely to suffer because of high temperatures, drought, flood and soil degradation. The Chinese media have cited similar scenarios, including a fall in grain output by 10 per cent a year from 2030. Such threats run counter to the maintenance of food security, which both governments prize.

This means, as in the developed world, that both industry and consumers will need to be cajoled to change their ways. "It is the unbridled luxury consumption of its affluent classes that is driving the giddy rise in India's greenhouse gas emissions," maintains Praful Bidwai, a social and economic commentator. "The majority of Indians remain as frugal as ever in their use of resources. This makes it imperative that India move towards accepting deep cuts in emissions, in particular those relating to private vehicles, the profligate use of energy and water by the rich and the skyrocketing consumption of air conditioners, washing machines, microwave ovens and plasma and liquid crystal display television sets."

The more industrial China is eyeing fuels such as coalbed methane. Extracting methane from China's bountiful coal reserves can transform a dirty, carbon-heavy by-product of a dangerous mining industry into a relatively clean and potentially competitive fuel.

In both countries, traditional coal fuels will still be the dominant source of energy in 2020. But nearly all of the energy-consuming products that will be in existence by then have yet to be manufactured, giving the two governments scope to encourage citizens and businesses to choose efficient examples of goods such as refrigerators, air conditioners and boilers.

A Beijing-based economist says he has a simple message he uses to remind Chinese officials of the urgency of the issue. "There are a lot of low-lying areas in China," he says. "And if the Greenland ice caps melt, [landlocked] Mongolia will have a coastline."

【译文】

全球变暖到中印

英国《金融时报》马利德（Richard McGregor）北京、乔·约翰逊（Jo Johnson）新德里报道

2007 年 3 月 1 日　星期四

　　在中国首都北京，异常的暖冬天气已经引起各家媒体的忧虑和关注。在印度，作为该国河流系统的源头，喜玛拉雅冰川的加速融化正在警告决策层。这两个全球增长最快的大型经济体，正在日益切身感受到全球变暖所带来的影响，而它们自身的快速发展也正是全球变暖的原因之一。

　　最近几周，随着联合国（UN）下属的政府间气候变化问题小组（Intergovernmental Panel on Climate Change）发布了一份报告，污染政治学（politics of pollution）也成为人们关注的焦点。在这份报告中，人们首次把目光投向这两个亚洲大国在全球气候变化中的作用，而北京和新德里方面对此并不"买账"。

　　联合国的这份报告，标志着有关全球变暖的争论出现了一个决定性的转变，人们关注的焦点不再局限于碳排放总体水平（多数温室气体来自以美国为首的工业化国家），同时也更加关注大型发展中国家不断增加的温室气体排放量。

　　在 2000 年之前的 25 年中，中国的能源利用效率持续改善，但在 2000 年之后，随着中国重工业和电力行业出现投资热潮，中国的能源利用效率出现了倒退，污染水平则一路飙升。为了给一座座拔地而起的钢铁厂、炼铝厂、水泥厂提供电力，仅去年一年，中国新增的发电能力就相当于英国和泰国全部发电能力的总和，而其中 90%来自于燃煤发电。

　　国际能源机构（IEA）预计，到 2009 年，中国将取代美国，成为全球最大的能源相关温室气体排放国。驻北京的能源咨询师吉姆·布洛克

(Jim Brock)称："在过去三、五年中，（中国）出现了一轮投资热潮，而在这一轮热潮中，他们的能源效率下降很多。"

虽然中国和印度承认它们的温室气体排放量正在上升，但它们认为，按人均水平衡量，它们依然远远低于发达国家。此外，来自世界银行(World Bank)的数据显示，中国的累计排放量仅相当于美国的三分之一，相当于经合组织(OECD)全部发达国家排放总量的六分之一。印度的能效高于中国，而它的累计排放量仅相当于美国的十分之一。

面对国际社会的压力，这两个国家的第一反应，就是把矛头指向美国及其富裕盟友(如澳大利亚)，指责它们拒绝签署强制限定温室气体排放的《京都议定书》(Kyoto protocol)。中国共产党的机关报——《人民日报》(People's Daily)在这份联合国报告发布后表示："作为世界上最大的发达国家和最大的温室气体排放国，美国政府推卸责任的这种言行，只能让人对美国生出'为富不仁'的感觉。"

中国国家气候变化对策协调小组办公室主任高广生最近在内罗毕出席一个研讨会时，尖锐抨击了人口只有 2000 万的澳大利亚。他表示，如果澳大利亚像中国一样拥有 13 亿人口，它的碳排放量将达到每年 86 亿吨。中国目前的碳排放量约为每年 13 亿吨。

他说："中国使用煤炭，并非我们喜欢煤炭，而是因为这是我们所拥有的资源。"

反过来，美国和澳大利亚则以中国为例(稍带着提到印度)，为自己拒绝在这一问题上采取行动进行辩解。它们认为，除非中国和印度参与进来，否则，新的排放限制毫无意义。美国对外关系委员会(Council on Foreign Relations)的易明(Elizabeth Economy)表示："到目前为止，美中两国在气候变化问题上似乎达成了互不作为的'非神圣同盟'(unholy alliance)，至少在国家层面上是如此。"

其实，中国和印度在其他各国就后京都议定书展开新的全球谈判之前，已经表明了它们自己的观点。印度财政部长帕拉尼亚潘·齐丹巴拉姆(Palaniappan Chidambaram)在接受英国《金融时报》专访时，重申了印度经常挂在嘴边的"发展权"问题。中国也持这一观点。

"倘若世界认同我们的发展权，那么，我们将准备承担我们应尽的责任和义务。所谓发展权，就是我们将消费更多能源，其次就是我们需要获取清洁能源技术，包括民用核能。"他表示，"如果这两点都得到认同，我坚信印度和其他发展中国家将会主动承担自己应尽的责任。不过，我们不是最大的污染者：我们的碳排放量依然很少。"

中国是国际社会聚焦的中心，其经济增长速度比印度更快，也比这个邻国受到更多关注。中国对重工业的依赖更加严重，因而单位能耗也更高。由于认识到问题所在，中国领导人拟定了严格的数字目标，要在从 2006 年开始的 5 年内每年将单位经济产出的能耗降低 4%。然而到目前为止，他们并未实现这一目标。中国政府为此颇感尴尬，因为中国政府在最新的五年经济发展规划中仅设立了两个数字目标，降低能耗就是其中之一。

加州大学伯克利分校(University of California, Berkeley)中国能源小组(China Energy Group)的江林(音译)表示："几乎可以肯定，如果不采取重大激励措施来支持能效技术、反对浪费行为，这个目标就不会实现。"

中印两国都受到了严重的空气污染和水污染。2004 年，在 83 个有空气质量监测数据的印度城市中，超过 84%的人口被迫吸入质量较差、差甚至是危险的空气。只有 3%的人吸入的空气质量评级为良好。在世界污染最严重的 20 座城市中，有 16 座在中国，肮脏的空气每年导致 40 万人过早死去。约有 3.4 亿人(占中国总人口的四分之一左右)，不能享用洁净水。

鉴于有如此迫切的短期问题需要中国中央和地方领导人去解决，即便这个政治体系意识到了解决全球变暖问题的迫切性，其能力或许也很有限。易明表示："如果中国甚至不能着力解决洁净水供应的问题，也就难以着力解决全球变暖的问题。"

不过，中印两国为了自身的利益，显然也很关注气候变化，更不用说气候变化对世界其他国家和地区的影响。在中国，科学家警告称，青藏高原气温的升高可能会改变流入发源于青藏高原的长江和黄河的水量。印度的主要水系可能也会感受到同样的影响。冰川的融化可能在未来数十年导致部分河流夏季流量增加，然后随着冰川的消失而减少。

据信，高温、干旱、洪涝和土质恶化，可能会损害目前已经在下降的印度农业生产率。中国媒体也提到了类似的景象，例如，从 2030 年开始，粮食产量将以每年 10%的速度降低。这种威胁与两国政府所珍视的"维护农业安全"格格不入。

这意味着，和发达国家一样，两国需要诱使其工业和消费者改变自身的生产和生活方式。社会和经济评论家 Praful Bidwai 坚持认为："导致印度温室气体排放量惊人增长的正是印度富裕阶层无节制的奢侈消费。绝大多数印度人在使用资源时仍和以前一样节俭。因此印度迫切需要采取措施，大幅削减温室气体排放，特别是私人汽车、富裕阶层肆意使用能源和水资源以及空调、洗衣机、微波炉、等离子和液晶电视消费飙升造成的温室气体排放。"

工业程度更高的中国将目光放在了煤基甲烷等燃料上。从中国丰富的煤炭储备中提取甲烷，可以将危险的采煤行业高碳含量的肮脏副产品转化为一种相对洁净，而且具有竞争潜力的燃料。

到 2020 年，传统的煤炭燃料仍将是中印两国主要的能源资源。但是那时将存在的能耗产品中，约有半数目前尚未投产，因此两国政府还有机会鼓励本国国民和企业在生产和消费冰箱、空调和锅炉等商品时，选择能源效率高的产品。

一位驻北京的经济学家表示，他经常用一个简单的例子来提醒中国政府官员全球气候变暖问题的迫切性："中国有很多地势低洼的地区，如果格陵兰冰盖融化，目前属于内陆地区的蒙古将来就会为海水所包围。"

（译者　吴亚锋　刘红云）

【例2】

Ping an insurance

Lex, *Financial Times*

Friday, March 02, 2007

Thursday provided another reminder that global market movements—unlike, say, deflation or mobile handsets—are not made in China. Two days after the Chinese domestic equity market fell out of bed, Ping An Insurance shares leapt 38 percent on their debut.

Sure, Ping An sells insurance in the world's biggest market, but that alone hardly justifies a price-to-book multiple that is four times the industry's global average. Indeed, investors outside China value shares in Ping An, which is partly owned by HSBC, at a 28 per cent discount to the new mainland shareholders. Yawning valuation gaps exist among many of China's dual-listed stocks. China Life, Ping An's bigger rival, is 40 per cent cheaper across the border in Hong Kong.

International norms clearly do not apply, even though China's domestic-currency "A" share market now has a capitalisation of US$1,400bn. Stocks trade largely on sentiment, which can turn on a dime: witness Air China, which was forced to scale back its IPO last summer due to tepid demand. Structural constraints persist. Domestic investors have few investment options, so in good times huge over-subscription rates are more or less guaranteed—along with top-dollar prices and impressive first-day pops. Since the start of the decade, Chinese IPOs have consistently produced high average one-day returns. So far this year the average pop is 70 per cent, compared with 22 per cent in neighbouring Hong Kong (SAR) and 44 per cent in Japan, according to Dealogic.

A sentiment-driven market spiralling higher—even after Tuesday's correction, the Shanghai "A" share market is in positive territory this year and up 114 percent in the past 12 months—looks like a classic bubble. Regulators have warned as much, and may well intervene. But the bursting, like the bubble, will be essentially domestic. Foreigners have less than $10bn in the market, or about the same as in a mid-sized private equity deal, and should have more pressing things to fret about than Chinese share prices.

【译文】

全球股市波动并非中国制造

英国《金融时报》LEX 专栏

2007 年 3 月 2 日　星期五

　　周四再次提醒人们，与通货紧缩或手机不同，全球市场的波动并非中国制造。在中国国内股市暴跌两天后，平安保险(Ping An Insurance)股价在上市首日大涨 38%。

　　诚然，平安是在全球最大的市场上卖保险，但仅凭这一点，很难证明其市净率较全球保险业平均水平高出三倍是合理的。实际上，中国境外投资者对平安保险的估值较其内地新股东低 28%。许多两地上市的中国股票都存在令人瞠目的估值差距。平安保险最大竞争对手中国人寿(China Life)香港上市的股价就较内地低 40%。汇丰(HSBC)持有平安保险的部分股权。

　　尽管目前以人民币计价的中国 A 股市场市值已达 1.4 万亿美元，但国际准则在这里显然并不适用。股票交易主要取决于变化无常的市场人气：以中国国航(Air China)为例，由于市场需求不旺，该公司去年夏季被迫削减了首次公开发行(IPO)规模。结构性制约因素依然存在。中国国内投资者的投资渠道非常有限，因此，在市场行情好的时候，新股发行基本上可以保证获得极高的超额认购率——还有高股价和惊人的首日涨幅。自 2000 年以来，中国内地 IPO 始终保持着高水平的单日平均回报率。Dealogic 的数据显示，今年迄今为止，中国内地 IPO 的首日平均涨幅为 70%，相比之下，邻近的香港特别行政区和日本则分别只有22%和44%。

　　一个靠人气推动的市场不断走高似乎是一个典型的泡沫——即便经过周二的大幅回调，上海 A 股市场仍高于去年年底的水平，过去 12 个月累计上涨 114%。监管机构已发出大量警告，并很可能采取干预措施。但和泡沫一样，泡沫的破裂实质上只会波及国内市场。外国投资者在中国 A 股市场的投资额不足 100 亿美元，仅大致相当于一笔中等规模的私人股本交易。与中国公司的股价相比，他们应该还有一些更紧迫的事情需要担忧。

(译者　朱冠华)

【练习题】³

1. 据资深新闻报人林永年⁴总结，我国目前新闻报道形式一共不少于 68 种。你认为英文的新闻报道形式有这么多吗[PT]？

2. 坚持常常阅读英文报纸的习惯，增强对英美新闻消息具体写法的感性认识，同时试着自己直接用英文来撰写简明新闻，并思考我们国内的英语新闻报道有哪些不同[C]+[A]+[PT]。

3. 找出香港英文报纸中的特写，模仿写出相关题材的内地特写[C]+[A]。

4. 研究《亚洲华尔街日报》中有关中国大陆的旅游新闻报道的双语文本，模仿译写一篇有关你家乡的旅游新闻报道[C]+[A]+[AP]。

5. 研究中国政府或报刊社论的英文文本，试着翻译或编译一篇地方政府或报社的有关社论[C]+[A]+[AP]。

3　本章可涉及的新闻题材非常广泛，主题资料难以穷尽，我们特改换出题方式。

4　《浙江日报》高级编辑，从事新闻工作 45 年，出版《新闻报道形式大全》(浙江大学出版社，2003 年)等专著。

Chapter 12

两种常用手段：摘译与编译

12.1 摘译与编译简述

新闻在翻译的过程中往往需要做不同程度的改写（adapting/rewriting），除了一般翻译技巧上的增删和改变外，有时需要对全篇进行必要的整合、摘取和重写，有时需要额外增加一些背景材料等，以适应不同读者的需求和阅读习惯。一些新闻翻译工作者常说编译不分家，就是指新闻翻译都需经过一定的编辑和加工。最常见的两种编辑加工形式就是编译与摘译。

"摘译是根据翻译的特定要求从原文（一文或一书）中选取部分以反映该文献的主要内容或译文读者感兴趣的部分内容的变译形式。"（黄忠廉，2000：56）

"编译，简言之，指编辑和翻译，是夹杂着编辑的翻译活动，是先编后译的过程，是根据翻译对象的特殊要求对一篇或者几篇原作加工整理后再进行翻译的过程。"（黄忠廉，2000：100）

有的学者把摘译看作是编译的一种形式，诚然，编译是以摘译为前提的，编译的过程中必然包括对原文内容的删减，但是编译比摘译复杂得多，需要对原文的内容进行重新组合，需合并或者拆分句子、段落以及篇章，对于逻辑混乱、层次不分的文章还需重新调整顺序。

新闻翻译被称为第二次报道，这说明在新闻翻译里，译者的编辑整理工作占了相当大的比重。因此，新闻翻译者从某种程度上说既是译者，同时也是编者，在新闻翻译中，大部分新闻翻译采取编译和摘译的形式。编译和摘译在新闻翻译中比较流行，原因是多方面的。

第一，现在的翻译理论界把读者的反应放在第一位，新闻翻译比其他体裁的翻译更关注读者对译文的反应情况，因为在当今社会，各种各样的媒体向读者袭来，每家报社都在争取最大数量的读者，如果没有一定数量的读者，报社则会面临倒闭，所以新闻译者应该把读者的需求放在第一位，在翻译国外的新闻时，应根据国内读者的兴趣对原文进行加工整理，要在有限的篇幅内把原文的精华部分呈现给读者。

第二，无论是对外宣传还是将国外新闻介绍给国内读者，都受一定意识形态的影响。报纸属于宣传工具，都是为一定的阶级利益服务的，为了维护国家利益，对于一些危害国家利益的歪曲报道，有损国家形象的负面报道，必须进行删减、改编，去伪存真。

第三，新闻都讲究时效性，要在第一时间内把国内外发生的大事呈现给读者，如果对原文内容不加取舍进行全译，会耗费大量的时间，因此要摘取读者所需部分进行翻译，做到省时高效。此外，由于英汉两种语言的差异，翻译时文章的长度会发生变化，加之有版面和时间的限制，有些新闻只能采取摘译、编译的形式。同时，有些原文的质量良莠不齐，对于逻辑混乱、语义重复罗唆的原文，必须进行去粗取精，实行某种程度上的删减、改写，让译文读者在有限的篇幅内获取重要信息。

编译与摘译这两种翻译手段在实际的新闻翻译操作中也产生了一些问题。有些译者打着"编译与摘译"的幌子，实际上是胡编乱译，把原文改得面目全非，一篇新闻报道编译过后，原文的意思荡然无存，从而误导读者。编译与摘译应以传达原文的主要意思为主，给译者以一定的自由发挥空间，译者可以根据读者的需要对原文进行适当的删减、改编，但是编译、摘译的重点在译，应该以原文表达的意思为主，而绝非胡编乱译，脱离原文，任意发挥，因此在进行编译与摘译时，要取舍有度，"从心所欲，不逾矩"，才是编译、摘译的最高境界。

编译与摘译存在的另一个问题是对于读者的需求和兴趣，译者不得不进行揣测，毫无疑问，这个过程带有译者的主观性，可能翻译出的内容是译者感兴趣的内容，而非广大读者感兴趣的内容，新闻编译者在翻译时，需要把自己的主观判断与广大读者的客观需求相结合。因此新闻编译者在对新闻报道进行编译的过程中，应做到客观公正，尽量避免把自己的主观观点强加给译文。

12.2 新闻摘译的基本原则

"无规矩不成方圆"，新闻摘译并不是对原新闻的随意删减。有一定工作经验的新闻翻译者都明白，新闻摘译需要遵循一定的原则。只有遵循这些基本原则，才能把新闻的精华部分及时准确地传递给有特定需求的读者。以下是新闻翻译中应遵守的几项原则：

一、突出重要信息

新闻中的所有信息并非同等重要，英语新闻写作较为常用的是倒金字塔式结构，即按照信息的重要性来安排他们的顺序，信息的重要性呈递减顺序。对于这种结构，可以把后面的次要信息删去不译。译者在进行摘译时，一定要把新闻的重要信息译出来，删去次要信息，严禁主次不分，本末倒置，否则就会降低新闻的质量。因此，译者在进行摘译时，首先要区分重要信息和次要信息，在摘译中突显重要信息，删减次要信息。

二、满足读者需求

对于新闻摘译来说，在删减信息时，应该把读者的需求、兴趣放在第一位。有些原文的信息可能很重要，但是这些信息与译文读者无关，不符合他们的需求，可删除不译，即使译者译了，也是在做无用功，因为没有人愿意看，也会影响报纸的销量。因此在摘译前，一定要对读者的需求、兴趣进行调查，如果没有时间，至少也应该对这些进行推测估计，做到有的放矢。有的译者以自己的兴趣代替广大读者的兴趣，根据自己的意愿随意删除信息，这样的译文带有译者的主观判断性，也不能客观公正地处理原文的信息，不能代表广大读者的阅读兴趣，因此译者应该把自己的主观喜好排除在外，尽量使自己隐形，而让广大读者现形。

三、内容简要精炼

原文的信息可能重复罗嗦，详略不当，主次不分，摘译后的译文，应该言简意赅，详略得当，中心突出，让读者对原文的信息结构一目了然，省去读一些重复信息或者无效信息的时间，提高阅读的效率。摘译本身就意味着浓缩原文的精华，去掉拖沓赘余的信息，把一篇简要精炼的译文奉献给读者。

四、结构完整，衔接连贯

在摘译之前，要对新闻的篇章结构有一个整体上的把握，然后再决定信息的取舍，切忌"只见树木，不见森林"。对次要的信息删减后，各个部分之间需要衔接连贯，过渡自然，确保删减过后，仍然是一篇结构完整的新闻。

12.3　新闻摘译的基本方法

新闻摘译可分为三个层次：句中删词(词组)译、段中摘句译、篇中摘段译。

12.3.1　句中删词(词组)译

"句中删词(词组)译以句意为轴心。一句中总有句的主干和枝叶，有信息重心、次重心和非重心，有对译(读)者有用和无用的信息等"(黄忠廉，2000：25-26)。句中删词是为了使表达更加精炼，删除语义重复的部分，删去信息"次重心"和"非重心"，能让读者在较短的时间内获取信息"重心"。

【例1】The RobuROC 6 measures 63×31×20 inches（160×78×50cm）and weighs 352 pounds（160kg），with Lithium-ion batteries good for 3-5 hours of operation. It can carry 220 pounds（100 kg），and has a maximum speed just over 8 mph（3.6 meters/second）.

（来源于 http://linuxdevices.com）

【摘译文】RobuROC 6 长 160 厘米，宽 78 厘米，高 50 厘米，重 160千克，锂离子电池可供它连续工作 3—5 小时。它的载重量达

100 千克，最大时速每小时 13 千米。

对照原文和译文不难发现，原文的数量单位提供了两种，而在译文中只剩下一种，这是因为中国的读者对 inch（英寸）、pound（磅）这些计量单位都不太熟悉，感觉不出数量的大小，因此只要译出括号内的千克（kg）、厘米（cm）这些数量单位即可。删去信息重复部分之后，句子显得短小精悍，方便读者阅读。

【例2】We still don't feel like consumers are rushing out to buy those portable but quirky UMPCs（well, an unnamed Engadget editor actually <u>did</u> rush out to buy one—and returned it shortly thereafter）, but it seems like the form factor is here to stay anyway, and now Korean manufacturer Daewoo Lucoms—<u>a spin-off of Daewoo Electronics</u>—has released its own version called the Solo M1.

（来源于 http://www.engadget.com）

【摘译文】我们并不认为消费者会冲去买那些可以携带，但是易出问题的 UMPCs，但是这种现象似乎确实存在，现在韩国的制造商 Daewoo Lucoms 推出了新产品 Solo M1.

对照原文和译文，不难发现原文括号中的文字（即：一位 Engadget 的编辑真的冲去买了一台，不久便又退了）在译文中被删去了。括号里的信息对于读者是多余的信息，既然"并不认为消费者会冲去买"，怎么自己身边还有人去买，这不是自相矛盾吗？或者作者认为，文字"不久便又退了"，是在证明 UMPCs 容易出问题，这也只是在为第一句话提供更加具体的例证，严格地说，和第一句是语义重复，翻译时，宜删去。"a spin-off of Daewoo Electronics" 在译文中也删去了，因为这只是对 Daewoo Lucoms 的解释说明，这些有关韩国公司的具体背景知识，不是译文读者关心的信息重心。

【例3】位于广东省粤北偏远山区的连南瑶族自治县近年在整合教育资源，动员社会力量办学方面不甘落后，基础教育事业取得了长足进步。（2006 年 07 月 09 日　来源：中国教育新闻网——中国教育报）

【摘译文】In some remote areas of Guangdong Province, the local government integrates educational resources and encourages people to set up schools and so the primary education there makes great progress.

原文中的"连南瑶族自治县"以及"不甘落后"在译文中都被删去了，"连南瑶族自治县"这个地点，对于中国人来说，具有某种地理位置的意义，但是如果翻译成英文之后，外国人对这个具体地点不熟悉，仅译出广东省即可，至于具体是哪个少数民族、哪个县都不是译文读者所关心的对象，对他们来说，"广东省的某个偏远山区推进当地基础教育的发展"才是信息重点。"不甘落后"只是中国的新闻报道喜欢用修饰性短语，属于套话，并无实际内容，可以省去不译。

12.3.2　段中摘句译

段落都有中心句，其他的句子都是围绕中心句来阐述的，摘译时，可以省去那些不必要的解释说明和论证过程，让读者在最短的时间内了解事件的结果及产生原因。一个句子的几个小句之间也有语义重复的部分，要删去语义重复的小句。

【例3】① Yeah, Sony's been <u>threatening to do it for years</u>, and haven't been putting out plasmas in the US since 2005, <u>but Sony finally is getting serious about quitting the low-profit (for them, at least) world of plasma—and it would appear they've finally done it</u>. ② Sony has been seeing a sharp decline in shipments, <u>from 300,000 in 2004 to 100,000 in 2005</u>, and profits have been slim due to the lack of their own plasma display factory; they plan to increase LCD shipments to pick up the slack, <u>and hope to increase their shipment ratio of 40-inch plus LCDs by 50% before year's end</u>. ③ They've also contracted construction on an eighth-generation LCD plant, which should start production in fall 2007, and handle 50,000 glass substrates a month. ④ Sony hopes to boost LCD sales 33% in 2007 to a whopping eight million units, and if it means bigger displays and lower prices we sure won't be complaining.

（以上新闻由 http://www.engadget.com 提供，文中下画线是为了下文说明方便，笔者加上去的。*Sony quits plasma market for reals* Posted Aug 4th, 2006 12:52p.m. by Paul Miller）

【摘译文】Sony 在美国自 2005 年以来没有生产出新的等离子电视，产量急剧下降，利润微薄，原因在于 Sony 没有自己的面板生产能力。Sony 决定增加液晶电视的出货量来弥补这个缺陷。他们已经签约，计划建造第八代液晶面板工厂，预定 2007 年秋天投入生产，一个月可以生产 5 万个面板。Sony 希望能在 2007 年增加 33%的液晶电视销售量，多达 800 万台。如果这意味着更大的屏幕和更低的价格，消费者会拍手称快的。

这个段落讲的主要是索尼公司决定停止等离子电视的生产，而转向液晶电视的生产。对照原文和译文，不难发现，原文中加下画线的部分均被删去。因为他们都是赘余的信息。第一句话主要是说索尼停止等离子电视的生产这个结论，增添了许多修饰性的小句，即说明过程和原因的小句，这些小句如"索尼公司几年来都扬言要这么做"，"索尼公司最终认真考虑停止低利润的等离子电视的生产，他们终于做到了"，这些都是语义重复，都是在说明他们停产这个事实。第二句话说产量急剧下降，至于具体数字如"从 2004 年的 30 万台下降到 2005 年的 10 万台"可以省去，因为这些给"产量急剧下降"提供证据，读者一般只关心结论，对于具体由多少降到多少，没有多大的兴趣。同样，分号后面的句子，Sony 公司决定增加 LCD 电视的出货量，至于具体增加多少，也可以删去。删减之后的摘译文，使读者能够在较短的时间里，获取原文的重要信息。

12.3.3 篇中摘段译

一般来说，每篇新闻都有一个明确的主题，文章的各个段落都应该与主题密切相关，对于那些偏离主题或者与主题关系不大的段落在翻译时应该删去。由于新闻要受到版面字数的限制，因此新闻应该言简意赅，过于繁琐的例证、详细的图表在翻译时都可以省去，只保留那些概括性的、结论性的部分。有的段落与读者的兴趣、读者的期待相冲突，这时译犹如不译，因此也要删去这些段落。

【例1】

四川大学庆祝建校 110 周年　陈至立作重要讲话

2006 年 08 月 28 日　作者：李益众

来源：中国教育新闻网—中国教育报

①本报成都 8 月 27 日讯（记者　李益众）　今天上午，四川大学庆祝建校 110 周年大会在江安校区体育馆举行。国务委员陈至立，全国政协副主席张梅颖以及教育部部长周济，中共四川省委书记、省人大主任张学忠，中共四川省委副书记、四川省省长张中伟出席了今天的庆祝大会。陈至立作了重要讲话。

②会上，周济、张中伟为四川大学与美国加州大学联合建立的"九寨沟生态可持续发展国际研究中心"、与美国亚利桑那州立大学联合建立的"中美大学战略规划研究所"、与德国克劳斯塔尔大学联合建立的"中德能源研究中心"等 3 个国际研究中心揭牌。

③今年的校庆是原四川大学、原成都科技大学、原华西医科大学"三强合一"后的新四川大学举行的首次校庆。

④四川大学发端于 1896 年光绪皇帝敕令创办的四川中西学堂。110 年来，四川大学文脉绵延，经过两次强强合并后的新四川大学现已是国家"211 工程"和"985 工程"重点建设的高等学校，是国家布局在我国西部的高水平研究型综合大学。学科覆盖文、理、工、医等11 个门类。

⑤四川大学在筹备 110 周年校庆过程中，确立了"节俭办校庆"的指导思想，要求"各项校庆活动都要力求节约、简朴，不得追求奢华，铺张浪费，也不得以校庆名义搞变相摊派。坚决禁止挪用财政性经费举办文化娱乐等活动"，并规定"对校庆中出现的违规违纪现象，一经查实，从严处理，并追究有关负责人的责任"。

（《中国教育报》2006 年 8 月 28 日第 1 版）

【摘译文】

Sichuan University Celebrates its 110th Anniversary

Chengdu（China Educational Newspaper）—On the morning of August 27, Sichuan University celebrates its 110th Anniversary in the gym of Jiangan School District[1]. The State Councillor Chen Zhili, the Minister of Education Zhou Ji, the governor of Sichuan Province Zhang Zhongwei and other officials of Sichuan Province take part in the celebration activities. Chen Zhili delivers an important speech.

At the meeting, Zhou Ji and Zhang Zhongwei open the ceremony for "the Jiu Zhaigou International Ecology Research Center" founded with California University, "Sino-American Strategic Program Institute" founded with Arizona University and "Sino-German Energy Research Center".

Sichuan University was established in 1896. It has consolidated other famous universities twice and now it has been the key university of "211 Project" and "985 Project" as a high-advanced comprehensive university in the western part of China. It offers 11majors such as arts, science, engineering and medicine.

这篇新闻报道主要讲述的是"四川大学庆祝建校 110 周年"这件事。摘译之后，删去了第三段和第五段。第三段讲述的是"这是三校合并后新四川大学的首次校庆"，与在校庆上所作出的重大决策无关，不属于重要信息，而且即便是把合并的另外两所学校翻译成英文，外国读者可能不知所云，因为他们对"原成都科技大学"、"原华西医科大学"不熟悉，不了解。而且，第四段中也有四川大学合并的信息，和第三段属于语义重复，所以应删去。这篇新闻的重点是这次校庆的意义，提高了四川大学的知名度，而第五段讲的是四川大学是如何筹备校庆的，严格要求各部门"节俭办校庆"，与"四川大学庆祝建校 110周年"这个主题稍稍偏离，所以在翻译中也删去了。

1　总主编注：原文如此。英文 school district 指"学区"，而"江安校区"英译文应为"Jiang'an Campus"。

【例2】

Cellphone Services, Products Dial into Youth Mkt

(1) TEENAGERS SHARE DETAILS of their interests, their email addresses and even their phone numbers with others online. This behavior may concern their parents—but it is great news for European cellphone companies.

(2) Mobile-service providers and phone makers are looking to capitalize on the trend with a host of new services and products for the 14-to-20 crowd, designed to encourage them to swap and move information and photos from their phones to the Web. Phone companies realize that teens, if asked, will provide information about themselves, and, armed with this data, the companies can tailor products for the teen market.

(3) Teens already are lucrative cellphone customers and potentially will become more so, especially in Europe, where they have been early to latch onto trends like mobile text messaging. In the United Kingdom alone, 99% of 15- to 19-year-olds had cellphones last year, according to MobileYouth, a London market-research firm. They spent $202.9 million on downloadable content and $570 million on text messages.

(4) But the phone industry hasn't been doing as much as it could with teens. With the overall cellphone market increasingly saturated among adults and with growth coming mostly from phone replacement, teens, the group that replaces their handsets most often, are an ever bigger target.

(5) Phone executives say a high priority is making it possible for teens to access, from their cellphones, blogs, online photo galleries and social-networking sites. Some phone executives say they are playing catch-up to replicate services, like sharing photo albums, that are already popular using sites on the Internet.

(6) Using the information teens volunteer helps companies tailor cellphone service to individuals, says Mobilitec Inc., a San Mateo, Calif.,

software company. If teens specify an interest in rap music, for example, Mobilitec software can alert service companies like Vodafone Group PLC to highlight ringtones, videos and even local concerts offered by the teens' favorite artists. The operators then decide how to market that information to their teen subscribers.

(7) "The more that any operator knows about that user, the more they can do to provide better, more personal service," says Mobilitec Chief Executive Margaret Norton.

(8) U.K.-based operator O2, part of Telefonica SA, is introducing mobile video and blogging. Teens can post entries on their blogs from their phones and create videos with the cameras on their phones. It also has promotions asking teens to send in phone-made movies for the chance to win free vouchers and discounts for accessories like ringtones.

(9) It's all about convenience and cost effectiveness,' says Mike Short, vice president of research and development at O2. Early on, text messaging cost about 12 pence (23 cents) per message; now it's as low as three pence, he says.

(10) Still, though teens are willing to pay as much as $3 for a ringtone, $7 for a mobile-phone game and $2 for a playable music file, their parents aren't always on board. Also, their parents often see their phone bill or even pay for it. A company that figures out how to bill the parents for a basic contract while letting teenage users pay for games or photos could gain teen customers, analysts say.

(11) "Nobody seems to be offering kids a way to have their regular voice-phone bill paid by their parents on contract and then prepay for the accessories and downloads they really want," says Roger Entner, vice president of wireless telecom at consultancy Ovum in London. "That way if they get $50 from grandma on their birthday they can go gangbusters on stuff for their phone without parents screaming 'You downloaded 20

ringtones? Are you nuts?' "

(12) Though many people probably don't realize it, every phone contains a global-positioning-satellite chip. In the U.K., cellphone executives envision—though don't yet offer—a service that would let teens sign up to receive coupons to restaurants within 100 yards of their current location or movie times at local theaters, based on preferences they have previously provided, like a penchant for Italian cuisine or Bruce Willis flicks.

(13) Instead of having a simple buddy list on a phone, users using GPS-based services could also be able to see the locations of members of their social networks, allowing them to meet up with friends who happen to be nearby, as Google Inc.'s Dodgeball service in some U.S. cities now does, says Ben Wood, an analyst at Collins Consulting in the U.K.

(14) Cellphone makers, such as Sony Ericsson and Motorola Inc., are engineering their hardware accordingly. Teens are a particularly appealing market for phones because they like to keep up with the latest fashion, making them more willing than adults to replace their phones, executives say.

(15) The Nokia 3250 allows users to twist it into a more functional camera and music player, as well as a phone. Timo Veikkola, who studies teens for Nokia Corp. as part of his job as a senior future specialist, says teens want designs that let them stand out as individuals but still be part of a social group.

(16) "They buy something together but want to put their own swing on it," Mr. Veikkola says.

Camille Ricketts

香港时间 2006 年 08 月 03 日 18:51 更新
(以上新闻摘自华尔街日报中文网络版)

【摘译文】

　　十几岁的孩子在网上与人交流时往往愿意将自己的兴趣爱好、电子邮箱地址甚至电话号码和盘托出。这种行为可能会让他们的父母感到担心，但对欧洲的移动电话公司来说却是一个巨大的新商机。

移动电话服务商和电话生产商希望能借此机会向 14—20 岁的年轻人推出一系列新的产品和服务，从而鼓励这些年轻人通过电话向互联网传递信息和照片。各电话公司认识到，如果向十几岁的孩子提出要求，他们是乐于提供自己的个人信息的，有了这些宝贵数据，商家就可以有的放矢地专门针对这一人群开发产品。

十几岁的孩子一贯是移动电话业务有利可图的消费群体，而且他们这方面的消费能力还有进一步开发的潜力，特别是在欧洲，移动短信等服务在那里早就不是什么新鲜事了。仅以英国为例，据伦敦的市场研究公司 MobileYouth 称，截至去年该国 15—19 岁年龄段的孩子 99%都有了手机。他们去年花在内容下载方面的钱有 2.029 亿美元，在短信服务方面的支出有 5.7 亿美元。

但电话公司在开发青少年市场方面一直做得不尽如人意。成人移动电话市场日益饱和，手机的更新换代成了移动电话市场的主要增长点，更换手机最频繁的青少年在商家心目中的地位越来越重要。

电话公司的管理人士们说，当务之急是使青少年可以通过手机进入博客、网上图片库和社交网站。一些电话公司称，在提供共享相册等服务方面他们正在迎头赶上，这类服务在互联网上早就是司空见惯的事了。

（译文摘自华尔街日报中文网络版，编者有改动）

原文共 15 段，摘译过后仅剩 5 段，即摘取了原文的前 5 段。这则新闻主要讲的是移动电话服务商把注意力转向青少年这个有着巨大潜力的市场。前 5 段的大意是青少年喜欢把自己的兴趣爱好、联系方式公布在网上，移动电话公司利用这一点开发青少年消费市场，想尽办法使青少年可以通过手机进入博客、网上图片库和社交网站。从第 6—16 段谈的是美国和英国的移动电话公司和电信运营商如何利用各种各样的方法来刺激青少年移动电话的消费。这些都是用具体的例子来证明 1—5 段的主要观点，如第 6 段谈的是商家应该如何利用青少年透露的信息为他们提供更加个性化的服务，与第 2 段语义重复，或者可以说是为第 2 段提供更加翔实的例证。第 8、9 自然段谈的是电信运营商 O2 利用移动视频和移动博客促进青少年消费,这又和第 5 段语义重复,第 5 段是概括的说法,第 8、9 自然段提供了电信运营商的具体做法。第 10、11 段稍微与主题偏离,第 10 段提出了青少年电话服务费的问题,提出了一个解决方案,然而在第 11 段中又否决了这个方案,所以自相矛盾,这 2 段与主题没有多大的联系,可以删去。第 12、13 段说的是英国的移动电话服务提供商们正在设想如何利用全球卫星定位系统(GPS)芯片为青少年提供服务,这也是如何拓展青少年消费市场的具体做法。最后 3 段列举了几家具体的移动电话生产商也把目光投向青少年消费市场。

　　综合以上分析,1—5 段已经把"手机服务和产品瞄准青少年市场"这一主题表达明确了,而后面的 11 个自然段只是用更加翔实的例子来证明主题,与 1—5 段有语义重叠的部分,宜删去不译,而且至于这些英国、美国的电信公司具体是怎么开发青少年消费市场的,绝大多数中国读者都不感兴趣,因为中国读者不可能享受到这些服务,加之报纸版面字数的限制,译出前 5 段即可。

12.4　新闻编译的基本原则

　　"编译是以摘译为前提和基础的","编译就是(可能)采用摘译的方法,再做处理和加工,于量中求质,长中求短,乱中求序"(黄忠廉,2000:100),可见摘译只是前提,编译比摘译要具体复杂,因为编译还要做大量的编辑工作。虽然译者有一定程度的自由,但是编译这个复杂的活动也要遵循一定的原则,否则就成了译者的胡编乱译了。在新闻翻译中,编译这种方法则更为常见,如国内出版的《参考消息》、《青年参考》、《编译参考》里面的绝大多数新闻都是经过编译处理的,不同的国家,不同的读者,由于历史、政治、经济等方面的原因,对信息的需求也不同,这就需要译者对各种各样的国外报刊上的信息经过编译处理后，再奉献给国内的读者。黄忠廉在《翻译变体研究》中提出了一系列编译的基本原则，其中大部分原则对新闻编译同样适用。

一、译前编辑

编译，顾名思义，先编后译。为什么需要译者做一部分的编辑工作？在这个信息爆炸的时代，有的报纸过分追求速度，而忽视了报纸的质量，再加上报社撰稿人的写作水平参差不齐，因此，对于那些逻辑混乱、主次不分、重复啰嗦、质量低劣的新闻，要先编辑整理，使之结构清晰、衔接连贯、主次分明、详略得当。还有一种情况，对于同一件事情，可能有数家国外的报纸同时进行报道，译者需要摘取一些不同的报社的观点，编辑整理成一篇完整的新闻，这种编辑工作，可使译文观点全面，读者读一篇新闻而知数家报社的观点。

二、主题明确

"编译的作用在于深化主题，明确中心。"（黄忠廉，2000：97）有的新闻主题不明确，读者读了之后，仍然不能明白文章的主要观点，这主要是由于作者在写作时，观点不明确，写了许多游离主题的观点，冲淡了原文要表达的主题，给人一盘散沙的感觉，这就要求译者首先要确立新闻的主题，主题明确之后，就要把那些与主题有密切关系的段落调到前面，删去那些与主题毫无关系或者关系不大的内容，使原文要表达的主题突显出来，译文读者读后，也能明白文章的主要观点。

三、取材典型

新闻写作受到版面字数的限制，这就要求取材一定要典型、有代表性，要保证所选的材料与新闻的主题密切相关，要保证所选的材料能够有力地证明文章的主要观点。对于那些不能够有力论证文章的主要观点、可有可无的材料，或者材料不能让人信服，甚至是弯曲事实真相的材料，译者要明辨是非，有所删减。另外对于一些过于详尽的数字说明，译者可用一些概括性的语句把这些数字所表明的现象总结出来，而不必把原文的数字或图表一一列出。还有某些新闻撰稿人为了达到自己的某种政治目的，捏造事实，或者所选的材料极具片面性，观点狭隘，不能真正代表绝大多数人的观点，这都需要译者进行一定的加工处理，去粗取精，去伪存真。

四、详略得当

主题确立、材料选定后，译者就需要决定哪些信息需要详细叙述，哪些信息需要简练表达，这也是为了突出主题的需要。一般来说，与主题密切相关的应详细叙述，而那些次要信息则可以一笔带过。信息的详略程度也是由读者的需求、兴趣而定的，原文读者特别感兴趣的，并非译文读者也有同样的兴趣，原文读者认为是次要的信息，译文读者可能有浓厚的兴趣，这就需要译者在翻译前对译文读者的期待有一个正确的评估，只有这样才能使文章详略得当，主题明确，中心突出。

五、结构合理，连贯自然

原文的结构调整上，要符合一定的时间、空间的安排顺序，使之符合逻辑，结构合理。段落次序的调整也应该以信息的重要性为依据，与读者期待密切相关的，与主题密切相关的，要安排在前面。原文经过编译之后，可能经过了比较大的变动，译文也是七零八落，段落之间的过渡可能不太自然，这就需要译者增添一些连接词或承上启下的句子，使译文段落之间过渡自然，衔接连贯。

12.5 新闻编译的基本方法

新闻编译的基本方法有三种：段内编译、篇内编译、篇际编译。

12.5.1 段内编译

"段内编译实际上是句与句之间的编译"（黄忠廉，2000：79）。对于一个段落来说，先挑出中心句，概括出段旨，然后删去那些与段旨无关或者关系不大的句子。有些句子虽然和段旨有关，但是和前面的句子相比，属于语义重复，也应删去。句子顺序的调整要根据一定的时间、空间顺序来调整，使之符合逻辑，如时间上，要按事情发展的先后顺序来调整，空间上"具体顺序是：由内向外，由上向下，由前向后，从左至右，自东向西，或相反"（同上：76），使句子顺序符合人们的思维习惯，整齐有序，条理清晰，脉络分明。

12.5.2　篇内编译

篇内编译，是一个篇章内段落与段落之间的编译。段落之间的编译主要包括拆分段落，合并段落，以及调整段落的次序这三种方法。为什么需要拆分段落呢？因为一个段落里，出现了多个中心，多层意思，使段落显得过长，不利于读者理解段落的主旨。为什么需要合并段落呢？与拆分段落恰恰相反，几个段落说明的都是一个中心，一层意思，因此需要把他们合并在一起，以便加深读者对段旨的理解。为什么需要调整段落的次序？英语新闻写作经常采用倒金字塔式结构，段落的先后次序是由它们的重要性决定的，段落内容的重要性呈递减顺序，重要信息要安排在前面。还有一种情况，和上面的段内编译一样，一个篇章内段落次序的调整也要符合一定的时间、空间顺序。

此外，还有一种方法——简化原文（即"篇内编译+译语改写"），在新闻编译、改写中很常用，以达到符合英语读者的阅读习惯的目的。简化原文时，篇章内段落次序的调整、原文内容的删减、信息的增补等要符合时间、空间顺序，与英语新闻的传统撰写规范相一致。以下分别举例说明。

【例1】
浙江淳安山体滑坡 8 人被埋，已有 3 人死亡[2]

（1）[新华网杭州 6 月 18 日电]（记者×××、××）　18 日上午，浙江省淳安县大墅镇桃林村发生一起因山洪暴发引起的山体滑坡事故，8 人被埋。截至记者发稿时，这 8 人中有 3 人死亡、3 人受伤，另有 2 人仍然被埋。

（2）据当地官员介绍，事故发生以来，淳安县消防大队、公安民警、

2　该案例由总主编重新选材（据 2010 年 6 月 8 日新华社电略作调整），并作编译等处理（段落编号另加）。

医护人员以及本村和周边村庄的村民约 300 人投入了现场营救。

（3）淳安县防汛办公布的消息说，17 日 16 时，该县开始出现降雨天气，县西南部的大墅镇等出现大暴雨，导致大墅镇桃林村山洪暴发。记者从浙江省水文局的实时监测系统了解到：事发地大墅镇从 18 日零时起雨量开始增大，至 3 时前雨量达到最大，之后逐渐减小。大墅镇上坊站自 18 日零时至 14 时累计降雨量达 162.5 毫米。根据浙江省气象局 17 日预测，大暴雨还将持续一周。淳安县属于此次受暴雨袭击最严重的县市之一。

（4）淳安县副县长童小威告诉记者，18 日 3 时起，大墅镇就启动相关预案组织紧急抢险撤离，在抢险撤离过程中，有 3 幢民房倒塌，在房屋外疏通沟渠的 8 人来不及撤离被忽然间倒塌的房屋所压（其中一户 2 人、一户 4 人，另有本村 2 名参与抢险撤离的党员）。

（5）据了解，大墅镇位于淳安县西南部，东接安阳乡，南依千里岗山脉，西邻枫树岭镇和白马乡，北濒风光秀丽的千岛湖。桃林村就在南部的千里岗山下，桃林溪流经全村，是该镇最大的毛竹和高山蔬菜产区。

（6）大墅镇政府的网站显示，该镇目前正在扎实开展"安全生产月"前期准备活动，对辖区内的主要交通路段和前期因雨水天气引起的地质灾害区域进行了一次全面摸排，确定了维修整改方案。

【编译文】

Storm-triggered landslide leaves 3 dead, 3 injured in east China

（1）HANGZHOU, June 18 (Xinhua)—On Friday morning rescuers found eight people from the rubble of a storm-triggered landslide in east China's Zhejiang Province, among whom three are dead, three injured, and two others missing.

（2）The landslide occurred Thursday afternoon on a rain-soaked hill in Taolin Village, Chun'an County. Debris swamped three residential houses, burying eight residents.

（3）According to the rescuers, three of them they found were proclaimed dead, while three were seriously injured and two others still buried.

　　(4) Rescue was underway for the remaining two.

　　(5) Provincial meteorological authorities forecast Thursday the downpour would continue for another week. Chun'an County was among the worst hit by the storm.

　　需编译原文是一则国内地方新闻，将其编译成英文新闻需要关注诸多因素，其中包括不可或缺的用目标语进行编译和改写(trans-editing and rewriting in the TL)。采取"top-down approach"（从上倒下）的方法，直到最后交稿，"编内编译+译语改写"的整个步骤如下：

　　首先，根据"内外有别"的大外交宣传方针，我们应该对 ST 中符合(TL)新闻价值的内容有一个正确的认知，比如需考虑一下这些问题之间的差别："地方新闻"与"涉外新闻"、"中文读者的关注点与英语读者的关注点"、"中文细节内容与英文细节内容"、"中英文读者对新闻相关度的认识"、"中英文新闻价值"、"中英文新闻'卖点'"、"中英文新闻写作的传统规范"等。

　　其次，本着上述认知，对原文本中许多不值得编译的内容进行了简化处理，结果是：

　　①原文共 6 个自然段，总字数约 630 个，编译后的文本总字数为 120 左右(约占原文总字数的 19%)，自然段为 5 段。

　　②原文每段多句，编译文本每段一句。

　　③原文细节内容繁多(有此必要，因是国内地方新闻)，编译后仅含英语读者可能感兴趣的必要细节。

　　④原文的读者是国内读者，特别是本地区读者，ST 中包含不少文化、情景缺省现象，编译后的文本面对的是英语读者，对那些缺省现象须作必要的背景和语境说明。

　　⑤原文的篇幅长度对国内读者来说是必要的、可行的，内容具新闻价值，也因此有编译的价值，编译后的文本言简意赅，主题鲜明，符合英语硬新闻的写作准则，也符合英语读者的阅读习惯。

　　再次，从微观层面看，特作一下比较：

① 经改写后的标题，ST 有"浙江淳安"，TT 全部略去，而以"华东"代之；ST 强调事故受害总人数和死亡人数，TT 仅关心受害死伤人数，并不涉及被埋人数；ST 使用"山体滑坡"作为事故原因，而 TT 却使用"storm-triggered landslide"（因暴雨引起的山体滑坡）。

②ST 和 TT 的第一段是导语，ST 有两句，总共 66 个汉字，而 TT 只有 28 个单词，却包含了"5W+H"等要素（恕不详述）；ST 包括事发详细地址"浙江省淳安县大墅镇桃林村"，TT 中简化为浙江省，为了方便英文读者对浙江在地理方面的认知，特地在浙江省前加上"east China's"（华东）；ST 的信息详尽，容量较大，符合国内地方读者对事发信息及地点的"知情权"，而简化后的 TT，所含信息恰当，对英文读者来说容量足矣。

③ST 第 2—5 段内容详尽，细节到位，本地区读者乃至有关各级政府领导对记者所提供的翔实内容势必满意；TT 第 2—4 段的编译、改写，既符合英语硬新闻的撰写规范（金字塔式），也符合西方读者关注灾害事件要素（如灾害细节的补充、救灾是否继续等）的传统阅读习惯，而更为详尽的细节内容对西方读者一般无需提供，除非事发地点正好是他们要去旅游的目的地或附近地区等。

④ST 和 TT 的最后一段应是新闻的结语，但 ST 的结语非常地方化，符合"中国国情"，显然不宜译成具有国际传统写法的英语新闻的结语，故 TT 的第 5 段根据 ST 第 3 段的"相关内容"被改写成表示（灾害）"未来发展"的新闻结语（多种传统新闻结语之一）——"Provincial meteorological authorities forecast Thursday the downpour would continue for another week"，同时告知英语读者，"Chun'an County was among the worst hit by the storm"（淳安县是遭受暴雨袭击最为严重的地区之一）。

最后，将编译、改写后的英语文本提交给文本/文字编辑(copy editor)。

【例2】

UK backs China's anti-AIDS fight

www.chinaview.cn　2006-08-19　07:24:21

①BEIJING, August 19—The British Government recently announced that it would donate 30 million pounds (US$56.5 million) to support China's battle against HIV and AIDS

②International Development Minister Gareth Thomas said the money would be used in China's national HIV and AIDS programme over the next four-and-a-half years.

③The funding will be aimed at vulnerable groups such as sex workers, injecting drug users, women and children in 112 counties across the country.

④It will also be used to promote the use of condoms, the diagnosis and treatment of sexually transmitted diseases, and voluntary counseling and testing.

⑤China currently has an estimated 650,000 HIV/AIDS patients. It has set the goal of keeping the number of its HIV/AIDS patients below 1.5 million by 2010.

⑥Meanwhile, the Bill and Melinda Gates Foundation is close to reaching a landmark agreement to start an AIDS initiative in China, a spokeswoman confirmed on Wednesday.

⑦The foundation, headed by Gates, the world's richest man, and his wife, is in final-stage talks to sign a memorandum of understanding that would provide help to China as it tackles the spread of HIV.

⑧A final funding decision for China has not been made.

(Source: *China Daily*)

【编译文】

英国支持中国反艾滋病斗争

北京，8月19日——英国政府近日宣布，将捐赠3000万英镑支持中国对抗艾滋病。

国际发展部部长 Gareth Thomas 说，这笔资金主要用于中国国内未来四年半的时间内对抗艾滋病项目，主要针对那些易受感染的人群，如治疗性病的工作者、注射毒品者以及妇女儿童，覆盖中国 112 个县。这笔资金具体用于推进避孕套的使用、性疾病的诊断和治疗与主动提供有关咨询和测验。

原文共 8 段，编译之后仅剩两段。原文的 2、3、4 段主要讲的是这笔资金的用途，表达的是一个中心，一层意思，因此在译文中合并为一段，使文章显得紧凑。原文的第 5 段讲的是中国目前患艾滋病的人数以及中国政府控制艾滋病传播的目标，与"英国支持中国反艾滋病斗争"这一主题关系不大，翻译时宜删去。6、7、8 自然段讲的是比尔·盖茨夫妇设立的基金会也正在筹划给予中国资金援助，以对抗艾滋病。比尔·盖茨是美国人，并非代表英国政府，与主题没有联系，因此在编译文中删去了这三个自然段。

12.5.3　篇际编译

同一件事情，可能有数家新闻机构对此进行报道，翻译时，如果把每家的报道都完完整整地翻译下来，译文读者就会读到许多重复信息，因为同一件事情，何人（who）、何事（what）、何时（when）、何地（where）、何故（why）、以何种方式（how）这五个新闻的基本要素是不变的，只是各家媒体对事件的评论不同而已，这时，就需要篇际编译，综合数家报纸的不同观点，以求得对此事比较全面的了解。

【例 1】

美国东部地区持续高温天气　至少已造成 13 人死亡

中国网 │ 时间：2006-08-04 │ 文章来源：　新华网

连日来，美国东部地区持续出现高温天气，至少已造成 13 人死亡，另有 7 人的死亡也被怀疑与高温有关。

据美国媒体报道，波士顿一名孕妇 7 月 29 日在观看球赛时由于天气酷热而突然倒地身亡，肯塔基州一名 18 个月大的男婴 2 日被发现热死在一辆汽车内。

报道说，自 7 月 30 日以来，伊利诺伊州和马里兰州分别至少有 6 人和 4 人因酷热而死；俄克拉何马州一名 92 岁高龄的老汉被发现死在自己的汽车中，经证实是酷热致死。此外，芝加哥市有 6 人、宾夕法尼亚州有 1 人被怀疑因酷热而死。

据美国国家气象局 3 日发布的统计报告，2 日美国东部及中西部许多地区最高气温均超过 38 摄氏度。该局 3 日还向北起马萨诸塞州、南至南卡罗来纳州的东部广大地区发布了高温警报。据预测，美国东部从上周末开始的高温天气将至少持续到 4 日晚。（记者　杨晴川　潘云召）

【解说】

这则新闻就属于篇际翻译的例子，文章的 2、3、4 段都是从美国的报纸上直接翻译过来的，遗憾的是，文章没有指明是哪一家报社，因此无法写出英文原文。文章摘取了几家报纸对此事的报道，使译文读者对美国东部地区的持续高温天气所造成的伤亡情况有一个较为全面的了解。

【例 2】

伊朗在核问题上外软内硬让美国陷入尴尬

http://www.sina.com.cn　2006 年 08 月 27 日 04:00　环球时报

眼看离六方划定的 8 月 31 日大限越来越近，伊朗却给世界出了道难题，它交出的"灰色"答卷足以让美欧难受好多天。伊朗把"球"踢给六国后，还不断抛出"重磅炸弹"，宣称伊朗将很快宣布核领域的"重大突破"，而且成功试射了岸舰导弹，这让美国总统布什大为光火，将伊朗称为"更邪恶轴心国家"。据美国《新闻周刊》报道，布什称，仅仅用"邪恶"这个词，"已经不能真实地描述这些人（伊朗人）是多么邪恶了"。

伊朗还要扔"重磅炸弹"

伊朗不仅以"复杂方式"拒绝暂停铀浓缩活动，而且还不断抛出"重磅炸弹"。伊朗一家通讯社 23 日报道说，伊朗将很快宣布核领域的"重大突破"，"这一伟大科学成就是长期研究项目的成果……将会由一位高级官员正式宣布"，"这一成果将表明伊朗已经精通核科学的各个领域，并将加强伊朗作为核国家的地位"。而据伊朗反对派 24 日向法新社透露，伊朗正在靠近德黑兰的一个秘密地点加速测试 15 台 P2 离心机，P2 离心机将使伊朗铀浓缩能力大大提升。目前伊朗使用的是 P1 离心机，属于基本型，P2 离心机转速更快，铀浓缩能力更强。

此外，代号为"佐尔法格哈的打击"的伊朗大规模军演已进入第五阶段，演练开始在伊朗南部沿岸举行，23 日成功试射了最新型的岸舰导弹。与此同时，伊朗在演习中还成功试射了一系列战术武器以及具有高穿透力和杀伤力的武器，所有海上军事目标均被准确击中。

中东认为伊朗"将了西方一军"

鉴于伊朗问题的敏感和复杂性，多数阿拉伯国家官方并没有表态，但媒体报道很热。24 日，阿拉伯国家的许多报纸都在突出报道伊朗将要公布的"核科研重大成就"，有的还评论说"伊朗不断制造悬念"。卡塔尔《东方报》撰文称，这些天，整个世界都期待着伊朗核问题出现"奇迹"，现在"奇迹"没有出现，倒是让人们对下一步如何发展忧心忡忡。约旦《观点报》24 日发表文章，认为现在对伊朗做出非此即彼的判断为时过早，在美伊的较量中，各种可能性都存在。"现在急的是美国，伊朗还没到无路可走的地步"。阿拉伯论坛网站一个名叫瓦立德·塔哈的网民则为伊朗鸣不平，认为在超级大国美国不断找茬的情况下，伊朗怎么做都不可能让美国满意。他还说，美伊如果打起来，吃亏的未必是伊朗，所以这也是伊朗敢于向美国叫板的原因。以色列《耶路撒冷邮报》24 日援引以官员的话说，以色列将按照自己的方式，单独处理伊朗核问题。此话被阿拉伯一些分析人士理解为："以色列很可能准备对伊朗下手了。"以色列前不久与德国签订了军购协议，将从德国购买两艘潜艇，以增强自身的军事力量防范伊朗。

西方到底怎么评判伊朗

从 8 月 24 日国际媒体的报道可以看出，西方对于如何进一步"整治伊朗"，方案尚未统一。美国总统布什与国务卿赖斯 23 日在每周例会上讨论了伊朗的答复，但会后并未发表相关声明。有记者问美国为什么需要那么长时间研究，白宫副发言人回答说："伊朗用了两个半月答复，我们现在只有24小时。"法国的态度似乎明确一些，就是"先停止，后谈判"。法国外长说，伊朗如果想要回到谈判桌，必须先暂停铀浓缩活动。德国总理默克尔表示，伊朗的答复不能令人满意。

《纽约时报》分析说，从伊朗的回复来看，伊朗和西方国家仍然处于起跑线的僵局中。伊朗始终坚持，在开始谈判前，不会接受包括暂停铀浓缩活动在内的任何先决条件；西方国家则坚持，伊朗应该首先暂停铀浓缩活动，然后再谈。路透社援引战略与国际问题研究中心核不扩散问题专家沃尔夫斯塔尔的话说，伊朗正在通过这一"多面"的答复分化安理会阵营，瓦解美国推动的制裁攻势。

留给美国只有三条路

面对伊朗的"外软内硬"，美国陷入尴尬局面。有分析说，伊朗至今没有把事情"做绝"，在正式表态中始终为让步留有余地，在伊朗坚称和平推进核计划的情况下，国际社会制裁或打击伊朗均"无法可依"。

在未来安理会讨论中，美国将很难把自己的意愿强加给他人，争取到对伊朗的全面制裁恐怕是"美国的奢望"。如果美国不能从安理会得到支持，其外交政策将面临重大考验。届时留给美国的只有三条路：或发动伊朗战争，或与盟国合作对伊朗进行经济制裁，或被迫与伊朗进行直接谈判。中东媒体普遍认为，美国和以色列在黎巴嫩真主党问题上的强硬做法证明，美国在处理中东问题上越来越多地考虑使用武力，故美伊发生战争的可能性越来越大。但在当前国际社会与中东地区政治因素的制约下，美国短期内对伊朗发动战争的可能性极小。美国谋求安理会外的联合经济制裁的可能性较大。英国《泰晤士报》专门发表了一篇评论，认为对伊朗的经济和外交制裁都无济于事，相反只会加强伊朗政权和伊朗人狂热的反美情绪，以及对以色列的强烈仇恨。如果伊朗限制或关闭霍尔木兹海峡航运，国际油价有可能比过去3年翻两倍，涨到每桶100—150美元。那样反而会使"伊朗总统内贾德得到更多资金，去争取选民，并支持真主党以及中东各地的反美力量"。但如果经济外交制裁失败，军事制裁也不是好的选择。美国或以色列轰炸伊朗是否能停止伊朗核计划呢？答案很清楚——"不能"。美国和以色列在伊拉克和黎巴嫩做的事情，都没有达到目标。如果光轰炸不发动地面进攻，那么毫无实际意义，只会加强内贾德在国内的地位；如果真的发动地面入侵，那么美军很可能遭遇类似越南战争中的失败。即使他们有可能摧毁伊朗的核工业，他们也不敢冒风险，因为这可能影响中东其他地方的稳定，从而影响美国和整个西方的利益。特别是，伊拉克战争已使布什威信下降，贸然打伊朗会使他失去更多。

　　▲本报驻约旦特约记者林以真　　本报特约记者冯家明　　本报驻伊朗特约记者刘守望　　本报驻埃及特派记者黄培昭

【说明】

　　伊朗的核问题给美欧等国提出了一个大难题。如何看待伊朗"拒绝暂停铀浓缩活动"这件事？本文摘取了不同国家的数家报社的观点进行编译，使译文读者对此事有一个客观全面的了解，从而自己去评价伊朗局势的发展状况。这篇新闻报道分别摘取了美国《新闻周刊》、伊朗一家通讯社、法新社、卡塔尔《东方报》、约旦《观点报》、以色列《耶路撒冷邮报》、《纽约时报》、路透社、《泰晤士报》等9家报社对伊朗的核问题的观点，目的就在于给译文读者提供一个全面的信息，防止只翻译一家报社的片面的观点而误导读者，如果只是编译美国《新闻周刊》的观点"仅仅用'邪恶'这个词，'已经不能真实地描述这些人（伊朗人）是多么邪恶了'"，读者就很可能受美国《新闻周刊》对伊朗的带有主观偏见的观点影响，认为是伊朗在寻衅滋事而对其谴责，而看了后面几家报社的报道之后，读者才会了解事情的真相。

【练习题】

请用摘译或编译的方法翻译下列新闻[C] + [A]。

1.

Microsoft shows off cell phone-PC prototype

Software maker is looking at whether it can build a cheap PC for emerging markets by combining a cell phone and a TV.

By Ina Fried

Staff Writer, CNET News.com

Published: July 27, 2006, 4:05 p.m. PDT

REDMOND, Wash.—Microsoft on Thursday showed a prototype of a cell phone-based computer that could one day find a use as a cheap PC for emerging markets.

The FonePlus device, shown off here by Chief Research and Strategy Officer Craig Mundie, stems from discussions that began at the World Economic Forum in January. To create the computer, Microsoft combined its Windows CE operating system with a phone that could then be connected to a television display and a keyboard.

"Many people, including us, have been looking at different ways to lower the cost" of computing, Mundie said. "Clearly one of the things that is just booming globally is the use of the cell phone."

Microsoft has come under some fire for not being more aggressive in helping to create a low-cost PC that is suitable for emerging markets. Mundie said that even in poorer countries, many people today have both a telephone and a television, making a computer based on those components easier to achieve than creating a low-cost PC.

"Could this be your first computer? And if it was, what could you do with it?" Mundie asked. He demonstrated word processing, multimedia playback and Web browsing using scaled-down versions of Internet Explorer, Word and Windows Media Player. "For at least simplified applications, it's harder to distinguish this from a computer," he said.

The software maker has not yet committed to building such a product. "We're going to look at what it would take us to bring this to market," Mundie said.

In addition to its phone-computing research efforts, Microsoft also has its pay-as-you-go FlexGo program for emerging countries. The program doesn't actually lower the cost of a PC, but makes it available for a lower cost upfront: It allows people to put half the cost of a PC down and then pay off the remainder via a per-hour usage charge, over time.

The company is also testing its Windows XP Starter Edition, a slimmed-down version of the desktop OS that is sold in some emerging markets on new, low-cost PCs. Reported sales for Starter Edition have been modest. Microsoft said at last year's analyst meeting that it had sold 100,000 copies of the operating system.

2.

Disney calls Net TV effort a success

Experiment shows millions of TV viewers will happily watch shows like "Lost" and "Desperate Housewives" on computer screens.

By Declan McCullagh

Staff Writer, CNET News.com

Published: August 21, 2006, 4:55 p.m. PDT

ASPEN, Colo.—A Walt Disney Co. executive on Monday said the company's experiment with delivering TV shows over the Internet has been a success and it will continue this fall.

Anne Sweeney, president of the Disney-ABC Television Group, said the free, ad-supported shows are attracting a younger audience that's more comfortable watching shows on a computer screen than their parents might have been.

"Last year we were using the Disney Channel Website as a marketing tool," Sweeney said at the Progress and Freedom Foundation's technology policy conference here. "Today we're using it as a programming tool."

Sweeney said since Disney Channel shows began appearing on DisneyChannel.com, there have been 37 million downloads, an average of 1 million visitors a day, and 1.5 billion page views for the time period of June

2 to August 3.

In addition, ABC has experimented with placing episodes of "Lost," "Desperate Housewives," "Alias" and "Commander-in-Chief" on the Internet for free as part of a two-month trial. That garnered 5.6 million downloads during that period, Sweeney said, and 87 percent of the viewers remembered the advertisements they saw (one episode, for instance, was sponsored by Oil of Olay, and all have only one advertiser per episode).

"The platforms didn't cannibalize the television exposure of our series," Sweeney said. "We weren't cannibalizing our iTunes offering." She said ABC will continue to offer free, ad-supported TV shows with a revamped media player this fall.

ABC was one of the earlier networks to offer its shows for download for $1.99 through Apple Computer's iTunes store. The store now offers more than 150 TV shows from networks including ABC, CBS, NBC, Fox and MTV.

Apple CEO Steve Jobs' visit to Disney-ABC's offices in Burbank, Calif., helped to seal the original iTunes deal last fall, Sweeney said. "He came down to Burbank with the video iPod, with the beta version of the iTunes store," she said. "He sat with us, and we looked at our programming on the video iPod. We saw how easy and intuitive it was for people to go into our store and purchase our content."

（以上新闻摘自李林原编著的《新闻英语阅读指导》，365-366）

3.

中美战略经济对话闭幕　王岐山保尔森总结对话成果[3]

新华社美国安纳波利斯 6 月 18 日电（记者齐紫剑、严锋、杨晴川）

第四次中美战略经济对话 18 日在美国马里兰州安纳波利斯闭幕。国家

---

3 总主编根据中国政府网新闻改编，改编后文本(TT)既可作为书面文本，也可作为口播文本之用。

主席胡锦涛的特别代表、国务院副总理王岐山和美国总统布什的特别代表、财政部长保尔森共同主持闭幕式并总结对话结果。这次对话最突出的成果是中美在能源和环境领域扩大了合作，两国签署了《中美能源环境十年合作框架》文件。此外，双方还同意正式启动中美双边投资保护协定谈判。

(总主编根据中国政府网同名新闻改编，

原网址 http://www.gov.cn/ldhd/2008-12/05/content_1169869.htm)

4.

中国有了少数民族妇女与性别研究培训基地

2006 年 08 月 29 日　20:57:47　作者：杨维汉　来源：新华网

新华网北京 8 月 29 日电(记者杨维汉)　随着社会的进步，妇女平等和发展问题越来越受到世界各国的普遍关注。中国高度重视妇女问题，尤其是少数民族妇女问题。中国少数民族妇女/性别研究与培训基地 29 日在北京成立。

中国的经济社会快速发展，需要针对涉及妇女发展的多个环节开展深入研究。基地的建立，为少数民族妇女问题的研究和妇女干部、女性人才的教育培训搭建了一个更为宽阔和有效的平台。据了解，基地将采取长期与短期培训相结合的方式对少数民族妇女干部进行培训，并组织专家对少数民族妇女问题开展研究与教学。

国家民委有关负责人在成立大会上说，国家在切实保障少数民族妇女平等地参加国家政治、经济和社会发展活动等方面，在提高妇女教育文化水平和妇女干部培养方面，在增强妇女健康、防止妇女贫困等方面，都做了大量卓有成效的工作。

中组部发布的统计数据显示，截至 2005 年底，全国共有女干部 1502.6 万人，占干部总数的 38.9%。全国机关县处级以上女干部达到 10.4 万人，占机关县处级以上干部总数的 16.8%，比 2001 年提高了 2.1 个百分点。

自 20 世纪 90 年代以来，国家有关部门组织了近千名民族地区的妇女干部到中央国家机关和发达地区进行挂职锻炼。从 2003 年 9 月开始，截至目前，共有 1055 名少数民族妇女干部参加了中央民族干部学院的培训。

全国人大常委会副委员长、全国妇联主席顾秀莲出席成立大会。全国妇联、国家民委有关部门负责人参加了成立大会。参加培训班的来自 16 个省市区 18 个民族的妇女干部也参加了大会。

5.
中科院和北京市将进一步展开全面合作

2006 年 09 月 26 日　20:26:11　来源：新华网

http://news.xinhuanet.com/politics/2006-09/26/content_5141155.htm

新华网北京 9 月 26 日电（记者李斌）　中国科学院院长路甬祥和北京市人民政府 26 日在此间签署全面合作协议书，双方新一轮全面科技合作启动，中科院的科技成果有望更多在京"开花结果"。

双方将通过首都发展的需求引导，以企业为主体，以资产为纽带，共同推动建立知识创新与技术创新良性互动的新型产学研合作机制，促进传统产业改造和高新技术产业发展，提升企业孵化功能和产业促进功能。

中科院研究机构将与北京市企业共建研发中心、技术中心、产业孵化平台等机构，重点推动信息技术、环保技术、新材料、生物医药、光机电一体化等高新技术领域的自主研发及文化创意等高端产业发展。

北京市将和中科院共同研究开发一批资源节约和生态治理修复技术、提升城市信息化管理水平的应用技术和服务新农村建设的适用技术，解决首都城市管理和城乡协调发展面临的瓶颈问题。

北京市和中科院还将共同开展国家重大科技项目落实实施工作，在超大规模集成电路、新一代宽带无线移动通信、重大新药研发、高端通用芯片等北京具有国内领先产业发展基础的重大领域，共同做好重大专项的实施。

双方还将共同促进科技成果转化园区规模化和高技术企业股权社

会化，共同促进技术中介机构发展，完善科技成果转化服务机构的共建，搭建公共条件支撑平台，促进资源共享。

　　据不完全统计，2005 年度中科院在北京地区合作转化的科技成果项目近 1000 项，在京投资企业营业总收入约 1150 亿元。

　　1999 年，中科院与北京市政府签署了院市全面科技合作协议，并于 2001 年进一步修订完善了合作内容。

Chapter 13

新闻翻译的目的性

13.1 新闻翻译目的性概述

  新闻是一种特殊的文体,新闻翻译也与其他类型的翻译有所不同,其中之一就是具有很强的目的性。在很多情况下,根据不同的目的,译者不必拘泥于原文,逐字逐句地全文照译,而是可以采取灵活的态度,对原文内容进行一定的增删、编述、合并、改写等。例如,新闻贵在新,超过一定的时限,新闻就成了旧闻,新闻翻译也就失去了意义,特别是一些硬新闻,因此,此类新闻翻译的主要目的是快捷真实,译者力争在第一时间将最新、最具有事实性的消息传达给目的语读者。有的新闻作品篇幅较长,译者的目的是传达最主要的信息,就会对原文做一定删节。有时新闻中会出现一些本国语读者不熟悉的信息,比如地点、特有的自然、地理或文化现象,译者就要对原文内容做解释性增加。有时,同一新闻事实会有多家媒体的多种报道,特别是一些热门话题,翻译时译者也会对原文内容有所选择,选取内容、视角独特的部分。有些新闻,特别是政治性报道,不同意识形态的国家会有不同的评述,译者就要考虑本国的政治导向,对原文的内容做一定筛选,对原文的措辞也要做一定变通。有时,新闻翻译需要在不同媒体形式间转换,例如把报刊新闻转换成广播电视新闻、把网络新闻转换成报刊新闻,等等,这就要求译者适应不同媒体形式的要求,对原文的体裁和语体做一定的改变。总之,新闻翻译往往受到目的的指导,对原文做不同程度的改变,不同的目的会影响翻译内容的增删选留、翻译方法的选择和译者的态度于措辞等。

  传统的翻译理论认为翻译应该遵循忠实通顺的原则,源语在目的语中不能随意增删,改译不能归为翻译。20 世纪 70 年代产生于德国的功能翻译理论为以目的为指导的新闻翻译提供了理论支持。翻译目的论者认为,翻译是一种交际行为,翻译行为所要达到的目的决定整个翻译行为的过程,即"目的决定手段",翻译策略必须根据翻译目的来确定。重要的功能翻译理论家包括凯瑟林娜·赖斯、汉斯·弗米尔、贾斯塔·赫兹·曼塔利、克里斯蒂安·诺德等。本书有关章节(如第 1 章)已对"功能派"做了介绍,在此不再赘述。

简而言之,目的论将行为理论(action theory)引入翻译理论中,认为翻译是一种人类的行为活动,一种跨文化的交际行为。任何一种行为都有其相应的目的,翻译行为所要达到的目的决定了翻译所要采取的策略。这就是目的论的首要法则:目的法则(the *skopos* rule)。翻译时,译者根据客户或委托人的要求,结合翻译目的和译文读者的特殊情况,从原作所提供的信息中进行选择性的翻译。在弗米尔的"目的论"的基础上,曼塔利强调翻译过程的行为、参与者的角色和翻译过程发生的环境三个方面。诺德则进一步分析总结了功能翻译理论,提出了忠实与功能相结合的翻译原则(function plus loyalty),完善了德国功能翻译理论。

根据目的论,译者在整个翻译过程中的参照系不应是"对等"理论中所注重的原文及其功能,而是译文在译语文化环境中所期望达到的交际功能,使原文适应新的交际环境和译文读者的需求。翻译必须遵循"目的法则",翻译行为所要达到的目的决定整个翻译行为的过程。

新闻翻译的目的对翻译过程的影响主要体现在三个方面:翻译内容的遴选、翻译方法的选择和译者的措辞与态度。

13.2 翻译内容的遴选

翻译内容的遴选是新闻译者经常要做的工作,而版面容量、内容的重要程度、政治导向、意识形态,以及同类的其他新闻等是决定翻译内容遴选的重要因素。

一、版面容量

版面容量是新闻翻译中一个经常要考虑的因素。出于篇幅限制,译者通常要对原文内容有所选择,做一定删节。

二、内容的重要性

在内容筛选时一般遵循整体性、简要性、重要性、客观性等原则，以达到主题明确、材料集中、详略得当、篇幅合理的目的。

例如，新华社发表了胡锦涛主席同莫桑比克总统举行会谈的消息：

新华社马普托 2 月 8 日电（记者钱彤、李努尔）

1. 国家主席胡锦涛 8 日在马普托同莫桑比克总统格布扎举行会谈。两国元首就双边关系和其他共同关心的重大问题深入交换意见，一致表示要积极落实达成的共识，把两国友好合作关系提升到新的水平，造福两国人民。

2. 胡锦涛表示，中莫两国人民有着深厚的传统友谊。建交 31 年来，中莫在经贸、文化、教育、卫生等领域进行了卓有成效的合作，在国际事务中相互支持、密切配合。近年来，在双方共同努力下，两国各层次交往频繁，各领域合作进一步发展。

3. 胡锦涛指出，中方珍视中莫传统友谊，重视两国关系，愿同莫方一道努力，积极落实中非合作论坛北京峰会成果，推动中莫友好合作关系向前发展。胡锦涛就此提出 4 点建议：一、加强高层往来，增强政治互信。牢牢把握两国关系发展的大方向，保持两国政府、立法机构、执政党的往来。 二、发挥互补优势，深化经贸合作。当前，双方应该重点落实好已商定的合作项目。中国政府将继续在政策和资金上支持有实力的中国企业赴莫投资，同莫方探讨合作的方式和途径，参与莫桑比克农业开发和基础设施建设等优先发展项目，带动双方合作更好更快发展。中方将为莫方建立一个农业示范中心，进一步向莫方开放市场。中方愿通过中国和葡语国家经贸合作论坛推动中国内地和澳门同莫桑比克的经贸合作。 三、拓展人文领域交流，夯实友好合作的社会基础。中方愿意同莫方加强教育、卫生、科技、文化、体育、旅游、新闻等方面的合作。中方将增加莫方来华留学生政府奖学金名额，援建农村学校和疟疾防治中心。 四、加强在国际事务中的协调，维护共同利益。照顾彼此关切，共同维护各自国家和发展中国家的正当权益，推动国际政治经济秩序朝着更加公正合理的方向发展。

4. 格布扎表示，莫中关系发展得非常好，这种关系建立在深厚的传统友谊基础之上。过去，在莫桑比克人民面临困难之时，中国政府和人民给了我们重要帮助。莫桑比克独立后，莫中关系继续巩固和发展。格布扎重申莫方坚持一个中国政策。

5. 格布扎表示，中方提出的加强两国合作的建议和帮助莫方发展的措施对莫推动经济社会进步、减少贫困、实现发展具有重要意义，将进一步增强两国人民友谊。他说，中国政府和人民在国家建设中取得了巨大成就，莫方希望同中方加强交流，学习借鉴中国的经验。莫方希望同中方加强基础设施建设、农业、基础教育、旅游、资源开发等领域合作。

6. 会谈后，胡锦涛和格布扎共同出席了两国经济技术、农业、教育、体育领域8个合作文件的签字仪式，并向中外记者发表谈话。

7. 当晚，胡锦涛出席了格布扎举行的欢迎晚宴。胡锦涛在致辞中表示，加强中非两大文明的交流借鉴，是发展中非新型战略伙伴关系的重要内容。中非都有着灿烂多姿的文化，都为人类文明进步作出了重要贡献。中非应该推动双方文化机构、新闻媒体、学术团体、高等院校加强合作，增进双方人民特别是青年一代的相互了解和友谊，为中非合作提供精神动力和文化支持。我们应该共同倡导开放和兼容并蓄的文明观，承认各国文化传统、社会制度、价值观念和发展道路的差异，努力使不同文明在竞争比较中取长补短，在求同存异中共同发展，共同推进人类和平与发展的崇高事业。通过加强不同文明的交流借鉴，协力构建各种文明兼容并蓄的和谐世界，使人类更加和睦，让世界更加丰富多彩。

8. 晚宴前，胡锦涛亲切看望了中国驻莫桑比克大使馆工作人员、中资机构和华侨华人代表。

9. 国务委员唐家璇参加上述活动。

（注：下画线部分为译文删节部分）

【英译文】

Chinese, Mozambican presidents pledge to uplift bilateral ties

PLA Daily　2007-02-09

MAPUTO, Feb. 8（Xinhua）—Chinese President Hu Jintao and Mozambican President Armando Guebuza held talks here on Thursday and pledged to advance the relations between their two countries to a new high.

During the talks, Hu said China and Mozambique have developed a profound traditional friendship and have had fruitful cooperation in economy and trade, culture, education and health in their 31 years of diplomatic relations.

The Chinese government has attached great importance to its relations with Mozambique and will work together with the Mozambican government and people to implement measures adopted last November at the Beijing Summit of the Forum on China-Africa Cooperation, Hu noted.

To uplift the bilateral relations, Hu proposed that China and Mozambique enhance the exchanges of high-level visits and political mutual trust, deepen their economic cooperation, strengthen the cultural and people-to-people interactions and boost their coordination in international affairs.

Guebuza said the Chinese government and people have given vital support to the Mozambican people when they faced difficulties, and the two countries have cemented their friendly relations since the independence of Mozambique. He reiterated that Mozambique adheres to the one China policy.

Guebuza said Hu's proposal on the development of bilateral relations and China's assistance are of great importance in promoting Mozambique's economic and social progress and helping the country eradicate poverty.

Guebuza hoped that Mozambique will learn from China's experience in social and economic development and enhance its cooperation with China in infrastructure, agriculture, education, tourism and exploitation of natural resources.

After the talks, Hu and Guebuza witnessed the signing of eight documents on bilateral cooperation in economy, technology, agriculture, education and sports.

Later in the day, Hu met with Eduardo Mulembwe, president of the Mozambican parliament. At the meeting, Hu stressed that the two countries should further bolster their economic and trade links and strive to achieve common development.

In the evening, Hu called on staff members of the Chinese embassy in Mozambique and representatives of Chinese enterprises in the African country and the local Chinese community before attending a banquet given in his honor by Guebuza.

　　比较原文和译文，我们发现，译文对原文的删节以重要性、简要性为目的，遵循"撮其要，删其繁"的原则，保留重要、观点性的信息。例如原文第一段，译文留取了中莫两国元首举行会谈这一重要事实，以及两国领导人一致表示要提升两国关系这一概括性的内容，而将深入交换意见，造福两国人民这些细节性、修饰性的内容删去。最为典型的是原文第三段。原文详细记录了胡锦涛主席提出的四点建议，英译文只留取了"加强高层往来，增强政治互信"，"发挥互补优势，深化经贸合作"，"拓展人文领域交流"，"加强在国际事务中的协调"这些具有明确观点性的内容，将各点之后的细节内容删去，使译文既保留了原文的核心思想，又简洁流畅，符合英语的表达习惯。其他各段内容的筛选也基本上体现了重要性、简要性的目的。

　　一篇新闻报道往往涵盖多方面内容，而新闻发起人希望传达给读者的信息侧重也有所不同。译者在翻译时，会根据新闻发起人的目的对原文的内容进行选择。例如下面这篇报道。

外交部介绍胡主席访俄并出席"中国年"等活动

新华社北京 3 月 21 日电（记者白洁、林立平）

　　外交部部长助理李辉 21 日表示，中俄双方高度重视中国国家主胡锦涛对俄罗斯的国事访问，希望通过此访达到五大目标：深化政治互信、推动务实合作、扩大人文交流、加强地方合作、加强在国际事务中的战略协作。

李辉在 21 日的吹风会上介绍了胡锦涛 3 月 26 日至 28 日对俄罗斯进行国事访问并出席"中国年"开幕式等活动的情况。

李辉表示，这是胡锦涛作为国家主席第三次对俄罗斯进行国事访问，也是今年两国元首的首次会晤。访俄期间，胡锦涛和普京将举行会谈，共同出席"中国年"开幕式和"中国国家展"开幕式等活动。胡锦涛还将会见俄罗斯总理弗拉德科夫、国家杜马主席格雷兹洛夫，访问鞑靼斯坦共和国首府喀山市，并会见鞑靼斯坦共和国总统沙伊米耶夫。

李辉说，中俄双方为此次访问做了大量准备工作，希望通过此访达到以下几大目标：

(一)深化政治互信。今年中俄战略协作伙伴关系步入第二个 10 年。双方将全面总结中俄战略协作伙伴关系建立 10 年的经验，就进一步深化中俄战略协作、扩大双方务实合作、加强在重大国际问题上的沟通与协调深入交换意见。

(二)推动务实合作。两国元首此次将进一步探讨优化贸易结构，扩大相互投资，推动经贸、能源、基础设施建设、森工等领域的大型项目、促进高新技术领域合作等问题。

(三)扩大人文交流。此次两国元首将深入探讨以中俄互办"国家年"为契机，进一步加强双方在教育、文化、卫生、体育、旅游、大众传媒等人文领域的合作，加强青年交流，充分发挥中俄教文卫体合作委员会和中俄友好、和平与发展委员会的作用，巩固中俄友好的社会基础。

(四)加强地方合作。双方结为友好省州和城市达 70 对，边贸额已占两国贸易额的五分之一。两国元首商定，在中国实施西部大开发和振兴东北老工业基地、俄罗斯开发远东和西伯利亚方面加深合作。此访期间，胡锦涛将同俄罗斯领导人就深化中俄地方合作深入交换意见，探讨扩大合作的新途径和新方式，使地方合作成为中俄关系新的增长点。

(五)加强在国际事务中的战略协作。此访期间，在将发表的访问政治文件中，除双边关系外，双方还将阐述对联合国改革、国际反恐合作、朝核、伊朗核、中东、上海合作组织等重大国际和地区问题的看法和主张。

李辉说，2006 年中国"俄罗斯年"取得圆满成功，双方共举办 300 多项活动。俄罗斯 7 个联邦区的领导、65 个州长来华访问，数万俄罗斯人来华举办活动。中方直接参加"俄罗斯年"活动的人数约 50 万，通过媒体经常关注"俄罗斯年"活动的人达几亿。这些都创下了中俄交往的新纪录。

据介绍，2007 年，双方将在俄罗斯举办"中国年"，目前已商定近 200 项活动。除政治部分外，在"中国年"开幕式上，中国艺术家将为俄罗斯观众奉献一场有特色的文艺晚会。

李辉表示，"中国国家展"是中国迄今在国外规模最大、涉及领域最广的国家级展会。来自中国 31 个省、自治区、直辖市及香港和澳门特别行政区的约 200 家单位将参展，展出内容涉及能源、机械制造、汽车、家电等 30 多个国民经济行业，包括 15000 多种产品、近千张图片。此次展览会上，双方企业将举行洽谈，预计签约额将超过 43 亿美元。

李辉说，目前"中国年"各项活动已陆续展开。我们相信，"中国年"必将使俄罗斯人民更好地了解中国，为中俄战略协作伙伴关系的长期稳定发展奠定坚实基础。我们确信，胡锦涛访俄将获得圆满成功，为两国关系和双方各领域合作发展注入新的动力。

【英译文】

China, Russia to Sign 4.3 bln US Dollar Contracts During Hu's Visit
english.chinamil.com.cn 2007-03-22

BEIJING, March 21（Xinhua）—China and Russia are expected to sign a series of agreements and contracts worth more than 4.3 billion US dollars during Chinese President Hu Jintao's coming visit to Russia, according to the Chinese Foreign Ministry.

Assistant Foreign Minister Li Hui Wednesday briefed Chinese and foreign journalists on Hu's Russian tour scheduled for March 26 to28.

Li said the two countries will sign a series of cooperation agreements and the enterprises of the two countries will hold talks at a China national exhibition.

President Hu and his Russian counterpart Vladimir Putin will attend the opening ceremony of the Year of China in Russia and that of the China national exhibition.

The China national exhibition will be the biggest ever such exhibition sponsored by China in a foreign country, Li said.

He said some 200 enterprises and organizations from around China, including the Hong Kong and Macao special administrative regions, will attend the exhibition, with more than 15,000 kinds of products on show.

The Year of China in Russia is a reciprocal event to the Year of Russia marked in China last year. Both events were agreed upon during President Hu's visit to Russia in July 2005.

The Year of China in Russia will stage some 200 activities to enhance exchanges and understanding between the two countries in various areas.

　　本篇新闻是外交部对胡锦涛主席即将访问俄罗斯的介绍，原文详细报道了胡锦涛主席出访俄罗斯的几大目标，包括政治互信、务实合作、人文交流、地方合作、国际事务中的战略协作等。原文的信息还包括回顾 2006 年在中国举行的俄罗斯年，介绍了将在俄罗斯举行的中国年，期间拟定的活动，特别是"中国国家展"，活动将取得的政治、文化、经济方面的成果等。比较原文与译文，可以发现，译文的主要目的是介绍胡锦涛访俄期间将取得的经济成效，因此着重介绍了将在俄罗斯举行的"中国国家展"，题目也相应改为"胡锦涛出访期间中俄签约额达 43 亿美元"，并将这一内容放在了最前面。原报道的内容相对宏观、抽象，是国内政治新闻的特点。而英语新闻一般比较注重实际内容，因此英译文更为具体、实际。

　　很多软新闻，或介乎硬新闻和软新闻之间的报道通常篇幅较长，不仅描述某种现象或事实，而且会进一步探讨事实背后的原因，提出作者本人的观点。对这类报道内容的遴选，一般也留用观点性、事实性的部分，而将细节部分删去；或者保留对事实现象的描述，删略某些原因，以达到整体性的目的；同时，对内容的筛选也体现了译者所侧重传达的信息。例如，美国《国际先驱论坛报》发表了"奢侈品牌力争在中国盈利"的文章，原文如下：

Luxury Brands Struggle to Find Profit in Mainland China

By Le-Min Lim Bloomberg News

Published: January 2, 2007

1. HONG KONG: When Eric Douilhet opened the first Paul Smith and Moschino fashion boutiques in mainland China in 2002, he did not expect that they would be making money by now. He did not think they would be losing as much, either.

2. "I was definitely expecting sales to be higher, the losses to be smaller," said Douilhet, president of Bluebell in Asia, which also operates Jaeger clothing and Davidoff cigar stores in mainland China. "People are too optimistic about China." He declined to quantify the losses.

3. The mainland luxury market is proving harder to crack than many overseas companies anticipated, even as incomes there soar and economic growth tops 10 percent a year. Dozens of high-end brands, from Cartier and Chanel to Hermès and Versace, are chasing a limited pool of big spenders. That has made profits elusive for most.

4. "If you are not the No. 1 brand, if you are No. 2 or No. 3, the odds are good your fingers will be burned," said Ivan Kwok, a manager at Boston Consulting Group in Hong Kong. "China is a growing force in the luxury business, but the market isn't large enough yet to accommodate so many players."

5. Only about one in 10 overseas consumer-goods companies—including LVMH Moët Hennessy Louis Vuitton, the world's No. 1 maker of luxury goods—is profitable in China, Kwok estimated.

6. The winners are the ones whose products are seen by mainland consumers as obvious symbols of wealth, he said.

7. Even after more than doubling since 1996, disposable income of urban households on the mainland averaged just \$1,327 in 2005—about as much as a single Louis Vuitton handbag costs.

8. Jonathan Anderson, chief Asia economist at UBS in Hong Kong, said official statistics overestimate the size of the urban middle class that controls the bulk of disposable income. The real size of the middle class, he said, was between 65 million and 75 million, not the 250 million to 300 million reflected in government figures.

9. To succeed, luxury-goods companies must attract the top segment of the mainland consumer market—the 15 million people who earn more than 250,000 yuan, or \$32,000, a year, according to data from market researcher AC Nielsen.

10. Making their job harder, the steep import duties and value-added taxes in mainland China mean luxury-goods companies have to charge as much as 35 percent more for their goods than in Hong Kong and many foreign markets.

11. At the Plaza 66 Mall in Shanghai, more than 100 European and the US luxury brands vying for shoppers include Cartier, Prada, Anna Sui and Brooks Brothers.

12. Cartier, the jewelry and watch seller controlled by Compagnie Financière Richemont, is barely breaking even after 15 years on the mainland, even though it is the top-selling luxury jewelry brand there, said Nigel Luk, Cartier's managing director for China. He declined to give figures.

13. "If you are looking for quick profits, don't go to China," Luk said. "It takes a long time to be profitable."

14. Cartier, which has 14 boutiques on the mainland, will likely need another

15 years to meet its profit targets, Luk said, without giving details. For now, he said, rising rental and labor costs triggered by a booming property market and economy are cutting into profit.

15. The company also spends about $9 million a year on advertising on the mainland to raise brand awareness—a "substantial part" of Cartier's global advertising budget, he said.

16. Brands like Cartier and Paul Smith, the British fashion house known for its quirky twists on classics, lack the obvious status-symbol cachet of Louis Vuitton or Gucci among mainland shoppers. That makes it difficult for those brands to compete at the same level, said Kwok.

17. "A luxury brand in China represents middle-class aspirations, so you can't be too hidden," he said. "A lot of products bearing visible logos don't do well outside China, but are bestsellers in the country."

18. High-end brands seeking to tap rising wealth on the mainland face another setback: People are saving more as the government dismantles its cradle-to-grave welfare system.

19. The cost burden on mainland households has risen as the government, shifting toward a market economy, phases out benefits like free housing, education and health care.

20. The mainland Chinese "middle class may be earning a good living, but they still feel insecure about the future," said Chen Xingdong, an analyst with BNP Paribas Peregrine in Beijing. "That prompts them to save a large share of their income."

21. Take, for example, Li Yan, a Beijing resident who works as a property consultant at a Ministry of Construction affiliate. The job used to guarantee lifetime employment, free housing and other benefits.

22. Yet Li said she did not carry a designer bag, own a car or visit Starbucks coffee shops. More than half of her annual income of 40,000 yuan goes to paying housing and medical costs that used to be covered by the state.

Li said she saved part of her pay and spends only on necessities.

23. "It's better to be prudent with money," said Li. "You never know when the extra thousand or two might come in handy."

24. The aggregate savings ratio on the mainland is as high as 50 percent of gross domestic product, said Anderson. That compares with 30 percent in Japan, 39 percent in Hong Kong and less than 14 percent in the United States.

25. International luxury brands appear to be willing to endure losses now to position themselves for an expected expansion in the number of big spenders on the mainland.

26. The potential size of the mainland luxury-goods market is as large as 100 million people, said Claire Kent, a luxury-goods analyst at Morgan Stanley in London. Jacques-Franck Dossin, an analyst at Goldman Sachs in London, said the mainland was expected to be the world's top consumer of luxury goods by 2015.

27. There were 320,000 millionaires on the mainland at the end of 2005, a 6.7 percent increase from a year earlier, according to a report by Merrill Lynch and Capgemini. That compared with 2.7 million millionaires in the United States and 448,000 in Britain.

28. "The money is there," said Glen Murphy, a managing director at AC Nielsen in Shanghai. "The big challenge for consumer-goods sellers is identifying who and where these people are, and to sell them what they want."

29. LVMH has succeeded in doing that. The company, which opened its first Louis Vuitton handbag store on the mainland in the Peninsula Beijing Hotel in 1992, now counts the mainland as its third-largest market.

30. The 900-square-meter, or 9,687- square-foot, Louis Vuitton store in the Nanjing Road shopping district in Shanghai features a 10-meter-high glass facade etched with the brand's trademark brown-and-beige checks.

31. There is a waiting list several weeks long for the hottest bag of the season, a denim tote costing as much as 24,200 yuan that sold out immediately when it arrived in the store two weeks ago, the company said.

32. For dozens of lesser-known brands vying for the same coveted customers, financial success is more elusive. For now, said Douilhet, Bluebell was willing to lose money on brands like Paul Smith as long as it can keep learning about the mainland market.

33. "If the time comes that we realize the money we spend is more than what we learn, then obviously we will reconsider our presence," Douilhet said.

（注：下画线部分为译文删节部分）

【汉译文】

奢侈品在中国很难赢利

《参考消息》2007 年 1 月 4 日

2002 年，当埃里克·杜耶在中国内地开设第一家保罗·史密斯和雾仙奴时装店时，他并没有想到他们会到现在才赢利。他也没有想到他们的亏损会那么大。

杜耶说："我当时期望的销售额要高得多，亏损要小得多。人们对中国有点太乐观了。"他不愿透漏他们的亏损到底有多大。

尽管中国内地的收入迅速增加，年经济增长幅度超过 10%，但是打开中国内地的奢侈品市场要比许多海外公司所期望的难得多。数十家国际高端品牌正在追逐中国内地数量有限的出手大方的消费者。这使他们很难赢利。

波士顿咨询集团驻香港分公司经理伊万·郭说："如果你不是头号名牌，如果你只是二号或三号名牌，那么你将会亏本。中国是奢侈品消费市场一支日益强大的生力军，但目前还没有发展到大得可以容纳如此之多的高端品牌的地步。"

郭先生估计，目前大约只有 1/10 的海外消费品公司，其中包括世界头号奢侈品制造厂商路易·威登，能够做到在中国赢利。他说，在竞争中胜出的都是那些内地消费者一眼就能看出是财富象征的品牌。

即使中国内地家庭的人均可支配收入自 1996 年以来翻了一番多，在 2005 年达到 1327 美元，但这仍然只是一个路易·威登手提包的价格。

香港瑞士银行亚洲经济首席分析师乔纳森·安德森说，官方的统计数字过高地估计了城市中产阶级的规模，这些人控制着大部分的可支配收入。他说，城市中产阶级的真正规模在 6500 万到 7500 万之间，而不是政府统计数字中所反映出的在 2.5 亿到 3 亿之间。

根据市场调研公司尼尔森公司的统计数据，高档消费品厂家要在中国取得成功，就必须吸引中国内地消费市场中的高收入者，即 1500 万年收入在 25 万元人民币以上的人。

中国内地对高档消费品征收的进口税和增值税要比香港和许多国外市场高 35%，这使得这些公司的经营变得更加困难。

卡地亚中国公司的负责人说："如果你寻求迅速赢利的话，那就不要到中国来。要想在这里赢利，就需要做好长期的准备。"

这篇文章报道了世界奢侈品牌在中国赢利困难的情况并分析了原因。原文的开头两段用保罗·史密斯和雾仙奴时装店为实例，引出文章的主题——奢侈品牌在中国大陆生存困难。第 3 到第 6 段说明尽管中国经济发展迅速，但仍然无法容纳数十家国际高端品牌，只有小部分品牌能够做到赢利。文章的第 7—24 段说明了造成高端品牌难以赢利的原因。首先，内地家庭的人均可支配收入尽管增长迅速，但与购买奢侈品仍然相距甚远(第 7 段)；政府的统计数字高估了中产阶级的规模(第 8、9 段)；中国内地对高档消费品征收高额进口税和增值税(第 10 段)；某些品牌因不具备易于内地消费者辨识的财富象征而在竞争中处于劣势(第 11—17 段)；社会保障和福利体制不完善使城市居民生活成本上升，居民把钱存入银行而不是用来消费(第 18—24 段)。原文第 25 段到最后说明，尽管赢利困难，各大品牌仍然准备打持久战，原因是他们相信中国具有巨大的潜在消费能力，并以"路易·威登"为例，说明只要适销对路，赢利并不是不可能的，而那些内地消费者不太熟悉的奢侈品牌则愿意为了解中国市场而付学费。

《参考消息》的译文选取了原文的前 13 段。前 6 段是说明世界奢侈品牌在中国难以赢利的现状，属于事实性的内容，译文全部留取。第 7 到 24 段是分析高端品牌在中国大陆难以赢利的原因，译文只留取了前三个原因。而某些品牌因不具备易于内地消费者辨识的财富象征而亏损这一原因被节略，因为第 6 段已经说明，能够在中国赢利的是那些内地消费者能够一眼看出是财富象征的头号品牌。社保体制不完善和储蓄率过高这一原因也没有体现在译文中。译文对原文内容的遴选基本上体现了译者对重要性和整体性的追求。

此外，原文的题目是"奢侈品牌力争在中国赢利"，而译文的题目是"奢侈品在中国很难赢利"。可见，译者的目的是要突出国际奢侈品牌在中国经营困难的事实现状。因此，原文第 25 至 33 段说明，尽管惨淡经营，各大品牌仍然对中国的消费市场充满信心，愿意承担亏损，等待赢利的那一天，这一部分内容与译者的主要目的不甚相符，在译文中没有出现。这几段的删节也说明在新闻翻译中，译者希望达到的目的决定内容遴选。

三、政治导向

政治导向也是新闻翻译者在内容筛选时经常需要考虑的因素。外电中经常有对中国的负面报道，近年来，中国的新闻工作者获得了一定的自由，政府也希望通过适当引入域外的批评声音，应对自身存在的问题。但是，在翻译过程中，考虑到国内舆论的稳定和事实的公正性，外报对中国社会一些过激的批评言辞被相应删去。例如，2006 年12 月 20 日《参考消息》发表了题为《豪华办公楼和反腐败背道而驰》的报道，来自美国《洛杉机时报》网站，原文题目为《中国的官方富裕》。我们可以比较一下原文和译文。

China's Official Opulence

By Don Lee, Times Staff Writer

December 18, 2006

1. Tianjin, China—VISITORS to the Tanggu district administrative offices

are greeted by common watchwords plastered inside some public buildings: honesty, transparency, efficiency.

2. Once they pass through security, though, they're often surprised to find government officials working out in the gym, splashing in the Olympic-size swimming pool, playing cards in the game parlor, shooting pool or getting facials at the salon.

3. "When I first went into the government building, I thought I entered the wrong gate. This building is fancier than high-end hotels," said Guiqiu, a local in her 40s...

4. At a time when Beijing is struggling with rampant government corruption..., the $40-million office building in this northern coastal city of 10 million has become a symbol of what is wrong with China's government...

5. China's central government is aware that such extravagance reflects broader problems that are threatening the nation's social fabric. Land grabs and other lawless behavior involving local officials have led to numerous and sometimes violent protests. Chinese scholars say corruption in the party ranks has contributed to a crisis of trust.

6. President Hu Jintao and other leaders fear that corruption could undermine the party's authority and the nation's recent prosperity...

7. To appease the masses, Hu has eliminated taxes for farmers in the countryside and pledged to deliver better healthcare and education.

8. But in the eyes of many Chinese, some of the most blatant examples of corruption are the opulent government office resorts that local party leaders regard as must-haves. Using money from land sales, taxes and China's booming economy, they sometimes work to trump one another by erecting buildings that are bigger and grander than their neighbors'.

9. In central China, Huangjin, a small town along the Yangtze River, spent nearly 10 times its annual budget of $75,000 to construct seven

Tian'anmen-like buildings along a slope. People must walk up 21 flights of stairs—signifying the 21st century—to get to the first level, then 90 more steps to reach the meeting hall at the top.

10. …

11. Huiji district's complex in Zhengzhou, the capital of Henan province, is even grander: futuristic and domed buildings on 85 acres landscaped like a theme park, with waterfalls, arch bridges and artificial lakes.

12.—30. …

(注：访问 http://articles.latimes.com/2006/dec/18/business/fi-chicorrupt18 可阅读原文，引文中的省略号部分为译文删节部分)

【汉译文】

豪华办公楼和反腐败背道而驰

《参考消息》2006 年 12 月 20 日

参观天津某区政府办公楼，首先映入眼帘的是"诚实、透明、效率"几个字。这些标语在其他公共建筑物里也能看到。

一旦通过安检，展现在他们面前的便是令人惊异的一幕：政府官员在健身房里锻炼，在标准游泳池畅游，在棋牌室里玩牌，在台球室里打台球或在美容院里做面部按摩。

年届 40 的当地人桂秋（音）说："第一次踏进这座政府大楼的时候，我还以为自己走错了门，这里比任何高档宾馆还要豪华。"

这座耗资 4000 万美元建成的大楼，彰显了中国政府存在的问题。在官员腐败成风的情况下，北京正大力采取措施反腐。

中央政府很清楚这种奢华之风所反映的深层次问题，正在威胁与中国的社会结构。地方官员霸占土地和很多目无法纪的行为已经引起了无数抗议声，有时候甚至还引发暴力对抗。一些中国学者认为，腐败已经导致了信任危机。中国领导人担心，腐败会有损共产党的威信，破坏国家繁荣。

为了安抚大众，中央在全国范围内取消农业税，还承诺提供更好的医疗保健和教育。

　　但在很多中国人眼里，被地方官员视为"必不可少"的豪华政府办公楼就是最明显的腐败例子。地方官员用出售土地获得的收入、税收和财政收入来修建豪华办公楼，有时候甚至以此为荣，兴起一股攀比之风，比谁的办公楼更大更豪华。

　　在长江沿岸的重庆黄金镇，这个小镇的年度预算是 7.5 万美元，而它却花了十倍于此的钱在山坡上修建了 7 个类似于天安门的办公楼。人们必须走 21 级台阶——象征着 21 世纪——才能到达第一层平台，然后继续走 90 多个台阶才能抵达会议厅。

　　河南郑州惠济区政府的大楼建得更加宏伟：占地 500 多亩的楼群充满现代气息，屋顶呈穹形，瀑布、拱桥和人工湖一应俱全，像个主题公园。

　　这篇文章刊载在《参考消息》的"问题与建议"一栏，可见主要的目的是指出问题、提出建议，而不是批评。原文共有 30 段，译文只有 9 段，内容选自前 9 段及第 11 段，其中第 6 段部分内容与第 5 段合并。在选译的这几段中，一些敏感内容被删去。例如第 3、4 段，译文只译出了在官员腐败成风的情况下，北京正大力采取措施反腐等内容。

　　另外，在选译的前 9 段及第 11 段中，文章只是大略叙述了政府办公楼的豪华和人民的不满，并提到了中央政府对腐败的重视和惩治腐败的决心和措施。但后面的段落详细记录了办公大楼内部的腐败设施、政府职员的腐败行为、老百姓的反应等细节。如果全文译出，恐怕会激化社会矛盾，不利于稳定，因此译文做了删节。

　　当然，内容的遴选往往是出于政治导向、版面容量等因素的综合考虑，例如，原文的第 9、10、11 段列举了各地政府兴建豪华办公楼的腐败风气，分别提到了重庆黄金镇政府、山东泰安市政府和郑州惠济区政府。译文只留下了重庆黄金镇政府和郑州惠济区政府的例子，把山东泰安市的例子略去，因为它们都起了同样的作用，说明政府腐败风气之盛，是取观点而舍细节的例子。

四、意识形态

　　意识形态也是新闻翻译内容遴选的一个重要因素，特别是有关中

国的国家政策、大政方针的政治评论。美国《时代》周刊 2007 年 1
月 22 日(提前出版)发表了"China Takes on the World"的封面文章。
参考消息对原文进行乐一定编译,题目改为:中国崛起未必"恐怖"。
原文如下:

China Takes on the World

By Michael Elliot

Thursday, Jan. 11, 2007

1.—2. …

3. … Through its foreign investments and appetite for raw materials, the
    world's most populous country has already transformed economies from
    Angola to Australia. Now China is turning that commercial might into
    real political muscle, striding onto the global stage and acting like a nation
    that very much intends to become the world's next great power. … With
    the US preoccupied with the threat of Islamic terrorism and struggling to
    extricate itself from a failing war in Iraq, China seems ready to
    challenge—possibly even undermine—some of Washington's other
    foreign policy goals, from halting the genocide in Darfur to toughening
    sanctions against Iran. … "China is thinking in much more active terms
    about its strategy," says Kenneth Lieberthal of the University of Michigan,
    who was senior director at the National Security Council Asia desk under
    President Bill Clinton, "not only regionally, but globally, than it has done
    in the past. We have seen a sea change in China's fundamental level of
    confidence."

4. … "The Chinese wouldn't put it this way themselves," says Lieberthal.
    "But in their hearts I think they believe that the 21st century is China's
    century."

5. That's quite something to believe. Is it true? Or rather—since the
    century is yet young—will it be true? If so, when, and how would it
    happen? How comfortable would such a development be for the West?

Can China's rise be managed peaceably by the international system? Or will China so threaten the interests of established powers that, ... war one day comes? Those questions are going to be nagging at us for some time—but a peaceful, prosperous future for both China and the West depends on trying to answer them now.

WHAT CHINA WANTS—AND FEARS

6. If you ever feel mesmerized by the usual stuff you hear about China— 20% of the world's population, gazillions of brainy engineers, serried ranks of soldiers, 10% economic growth from now until the crack of doom—remember this: China is still a poor country (GDP per head in 2005 was $1,700, compared with $42,000 in the US) whose leaders face so many problems that it is reasonable to wonder how they ever sleep. ... The most immediate priority for China's leadership is less how to project itself internationally than how to maintain stability...

7. And yet for all their internal challenges, the Chinese seem to want their nation to be a bigger player in the world. ... The most striking aspect of President Hu Jintao's leadership has been China's remarkable success in advancing its interests abroad despite turmoil at home.

8. ...

9. As it follows Hu's lead and steps out in the world, what will be China's priorities? What does it want and what does it fear? The first item on the agenda is straightforward: it is to be left alone. China brooks no interference in its internal affairs, and its definition of what is internal is not in doubt. The status of Tibet, for example, is an internal matter; the Dalai Lama is not a spiritual leader but a "splittist" whose real aim is to break up China. As for Taiwan, China is prepared to tolerate all sorts of temporary uncertainties as to how its status might one day be resolved— but not the central point that there is only one China. Cross that line, and you will hear about it.

10.—13. ...

WORKING WITH CHINA

14. Assuming a bigger global presence has forced Beijing to learn the art of international diplomacy. Until recently, China's foreign policy consisted of little more than bloodcurdling condemnations of hegemonic imperialism. "This is a country that 30 years ago pretty much saw things in zero-sum terms," says former Deputy Secretary of State Robert Zoellick. "What was good for the US or the West was bad for China, and vice versa." Those days are gone. ...

15. Washington would like Beijing to go further. In a speech in 2005, Zoellick invited China to become a "responsible stakeholder" in international affairs. ...

16. That would imply that China's behavior has changed of late. Has it? A US policymaker cautions, "It's important to see the 'responsible stakeholder' notion as a future vision of China." In practice, this official says, "They've been more helpful in some areas than others." When the stars align—when China's perception of its own national interest matches what the US and other international powers seek—that help can be significant. Exhibit A is the DPRK...

17.—21. ...

WHOSE CENTURY?

22.—27. ...

28. How can that competition be managed? And how can the US and its allies convince the Chinese not to support rogue regimes? The key may be to identify more areas in which China's national interests align with the West's and where cooperation brings mutual benefits. China competes aggressively for natural resources. But as David Zweig and Bi Jianhai of the Hong Kong University of Science and Technology argued in Foreign Affairs in 2005, it would make just as much sense for the US and

China—both gas guzzlers—to pool forces and figure out how to tap renewable sources of energy and conserve existing supplies. For a start, the US could work to get China admitted into the International Energy Agency and the G-8, where such topics are debated.

29.—31. …

32. On the optimistic view, then, China's rise to global prominence can be managed. It doesn't have to lead to the sort of horror that accompanied the emerging power of Germany or Japan. Raise a glass to that, but don't get too comfortable. There need be no wars between China and the US, no catastrophes, no economic competition that gets out of hand. But in this century the relative power of the US is going to decline, and that of China is going to rise. That cake was baked long ago.

（注：访问 http://www.time.com/time/magazine/article/0,9171,1576831,00.html 可阅读全文，引文中的省略号部分为译文删节部分）

【汉译文】

中国崛起未必"恐怖"

《参考消息》2007 年 1 月 15 日

通过巨额的对外投资和大量购进原材料，中国已经让从安哥拉到澳大利亚的诸多国家发生了巨变。如今，中国正在将商业力量转化成实实在在的政治实力，大步走上世界舞台，一举一动都表示出它要成为下一个强国。

由于美国把注意力集中在恐怖主义威胁和如何从伊拉克脱身上，在这种背景下，中国似乎准备对华盛顿的其他外交政策目标——从制止达尔富尔的种族屠杀到加强对伊朗的制裁——发起挑战。密歇根大学教授、克林顿任总统期间担任国家安全委员会亚洲事务主任的李侃如说："中国正以远比过去积极的态度思考其战略，不仅是地区战略，还包括全球战略。我们看到中国在信心上发生了巨变。"

李侃如说："中国人自己不会这样说，不过我们认为他们从心底里认定 21 世纪是中国的世纪。"

这是真的吗？果真如此，那么会从什么时候开始？以何种方式？西方会心平气和地接受这样的事实吗？国际体系能和平应对中国的崛起吗？中国会不会严重威胁到地位已经确立的大国的利益，以至于导致战争的爆发？这些问题会在一段时间内困扰我们，但是中国和西方要实现未来的繁荣与和平，需要我们现在就来解答这些问题。

人们通常听到的关于中国的消息是：人口约占世界总人口的20%，拥有大批聪明的工程师，军人数量极其庞大，经济增长率达到10%。如果这样的描述让你着迷，那么想想这些：中国仍然是一个贫穷的国家，2005年的人均生产总值只有1700美元，远远低于美国的4.2万美元。中国领导人面临的问题数不胜数，让人怀疑他们怎么能睡得着。对于中国领导人来说，当务之急不是如何在国际舞台上展示力量，而是如何保持社会的稳定。

然而，虽然中国在国内面临诸多挑战，中国人似乎想要他们的国家在世界上发挥更重要的作用。中国领导层最引人注目的地方在于，尽管国内存在诸多棘手问题，中国在谋求海外利益方面取得了巨大成功。

在中国走向世界的时候，中国最重要的事情是什么？中国想要什么？它怕什么？排在第一位的显然是，它不想让别人干预它的事情。中国不能容忍任何干预其内政的做法，它对什么是内政的定义也非常明确。比如西藏的地位问题就是内政，达赖喇嘛不是精神领袖而是"分裂分子"，他真正的目的就是分裂中国。至于台湾问题，中国准备容忍暂时性的模糊状态，不过对于核心的问题，即只有一个中国的问题不能有丝毫的含糊。

由于要在全球发挥更重要的作用，北京不得不学习国际外交技巧。就在不久以前，中国的外交政策还几乎全是对帝国主义霸权的谴责。曾担任美国副国务卿的罗伯特·佐利克说："30年前，这个国家还在以不是你死就是我活的方式看待问题。对于美国或西方来说好的东西对中国来说就是不好的，反之亦然。"那样的日子已经一去不复返了。

华盛顿希望北京更进一步。佐利克在2005年的讲话中表示，希望中国成为国际事务中"负责任的利益攸关方"。

这意味着中国最近的做法出现了转变。是真的吗？事实上，美国的一名决策者说："中国在某些领域起到了很大的帮助作用，在另外一些领域则不是这样。"当中国的利益与美国及其他国家的利益重合时，中国有可能提供非常大的帮助，朝鲜问题就是一个例证。

如何应对与中国之间的竞争？美国及其盟国如何说服中国人不去支持无赖政权？关键也许在于，要发现更多双方利益一致并且在对双方有利的方面进行合作。中国在咄咄逼人地争取自然资源。可是正如香港科技大学的崔大伟等人撰文所说的，美国和中国集中力量开发可再生资源，并保护现有的资源，这才是明智的做法。作为开始，美国可以让中国加入国际能源机构和八国集团，因为这些机构都是讨论这类话题的场所。

乐观地讲，中国有可能崛起为强国。这并不一定和德国及日本当年那样，会成为一件恐怖的事情。为中国举杯庆祝，不过也不要过于高兴。中国和美国之间不是非要有战争、有灾难、有失去控制的经济竞争。但是在这个世纪，美国的相对实力会衰落，而中国则会上升，这样的局面早已形成了。

《时代周刊》这篇社论从美国的角度，分析了中国的崛起以及如何应对这一形势，文中多处涉及对中国的重大对外政策、国内状况及高层领导的评价，很多观点与国内的主导舆论不符，如果全文译出，显然无法达到国内新闻机构所期望的目的，因此在翻译过程中做了删节。对有关省略段落的分析、研究，读者访问相关网站便知。

此外，不干涉他国内政一直是中国政府奉行的重大对外政策之一，国内的政治宣传也一直是对我们保持国家民族自主独立的有力支持，这些都具有不可争议的正确性和必要性。但文中西方人的观点与国内的政治宣传有严重分歧，会引起国内读者对国家大政方针的质疑，这并不是新闻的发起人所期望的目的，因此在译稿中删除。西方记者等在观点上的"偏颇"，甚至带有色眼镜的评论显然与国内主导舆论不符，因此译者将这些内容予以删去。

报道中还涉及对中国民主制度的评论及其他类似的分析、阐述，而这些评论、分析与阐述显然与新闻发起人的目的存在严重偏差，因此在译文中删除。

社论中还有一些对中国社会的负面报道，一些过激的言辞，一些片面的主观否定等，显然是不妥的，会产生严重的歧义，甚至可能误导读者。为了达到国内媒体期望的目的，这些内容理应被译者删除。

译文的题目是"中国的崛起未必'恐怖'"，译者希望传达给读者的信息是：《时代周刊》的评论认为，中国崛起不会对西方势力造成威胁。因此，在对原文内容遴选时，与这一目的相符的内容得到保留，而与这一总体观点相抵触的信息则被删去。

当然，对原文的筛选也有其他因素的综合考虑。例如，《时代周刊》的这篇评论还提到了中国对朝鲜的态度。一些过于主观武断的分析、评论、概括，乃至难以加以证实的"披露"等，均涉及中朝之间的敏感问题，因此没有也不宜出现在译文中。

另外一个例子是涉及有关分析、报道视角的差异。西方媒体往往倾向于从领导人"个人的角度"来阐释其做事方式、领导习惯、施政方针等，例如领导人的性格、家庭背景、教育情况、政治经历等。而国内媒体的报道，出于历史、政治等原因，往往淡化个人色彩，更倾向于从"客观的角度"来评述。近年来，这种情况已经出现了变化，新闻撰稿人也开始从更"人性化的角度"评判历史与政局。但是这种方法通常限于历史人物或国外政坛人物。原文中的这类分析与国内媒体在视角或角度上存在差异，因此在译文中没有保留。

本文内容的遴选也体现了重要性、简要性、整体性的目的，保留了观点性、概念性的句子，将一些具体细节部分删去。

新闻内容的筛选往往还要考虑同一历史时期/时段其他媒体登载的内容，避免重复，力求本篇报道的独特性。因此，译者会将同时期新闻媒体中报道较多的内容删去，留取相对独有的信息。例如，2006年底伊拉克前总统萨达姆·侯赛因被判绞刑的消息一传出，有关萨达姆的报道立即充斥了各大媒体，路透社也发表了专题报道。《参考消息》

对原文进行了删节，在"时事纵横"栏目中选用了这篇报道。以下是
路透社的全文：

Saddam Hussein, Rise and Fall of a Strongman

Sat Dec. 30, 2006 2:22 a.m. ET

By Ibon Villelabeitia

1. BAGHDAD（Reuters）—Saddam Hussein combined a shrewd tactical mind with a taste for violence as he rose from humble beginnings to enjoy three decades of absolute power in Iraq.

2. But overarching ambition, which saw him invade neighboring Iran and Kuwait and defy former US allies who accused him of developing nuclear and chemical weapons, destroyed Iraq's oil-rich economy and finally brought him down.

3. Saddam, 69, rose from fatherless poverty in Tikrit to seize power in a 1968 coup with his pan-Arab Baath party.

4. He went from being the Baath's power-behind-the-throne to Iraq's presidency in 1979 and invaded Iran the following year, launching a war that lasted eight years and killed hundreds of thousands of people, scarring an entire generation.

5. His rule crumbled when US tanks swept into Baghdad in April of 2003.

6. Saddam, meaning "one who confronts" in Arabic, was captured in December of that year when American soldiers found him in a hole near his home town of Tikrit.

7. He had vowed to go down fighting, as his sons did months before, but gave up without firing a shot. US forces said Saddam was disoriented when they found him in a pit covered with polystyrene and a rug, near a simple shack in an orange grove.

8. "I am the president of Iraq, and I want to negotiate," he told the soldiers who found him.

9. The hut where he had been staying consisted of one room with two beds

and a fridge containing a can of lemonade, a packet of hot dogs and an opened box of Belgian chocolates. Several new pairs of shoes lay in their boxes scattered around the floor.

10. A US general said he was caught "like a rat" and many Arabs who had admired his defiance of the United States were shocked by his failure to fight back.

11. Iraqis who lived for years under the gaze of proud Saddam statues and posters saw humiliating images of him in custody, mouth held open by a probing medic, an unfamiliar beard streaked gray and disheveled after months on the run.

12. Saddam was sentenced in November to hang for crimes against humanity for killing, torture and other crimes against 148 Shi'ites following a 1982 attempt on his life.

13. An appeals court upheld the ruling on Tuesday and he was hanged in Baghdad on Saturday.

14. In a letter written after his sentencing in November, he said: "I offer myself in sacrifice. If my soul goes down this path (of martyrdom) it will face God in serenity."

15. President Bush hailed the death sentence as a milestone for democracy and US officials presented the trial as an Iraqi catharsis, but Iraq is gripped by sectarian and ethnic strife in which tens of thousands of people have died.

16. ALLY TURNED ENEMY

17. Saddam became president in 1979 after using his skills as a street fighter and conspirator to get the Baath party into power. Surrounding himself with relatives from his home town of Tikrit, he maintained an iron grip on Iraq despite bloody wars, uprisings, coup plots and assassination attempts.

18. His ruthless rule, during which his enemies say hundreds of thousands of people died, largely kept the lid on simmering tensions between Arabs

and Kurds and between majority Shi'ite Muslims and the strongman's once-dominant fellow Sunnis.

19. Once an ally of the United States, which aided him in his war against Shi'ite Islamist Iran, he was demonized by Western leaders after his army invaded Washington's ally Kuwait in 1990.

20. His description of the first Gulf War as the "mother of all battles" has entered the lexicon.

21. For some years, US policy was to contain Saddam but after the September 11 attacks in 2001, Bush chose Iraq as the next target in his "war on terror" after Afghanistan.

22. Having held on to power with much bloodshed when US-led forces did not follow through on their victory in the 1991 Gulf War, he was eventually toppled in a lightning three-week war.

23. Despite US efforts to take him out, Saddam eluded their grasp and spent eight months on the run, issuing occasional audiotapes taunting his pursuers and urging Iraqis to resist the forces of a man he had dubbed "the criminal little Bush".

24. Captured in December 2003, Saddam spent the last three years of his life in US custody, the spartan life in a US military cell a far cry from the extravagant luxury of palaces where the bathrooms were famously fitted with gold taps.

25. When his Dujail trial opened in October 2005, he appeared in a neat suit and was defiant from the start, insisting "I am the president of Iraq" and denouncing the US-backed court.

26. Playing to a televised gallery and for his place in history, he told the court in July in a typically bravura performance that as a military officer he deserved to be shot, not hanged.

27. In August 2006 Saddam's second trial started, on charges of war crimes including genocide against Iraqi Kurds. It was not concluded by the time

of his death and the charges lapse.

28. <u>In his final days in a US-run prison, he called on Iraqis to stop fighting each other and instead focus on killing Americans, projecting the image of a father figure in a country formed by European colonial rulers from a patchwork of ethnic and religious communities.</u>

29. <u>As president, he appealed variously to Arab nationalism, Islam and Iraqi patriotism and would appear in the traditional clothes of an Iraqi peasant, military uniform or Western suits.</u>

30. <u>In court appearances he appeared tireless in a sober suit and clutching a Koran. His lawyers and co-accused respectfully called him "Mr. President".</u>

31. <u>During his Dujail trial he said, "Even if they put me in hellfire, God forgive me ... I would say, 'Fine, for the sake of Iraq.' And I will not cry, for my heart is full of belief."</u>

（注：下画线部分为译文删节部分）

【汉译文】

一个强权统治者的沉浮

《参考消息》2006 年 12 月 31 日

萨达姆·侯赛因出身贫贱，他从下层崛起并最终掌握伊拉克的绝对权力长达二十多年，靠的是精明算计和嗜暴成性两者的结合。

但是，过于膨胀的野心导致他对邻国伊朗和科威特发动侵略，并且与指控他研制核武器和化学武器的美国及其盟国大搞对抗，从而使得仰仗丰厚石油储量的伊拉克经济彻底垮掉，并且最终导致了他的覆灭。

现年 69 岁的萨达姆是从提克里特的一个失去父亲的贫困家庭走向权力顶峰的。他最初走上权力之路是在 1968 年，他领导的泛阿拉伯的阿拉伯复兴社会党发动了一次政变。

1979 年，他从阿拉伯复兴社会党幕后领导人的位置走上前台，当上了伊拉克总统，随即在次年就对伊朗发动了侵略战争。这场战争持续了 8 年，导致数十万人死亡，给整整一代人心里留下了伤痕。

2003 年 4 月，美军坦克浩浩荡荡地开进巴格达，萨达姆的统治土崩瓦解。

　　当年 12 月，萨达姆在家乡提克里特附近的一个地洞里被美军发现并抓获。

　　他曾经发誓过要战斗到底，就像他的儿子们此前几个月所声称的那样。但他没放一枪就投降了。

　　一名美国将军说，萨达姆被抓获的时候"就像一只老鼠"，很多因他反抗美国而非常敬重他的阿拉伯人无比震惊：他居然没有还击。

　　在萨达姆塑像和画像的注视下生活了很多年的伊拉克人，都亲眼目睹了他在羁押期间受辱的画面：张开嘴让医生检查；几个月的逃亡生活让他的胡子有些发灰并且凌乱不堪，再也不是他们印象中的那个样子。

　　靠着街头战士和阴谋家的才能和手腕，萨达姆让复兴社会党掌握了权力，并且于 1979 年登上总统宝座。他把从家乡提克里特来的亲友安排在身边，因此尽管随后也出现了血腥的战争和起义，同时还有针对他的政变阴谋和刺杀企图，但他始终对伊拉克保持着铁腕统治。

　　在他统治下的伊拉克，阿拉伯人和库尔德人，以及人口居多的什叶派穆斯林和一度掌权的逊尼派穆斯林之间，关系一直非常紧张，但这一切都被他的残酷统治掩盖了。政敌说，他的残忍统治导致了数万人死亡。

　　他曾经是美国的盟友，在于伊朗作战期间，他得到了美国的帮助。但在他指挥军队于 1990 年入侵美国的盟国科威特之后，他被西方视为恶魔。

　　在很长时间里，美国的政策都仅仅是遏制萨达姆，但是在 2001 年的 9·11 事件发生后，布什把伊拉克列为继阿富汗之后的下一个反恐战争的目标。

　　美军在海湾战争期间，并没有乘胜追击，这使萨达姆保住了自己的统治。但是这一次，在 3 个星期的闪电战后，他就被彻底推翻了。

　　文章回顾了萨达姆的贫苦出身，1968 年发动政变踏上权力之路，1979 年登上总统宝座，随后的两伊战争，90 年代入侵科威特，海湾战争，一直到美军攻入巴格达，萨达姆被捕并被判绞刑。在萨达姆被判绞刑前后，有关他被捕的消息连篇累牍地出现在各大媒体的报道中，类似的新闻报道不胜枚举，而有关萨达姆早期的活动则相应不为读者所熟知，有关两伊战争和海湾战争的记忆也随着时间流逝被人淡忘。因此，译者保留了萨达姆前期的政治活动、两伊战争、海湾战争等内容，而对萨达姆被捕、判决、执行绞刑等内容做了相应删节或省略。例如，被略去的第12—15段的主要信息是萨达姆因多种罪名被判处绞刑以及布什总统对这一结果的反映。第23—31段的主要内容是萨达姆的逃亡、囚禁期间的表现等。有关萨达姆被判处绞刑的内容是当时的热门信息，各大媒体均有报道，萨达姆自被捕入狱以来的情况也一直为媒体所关注，而且距当时时间较近，类似的内容很容易在其他媒体报道中找到。并且，在当天的《参考消息》"时事纵横"栏目中，除了这一篇有关萨达姆的文章，另外还有两篇，分别是法新社的"留给萨达姆的最后日子"和美国《纽约时报》的"处死萨达姆　白宫并无多少快乐感"。前者详细描述了萨达姆被执行处决之前的情形，后者报道了美国政府对萨达姆被处决的反应。为了避免内容雷同，信息重复，译者主要保留了有关萨达姆早期活动的内容，将有关被捕之后的信息删去，使本篇新闻更具有独特的价值。

通过以上各例，可以看到，翻译是一种交际活动，有着明确的交际目的，新闻发起人和译者的目的，在很大程度上影响了新闻翻译内容的遴选。

13.3　翻译方法的选择

翻译活动的目的不仅决定内容的遴选，而且指导了译者所采用的翻译方法。翻译目的论有三条基本规则：第一是目的原则（*Skopos* rule），指决定翻译过程的根本原则是整个翻译活动的目的，而该目的是由翻译活动的发起者向译者提出要求，并和译者协商决定的；翻译要在译语情境和文化中，按母的语接受者期待的方式发生作用。目的原则认为，一项具体翻译任务的目的决定了翻译一个文本需要直译、意译或者两者的综合，也就是说目的决定方法。第二是连贯原则(coherence rule or intratextual coherence)，或称篇内连贯，指译文具有可读性和可接受性，符合目的语的表达方式，能够被译文读者理解，并且在目的语文化以及译文的交际环境中有意义。第三是忠实原则(fidelity rule or intertextual rule)，也称篇际连贯，即译文要忠实于原文，但忠实程度和采取何种形式取决于翻译的目的和译者对原文的理解；忠实法则仅仅是指原文和译文中应该存在某种对应关系，并不要求原文和译文在内容上一字不差。这三条原则之间并非并列关系，而是忠实原则从属于连贯原则，连贯原则又从属于目的原则。

新闻翻译在方法的选择上与目的论的原则有相通之处，目的高于连贯，连贯高于忠实。忠实是一切翻译的基本原则，新闻翻译也不例外，但新闻是一种特殊的文体，最重要的目的是让译语读者以最快的速度，通过最少的障碍，掌握原文的观点和信息，要求具有可读性和可接受性。因此，在具体翻译中有时会不拘泥于原文，做一定的删改和变动，以达到译者所期望的目的。

一、省译

【例 1】To succeed, luxury-goods companies must attract the top segment of the mainland consumer market—the 15 million people who earn more than 250,000 yuan, or $32,000, a year, according to data from market researcher AC Nielsen. (*International Herald Tribune*, Jan. 2, 2007)

【译文】高档消费品厂家要在中国取得成功，就必须吸引中国内地市场中的高收入者，即 1500 万年收入在 25 万元人民币以上的人。(《参考消息》2007.1.4)

译文省略了原句中"即 32000 美元"，这是原文作者为了方便本国读者，将中文的 25 万元人民币转换成了美元，但译文的读者是中国读者，没有必要对 25 万元这一数字概念进行解释，因此译者将这一内容省略。

有时，省译是为了语际连贯，将目的语读者一目了然的信息删去，使译文通顺可读。

【例2】As for Taiwan, China is prepared to tolerate all sorts of temporary uncertainties <u>as to how its status might one day be resolved</u>—but not the central point that there is only one China. (*Time*，Jan. 22, 2007)

【译文】至于台湾问题，中国准备容忍暂时性的模糊状态，不过对于核心的问题，即只有一个中国的问题不能有丝毫的含糊。(《参考消息》2007.1.15)

如果将原文信息全部呈现，应该是，"至于台湾问题，其归属终有一天会如何解决，中国准备容忍暂时性的模糊状态"。台湾问题的核心是其归属问题，是独立国家还是从属于中华人民共和国的一个省份，如果这一点对美国读者来说需要特别解释的话，对中国读者则是不言而喻的。而且，英语习惯在主句后附加定语修饰，这符合英语读者的习惯，却会使中文译文读起来拗口。为了通顺可读，这一部分也被省略。

【例3】The economic and financial links between Gulf oil exporters and Asia, notably China, are reminiscent of the old <u>Silk Road trade routes</u>. (*Financial Times*，Dec. 22, 2006)

【译文】海湾地区石油输出国和亚洲(特别是中国)之间的金融联系，使人想起古老的<u>丝绸之路</u>。(《参考消息》2006.12.25)

译文省略了原文中的"贸易通道"，原文作者的目的是解释古老的丝绸之路是一条商贸通道，这一点对中国读者也是不言而喻的，如果全文译出，会显得多余、拗口，因此译者给予删除。

【例4】Fields watered by brackish water dot <u>Israel's Negev and Arava Deserts in the south of the country</u>, where they spread out like green blankets against a landscape of sand dunes and rocky outcrops. (*New York Times*，Jan. 2, 2007)

【译文】在<u>以色列南部的沙漠地区</u>，用微咸的地下水灌溉的农田星罗棋布，远远望去仿佛是铺在沙丘上和满是地表岩石带的绿色毯子。(《参考消息》2007.1.4)

　　原句中详细点出了是以色列南部的内盖夫和阿拉瓦沙漠，但这两个地理名词对中国读者来说很陌生，并不会帮助读者获得更清晰的地理概念，因此译者笼统地译为"以色列南部的沙漠地区"。

【例5】On a cloudless afternoon <u>early last fall</u>, Honda CEO Takeo Fukui stood by his company's test track outside Tokyo and watched a group of journalists take the company's environmental future for a spin. (*Time*, Jan. 15, 2007)

【译文】在一个晴朗的下午，本田公司首席执行官福井威夫站在东京郊外的试车道边，看着一批记者试驾该公司的环保汽车。(《参考消息》2007.1.15)

　　"去年初秋"是一个含糊的时间概念，具体要根据原文撰写的时间而定，因此译者将这一信息删除，似可接受，且不会影响读者对原文的理解。

　　有时候，根据全文内容的筛选，也需要对一些内容进行省略，做到前后一致。例如下面的句子。

【例6】As it *follows Hu's lead and* steps out in the world, what will be China's priorities? What does it want and what does it fear? (*Time*, Jan. 22, 2007)

【译文】在中国走向世界的时候，中国最需要的事情是什么？中国想要什么？它怕什么？(《参考消息》2007.1.15)

　　原句的完整信息包括"在中国跟随着胡锦涛的步伐走向世界的时候"，原文前面一段讲述了胡锦涛主席积极开拓海外影响力的个人风格，而译者出于某种原因将这一段内容删去，因此，在翻译这一句时，也将"跟随着胡锦涛的步伐"省去。

　　二、增译

　　有时候，为了使目的语读者更好地理解原文，译者也需要对原文中出现的某些词句进行一定的解释，增加一些信息。例如下面这个句子。

【例7】中国最新的一个五年规划对环境可持续发展进行了史无前例的强调。

【译文】China's latest Five-Year Plan <u>on national priorities and goals</u> places unprecedented emphasis on environmental sustainability.

"五年规划"是中国政治社会生活中特有的词汇，英语读者可能会不大清楚，因此译者增加了"关于国家发展的重点和目标"这一解释性的内容。

【例8】In central China, Huangjin, a small town along the Yangtze River, spent nearly 10 times its annual budget of $75,000 to construct seven Tian'anmen-like buildings along a slope. (*Los Angeles Times*, Dec. 18, 2006)

【译文】在长江沿岸的<u>重庆</u>黄金镇，这个小镇的年度预算是 7.5 万美元，而它却花了十倍于此的钱在山坡上修建了 7 个类似于天安门的办公楼。(《参考消息》2006.12.20)

原句没有说明黄金镇位于长江沿岸的哪个省份，译文增加了重庆一词，说明黄金镇位于重庆。对于美国读者来说，长江是一个相对熟悉的地理名词，因此作者说明黄金镇位于长江沿岸。而美国读者对重庆就比较陌生，即使告诉他们黄金位于重庆，恐怕读者还是没有概念。而对译文的中国读者就不同了，译者加上了重庆这一大家更熟悉的地理名词，使中国读者清楚地知道黄金镇的具体位置。

【例9】However, the delegation failed to take advantage of one area that is ripe for progress: the United States' energy relationship with China. (*Washington Post*, Dec. 19, 2006)

【译文】<u>美国财政部长亨利·保尔森的</u>代表团没能注意到美中之间一个水到渠成的合作领域：能源合作。(《参考消息》2006.12.20)

译者根据上下文的内容，向读者说明，代表团由美国财政部长亨利·保尔森率领，方便读者更好地掌握原文信息。

【例10】六方会谈期间，中方代表团发言人秦刚 8 日晚在吹风会上表示，希望各方尽快就落实共同声明起步阶段要采取的行动达成共识，尽早结束本阶段会议，但具体会期还要看会谈进展，由各方商定。

【译文】Qin told a press briefing after the session that China hopes all sides can soon reach consensus on the initial steps and end this phase of meetings as early as possible. <u>It is hoped that this phase of meetings will end before the Chinese lunar New Year, which falls on Feb. 18, which is an important festival for China, the DPRK and the Republic of Korea（ROK）.</u> But the meetings will continue as long as necessary, he said.

英译文特别提到，希望会谈会在中国阴历新年之前结束，并指出春节是中国和朝鲜的重要节日。春节是中国、朝鲜等东方国家最重要的节日，相当于西方国家的圣诞，节日期间一般会停止所有工作，这对中国读者是不言而喻的。但国外读者可能就不甚了然，并不能领会中国发言人所说的"尽早结束本阶段会议"是指希望在春节之前结束，因此译文增加了这些信息，将原文的隐含意义译出，使译语读者清楚地领会原新闻的含义。

三、改译

改译是新闻译者经常采用的方法。中英文新闻的表达习惯不甚符合，这时就需要改译，使目的语读者接受。例如：

【例11】<u>President Hu Jintao and other leaders</u> fear that corruption could undermine the party's authority and the nation's recent prosperity. (*Los Angeles Times*，Dec. 18, 2006)

【译文】<u>中央领导人</u>担心，腐败会有损共产党的威信，破坏国家繁荣。(《参考消息》2006.12.20)

译文将"胡锦涛主席和其他领导人"改成了"中央领导人"。英语媒体经常用最高领导人来代表政府，在外电中大量出现"胡锦涛"或"胡"的字样，代表中国政府。而国内媒体一般不突出个人，而是注重一个机构或团体，因此译者将胡锦涛主席隐去，改译为"中央领导人"。在不同情况下，译者会采取灵活的方法。例如下一句，译者用"中央"一词代替了"胡"。

【例12】To appease the masses, <u>Hu</u> has eliminated taxes for farmers in the

countryside and pledged to deliver better healthcare and education.
(*Los Angeles Times*，Dec. 18, 2006)

【译文】为了安抚大众，<u>中央</u>在全国范围内取消农业税，还承诺提供更好的医疗保健和教育。(《参考消息》2006.12.20)

【例 13】While <u>Washington</u> dithers, Wall Street is acting, driven by rising fuel prices that punish inefficiency and by the growing realization that climate change could ruin corporate leaders who continue to deny it. (*Time*，Jan. 15, 2007)

【译文】尽管<u>政府</u>迟疑不决，华尔街却在采取行动，原因是燃料价格不断上涨，而且越来越多的人意识道，认为气候变化与自己毫不相干的企业领导人可能会走上绝路。(《参考消息》2007.1.15)

　　原文作者用华盛顿一词代表美国政府，这在英语读者没有任何理解障碍，而且，英语媒体经常用一国首都来代替其政府，例如经常用"北京"代替中国政府。但中文一般不这样做，因此译者将"华盛顿"改译为美国"政府"。

【例 14】<u>到"十一五"期末，全国人口总量(不含香港、澳门特别行政区和台湾省)</u>要控制在 13.6 亿人以内；到 2020 年，人口总量要控制在 14.5 亿人左右。(新华网 2006.12.27)

【译文】The government has pledged to keep <u>the mainland population</u> under 1.36 billion <u>by 2010</u> and under 1.45 billion by 2020. (*Xinhua*，Dec. 27, 2006)

　　"十一五"是中国一个特有的时间概念，而英语读者恐怕就很难明白"十一五期末"到底是指哪一年，因此译者译为确切的 2010 年。译者将"全国人口总量(不含香港、澳门特别行政区和台湾省)"改为"the mainland population"，使译文对于英语读者更加简洁易懂。

【例 15】副总参谋长许其亮今天上午在<u>八一大楼</u>会见了以色列国防军总参战略部部长埃胡德·德克尔一行。(中国军网 2007.1.31)

【译文】Xu Qiliang, deputy chief of general staff of the PLA, met with Brigadier General Ehud Dekel, chief of Strategic Division of the

General Staff of the Israeli Defense Forces and his party yesterday morning in <u>Beijing</u>. (*Chinamil*，Jan. 31, 2007)

　　"八一大楼"是中国人民解放军经常会见外宾的场所，但对于外国读者来说就没有意义，因此英译稿中作者改为"北京"这一国外读者熟悉的地理名词。

　　有时候，译文对原文的改译体现在语序内容的调整上，使译文更符合译语的表达方式。

【例 16】开幕式后举行了全体会。<u>各方团长在坦率、务实的气氛中就有关问题发表了各自的看法和主张</u>，一致重申了坚持六方会谈，通过对话以和平方式解决朝鲜半岛核问题，实现半岛无核化的意志和决心，<u>表示要以积极认真的姿态进行会谈，克服各种困难和挑战</u>，争取就落实共同声明起步阶段的行动达成共识，不断推动六方会谈进程。(中国军网 2007. 2. 11)

【译文】A plenary session was held after the opening ceremony, in a "frank and practical" atmosphere, according to sources with the Chinese Foreign Ministry. The six delegation heads reiterated their willingness and determination to pursue the six-party talks, resolve the Korean Peninsula nuclear issue and achieve denuclearization of the Korean Peninsula through dialogue and in a peaceful manner, according to the sources. The six top negotiators agreed to strive to reach consensus on the initial steps of the implementation of the Sept. 19 joint statement, the sources said. (*Chinamil*，Feb. 11, 2007)

　　原文的结构是一个短句加一个长句，特别是后面的长句，涵盖了很多内容。这样的长句在中文新闻，特别是政府报告中经常出现。但如果不做调整，直译为英文，会使译文显得冗长累赘，意义含混，因此译者分用三个句子表达原文的信息；另外，原文中"就有关问题发表了各自的看法和主张"，"以积极认真的姿态进行会谈，克服各种困难和挑战"这些中文常见的概括性、修饰性语言也在译文中删去，使译文更符合英语新闻清晰、实在的表达习惯。

四、意译

意译是翻译工作者经常采用的一种方法。新闻文体要求简洁明快，让读者在最快的时间内掌握原文含义，因此，原文有些修辞性的语言，译者通常避免直译，采取意译的方法，让读者更加容易理解。

【例17】But in this century the relative power of the US is going to decline, and that of China is going to rise. That cake was baked long ago. (*Time*，Jan. 22, 2007)(提前出版)

【译文】但是在这个世纪，美国的相对实力会衰落，而中国则会上升。这样的局面早就形成了。(《参考消息》2007.1.15)

原文中"That cake was baked"是英文一个常见的固定说法，相当于"the dice/die is cast"(事已定局，木已成舟)。例如"The cake is baked for 2010 elections"[1]，意为"The die/dice is already cast for…"。因此，我们在此不能将这个英文固定搭配直译为"蛋糕早就烤上了"，否则中国读者会丈二和尚摸不着头脑。显然，这里意译是最为合适的。

传统的翻译理论把忠实当作翻译的首要目的，力求译文对原文的内容对应。对此，翻译目的论的学者诺德特别指出："按照目标语文化的准则来调整或'改写'源语文本，是每个专/职业译者的工作程序，是其日常工作的一部分。就方法论而言，我们可以把(狭义的)翻译和改译区分开来。……我宁愿把改译的特性纳入翻译的概念之中，好让人们(特指译文的使用者和翻译的发起者)了解翻译究竟是怎么回事。"(Nord，2006：28)

13.4 译者的态度与措辞

如同任何其他文体，新闻翻译会带上译者的个人印记。鉴于新闻

---

1 总主编注：详见 http://www.nydailynews.com/opinions/2010/08/27/2010-08-27_the_cake_is_baked_for_2010_elections.html。因此，这里总主编的解读和解释跟《参考消息》(2007.1.15)的不同，仅供参考。

翻译目的性突出的特点，译者会在语气、措辞方面，对原文做一定的
软化或硬化处理，使译文效果达到预期目的。

【例1】High school students in Beijing are far more <u>promiscuous</u> than
their teachers or parents think, according to a survey conducted in
a city district. (*China Daily*，Jan. 11，2007)

【译文】一项在北京某区所做的调查显示，北京的中学生远比他们的老
师和家长所想象的<u>"开放"</u>。(*China Daily*，2007.1.11)

　　原文的 promiscuous 一词原意是"性乱交"，带有明显的贬义，语气
较为强烈，程度较重，放在中文里，用来描述中学生的性行为，会显
得言过其实。因此，译者采用"开放"这一较为中性化的词，在语气
上做了软化，使中文读者接受，感觉更符合实情。

【例2】At a time when Beijing is <u>struggling with rampant government
corruption</u> and <u>a citizenry suspicious of Communist Party officials,</u>
the $40-million office building in this northern coastal city of 10
million has become a symbol of what is wrong with China's
government. (*Los Angeles Times*，Dec. 18, 2006)

【译文】这座耗资 5000 万美元建成的大楼，彰显了中国政府存在的问
题。在官员腐败成风的情况下，北京正<u>大力采取措施反腐</u>。
(《参考消息》2006.12.20)

　　译者将原文的"struggle with corruption"译为"大力采取措施反
腐"，并将"对共产党官员怀疑的民众"删去，达到了弱化腐败现象的
存在，突出中央政府反腐决心和措施的目的。

【例3】When Picasso's "Boy with a Pipe" <u>fetched a record $104m</u> (£53m,
€79m) at a Sotheby's New York auction in 2004, it was the talk of
the town. (*Financial Times*，Dec. 29, 2006)

【译文】2004 年，毕加索的"拿烟斗的男孩"在索思比拍卖行<u>创下 1.04
亿美元的天价</u>，这件事一时间成为街头巷尾的谈资。(《参考
消息》2006.12.31)

　　译文采用了"天价"一词，突出了拍卖价格之高，在措辞上也更具

有中文味道。译者还将原文括号内的 5300 万英镑，7900 万欧元省去，因为对于中国读者，不需要了解拍卖价格折合多少英镑或欧元，1.04 亿美元足够让读者了解价格之高。

【例4】Ms. Wu, 34, also knew she would have to return to university if she didn't want to spend the rest of her life as an overeducated, <u>embittered immigrant,</u> packaging groceries for $7 an hour. (*Globe and Mail*，Jan. 2, 2007)

【译文】吴女士还知道，如果她不想自己后半生成为一名受过良好教育却只能每小时挣 7 美元的超市收银员的话，她必须返回大学工作。(《参考消息》2007.1.4)

译文中省略了"怨恨的移民"一词，使语气稍微缓和，可见译者无意强调旅加移民的困窘状况。

【例5】As they have done in countless other industries, Chinese companies have crushed the competition with a combination of cheap labor and <u>rapidly evolving skill</u>. (*Los Angeles Times*，Jan. 13, 2007)

【译文】跟其他行业的公司一样，它们(中国公司)在竞争中靠低廉的劳动力和<u>精益求精的技术</u>取胜。(《参考消息》2007.1.15)

原文中"快速进步的技术"被翻译成"精益求精的技术"，带有明显的褒义。

【例6】Paulson—not to mention Secretary of Energy Samuel Bodman, who was a part of this delegation—is well aware of the challenges posed by China's <u>voracious appetite</u> for fossil fuels. (*Washington Post*，Dec. 19, 2006)

【译文】保尔森和随行的能源部长塞缪尔·博德曼都清楚地知道中国对于石化燃料的<u>巨大需求</u>所引发的挑战。(《参考消息》2006.12.20)

原文用"贪婪的胃口"来比喻中国对能源的需求，带有贬义，反映了西方国家对中国经济发展以大量消耗原材料为代价的担忧。译者翻译为"巨大需求"，措辞比较中性，弱化了原文对中国的指责意味，使国内读者易于接受。

【例 7】 <u>Insurgents</u> using simple cell-phone cameras, laptop editing programs and the Web are beating the United States in the fierce battle for Iraqi public opinion. (*Newsweek*, Jan. 15, 2007 提前出版)

【译文】<u>反美武装</u>用简单的手机摄像头、笔记本电脑和网络在争夺伊拉克舆论的残酷战斗中击败了美国。(《参考消息》2007.1.12)

"Insurgents"一词原意为叛乱分子，这是原文作者从本国（美国）的立场来称呼伊拉克反美武装力量，带有明显的贬义。译者站在客观的立场上，译为"反美武装"。

【例 8】 The wife of Italy's former prime minister Silvio Berlusconi forced him to make a public apology on Wednesday for <u>sexist quips</u> that <u>outraged</u> her very much. (*China Daily*. Feb. 2, 2007)

【译文】意大利前总理西尔维奥·贝卢斯科尼的妻子于本周三要求丈夫就"调情"一事向她表示公开道歉，并称这件事情<u>深深伤害</u>了她。(*China Daily*，2007.2.12)

原文的"sexist quips"是带有性挑衅的俏皮话，译者译为"调情"，符合中国人对这类事件的称呼，使读者很容易明白。原文的令她"愤怒"(outraged)译为"深深伤害"，结果是突出了前总理夫人的受害形象。

【例 9】 武大伟说，第五轮六方会谈第二阶段会议就落实共同声明的措施和起步阶段各方将采取的行动进行了有意义的探讨。此后，各方继续以多种方式保持密切沟通和协调。(*Chinamil*, 2007.2.11)

【译文】 After the last session of the talks which ended in December with no breakthrough, the parties have been engaged in a flurry of diplomatic activity to restart the talks. (*Chinamil*，Feb. 11, 2007)

原文措辞强调第五轮六方会谈所做的"有意义的探讨"，委婉隐讳了会谈没有实质性进展的事实。英译文实事求是，说明上一轮会谈没有取得进展，但之后各方都积极努力，重开会谈。

【例 10】 朝美进行了<u>深入</u>的双边接触，这些努力为本次会议的召开奠

定了更加成熟的基础。(*Chinamil*, 2007.2.11)

【译文】"Delegates from the DPRK and the United States have had <u>productive</u> contacts," said Wu. "All the various efforts have laid a more mature foundation for reconvening the talks." (*Chinamil*, Feb. 11, 2007)

原文用"深入"来形容朝美双边接触，英译文用了"有成效的"(productive)一词，符合英语新闻清楚、实际的措辞风格。

【练习题】

一、内容的遴选[A]。

1. 翻译下面这篇新闻，注意将中国读者熟知的内容删去。

A Route to Riches on the New Silk Road

By Peter Burnett and George Magnus

The attention paid to trade and capital flows in the global economy normally focuses on size and scale and the financing of America's external deficit. But new trade and capital movements are beginning to take shape following further economic development in Asia and growing evidence of the con-sequences of (perhaps structurally high) energy prices for the Middle East. The economic and financial links between Gulf oil exporters and Asia, notably China, are reminiscent of the old Silk Road trade routes—but this time, they are based on hydrocarbons and petrodollars. These new relationships offer business opportunities but also serious challenges for the global economy.

Two thousand years ago, the Silk Road was a caravan trail that carried silk from China west via central Asia, south of the Caspian Sea and on through Persia to Turkey and Europe. But by the 6th century, merchants were travelling east and west, trading silk, spices, gold, grains, pottery, glass- and paper-making technologies and in the process, spreading their culture and religion. Trade was conducted along a vast network of trails along this route, with connecting paths north through Russia to the Black Sea and south to India and the Arabian Sea. By 1200, political and military upheavals had started to endanger the Silk Road and between the 14th and 16th centuries, it was abandoned. The rest, as they say, was history until the discovery and subsequent large-scale commercial production of oil and gas and, more recently, Asia's economic renaissance. The strategic and economic interests of a multipolar Asia, including China, Japan, Korea (R.O.), Russia, Saudi Arabia and Iran, were always going to be too strong for these countries to be passive as first, Soviet power in Asia collapsed and then US political influence began to wane.

Today, a new strategic tapestry is being woven. Its threads are oil, gas, petrochemicals, water technology, petro-dollars and banking expertise flowing east and cheap consumer products, infrastructure for energy and transport, new technologies, migrant labour and armaments flowing west along the old Silk Road.

Trade between the Gulf states and Asia has more than doubled since 2000 to about $240bn（£122bn）. China is the largest exporter to the Gulf and the only big country to have maintained broad balance in its trade with the region. In 2005—2006, investment projects financed by Gulf states in Asia worth nearly $160bn have been announced, but this is the tip of the iceberg. Capital projects between China and Saudi Arabia have been proposed or agreed covering hydrocarbon and power exploration and development, and China's strategic petroleum reserve. Moreover, China has been active in doing trade and investment deals with Iran, covering pipelines, long-term gas supplies and infrastructure development in Iran.

Petrodollar flows into financial markets and property from Pakistan to Indonesia are likely to represent a growing proportion of the asset portfolios of Middle Eastern investors. Islamic bond（or *sukuk*）issuance has soared since first being introduced in 2002 to over \$40bn, a rising proportion aimed at Middle Eastern investors. With Asia home to about half the world's Muslim population and Gulf infrastructure projects ideally suited to this kind of financing, financial and investment links are liable to strengthen further.

Globalisation, energy and geopolitical shifts can therefore be seen as the drivers of renewed economic integration of and within Asia. This is raising important issues for the global economy, notably whether west and east Asian economies, as they integrate, will remain committed to the unconstrained accumulation of US dollar assets. If not, the global monetary system doubtlessly would be affected. From an institutional standpoint, China is reviewing its foreign exchange reserve management options and Gulf states, while planning a common currency from 2010, must resolve how to combat inflation, which has risen partly due to the current boom and their increasingly anachronistic US dollar currency pegs. But faster economic development in the Gulf, already the seventh largest "emerging market", and the rising share of world output accruing to Asia anyway probably mean that financial wealth increasingly will be deployed within Asia and that global investors will have growing incentives to "follow the money". The result could well include periods of instability in world financial markets and a more acute depreciation of the dollar. The critical factor here is not so much anyone's balance of payments position as the waning of US power.

The 21st century Silk Road promises to be every bit as commercially productive as its predecessor, even if there is some transition cost of instability. But the contemporary Silk Road will also need political stability or an ability to manage political change to survive. This means the building of pan-Asian institutions to manage change internally and with the west, which in turn must accommodate the shift in global economic power.

History teaches us the lessons of failures to do so. (*The Financial Times*, Dec. 22, 2006)

2. 翻译下面这篇新闻，根据内容的重要性做一定节略[A]。

In Remote Russia, "Murziki" Bring Cheer to Orphans

By Fred Weir

RYBINSK, RUSSIA—Children pour out of Rybinsk's orphanage No. 72, laughing and waving, when the Murziki pull up in their mud-spattered convoy of cars. The kids know many of these adults from distant Moscow by name, and they hurry to help unload the cars, stacked with boxes of toys, sports equipment, and coats—as well as cutlery and a new VCR with a selection of cartoons, needs the Murziki carefully noted on their last visit.

The Murziki tell the kids that they come from the mythical country of Murlandia, a kind of cross between Neverland and Santa's Village. In reality, they're something almost as rare in Russia, where the volunteer spirit has been dead for the past century: a self-organized band of middle-class people devoting their resources and spare time to a sustained effort to change hard facts for a few hundred children.

"We decided not to sit around waiting for the state to do something about the human crisis we saw unfolding," says German Pyatov, a Moscow surgeon who founded the group after the 1998 financial crash in Russia.

It's now grown to about 700 supporters, connected by the Internet, and a hard core of several dozen Muscovites who regularly make the 300-mile drive out to the chain of poor Volga towns, with their teeming orphanages, that they've targeted.

"I've found that interacting with these children charges me with the energy to keep going," says Mr. Pyatov. "It's enough to look in their eyes to realize that not enough is being done."

They have their work cut out for them. Russia's orphan population has ballooned in the past 15 years, particularly in the economically blighted hinterland beyond booming Moscow.

Rybinsk, a formerly closed defense-industry town of 250,000 on the Volga River, had one orphanage in 1991; now it has six. This reflects a widespread post-Soviet tendency of impoverished families to abandon children.

Forty out of the 52 inhabitants of orphanage No. 72 have living parents who won't, or can't, care for them. "Most of the factories around here went bankrupt, and people lost everything," says Nina Kornyushkina, the orphanage's director. "Many people sank into despair and alcoholism, and the children were just lost."

About 760,000 children are classified as orphans in Russia, according to the Ministry of Education, while a further 1.5 million are thought to be "homeless." Statistics cited by Pyatov suggest that existing institutions do little to help them.

"Roughly 45 percent of children land in prison within five years of leaving the orphanage, 35 percent become drug or alcohol addicts, 10 per cent die—of accidents and suicide—and just 10 percent are considered relatively successful," he says.

"Being sent to an orphanage is a catastrophic route for any child," says Sergei Korobenko, the Russian head of Hope International, which runs programs in large cities to persuade parents not to give up their children to orphanages. "There are very many families at risk, and we try to work directly with them, to find ways to ease their problems and keep the children in the home setting."

Pyatov says the Murziki are beginning to follow children who "graduate" from the orphanages they sponsor to find them jobs and help them deal with problems of real-world adjustment.

"Most of our supporters are professionals or business people, and that makes a practical network," he says. "We have a few successes already."

State funding better, but not enough

Most experts agree that state funding for orphanages and children's services has improved since Russia's oil-fueled economic growth began seven years ago. But an official report by Deputy General Prosecutor Sergei Fridinsky earlier this year found that 40 percent of orphanages are in dire need of repairs, six percent have no indoor plumbing, and five percent lack central heating. In some provincial institutions, the report said, funding amounts to just $0.01 per child per day.

Corruption and theft in the system are little-discussed problems. The Murziki combat this with vigilance, and by printing their logo on all donations. On return visits, they check to make sure the things they gave last time are still in place.

At one children's home, in the tiny Volga town of Miushkin, for example, Pyatov sent a car to locate the institution's director, who wasn't at her desk, and bring her back to sign for the load of clothes, blankets, and snowboards that he was delivering.

"If you don't ensure that someone takes direct and personal responsibility, it's likely that everything you bring will turn up on the local market the next day," he says. "People don't see it as stealing from children—they just think about how miserable their salaries are, and how hard their own lives are. It'll be a long time before that changes."

Some child-care specialists decry what they call the tendency of state officials to play politics with Russian orphans. An ongoing crackdown on foreign-based adoption agencies has squeezed, but not halted, the adoption process.

According to the Education Ministry, about 130,000 new orphans were registered last year, while fewer than 30,000 were adopted—about half by foreigners. Last week, Health Minister Mikhail Zurabov pledged to shut

down all orphanages and place children in foster homes within five years.

"Our goal is that every child should have a family," he was quoted as saying in the daily Noviye Izvestia.

But experts say that's unrealistic. While some 100,000 children are placed with foster parents yearly, the majority of those families are the children's grandparents or other relatives.

"The vast majority of Russian families are not psychologically ready for this, much less financially," says Ella Pamfilova, chair of the Kremlin's human rights commission. "A lot of social reforms will have to be accomplished before this idea can be placed on the agenda."

The best idea, say some, is for the state to get behind grass-roots initiatives like the Murziki. Though charitable giving is on the upswing in Russia, the total was still under $1.5 billion last year, mostly from big corporations. By contrast, charitable giving in the United States totaled about $260 billion in 2005, according to *Giving USA*.

"What the Murziki are doing is great, but there are just too few groups like them compared to the scale of the need," says Mr. Korobenko. "Things will get better when more people get involved."

Nikolai and Sergei enjoy the visits

At orphanage No. 72, the children welcome the cheer that Murziki visits bring.

"They often come here, help us, and bring us things," says Nikolai Sergeev, who is 14. "I have been here for six years, and our group looks better now that we have computers and TVs—it is more fun."

Sergei Sokolov, who is 16, has been at the orphanage for five years. He remembers an excursion that the Murziki organized for them to Moscow.

"They do positive things for us," he says. "Our rooms are cozier and there is equipment for us to use, so I think that will be useful for our future and self-education."

Sergei says that the Murziki even cook with them at times.

"I think if there were more good people like Murziki," he muses, "the future of Russia would be better." (*The Christian Science Monitor*, Dec. 26, 2006)

3. 将下面这篇报道翻译为 150 个词左右的英文报道，着重向国外读者传达 "2008 奥运开幕前最后一次歌曲征集活动，活动的截止日期，揭晓日期，为残奥会征集歌曲，北京 2008 奥运会的具体日期" 等内容[A]。

2008 奥运会启动开幕前最后一次奥运歌曲征集活动

1 月 21 日晚，第四届北京 2008 年奥运会歌曲征集评选活动启动仪式在北京天桥剧场举行。中共北京市委常委、宣传部长、北京 2008 年奥运会歌曲征集评选活动组委会主席蔡赴朝，北京奥组委执行副主席、北京 2008 年奥运会歌曲征集评选活动组委会副主席蒋效愚出席仪式。蔡赴朝、蒋效愚和著名音乐家吴祖强、乔羽，北京奥运会开闭幕式总导演、著名电影艺术家张艺谋共同为活动揭幕。

本届奥运征歌活动将全面征集七大类北京奥运会和北京残奥会音乐作品，将最终评选出北京 2008 年奥运会歌曲 25 首、北京 2008 年残奥会歌曲 10 首、北京 2008 年奥运会火炬接力主题歌 1 首、北京 2008 年残奥会火炬接力主题歌 1 首、北京 2008 年奥运会暨北京 2008 年残奥会志愿者主题歌 1 首、北京 2008 年奥运会暨北京 2008 年残奥会颁奖仪式音乐 1 部、北京 2008 年奥运会暨北京 2008 年残奥会体育展示音乐 1 部，以及 30 首优秀歌词作品。

本届活动的参与作者可以通过邮寄、送达、上网等方式提交参选作品，并可登陆北京奥组委官方网站 www.beijing2008.cn，或本次活动官方网站 changxiangaoyun.sohu.com，或拨打奥运歌曲征集活动办公室的电话 010-65673761 查询与本次活动相关的文件和信息。

单项征集分时依次截止，具体为：

北京 2008 年奥运会火炬接力主题歌截止到 2007 年 3 月 22 日；北

京 2008 年残奥会火炬接力主题歌截止到 2007 年 7 月 22 日；北京 2008 年奥运会暨北京 2008 年残奥会志愿者主题歌截止到 2007 年 3 月 22 日；北京 2008 年奥运会暨北京 2008 年残奥会颁奖仪式音乐截止到 2007 年 6 月 22 日；北京 2008 年奥运会暨北京 2008 年残奥会体育展示音乐截止到 2007 年 6 月 22 日；北京 2008 年奥运歌曲征集评选活动优秀歌词作品截止到 2007 年 8 月 22 日。单项作品在征集结束后进入评选程序，并陆续公布最终结果。

北京 2008 年奥运会歌曲和北京 2008 年残奥会歌曲的评选将在 2008 年 3 月进行，最终结果将在北京奥运会倒计时 100 天和北京残奥会倒计时 100 天时公布。

本届活动的一个重要变化是，参选作品将从以前的"只提交，不露面"改为"即刻提交，即刻露面"。专家评委会将在第一时间对所有参选作品进行筛选，优秀的作品将在奥运征歌组委会官方电视栏目《唱响奥运》中播出，观众可以通过热线和短信为自己喜爱的歌曲投票。《唱响奥运》由北京电视台和阳光文化多媒体联合制作，通过北京电视台卫星频道于每周五 22:00 至 23:00 首播，每周六 11:00 至 12:00 重播。

据悉，本次活动是北京奥运会开幕式前的最后一次奥运歌曲征集活动。（新华网 2007.1.22）

二、翻译方法的选择（注意下画线部分的翻译）[A]。

1. Trade between the Gulf states and Asia has more than doubled since 2000 to about <u>$240bn (£122bn)</u>. (*The Financial Times*，Dec. 22, 2006)（省译）

2. Just a 10 percent increase in <u>body mass index</u>, a measure of weight relative to height, can cut a man's real earnings by 3.3 percent and a woman's by 1.8 percent, according to economists. (*China Daily*，Feb. 16, 2007)（增译）

3. Every time someone starts a conversation using <u>I'm</u>, Microsoft shares a portion of the program's advertising revenue with nine organizations

dedicated to social causes.（*China Daily*，Mar. 19, 2007）（增译）

4. The film will focus on one of the former prime minister's crowning glories, the 1982 Falklands War against Argentina.（*China Daily*，Mar. 21, 2007）（增译）

5. 他以浙江省宁波市为例做了说明。宁波市去年的新生儿出生缺陷率为 23.1‰，比此前三年的平均水平高出近 4‰。（*China Daily*，2007.3.13）（增译）

6. 正月 15 那天，12 岁的罗晓峰不愿意和父母一起吃饭。（*China Daily*，2007.3.14）（增译）

7. 上海某银行的高级职员 Richard Fan 为妻子准备的情人节礼物是一块价值4万元的卡迪亚腕表。（*China Daily*，2007.2.12）（增译）

8. Hillary Rodham Clinton said Sunday that President Bush has made a mess of Iraq and it is his responsibility to "extricate" the United States from the situation before he leaves office. …The White House condemned Clinton's comments as a partisan attack and "sending the wrong message" to US soldiers.（*China Daily*，an. 29, 2007）（改译）

9. 安徽省政府副秘书长谢广祥说，留守家庭问题向传统的家庭结构和子女教育的方法提出了挑战。（*China Daily*，2007.3.14）（改译）

10. For many couples, the arrival of children means the housework duties multiply, and many women tend to pick up the lion's share.（*China Daily*，Mar. 8, 2007）（意译）

三、译者的态度与措辞（注意下画线部分的措辞）[A]。

1. What the insurgents understand better than the Americans is how Iraqis consume information.（*Newsweek*，Jan. 15, 2007 提前出版）

2. Experts told the Chuson newspaper that the developments reflect widespread jitters over the October 9 test, with many people seeking solace in sex.（*China Daily*，Oct. 30, 2006）

3. The biggest catalyst for the country's extreme makeover, of course, is

the looming 2008 Summer Olympics. (*Newsweek*，Dec. 25, 2006 提前
出版)

4. Yet the "Olympic effect" is more than <u>a physical face-lift</u>. Preparing for
   the Games has become a nationwide exercise in soul-searching and
   self-improvement, too. (*Newsweek*，Dec. 25, 2006 提前出版)

5. Wu earns about $100 a month working for Taixing Fengling Musical
   Instrument Co., the largest violin maker in the world. Its <u>low-slung,
   low-tech factory</u> sprawls over the center of this once-sleepy farm town
   in southeastern China. (*Los Angeles Times*，Jan. 13, 2007)

6. Now, what could have been a triumphal bookend to the American
   <u>invasion</u> of Iraq has instead been dampened by the grim reality of
   conditions on the ground there. (*New York Time*，Dec. 30, 2006)

7. 据教育部的有关数据显示，尽管今年的绝对报考人数仍有增加，但
   与去年相比，增幅有<u>明显下降</u>。 (*China Daily*，2007.2.2)

Chapter 14

新闻报道的媒介
对新闻翻译的影响

　　新闻主要通过报纸、广播、电视和网络这四大媒介传播。报纸是指以刊载新闻和时事评论为主要内容，以散页的形式定期连续向公众发行的出版物。广播是通过无线电波或导线向广大地区传送声音的传播媒介。电视是运用电子技术传送声音、图像的一种传播媒介。网络则是计算机技术、信息技术与通信技术融合的产物。新闻从最初的口口相传，到报纸的产生，再到广播电视的出现，直至现代互联网的迅速发展，其传播方式也在不断的发展中。不同媒介下的新闻也有其各自的特点，如报纸新闻诉之于目，而广播新闻诉之于耳，电视新闻强调视觉化，网络新闻则综合了文字、声音、视频等多种元素。由于报纸新闻、广播新闻、电视新闻及网络新闻各具特点，所以在翻译这些新闻时我们就需要考虑到不同媒介对新闻的影响，这样才能达到好的翻译效果。

14.1　口头报道与翻译

14.1.1　电视报道与翻译

　　电视作为传播媒介的一种，自产生以来便以其独特的优势迅速被大众接受，成为目前最普遍、最大众化的传播媒体之一。电视已成为人们日常生活中不可缺少的重要部分，具有巨大的影响力。电视报道是人们获得新闻的主要途径之一。几乎每个家庭都有电视，普通大众通过电视了解新闻信息，获得资讯，或者获得娱乐享受。

　　电视新闻是指运用现代电子技术，通过电视屏幕，形象地向观众传递新闻信息的一种手段，既传播声音又传播图像。电视新闻既有新闻的一般特点，如真实性、及时性、客观性等，同时也有不同于其他媒介新闻的特点：

　　1) 生动直观。电视新闻主要是以画面和解说作为表达方式，它通过活动的形象向观众揭示新闻事件，并有解说、音响、字幕、图像等。报纸新闻主要靠读者进行阅读获得信息，广播新闻靠听众收听获得信息，而电视新闻则是需要靠视觉(眼睛)和听觉(耳朵)同时接受信息。

图、声、字是电视传播的三大元素。图像与文字作用于眼睛，语言、音乐、音响则作用于耳朵。因此，电视新闻具有直观性，可以使观众有身临其境的感觉。

2) 传播迅速。电视新闻要求报道迅速，要在第一时间报道最近发生的事件。新闻强调的是一个"新"字，任何情况下时间都是新闻报道的关键。在即时性方面，电视新闻比起报纸新闻来具有更大的优势。电视新闻每天可以有几次播出，共播出若干小时，有的电视台每一小时或每两小时就播一次新闻节目，观众从电视上获得信息的次数很多，几乎随时都可以获得最新消息。尤其是在重大事件或突发性事件报道方面，电视新闻更是具有无可比拟的优势，因为电视新闻可以进行同步直播，能更加迅速、准确、生动地展现新闻事件。

3) 受众广。电视与其他新闻媒介相比，拥有的受众最多，可以说是影响面最广、影响力最大的媒介。电视将图像、声音、文字等形式齐集荧屏，以全能语言的方式让人们同时可以接受声像和文字传播；而它的另一突出特点是对收受者的文化水平要求不高，这就极大地扩展了收受人群的范围，把新闻传播带入了一个普遍化的时代。

4) 瞬时性。电视传播拥有与时间同一的流逝特征，它也是顺时序的"一次过"，缺乏贮存性和复现性，它"过时不候"，无法返回。电视新闻转眼即逝，不能像报纸那样停顿思索、翻阅选择、长期保留、反复研究。

由于电视新闻的上述特点，电视新闻具有不同于报纸新闻或网络新闻的语体特征，翻译时需要考虑到电视新闻的语体特点。

一、口语化表达

电视新闻受众是普通大众，所以电视新闻稿往往是通俗易懂、朴实自然的，力求用大众便于理解的语言表达新闻事件，避免使用深奥难懂的词汇和字眼。若电视新闻使用过多专业术语或生僻词语的话，会拉大与电视观众的距离，使观众失去兴趣。反之亲切的口语表达更能吸引电视观众，引起他们的共鸣。

电视媒体受众广泛的特点决定了电视观众包含各种年龄、各种职业、各种文化水平的人，因此，电视新闻往往使用人民大众喜闻乐见的语言，尽量少用专业术语，以便兼顾不同层次的受众。

电视新闻多使用常用词语或音节短的词，以简洁通俗的语言代替冗长的表达方式，以便于观众接受和理解。如用 express，disagreement，jobless，fire，ease，car 等词代替 register，objection，unemployment，conflagration，facilitate，vehicle 等词，用 because，now，many，except 代替 due to the fact that，at the present time，a large number of，with the possible exception of 等。

越来越多的电视新闻采取谈话体来播报新闻，这种与观众交流的播报方式让观众感到轻松，仿佛是听一位朋友在聊家常，使之在一种亲切愉快的氛围中接受新闻信息。如以下这则新闻：

【例 1】

Before we go, check out a security guard who's a real snake in the glass! If you think you can slither off with these sandals, think again. That snake isn't just for show. It's on guard duty! Those shoes it's protecting, they're covered in jewels and they're worth $124,000! So the store decided to employ the reptilian thief repellant. If you try to snatch this first class footwear, you might just be history. (CNN, Sept. 12, 2007)

【参考译文】

节目最后让我们来看看一位特殊的保安，它可是在玻璃展柜里的一条真正的蛇。如果你想偷偷地带走这些凉鞋的话，最好还是三思。那条蛇可不光是用来展览的，它在守卫着凉鞋。那些凉鞋上缀满了珠宝，价值高达 12.4 万美元！因此商场决定请来这个爬行防盗保安。如果你想打这些高级凉鞋的主意，那你可就成历史了。

这是取自于 CNN 的一段电视新闻报道，主持人在节目即将结束时向观众介绍了一则用蛇来守卫名贵凉鞋的新闻。主持人在新闻播报中采用了亲切自然的谈话体，原文出现第一人称 we 和第二人称 you，仿佛是在与观众进行面对面的交流，而不仅仅是传达新闻信息。这种谈话体拉近了与观众的距离。因此在翻译时，若要保持电视新闻原有的风貌，就要体现源语文本谈话体的语体特点。译文中使用人称代词"我们"和

"你"，体现了源语新闻交流性的特点。此外，译文中的一些词汇，如"看看"、"如果"、"偷偷地"、"请来"等词也体现了口语化的特点。

电视新闻中经常会插入记者的实地采访报道，以突出新闻的真实性和现场性。新闻报道话语中就会出现一些谈话体的填补功能词，如um，uh，well，I think，I mean，you know，maybe 等表示迟疑、思索的非正式口语体词汇。例如：

【例2】

...I didn't mention it to anyone, and we didn't mention it to each other that often. <u>You know</u>, <u>maybe</u> once a week he would say, <u>well</u>, it looks like it's still on ...（CNN, June 9, 2003）

以上是记者现场采访报道的话语，句中出现了"you know"、"maybe"、"well"这些口语词汇，使得现场报道真实性更强，让观众觉得更加亲切。

中文新闻译成英文新闻也同样采取口语化表达，拉近与观众的距离。例如：

【例3】

随着中国经济的发展，越来越多的外资企业选择扎根中国，尤其是扎根上海。与此同时，来自世界各地的企业管理人员也被外派到这里。面对完全陌生的文化环境，他们该何去何从？本期《说东道西》，我们邀请到《中国CEO》的作者 Laurie Underwood 和康宁（上海）有限公司的总经理 Hal Nelson，他们将向您展现外派人员在中国的生活情况，与您分享他们在这里工作的心得和体会。（International Channel Shanghai，Aug 21, 2008）

【参考译文】

Expats here in China are forced to face lots of problems from language barriers to culture shock. How do they get through all the difficulties caused by their new strange environment? Our guests Laurie Underwood, the author of *China CEO*, and Hal Nelson, the general manager of Corning (Shanghai) Company, Ltd., are going to share their stories in this episode of Culture Matters.（International Channel Shanghai，Aug. 21, 2008）

二、句子简练

一条电视新闻通常只有几十秒或最多几分钟的播出时间，要在短时间内把新闻内容表达得清楚准确，就要尽量使用简短精炼的句子。电视具有"瞬时性"特点，缺乏贮存性和复现性，这就要求人们在收看电视新闻时就能即时理解信息内容，而不是要反复琢磨才能明白。书面阅读如果要思考前面读过的内容，可以减慢速度停下来或重新阅读，而电视新闻不可能中途停下来，因此电视新闻的句子往往短小精练，并且尽量减少复杂长句、倒装句、分词短语等复杂的表述形式。

【例4】

Winter storms have slammed the brakes on a lot of New Year's travel plans in China. News reports estimate that more than 175 million people are expected to journey by train for the event. That's why the country's government is jumping into action to try and find a solution.

For days, hundreds of thousands of people, up to half a million on official figures, have camped out at this railway station in provincial Guangzhou. Despite government appeals, they still come for trains that never leave, that never arrive.（CNN, Jun. 20, 2008）

【参考译文】

冬季的冰灾使许多中国人的新年出行计划遭到搁置。据报道，预计超过 1.75 亿人会乘坐火车出行。因此，政府也立即积极采取行动，试图找到解决方法。

几天来，成千上万的人们在省会广州的火车站外露宿。据官方统计，这一数字已高达 50 万。尽管政府呼吁人们留在广东过年，但他们仍然到火车站等待那开不走，也来不了的火车。

这则新闻是中国发生冰灾期间，CNN 电视新闻对这一事件的报道。句子易于理解，且每句话都不超过 25 个词，便于观众理解。译文也采用了简单的句式和精简的话语。为了方便观众理解，译文在"呼吁"一词后增补了宾语，使句子的意思更加清晰明了。

三、适当调整语序

由于电视新闻的"瞬时性"，观众收看节目时是以线性顺序接受信息的，总是先听到前面的内容，再听到后面的内容，因此电视新闻很少采用倒装句式。新闻撰稿人和制作人丹尼斯•怀特指出："当我们讲故事时，我们通常使用主动语态，但是由于某些未知原因，我们有时也会用被动语态（至少据我所知，那些刚接触广播文稿的新手是如此）。让你的文字变得生动，不管何时都要使用简单的动词，这会使文字看上去更生动，并且有助于受众更好地理解它。"

【例5】

（1）MOSCOW, Aug. 26（Xinhua）—Russia neither fears nor seeks a new Cold War, but it depends on the West whether such a war will break out again, Russian President Dmitry Medvedev said Tuesday.

"We are not afraid of anything, including the prospect of a new Cold War, but we don't want one, and in this situation everything depends on the position of our partners," Medvedev told the Russia Today television. "If they want to sustain a good relationship with Russia, they will understand why Moscow recognized the independence of Abkhaziaand South Ossetia," he said. (Xinhua, Aug. 26)

【参考译文】

新华社莫斯科8月26日电："俄罗斯不惧怕再次冷战，也不希望再次冷战，冷战是否再次爆发取决于西方的态度，"俄罗斯总统德米特里•梅德韦杰夫周二说。

"我们不惧怕任何情况，包括一场新的冷战，但是这不是我们所期望的，在这种情况下，所有事情都看我们的同盟的态度，"梅德韦杰夫在今日俄罗斯电视台的讲话中说，"如果他们希望继续保持同俄罗斯的友好关系，那他们终将明白俄罗斯为什么要承认阿布哈兹和南奥梯赛的独立。"

（2）President George W. Bush said the United States will tighten economic sanctions on the leaders of the regime and their financial backers.

(CNN, Sept. 26, 2007)

【参考译文】

美国总统布什指出美国将加强对政权领导者及其财政支持者的经济制裁。

第一则新闻是选自新华社的书面报道，书面新闻通常将直接引语说话人放在内容后面，采用倒装句式。第二则新闻选自电视报道，在电视新闻中，因为内容的不可逆性，说话人往往出现在内容之前，听起来自然顺畅，符合观众的接受心理。

四、导语的处理灵活多变

新闻导语一般在新闻的第一段或开头几段，以简练生动的文字表述新闻事件中最重要的内容。有好多不同类型的导语，但我们把它们粗分为 direct lead（直接导语/直呼式导语）和 indirect/delayed lead（间接导语/延缓性导语）两大类。通常，前者用于硬新闻（a hard lead），后者用于软新闻（a soft lead）。新闻导语无论属于哪一类，它在整篇新闻中都占有很重要的地位，它决定了读者是否能从首句抓住核心内容，从而判断是否继续阅读。哥伦比亚大学新闻学院教授梅尔文·门彻[1]（Melvin Mencher）指出："有效的新闻导语应满足两项要求，一是抓住事件的实质，二是吸引读者或听众继续阅读或收听。"（Mencher，2009：111）可见导语在新闻中的重要性。

新闻写作需要包含六大要素，即事件（what）、时间（when）、地点（where）、人物（who）、起因（why）和方式（how）。新闻导语往往包含了全部 6 个要素或者至少 3—4 个要素。书面新闻报道的导语可长可短，一般说来，英语新闻导语短小精悍，而中文新闻导语长度在几十到一百字之间，甚至更长的导语也不鲜见，因此书面报道的导语一般包含 6 个新闻要素。而在电视新闻中由于时长的限制，导语的长度需要尽量精简，只包含最主要的 3—4 个要素，即事件（what）、时间（when）、

---

[1] 总主编特注：英语国家人的姓名翻译应遵循三大原则。其中之一是"标准汉音"原则。根据《英语姓名译名手册（第四版）》（新华社译名资料组编，商务印书馆），该教授姓名应为梅尔文·门彻，而非其他。

地点 (where) 、人物 (who) 。

【例 6】

China's manned spacecraft, *Shenzhou 7*, will be launched sometime between September 25th and 30th from the Jiuquan Satellite Launch Center in northwestern Gansu Province. (CCTV-9，Sept. 8, 2008)

【参考译文】

中国载人飞船"神舟七号"将于 9 月 25 日至 30 日择日在甘肃酒泉卫星发射基地发射。

这段电视新闻导语不到 25 个字，简洁明了，包含了事件 (what) 、时间 (when) 、地点 (where) 三个要素，让观众一听就明白新闻内容。

【例 7】

Coca-Cola has agreed to buy China Huiyuan Juice Group for 18 billion Hong Kong dollars. It would be the largest foreign takeover of a company in the Asian country. But the deal is still subject to regulatory approval. (CCTV-9，Sept. 8，2008)

【参考译文】

可口可乐公司同意以 180 亿港元的价格收购中国汇源果汁集团。这将是亚洲国家最大的一起国外收购案。但交易能否成功还需有关部门批准。

这则电视新闻导语言简意赅，交代了事件双方、事件内容、事件影响以及事件进展。这一新闻事件是当时比较受大众关注的新闻，观众在收看新闻节目时可能已经对此事有所了解，所以在新闻导语中没有必要详细交代事件的时间、地点以及事件的来龙去脉，如果观众感兴趣可以在新闻正文中进一步了解这一事件。

14.1.2 广播报道与翻译

广播新闻是以声音传播信息的现代化传媒工具。1906 年 12 月，世界上第一个无线电广播电台在美国诞生。1920 年 11 月 2 日，美国匹兹堡 KDKA 电台正式开播，成为历史上第一个商业电台，到 1922 年，美国的广播电台已发展到 500 家。1923 年，英国广播公司 (BBC) 成立。

30—70 年代，广播逐渐成熟壮大，拥有大量忠实听众。随着电视的出现，广播的收听人群有所下降，但是广播在新闻传播方面仍然有着不可替代的作用。

广播新闻具有以下特点：

1）传播速度快。电台利用电波传递声音，每秒钟行程 30 万千米，迅速无比。

2）传播范围广。广播可以翻山越岭，渡江涉河。

3）听觉优先。广播通过声音向听众传递信息。

4）简短性。很多新闻报道在广播中仅占 30—45 秒，3 分钟的单条新闻广播已经是长报道了。

广播新闻翻译要遵循广播新闻本身的特点，翻译出的新闻要适合广播报道。报纸上一条新闻可以从几百字到几千字不等，但广播受到时间的限制，同样一条新闻在广播上可能只有30秒时间或最多2分钟，因此广播新闻一般比较简短。除了简洁性以外，广播新闻的词汇、语法、句式等都有其自身特点。

一、词汇特点与翻译

广播新闻和电视新闻一样，传播过程中语言转瞬即逝，受众没有时间和机会去细细品味词与词之间、句与句之间细微的差别。因此，广播新闻要选择受众熟悉的词汇。越是鲜明清晰的词汇，对于受众的理解越是有效。

例如美国之音的慢速英语即 VOA Special English，该节目每天向听众播报世界各地的新闻。慢速英语由美国人最常用的 1500 个基本单词为主体构成。可见 1500 个词汇就足以用来进行广播新闻。英语广播新闻的特点是用词浅显，句子简短、生动。虽然新闻英语里面不可避免地会出现一些专业词汇，但词汇主体仍然是人们的日常生活词汇。

（1）新词翻译

新闻中经常出现一些新词汇，在翻译时就要充分理解这些新词的意思，做到准确翻译。如：moon-car（登月车）、cyberspace（网络空间）、blog（博客）、sexist（性别歧视者）、paparazzi（狗仔队）、advertecture（墙体广告)、bobo(新中产阶级)等。此外英语新闻常出现一些拼缀词，使新闻语言表达更加简练生动。如：workfare(工作福利)、newscast(新闻广播)、smog(烟雾)、filmdom(电影王国)、Eurocurrency(欧洲通货)、Afropean(非洲裔欧洲人的)等。这些新词可能出现在各个行业、各个领域，涵盖文化、科技、娱乐、时尚、法律等各方面，在翻译时译者要紧跟时代步伐，及时了解相关信息，这样才能尽量避免误译。

(2)缩略语翻译

英语新闻广播经常出现缩略语形式。由于广播新闻时间短，英文广播中的一些常见的专有名词在第一次出现时使用全称，后面的播报就采用缩略语形式。例如在新闻中出现 North Atlantic Treaty Organization，播音员会先朗读全称，然后说出缩略语形式 NATO，在后面的新闻中若再出现 North Atlantic Treaty Organization 时，就会直接以 NATO 代替全称。常见的缩略语有 UN(United Nations)、US(United States of America)、OPEC(Organization of the Petroleum Exporting Country)、UNESCO(United Nations Educational, Scientific, and Cultural Organization)、FBI(Federal Bureau of Investigation)、WTO(World Trade Organization/World Tourism Organization)、APEC (Asia Pacific Economic Cooperation)、GDP(Gross Domestic Product)、CSCE(Conference on Security and Co-operation in Europe)等。

英文中有大量的缩略语，而中文则一般很少有缩略语形式，在翻译时我们需要视情况对这些英文中的缩略语进行翻译。如 UN、FBI、CSCE 这样的缩略语我们通常翻译出它的全称，分别译成联合国、联邦调查局和欧洲安全合作会议。而有些缩略语如 UNESCO，WTO，APEC 的译文全称分别为联合国教育、科学及文化组织，世界贸易组织/世界旅游组织，亚太经济合作组织，这些组织的中文名称有相应的简称，分别为联合国教科文组织、世贸组织/世界旅游组织(后者相对少用)、亚太经合组织。广播新闻翻译时可以译成简称形式，既能使受众明白，又可以有效减少朗读时间。还有一些与人们日常生活相关的词汇如 GDP(Gross Domestic Product 国内生产总值)、CPI(Consumer

Price Index 消费者物价指数)、PPI(Producer Price Index 生产者物价指数),以及曾经非常流行的 SARS(Severe Acute Respiratory Syndrome 非典型性肺炎)在翻译时可以写出中文全称,也可以直接套用英文的缩略语形式,因为人们已经熟悉这些缩略语了,完全可以理解 GDP、CPI、PPI、SARS 等词的意思。反之,中文新闻翻译成英文时则可以将专有名词缩写成英文里相对应的缩略语形式。

在英语报刊新闻中常出现一些大家熟悉的缩略词,如 Dept./dept.(department)、Corp.(Corporation)、Gov't.(government)、Ltd.(limited)、St.(street)等。但是在英语广播新闻中,这些缩略词却是需要避免的。因为广播新闻是要播音员朗读的,如果写得不明确的话,播音员可能会不小心误读,如 dept.可能会被读成 D-E-E-P-T,Corp.读成 K-A-W-R-P。

(3)专有名词翻译

英语新闻广播中经常会出现地名、组织机构等专有名词,有时在新闻广播中会约定俗成地以地名或建筑名代替某国政府或机构,或者以一些绰号代替国家或城市。如 the White House(白宫)指的是美国政府,the Downing Street(唐宁街)代指英国政府,the Pentagon(五角大楼)指的是美国国防部,the Big Apple(大苹果)是指纽约市,Uncle Sam(山姆大叔)指代的是美国。在翻译这些特殊的名词时,由于中国的受众不一定了解其中的内涵,所以需要译出其所指代的意思,才能让受众明白,比如 the Big Apple 应该翻译成纽约(市),而不是大苹果,但在一定的语境下,可以译成"大苹果城"(纽约市的绰号)。

在翻译一些英文人名时,也要符合中文的习惯。一些已经约定俗成的人名不能随意更改,如 Shakespeare(莎士比亚)、Elizabeth II(伊丽莎白二世)、Napoleon(拿破仑)、Obama(奥巴马)等。在英语新闻中常常会出现人名的全称,如 George. W. Bush(乔治·W. 布什)、Tony Blair(托尼·布莱尔)、Nicolas Sarkozy(尼古拉·萨科齐)、Condoleezza Rice(康多莉扎·赖斯)等,这些人名在翻译成相应的中文时一般不需要译出全名,如直接译成(小)布什、布莱尔、萨科奇、赖斯,这样更加简洁明了,中国观众也很容易接受。

二、时态特点与翻译

新闻报道的事实一般为新近发生和过去发生的事，英语新闻的动词时态一般用过去时。但是为了突出事件的"新"，有时广播新闻不用过去时，而是采用一般现在时，使观众觉得新闻事件历历在目。

【例1】

Violence spreads in Lebanon, leaving at least ten people dead. The clashes mark a new escalation in Lebanon's battle with Islamic militias as fighting shifted to the coastal city of Tripoli.（VOA, June 24, 2007）

【参考译文】

黎巴嫩的暴力冲突进一步蔓延，造成至少 10 人死亡。这一冲突标志着黎巴嫩与伊斯兰民兵斗争进一步扩大，战斗席卷黎波里的沿海城市。

【例2】

Afghan President Hamid Karzai warns that unless NATO and US led troops show more restraint in preventing civilian casualties, their fight against Taliban militias could fail.（VOA, June 26, 2007）

【参考译文】

阿富汗总统哈米德·卡尔扎伊警告说，除非北约和美国领导的部队表现出更多的克制，避免平民伤亡，否则他们和塔利班组织的斗争可能失败。

【例3】

The US Government Accountability Office says higher oil prices could earn Iraq up to $79 billion this year. That is twice its average annual oil revenue from 2005 to 2007. Higher oil earnings could give the government in Baghdad a budget surplus of up to $50 billion—a windfall that has been noticed by senior senators in both US political parties.

Senate Armed Services Committee Chairman Michigan Democrat Carl Levin and the committee's ranking Republican Virginia Senator John Warner say Iraq should use some of that money to repay American taxpayers who have already spent approximately $48 billion stabilizing and rebuilding Iraq.

The GAO report says Iraq's central ministries last year spent just 11 percent of their capital investment budget—less than $900 million. Since the 2003 invasion, the report says the United States has spent more than $23 billion restoring Iraqi security, oil, electricity and water. From 2005 to April of this year, Iraq's government has spent less than $4 billion on similar services. Levin says it is inexcusable that US taxpayers are continuing to pay for projects that Iraqis are fully capable of funding themselves.（BBC, Aug. 10, 2008）

【参考译文】

　　美国联邦会计总署表示高油价可以给伊拉克今年带来 790 亿美元的利益。这是 2005—2007 年伊拉克年平均石油收入的两倍。高昂的油价能给位于巴格达的伊政府带来多达 500 亿美元的预算结余，这笔横财受到了美国民主和国共两党资深参议员们的关注。

　　来自密歇根州的军事委员会主席、民主党参议员卡尔·列文和来自弗吉尼亚的该委员会最高长官、共和党参议员约翰·华纳表示，伊拉克政府会用这笔钱来偿还美国的纳税人，这些纳税人为稳固和重建伊拉克花费了约 480 亿美元埋单。

　　美国联邦会计总署的报告显示，伊拉克中央各部门去年仅花费了政府投资预算的 11%，即不足 9 亿美元。自从美国 2003 年对伊拉克入侵以来，报道显示美国在还原伊拉克安全措施、石油、电费、水费等方面花费了超过 230 亿美元。然而从 2005 年起到今年 4 月，伊拉克政府在同样问题上的花费少于 40 亿美元。列文表示，美国纳税者不停地给那些伊拉克有充分能力自给的项目提供资金是不可宽恕的。

　　以上 3 则新闻都是采用一般现在时来表述已经发生的新闻事件，这样可以造成一种现场感，使受众觉得这是正在发生的事件。

　　在英语广播新闻中还广泛使用现在进行时，给听众以事件正在进行的感觉。

【例 4】

Clinton is trailing Obama in delegates and in the popular vote, and she

has been putting pressure on him to hold more debates before the May 6
primary elections in Indiana and the Southern state of North Carolina. On
Saturday, Clinton called for a 90-minute debate without a moderator.（VOA,
April 29, 2008）

【参考译文】

希拉里·克林顿无论是在代表还是普选票上都紧追奥巴马，而且在 5 月 6 日印第安纳州以及南部北卡罗来纳州的初选前，她进行更多的辩论给奥巴马增加了压力。周六，希拉里要求进行一场无主持人参与的长达 90 分钟的辩论。

【例 5】

Clinton is pegging her hopes on disqualified delegates from Florida
and Michigan, two states not counted in the total because they broke party
rules by holding their primaries early. She hopes to have their votes counted
and their convention delegates seated.（VOA, May 25, 2008）

【参考译文】

希拉里·克林顿把她的希望寄托在佛罗里达州和密歇根州被取消了资格的代表身上。这两州的选票未被计入总数，因为他们过早地举行初选，违反了党内的规定。她希望能够计入这两州的选票并允许其大会代表入席全国代表大会。

这 2 则新闻都是关于美国 2008 年进行的总统竞选。美国总统竞选不仅在美国境内，还在全世界范围受到广泛关注。尤其是竞选的进程是人们最关心的话题，因此英语广播新闻在撰稿时就采用现在进行时，给受众一种事件正在发生、正在进行的"即时感"。

需要指出的是，由于中英文语法结构不同，中文里没有相应的时态关系。因此在翻译时不能生搬硬套，若将"Clinton is pegging her hopes on disqualified delegates from Florida and Michigan"翻译成"希拉里·克林顿正在把希望寄托在佛罗里达州和密歇根州被取消了资格的代表的身上"反而会让受众觉得困惑。把中文新闻翻译成英文时也要注意采用相应的英文时态。

14.1.3　新闻报道时间的长短与翻译

　　广播最大的特点在于它是听觉媒体,通过播音员播报新闻来传递信息。而电视是视听媒体,受众既需要用耳朵去听又需要用眼睛去看。电视新闻以主持人的口述和画面的播出相结合。正是因为广播和电视的媒介特点,使得广播电视新闻受到了时长的限制。报刊新闻或网络新闻是以文字来表述信息,一条新闻从几百字到几千字不等,尤其是网络新闻可以通过超链接的方式整合关于同一事件的多条新闻,将新闻事件的始末、原因、影响等说得清清楚楚。但是广播电视报道是按时间顺序播出的,在特定的时间、以特定的时长来播送新闻。

　　以中国影响最大的新闻节目之一"新闻联播"为例。"新闻联播"每天播出由中央电视台记者采编和全国省级电视台选送的新闻,播出时间是北京时间 19:00 点,播出时长为半小时。"新闻联播"要在半小时内报道国内外新闻,因此每条新闻都要经过仔细甄选,每条新闻的时长也是经过严密分配。根据中国人民大学新闻与社会发展研究中心周小普和王冲对 2007 年 12 月 10 日至 12 月 16 日"新闻联播"的分析,每类新闻的平均时长,占前三位的分别是领导人活动(157.8 秒)、宣传重点(129 秒)、会议新闻(93.2 秒)。时政新闻共有 82 条,总时长 6949 秒,平均每天播出 992.71 秒,合 16 分 32.7 秒,超过节目时间的一半。每条时政新闻的平均时长为 84.74 秒。可见电视新闻的播出时长受到严格控制,一般说来每条新闻时长都在 30 秒至 240 秒之间。

　　由于广播电视新闻要在短时间内传递尽量多的新闻信息,每条新闻都要求简洁明了,以最简洁的文字表达新闻内容。新闻撰稿人和制作人丹尼斯·怀特指出:"我们的听众无法回过头去重温他们所听到的内容,我们只有一次机会抓住听众的注意力。如果不成功,我们的听众将会流失。广播新闻写作必须使用结构简单而且密度很高的语言。因为我们必须在有限的时间内进行报道,所以我们必须使每一个词都有价值。"

　　如中国国际广播电台(China Radio International)每日播出的 Hourly

News，播出时间为 5 分钟，大约播报 8—12 条新闻。由于受到播出时长的限制，广播新闻稿都比较简短。以 2008 年 9 月 12 日 Hourly News 中播出的一则新闻为例：

Chinese Leaders Watch Art Performance by Disabled People

With the Beijing Paralympic Games under way, Chinese President Hu Jintao and other top leaders watched a musical and dancing performance staged by disabled artists in Beijing on Thursday night.

The grand show, titled "My Dream," was a mixture of music, dancing, Peking Opera, dancing drama and music drama, and was presented by the China Disabled People's Performing Art Troupe in the Poly Theatre in downtown Beijing.

International Paralympic Committee (IPC) President Philip Craven and International Olympic Committee Honorary President Juan Antonio Samaranch also watched the show.

When the show ended, President Hu, Craven and others ascended the stage to shake hands with the performers and congratulate them on the success of the performance. (CRI，Sept. 12, 2008)

这则新闻稿全文 123 字，播报时间为 47 秒。全文用尽量简洁的文字交代了新闻的时间、地点、人物、事件几大要素，清楚地表达了新闻内容。而对于同一新闻事件，新华网的报道则翔实得多。

胡锦涛等观看中国残疾人艺术团大型音乐舞蹈《我的梦》作品五

新华社北京 9 月 11 日电（记者孙承斌、邹声文） 优美舞姿张扬激情，高昂旋律砥砺人生。正当北京 2008 年残奥会进行期间，中国残疾人艺术团于 9 月 11 日晚在北京保利剧院演出大型音乐舞蹈《我的梦》作品五。党和国家领导人胡锦涛、吴邦国、温家宝、贾庆林、李长春、习近平、李克强、贺国强、周永康等，国际残奥委会主席克雷文，国际奥委会终身名誉主席萨马兰奇等观看了演出。

今晚的保利剧院灯火辉煌，气氛热烈。19 时 30 分许，胡锦涛和克雷文等来到演出现场，全场响起热烈的掌声。

　　《我的梦》作品五是中国残疾人艺术团为北京奥运会和残奥会精心编排的大型综艺节目，汇集了音乐、舞蹈、京剧、舞剧、音乐剧等多种艺术形式，8月10日以来已演出40多场，赢得观众的普遍好评。

　　"于黑暗中体味光明，于无声中感悟音律，于残缺中寻求完美……"伴随着优美的音乐、深情的朗诵，聋人演员表演起手语诗《我的梦》，拉开了大型演出的序幕。21位聋人演员以庄严绚丽的舞姿，为观众献上了经典节目《千手观音》，热情讴歌了人们守望相助的美好情感。独唱《生命密码》、《婴儿降临时》、《不要为我哭泣》、《一杯美酒》，二重唱《向天再借五百年》、合唱《天下一家》……舞台上，肢残演员、盲人演员相继登场，用情真意切的歌声，抒发对生命的礼赞和对梦想的追求。17位盲人用纯熟的技法奉献了一组器乐联奏《风情组曲》，再现了多姿多彩的中外民族风情。

　　"用我的脚去踏春天，用我的手去摸春天，用我的心去看春天……"11位盲人演员表演的舞蹈《去看春天》，仿佛带来了和煦的春风。聋人表演的舞蹈《风筝舞》、精缩舞剧《化蝶》、芭蕾舞《天鹅之死》、拉丁舞《动·听》，肢残人、聋人演员共同表演的舞蹈《秧苗青青》，表现出对幸福生活的执着向往。时急时缓的锣鼓声中，聋人演员在盲人演员的伴奏、配唱和手势指挥下，用幽默风趣的肢体语言，生动演绎了京剧《三岔口》片断；恢弘浑厚的黄土地背景前，47位聋人用舞蹈《黄土黄》表达了对祖国母亲的深爱。

　　残疾人艺术家精彩纷呈的演出、昂扬向上的风貌和自强不息的精神，让全场观众受到强烈感染，如潮的掌声一次次在剧场里响起。在《征服天堂》的音乐声中，演出进入尾声，演员们挥动五星红旗和残奥会会旗来到台前谢幕。胡锦涛和克雷文等同现场观众一起热烈鼓掌，向残疾人艺术家表示崇高的敬意，现场气氛达到了高潮。

　　演出结束后，胡锦涛和克雷文等走上舞台，与演职人员亲切握手，祝贺演出成功。

　　观看演出的领导同志还有：刘淇、刘云山、刘延东、令计划、马凯、孟建柱、戴秉国，以及中央军委委员李继耐等。

国际残奥委会副主席、执委，一些国家和地区残奥委会主席、秘书长，参加北京残奥会的有关国家体育部部长，部分国家王室成员、驻华使节也观看了演出。

　　新华社的新闻稿全文1000多字，内容丰富，且运用了一些感性的词句来烘托气氛，如"于黑暗中体味光明，于无声中感悟音律，于残缺中寻求完美……"、"用我的脚去踏春天，用我的手去摸春天，用我的心去看春天……"、"抒发对生命的礼赞和对梦想的追求"等。而在广播新闻中则很少用到这样的句子。

　　根据节目需要，广播电视新闻翻译可以采取人物同期声翻译、字幕翻译和摘译等方法。

一、人物同期声翻译

　　人物同期声是指拍摄新闻时，同步采录的人物讲话、记者和被采访者的对话等。在电视新闻中，人物同期声与解说词都是重要的声觉形象元素，它们与视觉形象元素一起共同承担着传播的功能。人物同期声因其能够增加新闻的真实性和表现力而越来越受到电视新闻记者和编辑的重视。在采访或采编过程中，由于同期声的语言和新闻播出语言不一致而需要对说话人的语言进行翻译。例如：教师节当天胡锦涛主席在河南慰问聋哑学校教师时对在场的老师们说道：

　　今天是教师节，我们特地来看望特教战线的老师们。长期以来，你们以自己的真挚爱心勤勉工作，付出了常人难以想象的辛劳，为残疾孩子带来了光明、带来了希望。我向老师们表示节日的问候和崇高的敬意！

　　中央电视台《新闻联播》播出这一新闻时，胡锦涛主席的这段话采用了同期声，电视观众能清楚地听到胡主席的这段讲话。而在中国国际广播电台(China Radio International)播出的Hourly News中，对这段话进行了同期声翻译。中国国际广播电台是英文电台，所有节目均用英文播出，胡锦涛主席说的那段话需要进行翻译。在收听节目时我们可以听到两种声音，首先听到的是胡锦涛主席讲话的同期声，约一秒后是播音员朗读这段话译文的声音。为了让受众听得清楚，同期声的声音不大，主要是播音员朗读译文的声音。译文如下：

You have long devoted your love and hard work to special education, and you bring light and hope to the disabled students. On Teachers' Day, I am taking this opportunity to express my high respect for you. (China Radio International, Sept. 11, 2008)

人物同期声翻译在广播和电视新闻节目中非常普遍，既体现了节目的真实性，又可使受众明白说话者的意思。人物同期声翻译时，朗读译文的时长应该和同期声时长一致，尤其是在电视新闻中，播出同期声时我们可以看到说话人的动作、嘴形，在人物开始说话时就开始朗读译文，说话人说完时译文朗读也应结束。

二、字幕翻译

电视是视听型媒体，受众在收看新闻节目时不仅能听到声音，还能看到电视图像，因此字幕翻译就成了电视新闻翻译的重要手段之一。在电视播出过程中，声音采用源语声音，这样使得新闻的真实感和现场感更强，但是为了方便受众理解，在电视屏幕下方打出相应的翻译字幕。在 2008 年 8 月 8 日召开的北京奥运会开幕式现场，奥组委主席罗格先生用英文进行致辞，中央电视台在直播时没有把他的话进行同声翻译，而是在电视屏幕的下方打出了罗格先生致辞的译文。

【罗格先生致辞原文】

Mr. President of the People's Republic of China, Mr. Liu Qi, Members of the Organizing Committee, dear Chinese friends, dear athletes:

For a long time, China has dreamed of opening its doors and inviting the world's athletes to Beijing for the Olympic Games. Tonight that dream comes true. Congratulations, Beijing. You have chosen as the theme of these Games "One World, One Dream". That is what we are tonight. As one world, we grieved with you over the tragic earthquake in Sichuan Province. We were moved by the great courage and solidarity of the Chinese people. As one dream, may these Olympic Games bring you joy, hope and pride.

Athletes, the Games were created for you by our founder, Pierre de Coubertin. These Games belong to you. Let them be the athletes' Games.

Have fun!

Remember, they are about much more than the performance alone. They are about the peaceful gathering of 204 national Olympic committees, regardless of ethnic origin, gender, religion or political system. Please compete in the spirit of the Olympic values, excellence, friendship and respect.

Dear athletes, remember that you are role models for the youths of the world. Reject doping and cheating. Make us proud of your achievements and your conduct.

As we bring the Olympic dream to life, our warm thanks go to the Beijing Organizing Committee for its tireless work. Our special thanks also go to the thousands of gracious volunteers, without whom none of this would be possible.

Beijing, you are a host to the present and a gateway to the future. Thank you.

I now have the honor of asking the President of the People's Republic of China to open the Games of the XXIX Olympiad of the modern era. （CCTV Aug. 8, 2008）

【译文】

中华人民共和国主席先生，刘淇先生，奥组委的成员们，亲爱的中国朋友们，亲爱的运动员们：

长久以来，中国一直梦想着打开国门，邀请世界各地的运动员来北京参加奥运会。今晚，梦想变成了现实，祝贺北京！你们选择"同一个世界，同一个梦想"作为本届奥运会的主题，今晚就是这个主题的体现。我们处在同一个世界，所以我们像你们一样，为四川的地震灾难而深感悲恸。中国人民的伟大勇气和团结精神使我们备受感动。我们拥有同一个梦想，所以希望本届奥运会带给你们快乐、希望和自豪。

各位运动员，我们的创始人皮埃尔·德·顾拜旦是因为你们而创立了现代奥林匹克运动会。奥运会属于你们。让奥运会成为运动员的盛会。祝你们比赛开心！

请大家牢记，奥运会不仅仅意味着比赛成绩。奥运会还是和平的聚会。204 个国家和地区奥委会相聚于此，跨越了民族、性别、宗教以及政治制度的界限。请大家本着奥林匹克的价值和精神，即卓越、友谊和尊重，投身于比赛。

亲爱的运动员们，请记住，你们是世界青年的楷模，请拒绝兴奋剂，向作弊说不。

你们的成就和表现应该让我们感到骄傲。

当我们把奥林匹克梦想变成现实之时，我们要诚挚地感谢北京奥组委，感谢他们不辞劳苦的工作。我们还要特别感谢成千上万、无私奉献的志愿者们，没有他们，这一切都不可能实现。

北京，你是今天的主人，也是通往明天的大门。感谢你！

现在，我荣幸地邀请中华人民共和国主席先生宣布第 29 届夏季奥运会开幕！（CCTV，Aug. 8, 2008）

罗格先生的致辞长约 4 分半钟，在他开始致辞约 15 秒后在电视屏幕下方出现了相应的中文译文。译文采用单行滚动的形式播出，罗格先生致辞时字幕缓缓从右至左推进，在结束致辞时，字幕也播放完毕。

字幕翻译要注意字数的限制。具体地说：电视屏幕每次只可以显示一行字幕，如果屏幕同时打出中文与英文字幕，可以两行并列（double line）。每行字幕最多容纳 15 个字（词），所以尽量不要超过 15 个字，否则观众可能会看不完。字幕翻译的一个挑战，就是你如何在这 15 个字中表达完整的意思，同时让观众一看就明白。

时间是另一种重要的限制，字幕在画面上停留多久，也会影响这行字幕的长短。每行字幕对应一位说话人的一句话语，他说完一句话，字幕就得收回，因此译者要根据他/她说话的长短来决定那行字幕有多长。由于字数和时间限制，字幕要写得精简、精到，可以节省的字词尽量略去，譬如"不要"可以用"别"来代替，"如果"可以用"如"来代替，"将会"可以用"将"来代替。[2]

---

2 上述两段文字参考、引用了香港 TVB 高级翻译方亦鹏的字幕翻译经验谈。

　　在北京奥运会期间播出的《奥运中国》栏目中，记者采访了在北京观看奥运比赛的外国朋友们，其中一位外国朋友说道："I'm from Sydney, Sydney Australia. And we had 2000 Olympics and I had a good time in Sydney. And I came to Beijing to have a good time here. But the Olympics is bigger than sports, it's about sharing cultures, so I came from Australia. My heart was to discover China and meet the Chinese people. To me, the most exciting thing has been discovering that Chinese people and Australia people are very similar. We are, we share many similarities and differences are few, only the language." (CCTV-4，Aug. 24, 2008)

　　同期声讲话的时长为 45 秒，同时在屏幕下方出现字幕。翻译字幕基本和说话者的英文语速相对应，即说话者说一句话，就在屏幕上显示相应的翻译字幕。译文共分 11 行显示，基本上每行都表达一个完整的意思：我来自澳大利亚悉尼 / 我在悉尼奥运会上度过了美好的时光 / 所以我来到北京再次体验奥运的快乐 / 奥运会不仅是体育运动会 / 而是不同文化之间的交流 / 这次我来到中国 / 就想发现中国 / 而我最高兴看到的就是 / 中国人和澳大利亚人其实很多方面都很像 / 不同的方面很少 / 只有语言不同。

　　字幕翻译非常普遍，现在越来越多的电视翻译都采取字幕翻译的形式。人物讲话、介绍性的新闻短片、对话性新闻节目等都可以采用字幕翻译，尤其是上海外语频道(ICS)，几乎所有的英文都有字幕翻译，中文对白也会有相应的英文字幕。字幕翻译已成为电视新闻翻译的最大特色和最主要的翻译形式。

　　三、摘译

　　在广播电视新闻中有时会引用一些外媒的观点或意见，以反映外媒对某一事件的看法。在这种情况下一般采取摘译的形式，翻译外媒通讯报道的核心观点即可，无需进行全文翻译。如 CCTV 新闻频道播出的《新闻 30 分》中就提到了外媒对中国奥运的评价。

　　一些外国媒体近日发表文章和报道，高度评价中国为成功举办 2008 年北京奥运会所做的努力，认为中国完全有能力举办一届出色的奥运会。

　　新加坡《联合早报》5 日发表题为"奥运会能给中国留下什么"的文章，认为举办奥运会是一次良机，不管是高水准的体育场馆、城市生态环境，还是在筹备和举办奥运会过程中形成的各种无形遗产，都将是中国的宝贵财富。文章说，奥运会改变了中国人的精神面貌，团结了中华民族。奥运会结束后，中国人将更加成熟、豁达，中国将发挥大国优势，增强凝聚力。

　　美国《圣何塞信使新闻报》4 日发表题为"中国人民为奥运会做好了准备"的文章，称赞北京市民正在以高昂的热情迎接奥运会开幕这一辉煌时刻的到来。文章说，与曾主办过奥运会的其他国家城市的民众相比，北京市民表现出的情感更加热烈。

　　法国《回声报》4 日发表题为"中国首都的新面貌"的文章，称北京利用举办奥运会的机会加快基础设施建设，令城市面貌焕然一新。文章说，奥运会推动了北京的城市发展，北京如今所有的建设都是为长期考虑的。(CCTV 新闻频道，2008 年 8 月 6 日)

　　主持人在节目中引用了外国媒体对北京奥运会的评价。除新加坡《联合早报》是华文报纸外，其他两份报纸的原文分别为英文和法文，需要进行翻译。在电视新闻中不需要也不可能对报纸上的全文进行翻译，因此译者采取了摘译的方式，翻译了新闻的标题和新闻的核心内容。摘译既可以反映原文的内容，达到传递新闻信息的目的，又能有效节约时长。

14.2　书面报道与翻译

14.2.1　报刊新闻与翻译

　　虽然广播电视和网络等新传媒迅猛发展，但报纸仍是新闻传播的重要媒介之一。人们可以通过报纸来了解最近的新闻，获得各种各样的信息。很多人都有每天读报的习惯，报纸已成为人们日常生活中重要的一部分。在全球化和通讯技术飞速发展的今天，任何一个媒体都无法全部及时捕捉到瞬息万变和纷繁复杂的世界发生的新闻，通过新闻翻译我们可以节约采访时间，加快新闻传播速度。

新闻翻译工作不是通过实际采访去获得第一手的资料，而是新闻译者将国外某些有价值的新闻翻译成本国语新闻，向受众传达新闻信息。新闻译者通常会对新华社英文电讯、外国通讯社电讯、外国广播电视和报刊杂志及网站上的新闻报道和文章，各国政府、部门和政党组织、国际组织以及各种国际会议发布的消息进行翻译。

我国报纸种类繁多，在各类报纸中日报占了绝大多数，要求每日及时出版决定了报纸采写时间有限，今天的稿子就必须今天出，新闻必须赶在报刊截稿之前出稿，需要抢时间。新闻的时效性决定了报刊新闻翻译不同于文学翻译，文学翻译通常要求译者有较高的文学素养，翻译文学作品时不仅要忠实于原文的文风，还要字斟句酌，力求文采优美。新闻翻译通常是争分夺秒，熟练的新闻翻译人员有时一上午需要翻译三四千字的稿件，任务重、时间紧使得新闻译者必须快速准确地进行翻译，译者没有充分的时间来反复推敲修改，译作只要情通意达即可。

报刊受版面影响大，因此在翻译时多采取编译或摘译的方法。新闻翻译是为了让以源语写成的新闻能进行二次传播，在翻译过程中译者可以根据实际情况对源语新闻进行删减，或者增加源语新闻中没有的背景或解释，以帮助译语读者顺利理解新闻。新闻译者可以根据某一篇新闻进行编译，也可以根据数篇题材内容相关的新闻进行组合编译。

由新华通讯社主办的《参考消息》日发行量稳定在 300 万份左右，最高时达 930 万份，为全国日报之首，排世界日报第 9 位。《参考消息》上刊登的新闻多引自国外的一些新闻媒体，2006 年 12 月 21 日的头版头条就刊登了一条美国总统布什关于扩大军队规模的报道。

【例1】

US Not Winning War in Iraq, Bush Says for 1st Time
President Plans to Expand Army, Marine Corps to Cope with Strain of

Multiple Deployments

By Peter Baker

Washington Post Staff Writer

Wednesday, December 20, 2006; Page A01

President Bush acknowledged for the first time yesterday that the United States is not winning the war in Iraq and said he plans to expand the overall size of the "stressed" US armed forces to meet the challenges of a long-term global struggle against terrorists.

As he searches for a new strategy for Iraq, Bush has now adopted the formula advanced by his top military adviser to describe the situation. "We're not winning, we're not losing," Bush said in an interview with *The Washington Post*. The assessment was a striking reversal for a president who, days before the November elections, declared, "Absolutely, we're winning."

In another turnaround, Bush said he has ordered Defense Secretary Robert M. Gates to develop a plan to increase the troop strength of the Army and Marine Corps, heeding warnings from the Pentagon and Capitol Hill that multiple deployments in Iraq and Afghanistan are stretching the armed forces toward the breaking point. "We need to reset our military," said Bush, whose administration had opposed increasing force levels as recently as this summer.

But in a wide-ranging session in the Oval Office, the president said he interpreted the Democratic election victories six weeks ago not as a mandate to bring the US involvement in Iraq to an end but as a call to find new ways to make the mission there succeed. He confirmed that he is considering a short-term surge in troops in Iraq, an option that top generals have resisted out of concern that it would not help.

A substantial military expansion will take years and would not immediately affect the war in Iraq. But it would begin to address the growing alarm among commanders about the state of the armed forces. Although the president offered no specifics, other US officials said the administration is preparing plans to bolster the nation's permanent active-duty military with as many as 70,000 additional troops.

A force structure expansion would accelerate the already-rising costs of war. The administration is drafting a supplemental request for more than $100 billion in additional funds for the wars in Iraq and Afghanistan, on top of the $70 billion already approved for this fiscal year, according to US officials. That would be over 50 percent more than originally projected for fiscal 2007, making it by far the costliest year since the 2003 invasion.

Since the attacks of Sept. 11, 2001, Congress has approved more than $500 billion for the wars in Iraq and Afghanistan, as well as for terrorism-related operations elsewhere. An additional $100 billion would bring overall expenditures to $600 billion, exceeding those for the Vietnam War, which, adjusted for inflation, cost $549 billion, according to the Congressional Research Service.

For all the money, commanders have grown increasingly alarmed about the burden of long deployments and the military's ability to handle a variety of threats around the world simultaneously. Gen. Peter J. Schoomaker, the Army's chief of staff, warned Congress last week that the active-duty Army "will break" under the strain of today's war-zone rotations. Former secretary of state Colin L. Powell, a retired chairman of the Joint Chiefs of Staff, said on CBS News's "Face the Nation" on Sunday that "the active Army is about broken."

Democrats have been calling for additional troops for years. Sen. John F. Kerry (D-Mass.) proposed an increase of 40,000 troops during his 2004 campaign against Bush, only to be dismissed by the administration. As recently as June, the Bush administration opposed adding more troops because restructuring "is enabling our military to get more war-fighting capability from current end strength."

But Bush yesterday had changed his mind. "I'm inclined to believe that we do need to increase our troops—the Army, the Marines," he said. "And I talked about this to Secretary Gates, and he is going to spend some time talking to the folks in the building, come back with a recommendation to me about how to proceed forward on this idea."

In describing his decision, Bush tied it to the broader struggle against Islamic extremists around the world rather than to Iraq specifically. "It is an accurate reflection that this ideological war we're in is going to last for a while and that we're going to need a military that's capable of being able to sustain our efforts and to help us achieve peace," he said.

Bush chose a different term than Powell. "I haven't heard the word 'broken,' " he said, "but I've heard the word, 'stressed.' ... We need to reset our military. There's no question the military has been used a lot. And the fundamental question is, 'Will Republicans and Democrats be able to work with the administration to assure our military and the American people that we will position our military so that it is ready and able to stay engaged in a long war?' "

Democrats pounced on Bush's comments. "I am glad he has realized the need for increasing the size of the armed forces ... but this is where the Democrats have been for two years," said Rep. Rahm Emanuel (Ill.), the new House Democratic Caucus chairman. Kerry issued a statement calling Bush's move a "pragmatic step needed to deal with the warnings of a broken military," but he noted that he opposes increasing troops in Iraq. Even before news of Bush's interview, Rep. Ike Skelton (D-Mo.), incoming chairman of the House Armed Services Committee, told reporters that the military is "bleeding" and "we have to apply the tourniquet and strengthen the forces."

The Army has already temporarily increased its force level from 482,000 active-duty soldiers in 2001 to 507,000 today and soon to 512,000. But the Army wants to make that 30,000-soldier increase permanent and then add between 20,000 and 40,000 more on top of that, according to military and civilian officials, who spoke on the condition of anonymity. Every additional 10,000 soldiers would cost about $1.2 billion a year, according to the Army. Because recruitment and training take time, officials cautioned that any boost would not be felt in a significant way until at least 2008.

Bush, who has always said that the United States is headed for victory in Iraq, conceded yesterday what Gates, Powell and most Americans in polls have already concluded. "An interesting construct that General Pace uses is, 'We're not winning, we're not losing,' " Bush said, referring to Marine Gen. Peter Pace, the Joint Chiefs chairman, who was spotted near the Oval Office before the interview. "There's been some very positive developments. ... [But] obviously the real problem we face is the sectarian violence that needs to be dealt with."

Asked yesterday about his "absolutely, we're winning" comment at an Oct. 25 news conference, the president recast it as a prediction rather than an assessment. "Yes, that was an indication of my belief we're going to win," he said.

Bush said he has not yet made a decision about a new strategy for Iraq and would wait for Gates to return from a trip there to assess the situation. "I need to talk to him when he gets back," Bush said. "I've got more consultations to do with the national security team, which will be consulting with other folks. And I'm going to take my time to make sure that the policy, when it comes out, the American people will see that we ... have got a new way forward."

Among the options under review by the White House is sending 15,000 to 30,000 more troops to Iraq for six to eight months. The idea has the support of important figures such as Sen. John McCain (R-Ariz.) and has been pushed by some inside the White House, but the Joint Chiefs have balked because they think advocates have not adequately defined the mission, according to US officials.

The chiefs have warned that a short-term surge could lead to more attacks against US troops, according to the officials, who described the review on the condition of anonymity because it is not complete. Bush would not discuss such ideas in detail but said "all options are viable."

While top commanders question the value of a surge, they have begun taking moves that could prepare for one, should Bush order it. Defense officials said yesterday that the US Central Command has made two separate requests to Gates for additional forces in the Middle East, including an Army brigade of about 3,000 troops to be used as a reserve force in Kuwait and a second Navy carrier strike group to move to the Persian Gulf.

Gates has yet to approve the moves, which could increase US forces in the region by as many as 10,000 troops, officials said. The previous theater reserve force, the 15th Marine Expeditionary Unit, was recently moved to Iraq's Anbar province to help quell insurgent violence. Gen. George W. Casey, the US commander in Iraq, has called for the additional brigade—likely the 2nd Brigade, 82nd Airborne Division—to be positioned to move into Iraq hotspots if needed.

The additional carrier strike group would give Gen. John P. Abizaid, head of the Central Command, more flexibility in a volatile region, said one official. While such a move would certainly send a pointed message to Iran, the official said it would also allow additional strike capabilities in Iraq.

【编译文】
"反恐"劳师日久　部队"即将崩溃"
布什下令五角大楼扩军"补血"

[美国《华盛顿邮报》12月20日报道]题：布什计划扩大军队规模

布什总统今天说，他计划扩大美国军队规模，以应对全球反恐战争的长期挑战。有人警告说，由于在伊拉克和阿富汗持续驻军，武装部队的潜力已经被挖掘到了极限，而布什的这一决定正是对该警告作出的回应。

布什在接受本报记者采访时说，他已经命令新上任的国防部长罗伯特·盖茨向他提出一个增加地面部队数量的计划。总统没有说明可能增加多少部队，但他指出他同意五角大楼和国会的建议，即目前的军队数量不足以满足需要。

布什在办公会议上说："我比较相信，我们确实需要增加军队——陆军和海军陆战队。我跟盖茨部长谈了这个问题，他将花时间跟其他人商讨，然后向我提出如何实施这一想法的计划。"

总统作出这一决定，正值他重新思考伊拉克战略，并考虑在短期内扩大军队规模，以应付巴格达不断发生的暴力活动之际。而参谋长联席会议在内部辩论中反对这一想法。不少人认为，这会进一步加大已经不堪重负的军队的压力。

大幅扩军将花费数年时间，而且近期内在伊拉克也毫无意义。但它却开始引发指挥官们对武装部队状况越来越多的担忧。美国陆军参谋长彼得·斯库梅克上周警告国会说，在如今战区人员不断轮换的压力下，现役陆军"即将崩溃"。美国前国务卿、参谋长联席会议前主席鲍威尔17日在哥伦比亚广播公司"面向全国"电视节目中说，"忙不停歇的陆军即将筋疲力尽"。

陆军已暂时将其现役部队的规模从2001年的48.2万人扩大到如今的50.7万人，很快还将扩大到51.2万人。但陆军希望永久性地增加3万人，并且每年再增加7000多名士兵。陆军预计，增加1万名士兵每年的开支大约为12亿美元。

在今天公布决定时，布什把它与更大范围地打击全世界的伊斯兰极端主义者联系在一起。他说："认识到我们所面对的意识形态战争将持续一段时间，我们需要一支能够持久作战并帮助我们取得和平的军队，这才是正确的反应。"

布什说，他还没有就伊拉克新战略作出决定，他将等待盖茨访问伊拉克去评估那里的局势。布什说："他回来后我要跟他谈话。我已就如何对待国家安全部队的问题多次征求了意见。我准备花些时间，以保证这一政策出台后，美国人民会认为我们找到了新的前进道路。"

尽管高级指挥官质疑扩军的价值，但他们还是开始着手进行准备。国防部官员 19 日说，美军中央司令部已经向盖茨提出了两个向中东增兵的要求，包括向科威特派遣一支大约 3000 人的陆军旅作为后备力量，以及向波斯湾派遣第二支航母战斗群。

官员们说。盖茨尚未批准这些行动，因为这样可能把美军在该地区的数量增加 1 万人。先前作为预备队的海军陆战队第 15 远征旅最近前往伊拉克安巴尔省，帮助镇压叛乱分子的暴力活动。美军驻伊拉克最高指挥官乔治·凯西将军已经要求在必要的时候向伊拉克热点地区增派一个旅，可能是第 82 空降师第 2 旅。

一名官员说，增派的航母战斗群会让中央司令部司令约翰·阿比扎伊德在动荡地区拥有更大的灵活性。该官员说，尽管这样的举动显然会向伊拉克发出敏感信息，但也会增加美军在伊拉克的战斗力。

（《参考消息》2006 年 12 月 22 日）

新闻原文较长，共 1500 多词(words)，译文则有所精简。译文将新闻标题进行了"改头换面"，对导语和正文采取了编译的手法。译文的导语并不是直接翻译原文导语，而是根据新闻内容提炼出了新的导语。译文正文也没有对原文进行逐段翻译，只翻译了部分段落，如原文的第 3 段、第 14 段、第 17 段、第 20 段、第 21 段及第 22 段。译文中还有部分内容是根据原文和一些相关背景资料进行的编译，如将原文第 5 段和第 8 段的内容组合成了译文的第 5 段。该译文保留了原文的整体框架，删去了部分段落。编译后的新闻更加简洁。

中国现阶段，城市中的综合性日报是报纸中的主流，该类报纸出报周期短，内容以"短平快"新闻为主，讲究新闻的时效性、新鲜性。杂志的出版周期众多，最常见的是月刊和周刊。由于杂志的出版周期最短也是以周为单位，它就不可能以即时新闻为其内容，故杂志的特点是深度报道、见解和观点多。对周刊而言，它的重点不是放在报纸要求的新鲜性上，也不是放在杂志的大而全的分析上，而是把握独特的视角、提出新颖的观点、展开锐利的评价。国外比较有影响力的刊物有《商业周刊》、《时代周刊》、《自然》、《人物》等，中国有《中国新闻周刊》、《半月谈》、《中国经济周刊》等。由于刊物在时效性上赶不上日报，所以刊物看重发掘新闻的深层内容，加大深度报道和追踪报道的力度。深度报道对新闻事件的起因、发展、结果、影响等都有较详尽的报道。在翻译深度报道时可采取编译的方式，对一些读者已经了解了的事实可以带过，而对一些新的或者是有价值的信息可以采取全译的方法以便让读者有更全面的了解，甚至可以添加一些有价值的新闻材料使新闻内容更充实。此外对周刊上一些经济新闻也可采取全译的方法以保持文章的完整性。进行全文翻译时必须逐段甚至逐句进行，既要译出源语新闻的深层内容，又要保留其基本结构和风格。

【例2】

Moto, Eat Nokia's Dust

Ever since Motorola reported its shockingly horrible results for the fourth quarter about two weeks ago, my editors have been asking for a prognosis.

I kept telling them that we needed to wait until Nokia reported its numbers in order to assess the true magnitude of the damage in Schaumburg, Ill. Is the entire industry under siege, or did Motorola trip up?

The verdict is in: The industry is under pressure, but Motorola (ticker: MOT) is in a deep hole.

Last week, rival Nokia (NOK) surprised most everyone by reporting better-then-expected revenue and earnings, especially in the wake of Motorola's financial implosion. But the biggest takeaway from Nokia's call was that its cellphone margins actually rose, despite the lower asking prices for phones that were introduced because of intense competitive pressure. Nokia's handset operating margins were 17.8%, up more than two percentage points from the previous quarter's level, while gross margins in all segments were up. In comparison, Motorola's margins came in at 4.4%, about half as high as expected.

To be fair, other handset makers, such as LG and Samsung, have suffered from shrinking margins, while Sony-Ericsson is the only other major handset maker, with Nokia, to buck the trend. Sony-Ericsson can thank its concentration on high-end, music-enabled phones for that. Meanwhile, Motorola is racking up market-share gains and high-volume growth in emerging markets, at the expense of margins and profitability. That isn't a winning combination.

Don't look for Nokia to give Motorola a break soon. The operating gap between Nokia and Motorola could widen during this year's first half, as Nokia unleashes new handsets. Prices will likely come down, but margins could continue to expand as production costs slip faster than prices, predicts Charter Equity Research analyst Ed Snyder.

Motorola has been riding the super-successful RAZR for three years, while Nokia consolidated its model templates and developed new, lower-cost handsets that are rich in features and fashion. Motorola handsets such as the multimedia KRZR and the BlackBerry-like Q have failed to capture momentum, in part because Motorola slashed RAZR prices to irresistible levels in order to grab share.

"We see this as the end of Motorola's latest run in handsets," Snyder posits.

Nokia's scale and cost advantages, owing to decisions made at the height of RAZR-mania, could allow the Finnish company to thrive in a year when most everyone else, except Sony-Ericsson, struggles.

At the recent Consumer Electronics Show in Las Vegas, where Motorola CEO Ed Zander was a keynote speaker, the company had so few new products to unveil that seemingly a third of his speech was filled by a Yahoo! executive, who was touting that company's new mobile-search service. That wasn't one of Zander's better moments. Worse, the keynote speech came a day before Apple threw its hat in the ring as the latest entrant to an already cut-throat arena.

After two quarterly-earnings misses in a row and with no hot successor to the RAZR in sight, the prognosis for Motorola isn't healthy.

While enticing at 18-plus a share—its price Friday afternoon—and trading at only 15.2 times trailing earnings（versus Nokia's 17.2 times）, Motorola stock appears to be no better than dead money for at least the first half of 2007.

Mark Veverka

【译文】

最新回合 MOTO 不敌诺基亚

摩托罗拉公司(Motorola Inc.)在两周前发布了第四季度业绩报告，并且结果出奇地糟糕。此后，编辑就不停地催我作个预测。

我一直跟他们说要等到诺基亚(Nokia)发布业绩之后才好，到那时就可以判断到底是整个手机制造行业都在走下坡路，还是仅仅摩托罗拉自己遭遇了滑铁卢？同时，也就可以评判摩托罗拉真正的损失程度了。

现在结果出来了：整个手机行业都面临着压力，而摩托罗拉则是身陷困境。

上周，诺基亚发布的业绩报告中收入及收益均高于预期，这令大多数人感到惊讶，尤其是在摩托罗拉刚刚发布其收益下滑后更是如此。但是诺基亚最大的亮点是，尽管巨大的竞争压力促使它下调了手机价格，但它的手机业务的利润率却有所上升。诺基亚手机业务的经营性利润率为17.8%，较上季度上升了至少两个百分点，同时它所有业务的毛利润率都有所上升。与此相反，摩托罗拉的利润率仅为4.4%，大约是预期的一半。

不过，公平地说，LG 及三星(Samsung)等其他手机制造商的利润率都出现了萎缩，只有另一家主要手机制造商索尼爱立信(Sony-Ericsson)像诺基亚一样有所例外。索尼爱立信可以将此归功于它侧重高端及音乐手机的策略。与此同时，摩托罗拉在新兴市场上获得了一定的市场份额，并实现了快速增长，但是这一切都是以利润率及盈利能力为代价的。显然，这算不上是一个成功的策略组合。

　　诺基亚还会继续将摩托罗拉甩在后面。随着诺基亚不断推出新机型，两家公司经营上的差距今年上半年将进一步扩大。Charter Equity Research 分析师埃德·施耐德(Ed Snyder)预测，手机价格可能会继续下降，但由于生产成本降低的速度快于价格，因此利润率将进一步升高。

　　摩托罗拉三年来业绩一直严重依靠其极其成功的 RAZR 系列，在此期间诺基亚不断整合机型模式，并且不断开发功能齐备、价格低廉的新款时尚手机。摩托罗拉的多媒体手机 KRZR 及类似于黑莓的 Q 系列等产品并没能在市场上获得成功，原因之一是它为了获得市场份额将 RAZR 系列机型的价格降至了令人无法抗拒的水平。

　　施耐德表示，从上述情况看，摩托罗拉在最新这轮手机竞赛中的结局已基本明了。

　　得益于诺基亚在 RAZR 最火爆时期所作的决策，它的规模效应及成本优势将使这家芬兰公司在未来一年保持旺盛的发展势头，而除索尼爱立信之外的其他大多数同行或许还得苦苦挣扎。

　　在前不久的拉斯维加斯国际消费类电子产品展(CES)上，摩托罗拉首席执行长埃德·桑德(Ed Zander)是发表主旨演讲的人士之一。但是，摩托罗拉可介绍的新产品实在太少，以至于桑德的发言时间有三分之一都被一位介绍手机网上搜索服务的雅虎(Yahoo!)人士占据了。更糟糕的是，在桑德这次发言一天后，苹果公司(Apple)就宣布将进入竞争已相当激烈的手机市场中来。

　　在连续两个季度收益下滑，且 RAZR 系列"后继无人"的情况下，摩托罗拉的前景不容乐观。

　　尽管摩托罗拉超过 18 美元的股价依然诱人，且市盈率仅为 15.2 倍（诺基亚为 17.2 倍），但是至少在 2007 年上半年，摩托罗拉股票似乎不会为投资者带来什么收益。

Mark Veverka

（译自《巴伦周刊》）

14.2.2 网络新闻与翻译

2005 年 7 月 21 日，中国互联网信息中心(CNNIC)发布"第十六次中国互联网发展状况统计报告"。截至 2005 年 6 月 30 日，中国网民人数达 1.03 亿，仅次于美国位居世界第二。美国皮尤研究中心 23 日公布的一项调查显示，互联网已成为美国人获取新闻的主要来源。调查报告说，美国新闻业正在发生巨大变化，互联网已超过报纸，成为美国成年人了解新闻的第二大来源。3011 名美国成年人参与了此次调查，当被问道"昨天你从何处了解新闻"时，57%的受访者回答"当地电视台"，49%的受访者回答"国家电视台"，43%的受访者回答"互联网"；与之形成对比的是，只有 38%的受访者回答"当地报纸"，17%的受访者回答"全国性报纸"。

网络作为"第四媒体"对新闻的传播起了巨大的推动作用。网络新闻按照来源的不同，可以分为传统媒体电子版或网络版新闻、综合网站转载各传统媒体，及网站的二手新闻和网站自采新闻三部分。1987 年，美国《圣何塞信使报》开创网络报刊的先河。进入 20 世纪 90 年代，世界上的权威报纸像美国的《纽约时报》、《新闻周刊》，英国的《每日电讯报》、《卫报》都争先创办网络版。至今我国绝大多数公开发行的报刊都已经有了网络版。而一些大的综合性网站像新浪网与全国各地主要的综合类报纸达成了资源共享的协议，可以共享各地新闻资源，新浪网主要是对传统媒体上的新闻进行加工，或者拓展报道内容，或者添加新闻背景，并对特殊话题进行专题报道，在综合和深度上下功夫。一般新闻网站都有时政、经济、军事、文化、体育、社会、教育、娱乐等频道，在各个频道中又有不同的固定栏目或专题。以新浪网为例，新闻版里分为要闻、焦点专题、每日评论、深度报道、国内新闻、国际新闻、新闻人物等专栏，国内新闻中又分为时政要闻、各地新闻、分析·综述等专题。网络新闻包罗万象，信息容量非常大，因为它可以采用超链接的形式引出一个又一个新闻。

网络新闻的特点：

1)即时性。网络传媒在传播时间上具有明显的自由、快捷的特点，可以轻易做到随时发布、即时滚动发布各类新闻。

2)传播全球性。网络新闻不再受到区域限制，通过网络平台的发布，任何人只要能上网，就能阅读到世界各地的新闻。

3)传播空间的无限性。传播空间无限性是指网络媒体本身在新闻和信息容量上的无限性，这是任何传统媒体所无可比拟的。由于信息储存空间的优势，借助搜索和链接功能，网络新闻可以比任何传统媒体做得更丰富、更饱满、更精彩。网民看新闻，不仅可以看到这条新闻本身，还可以查看相关报道、相关网页，还可以访问相关网站。

4)互动性。网络新闻除了可以向网民传递信息外，还可以与网民进行互动，网民可以对某一新闻发表自己的看法和评论。网民不再是被动的新闻接受者，他们还可以参与信息的传播，对新闻事件第一手材料的获得、占有和解释将不再是新闻工作者的独家专权，而成为受众共享的资源，这意味着任何一个公民都可以依据全社会共享的第一手材料对新闻事件作出自己的报道、解释和评论。

要做好网络新闻的翻译首先就要了解网络新闻的写作特点：

1)对于网络新闻来说，标题的"吸引读者注意"的功能更加突出。根据美国学者研究发现：79%的网络读者对内容是一扫而过，只有16%的人是在逐字逐句地细细研读。扫描式阅读已成为网络阅读的主要方式。因为报纸的新闻的标题是和导语、正文连在一起的，而网络媒体的超链接方式使它的标题承担了全部的吸引读者阅读的重任，因为大量新闻信息的存在，使网络势必只能简明扼要地以列表的形式把新闻标题呈现在主页面上，在网络新闻传播中新闻标题已经成为受众决定是否索取网站深层内容的第一引导力量。网络新闻要吸引读者，标题必须能引起读者兴趣。网络新闻是以标题点击的方式进入阅读的，为了浏览和点击方便，也因空间节约的原则，网络新闻的标题基本上只有一行，而且单行字数一般不超过13个字。而且网络新闻的标题往往采用实题，基本上是对新闻具体内容的直接揭示。

2)网络新闻的写作格式仍遵照传统新闻格式，由标题、导语、正文构成。新闻的五个基本要素齐全，而且也多采用"倒金字塔"的手法，将重要事实最先讲述。

　　3) 网络新闻一般篇幅短小，标题短，导语短，正文也短，一般以不超过 500 字为最佳。对于一些长新闻可以以超链接的方式"化整为零"，或者以小标题的方式将长新闻进行分割。

　　网络新闻刷新率高，各网站不断有新的新闻报道出现，因此在进行网络新闻翻译时要提高效率，关注事态最新发展。网络新闻翻译是对所传递新闻信息的一种再创作，所以我们要尽量使译文与原文在内容、精神、形式上保持一致。

一、新闻标题的翻译

　　不管是报刊新闻还是网络新闻，新闻标题都要求简短突出。网络新闻一般是单行，翻译时也尽量采取单行标题，并可根据新闻具体内容进行编译。

【例 1】Senators Rebuff Bush on Troop Plan
　　　　美参议院回绝布什增兵计划

　　　　Scientists tighten security over germ terror threat
　　　　英军情五处警告：英国受细菌武器威胁

　　　　北京清理中式英语　老外遗憾特色尽失
　　　　Beijing Sign Police Aren't Amused

　　　　内地赴港生子热
　　　　Hong Kong's Baby Boom

二、导语翻译

　　网络新闻报道中导语是新闻的核心，它以最简练的语言把新闻中最重要、最有意思的内容完整地表达出来，使读者看完这段文字后就能获悉新闻的主要内容。不管是中文新闻导语，还是英文新闻导语都要交代清楚 3—4 项新闻要素，即新闻人物、新闻事实、新闻发生的时间和新闻发生的地点。在新闻翻译时也要将导语中交代的新闻要素翻译准确，力求将导语翻译得准确恰当。

【例2】

A day after President Bush pleaded with Congress to give his Iraq policy one last chance, the Senate Foreign Relations Committee rebuffed him by approving a nonbinding resolution declaring his troop increase in Iraq to be against "the national interest."

【译文】

就在布什向国会请求给其对伊政策最后一次机会的一天后，美参议院外交关系委员会通过一份无约束协议，宣布布什的增兵计划与"国家利益"相悖。

(中国日报网)

【例3】

在中国,长期以来实行的计划生育政策规定大多数城市家庭只能有一个孩子。但这并没有难住现年 31 岁的商人李女士：两周前，她从福建省老家坐了 10 小时的公共汽车，前往香港生下了第二个孩子。

【译文】

In China, longstanding family-planning policies limit most urban families to just one child. But that didn't stop a 31-year-old merchant named Ms. Li: Two weeks ago, she gave birth to her second child here in Hong Kong, a 10-hour bus ride from Ms. Li's home in Fujian province.

(华尔街日报中文网络版)

三、网络新闻篇章翻译

网络新闻的翻译方法包括：全译、编译、摘译。由于在网络新闻翻译过程中要不可避免地受到国家政治立场及文化背景的影响，所以网络新闻并不要求逐字逐句地对新闻进行翻译，而是以编译为主。译者首先阅读相关新闻材料，然后再根据实际情况进行编译，将新闻信息的内容、意义传达给受众即可。在此值得一提的是，有的网络新闻很多情况下就是报刊新闻的电子版，在形式上接近传统新闻，翻译时可结合传统新闻和网络新闻两者的特点进行翻译。

【例4】

Attention was focused elsewhere

Over the last few years, the Herzliya Conference has become center stage for public debate on foreign policy and security in Israel. The previous prime minister, Ariel Sharon, bestowed this unique importance on the conference when he chose to introduce his disengagement plan there three years ago. But this year, something went wrong. The heads of the security and intelligence establishment did not appear at the conference, and the politicians who spoke mostly repeated empty phrases.

The atmosphere of the investigations hovered over the conference. Instead of discussing new ideas and arguing over policy, the politicians and security officials were busy preparing their testimony for one commission or another. The state itself is now under caution, and in such a situation, no one has any interest in taking a risk. After all, anything they say can be used against them.

Prime Minist Ehud Olmert tried to use his platform at the conference to "present to the public a report on the Iranian threat." The idea was a good one: instead of making another speech that starts with the Palestinians and ends with poverty and health, Olmert wanted to focus on a central national issue. Olmert also wanted to provide a response to his rival, opposition chairman Benjamin Netanyahu, who is running an independent public relations campaign against Iran and is depicting the government as ineffectual and powerless.

But Olmert missed the opportunity, though he is not to be blame; the attention of the media and the public was focused on the President's Residence yesterday. The prime minister's Herzliya speech, which in previous years attracted dozens of television crews from around the world, was not broadcast in full on any channel.

(from Haaretz)

【译文】

以色列国家安全会议关注度降低

中国日报网环球在线消息：在过去的几年中，以色列滨海城市荷兹利亚(Herzliya)国家安全会议成了对以色列外交政策和安全做公开辩论的中心舞台。以色列前总理阿里埃勒-沙龙(Ariel Sharon)在三年前选择于当地发表他的脱离计划之时，便赋予这个国家安全会议以与众不同的重要性。然而今年，事情却一反常态。安全部门以及情报机构的头头们没有在会议上露脸，而那些在会议上发表讲话的政客们大部分也只是在言之无物的老调重弹。

调查的气氛始终笼罩着整个会议。与其说是在探讨新思路或者对有关政策做出辩驳，不如说那些政客们以及安全部门官员实际上是在忙于对一件又一件的委任准备证词。以色列整个国家本身正对言论自由加强控制，在这样的情况下，没有人会对冒险出头有丝毫兴趣。因为从本质上来说，人们说的任何话都有可能为他们招来灭顶之灾。

以色列总理埃胡德-奥尔默特试图在这届会议的讲坛上，用他的讲话"向公众呈交一份关于伊朗威胁的报告"。这个思路本身可谓不赖：奥尔默特并没有再做一份从巴勒斯坦问题开头，并最后归结于贫困和医疗保健的演讲，总理先生想做的是将视角聚焦在一个核心国家事件上。奥尔默特同时还希冀对他的竞争敌手、反对派主席内塔尼亚胡(Benjamin Netanyahu)的言论做出一番回应。内塔尼亚胡正在为对抗伊朗展开一系列独立的公共关系竞选计划，并且将以色列政府描述为既徒劳无益又软弱无能。

然而奥尔默特还是没有把握住这次机会，尽管这不是他的错；因为昨天媒体和大众的注意力都集中在了卡察夫总统遭起诉一事上。按照以往，奥尔默特的此番荷利亚兹演讲可以吸引十数家来自全球范围的电视台对此加以相关报道，而今次却没有能够在任何的电视频道上得以完整播出。

(中国日报网)

【例5】

胡锦涛抵达温得和克对纳米比亚进行国事访问

新华网温得和克 2 月 5 日电（记者刘颖、钱彤）　国家主席胡锦涛 5 日抵达纳米比亚首都温得和克，开始对纳米比亚进行国事访问，继续他此次非洲八国访问的友谊之旅、合作之旅。

当地时间 11 时 50 分，胡锦涛乘坐的专机抵达温得和克霍齐亚·库塔科国际机场。胡锦涛和夫人刘永清在机场受到纳米比亚总统波汉巴和总理安古拉等的热情迎接。波汉巴在机场举行隆重仪式，热烈欢迎胡锦涛对纳米比亚进行国事访问。

胡锦涛在机场发表了书面讲话。他指出，纳米比亚是非洲最年轻的国家之一。勤劳、智慧、富有活力的纳米比亚人民通过艰苦斗争赢得民族独立，并在国家建设中取得了巨大成就。自纳米比亚人民争取民族解放斗争伊始，中纳两国人民就相互同情、相互帮助，建立了深厚友谊。建交 17 年来，两国关系稳步发展，双方政治、经贸、教育、卫生、文化等领域的合作取得显著成果。中方珍视中纳关系，愿同纳方一道，共同谱写两国友好合作的新篇章。

胡锦涛表示，他期待着同纳米比亚领导人就中纳关系、中非合作论坛及其他共同关心的重大问题深入交换意见。希望这次访问能够增进双方的相互了解和信任，巩固两国传统友谊，推动中纳友好合作关系向前发展。

国务委员唐家璇等陪同人员同机抵达。

中国驻纳米比亚大使梁银柱和使馆工作人员等也到机场迎接。

胡锦涛是在结束了对赞比亚的访问后，从赞比亚首都卢萨卡抵达温得和克的。离开前，赞比亚总统姆瓦纳瓦萨为胡锦涛举行了隆重的欢送仪式。

纳米比亚是胡锦涛此次非洲八国之行的第五站。此前他对喀麦隆、利比里亚、苏丹和赞比亚进行了国事访问。胡锦涛还将对南非、莫桑比克、塞舌尔进行国事访问。

【译文】

Chinese President continues his Africa tour in Namibia

WINDHOEK, Feb. 5 (Xinhua)—Chinese President Hu Jintao arrived in Namibia's capital Windhoek on Monday, continuing his eight-nation tour of Africa after his three-day visit to Zambia.

In Windhoek, Hu held talks with his Namibian counterpart Hifikepunye Pohamba on strengthening bilateral ties.

In a written statement released at the airport upon his arrival, Hu said that Namibia is one of the youngest countries in Africa. The Namibian people, hardworking, talented and full of vitality, won national independence in 1990 through arduous struggles and have since achieved great successes in national development.

Since the establishment of diplomatic ties 17 years ago, the relationship between China and Namibia has been growing steadily, with fruitful cooperation in the political, economic, education, public health, cultural and other fields, he said.

"I look forward to having an in-depth exchange of views with the Namibian leaders on the bilateral relationship, the Forum on China-Africa Cooperation and other major issues of mutual interest," he said.

Namibia is willing to strengthen cooperation with China in the fields of industry, human resources and infrastructure construction.

Hu flew into Namibia from the Zambian capital of Lusaka where he paid an earlier state visit.

In Zambia, Hu had talks with his Zambian counterpart Levy Patrick Mwanawasa. They discussed ways of enhancing friendship and economic and trade cooperation between the two countries. Following their talks, the two countries signed eight cooperation agreements.

On Sunday, the Chinese president met former Zambian President Kenneth Kaunda, and attended the inauguration ceremony of a Zambia-China economic cooperation zone, the first one to be set up by China in Africa.

At the Beijing Summit of the Forum of China-Africa Cooperation (FOCAC) last November, Hu announced eight measures to strengthen China-Africa cooperation, including the establishment of three to five trade and economic cooperation zones in Africa in the next three years.

"The aim of my African tour is to consolidate the traditional friendship between China and Africa, implement the results achieved at the Beijing summit of FOCAC, expand pragmatic cooperation and seek common development," Hu said at the inauguration ceremony.

Mwanawasa pledged to further improve the investment environment and hoped that more Chinese and foreign enterprises will settle in the zone, bringing along with them know-how and expertise necessary for the development of the zone and Zambia at large.

The construction of the zone is expected to boost the development of Zambia's light industry and the sectors of construction materials, home electrical appliance, pharmacy and food processing, increase the country's exports and create job opportunities for locals.

Since China and Zambia established diplomatic relations in 1964, the two countries have maintained what Kaunda described as an "all-weather friendship."

Hu is on an eight-nation African tour that has already taken him to Cameroon, Liberia, Sudan and Zambia, and he will continue his journey to South Africa, Mozambique and Seychelles after Namibia.

（新华网）

14.2.3　版面容量与翻译

不管是报刊新闻还是网络新闻都要以文字的形式表现，虽然网络新闻也可以配有图片或者视频，但仍是以文字信息为主，因此在新闻翻译时就不能不考虑新闻的版面容量。报刊新闻必须经过编辑、排版、印刷，最后以书面的形式到达读者手中。报刊新闻的长短及版面受到纸张大小、版数多少的影响。一般说来我国的各类报纸版数都不多，大多数在 8—24 版之间，只有都市类报纸版数在几十至上百不等。而西方的报纸则多为"厚报"，美国一般对开报纸平时的版数都在 50 版左右（四开报纸则翻倍），特别大的报纸，如大都市报纸、全国性报纸，像《纽约时报》、《洛杉矶时报》平时就有 100 多版，到了星期天，它的版数就更多。一般来说报纸版数多，新闻容量就大，可以刊登更多的新闻，对同一新闻可以用更多的篇幅进行报道。在翻译西方报刊新闻时，译者要根据我国报刊的实际版面容量进行编译，切忌长篇大论，因为版面容量对新闻标题的翻译和对新闻（译文）篇幅会产生影响。

一、版面容量对新闻标题翻译的影响

英文单词长，占的空间大，新闻标题用词必须节省；而汉字占空间小，词义丰富，标题可以写得长些，信息含量也更丰富。英文标题一般为单行，有时两行，注重词的省略；中文标题多为两行甚至三行（即引题+主题、主题+副题或引题+主题+副题）。在翻译英文标题时通常会根据中文习惯对标题进行编译，使之意思更清楚明了、信息更丰富。同样，在翻译中文标题时，我们要考虑到英文标题的特点，尽量用较少的单词表达以符合版面要求。

【例 1】Year of the Moon: China, Japan Ready Lunar Probes for '07
中日美印争相踏上探月之旅　2007，太空变得更拥挤

为左派报章题词　董特首近遭抨击
Tung attacked for leading
name to pro-Beijing papers

上述标题的一个共同点就是中文标题字数多于英文标题词数。中文报纸对新闻标题字数的限制并不严格，可以是几个字也可以是二三十字，而西方报纸则非常精炼。报纸新闻标题的字体和栏数可以根据需要进行调整，因此各个标题字数不要求一致。但在网络新闻中，网络新闻版面的编排分左中右三栏或者是四栏，基本上每个标题占一栏，为了

版面整齐美观，每一行标题的字数最好尽量一致。因此在网络新闻中，除了某些重要新闻会用大字号突出，偶尔占两行外，其他标题都要求字体一致、字数精简、只占单行。

【例2】投身印度电信热　Idea 上市现良机
Idea's IPO Offers A Telecom Play

Activists Protest Closure Of Disney Licensee Plant
社会活动团体抗议关闭迪斯尼特许工厂

二、版面容量对新闻篇幅翻译的影响

报刊按版面分通常可分为要闻、区域新闻、国内新闻、国际新闻、财经新闻、体育新闻、娱乐新闻、专刊、副刊等板块；按体裁分可分为消息、通讯、简讯、深度报道、评论、特写等。不同的板块，不同的体裁对新闻的篇幅有不同的要求。简讯篇幅最短，字数一般在百字以内，深度报道或专题报道则篇幅较长，字数通常在 800 以上 3000 以下。几条国内或国际简讯也许只要占到一版的四分之一，而在报刊的要闻版或专题版一则新闻可能占去一整版的版面。在翻译新闻时，译者可以先确定译文所要占的版面容量，如果要求把一则外文报道译成短新闻或简讯，在翻译时就可以对原文进行编译，适当删减，只留下最重要最有新闻价值的部分。如果要译成一则要闻或深度报道，翻译时就需要尽量翻译完整，甚至可以添加一些必要的新闻背景或相关信息。在报刊的副刊或者文化版中通常会刊登一些趣味性强的小故事，在翻译这类文章时可采取全译的方法，并应尽量保留原文的原汁原味。

网络新闻具有空间无限性的特点，可以通过超链接的方式将新闻无限扩展，似乎网络新闻并不受版面容量的限制，但是如果新闻版面凌乱，新闻篇幅过长也会让读者产生视觉疲劳。一条新闻正文占一个屏幕的宽度，长度也以一屏的长度为宜，如果新闻篇幅较长可以通过分页的方式进行分割。在新闻的末端通常还会有一些相关链接，读者可以通过点击这些链接获得更多的相关新闻。

2006 年 12 月 19 日，美国总统布什主要就伊拉克问题接受了《华

盛顿邮报》的采访。第二天《华盛顿邮报》对这一采访进行了大篇幅的报道，在头版头条就刊登了一篇题为"US Not Winning War in Iraq, Bush Says for 1st Time"的报道，全文共1600多词；在A叠第16版又刊登了题为"President Bush on Iraq, Elections and Immigration"的对布什总统的采访报道，全文共4000多词。我国与美国的政治立场不同，没有必要对这篇新闻进行全篇翻译，而且考虑到报纸版面有限，不可能刊登全部采访内容，所以《参考消息》的新闻翻译人员根据美联社华盛顿的报道及美联社巴格达的报道编译出了两则简短的新闻。这两则短新闻体现了较高的新闻价值，而且言简意赅，符合中文新闻篇幅短的习惯。

【例3】

布什首度承认伊战"没赢"

[美联社华盛顿12月20日电] 一直坚持说美国将赢得伊拉克战争的美国总统布什首次说，美军不会在那里获胜。他还说将扩大美军规模，以进行长期反恐战争。

19日布什在接受《华盛顿邮报》记者采访时，并没有说美国将在这场战争中失败。记者问他战争能否取胜，他借用了参谋长联席会议主席彼得·佩斯的话。

布什说："我认为佩斯使用的一个有趣的概念是，'我们既没赢也没输'。我们取得了一些非常积极的进展。"

不过，布什也承认伊拉克存在派系暴力冲突的威胁。他说，美国政府一直进行的伊拉克政策回顾中的一部分将包括如何帮助伊拉克人确保本国的安全。

他说："我将提出一个计划，使我们达到这个目标。"

【例4】

[美联社巴格达12月20日电] 美国新任国防部长罗伯特·盖茨今天抵达巴格达，奉布什总统之命帮助制订新的伊拉克战略。

盖茨前往伊拉克是为了收集前方高级将领的意见，以便制订新的伊拉克战略。伊拉克战争越来越不得人心，而且代价越来越大。盖茨在就任国防部长后便迅速访问巴格达，突出表明布什政府积极寻找解决这场冲突的新途径。

（《参考消息》）

【练习题】

1. 口头新闻报道的翻译与书面新闻报道的翻译有何异同[PT]？
2. 搜集一些广播新闻翻译和报刊新闻翻译的实例，看看译者在翻译时采取了哪种翻译方法，全译、编译还是摘译？译者采取了哪些翻译策略[AP]？
3. 将同一条新闻翻译成报刊、网络及电视三种不同媒介的新闻时，译文是否完全一致？若有不同，译文可能分别具有什么特点？[AP]+ [PT]
4. 网络新闻的特点对网络新闻的翻译有何要求？
5. 分析下列广播新闻的特点并翻译成汉语[AP] +[A]。

Recent surveys give Senator Obama a lead of between three and six percentage points over Senator McCain with the election a little more than four months away.

Democrats are encouraged about their chances of winning back the White House this year after eight years of Republican control under President Bush.

But some Republicans are pleasantly surprised at the closeness of the race given the public's general unhappiness with the economy, the war in Iraq and Mr. Bush's tenure.

Quinnipiac University pollster Clay Richards says a large number of voters apparently have already made up their minds about which candidate to support in November.

"Between 75 and 80 percent of voters said that their minds are made up," he noted. "So, the campaign, at this very early point, may come down to a battle for about 20 to 25 percent of the voters, with the rest having already committed."

A recent Quinnipiac poll in three crucial battleground states in November found that economic concerns were pushing more working class voters to support Obama. Those states were Ohio, Pennsylvania and Florida, all expected to be competitive in November.

6. 分析下列报刊新闻的特点并翻译成汉语[AP]+[A]。

Data Show US Is on Brink of Recession

Fears that the US has moved into recession gathered pace yesterday as figures showed a sharp cutback in consumer spending in the third quarter drove the economy to shrink at an annualized rate of 0.3 per cent, its weakest performance in seven years.

Although the last key piece of economic data before the presidential election narrowly beat expectations, it captured the sharp drop in activity across the country between July and September and the challenges facing the next administration. The economy grew at a relatively strong annualized rate of 2.8 per cent in the second quarter and economists had predicted a contraction of 0.5 per cent in the third quarter. Analysts believe the economy could contract by more than 2 per cent on an annualized basis in the fourth quarter.

However, there were more signs of a thawing in frozen credit markets yesterday. Issuance of commercial paper expanded for the first time in seven weeks according to data released by the Federal Reserve—a sign that Fed's support for the market has rekindled growth. The size of this crucial source of short-term funding for companies and financial institutions jumped $100.5bn for the week ending Wednesday.

That gain, however, offsets less than a third of the $366bn contraction seen in the preceding six weeks in the wake of Lehman Brothers filing for bankruptcy in September.

Equity markets around the world rallied with varying degrees of enthusiasm yesterday after the Fed cut interest rates to 1 per cent on Wednesday. Asian equities were up sharply. The dollar remained on the defensive against a basket of currencies. Gold had dropped 2 per cent and oil was trading about $3 lower, near $64 a barrel.

7. 分析下列网络新闻的特点并翻译成英语[AP]＋[A]。

胡锦涛同汤加国王互致贺电庆祝中汤建交 10 周年

新华网北京 11 月 2 日电　国家主席胡锦涛 2 日与汤加国王图普五世互致贺电，热烈庆祝两国建交 10 周年。

胡锦涛在贺电中说，1998 年 11 月 2 日，中汤两国正式建交，由此揭开了两国关系新篇章。10 年来，两国关系不断巩固和加强。中汤关系的建立和发展，给两国人民带来了实实在在的利益，也促进了太平洋岛国地区的稳定与发展。中方愿同汤方共同努力，在和平共处五项原则基础上，进一步加强双方的交流与合作，增进两国人民的了解和友谊，把中汤友好合作关系推上更高水平，为各自国家和本地区的稳定、发展与进步、繁荣作出新的贡献。

图普五世在贺电中说，图普四世国王陛下 10 年前作出与中国建交的决定富有远见，汤中关系的发展使两国人民受益匪浅，汤加政府将继续坚定奉行一个中国政策。

与中国关系：1998 年 11 月 2 日，汤加与中国正式建交。2004 年 10 月，汤国王图普四世和王后应胡锦涛主席邀请访华。2007 年 4 月，汤加首相塞韦莱对中国进行正式访问。2008 年 4 月，国王图普五世对中国进行国事访问。

翻译研究篇

Chapter 15

新闻翻译研究

15.1　社会意识形态视角

"意识形态"即英文 ideology，源自希腊文 idea（观念）和 logos（逻各斯），亦即观念的学说。意识形态是一定社会和文化的产物，是与一定社会的经济和政治直接相联系的观念、观点和概念的总和，包括政治、法律、思想、道德、文学艺术、宗教、哲学和其他社会科学等意识形式。

意识形态对译者及其翻译策略都有很大的影响。这是因为，翻译不仅仅是文本间的信息转换，同时也是受外部力量支配的话语活动，必然牵涉到双重的意识形态。法国后结构主义思想家、哲学家福柯（Michel Foucault）的权力话语理论（Power/Discourse）认为：语言之间不可能有完全透明的互译活动，文化也不可能通过语言这一媒介进行透明的交流。进入任何文本做研究，都不可能仅仅停留在语言的层面，必须考虑其意识形态等诸多因素，因为任何人的存在都有一定的时间性和历史性，原著的产生本身就会留下权力话语的烙印。根据这一理论，翻译是一种双重权力话语制约下的再创造活动。那么，对于同一事物，在不同语境制约下就应有不同的说法，从翻译角度而言，就须改译。改译可小到词语，大到语段。而为服从特定的政治语境，在翻译时可对原文内容作一定程度的改变或在形式上作重大调整，以适应译入语国家和读者的政治语境和文化背景。

原籍比利时的美国翻译学家勒菲弗尔在《翻译、改写以及对文学名声的制控》一书中阐述了影响翻译的两个因素：一是意识形态因素（ideology），二是诗学因素（poetics）。赞助人（patronage）控制意识形态，专业人士（professional）控制诗学。一方面，作为一定意识形态代言人的赞助人（即拥有"促进或阻止"文学创作和翻译的"权力"的"人、机构"），利用他们的话语权力对于翻译过程进行直接干预；另一方面，熟知这一套意识形态价值参数的文学家和翻译家等专业人士大多也会自觉地避免触犯意识形态的天条，在他们认为允许的范畴内，操纵他们有限的话语权力和诗学技巧。因此，译者在运用话语时，意识形态和诗学会同时在他们的意识中起作用，影响他们的翻译活动。其中意识形态因素有可能是译者本身认同的，也有可能是赞助者强加于译者的。这样译者在翻译过程中采取什么样的翻译策略就直接受到意识形态的支配。

英国学者赫尔曼斯(Theo Hermans)把翻译解说为"操纵"，他认为所有的翻译都是为了某种目的而对原文实施某种程度的操纵。意识形态对翻译的操纵不仅体现在对原文的选择上，而且还体现在语言和概念层面上。一个国家的政治文化体制决定着这个国家的主流意识形态。任何翻译都是在一定程度上，为某一目的对原文进行操控的活动。

我国学者蒋晓华在"意识形态对翻译的影响：阐发与新思考"(2003)一文中将意识形态对翻译的影响归纳为七点：①使翻译为政治服务；②影响译者的取材；③使译者设法迎合读者的主流意识；④影响译者对原文的解读；⑤迁就社会伦理；⑥迁就译语读者的审美习惯；⑦女权主义翻译理论。这可以归纳为两点：一是为一定的阶级利益服务；二是以译文读者为中心。

新闻作为一种传播媒介，反映一定社会上层建筑的意识形态，并为一定的阶级利益服务。由于不同社会制度的国家之间存在着意识形态方面的巨大差异，新闻用语也有很大差别。虽然我们所说的意识形态，并不只局限于我们平时所说的政治因素，但在新闻翻译中，体现最为明显、需要译者最为谨慎处理的就是政治因素的翻译。在新闻翻译的整个过程中，译者从选材到翻译策略的运用无时不受到意识形态的操控。这种操控有时是无形的、隐蔽的；有时却是旗帜鲜明的，通篇流露出意识形态的痕迹。

长期以来，东西方由于社会制度的不同，意识形态的差异根深蒂固。西方社会崇尚资本与自由市场，视共产主义与社会主义为洪水猛兽。西方国家如今仍然存在着不少敌视社会主义制度的势力，西方很多媒体和民众也对我们的意识形态存在着根深蒂固的成见。在新闻翻译中，对于一些有害于本国读者思想健康，甚至是政治上反动的内容，不仅可以改译，还可直接删除。以下这个例子是关于 2009 年 1 月 20

日美国第 44 任总统奥巴马的就职演说的某些段落的中文翻译处理，直接体现了这种情况：

> "...
>
> **Recall that earlier generations faced down fascism and communism not just with missiles and tanks, but with sturdy alliances and enduring convictions.** They understood that our power alone cannot protect us, nor does it entitle us to do as we please. Instead, they knew that our power grows through its prudent use; our security emanates from the justness of our cause, the force of our example, the tempering qualities of humility and restraint.
>
> ...
>
> To the Muslim world, we seek a new way forward, based on mutual interest and mutual respect. To those leaders around the globe who seek to sow conflict, or blame their society's ills on the West: Know that your people will judge you on what you can build, not what you destroy. To those who cling to power through corruption and deceit and the silencing of dissent, know that you are on the wrong side of history; but that we will extend a hand if you are willing to unclench your fist.
>
> To the people of poor nations, we pledge to work alongside you to make your farms flourish and let clean waters flow, to nourish starved bodies and feed hungry minds. And to those nations like ours that enjoy relative plenty, we say we can no longer afford indifference to suffering outside our borders, nor can we consume the world's resources without regard to effect. For the world has changed, and we must change with it.
>
> ..."

美国国务院国际信息局(IIP) 公布的译文是：

> "回顾过去，几代人在战胜法西斯主义和共产主义时依靠的不仅仅是导弹和坦克，更是牢固的联盟和不渝的信念。他们懂得单凭实力无法保护我们的安全，实力也并不赋予我们随心所欲的权利。相反，

他们知道审慎使用实力会使我们更强大；我们的安全源于事业的正义性、典范的感召力，以及谦卑和克制的平衡作用。

　　……

　　面对穆斯林世界，我们寻求一条新的前进道路，以共同利益和相互尊重为基础。对于世界上那些妄图制造矛盾、将自己社会的弊端归罪于西方的领导人，我们奉劝你们：你们的人民将以你们的建设成就而不是你们的毁灭能力来评判你们。对于那些依靠腐败、欺骗、压制不同意见等手段固守权势的人，我们提醒你们：你们站在了历史错误的一边；但只要你们放弃压迫，我们将伸手相助。

　　对于贫困国家的人民，我们保证同你们并肩努力，为你们的农田带来丰收，让清洁的用水取之不竭，使饥饿的身体得以饱食，使饥渴的心灵受到滋润。对于那些像我们一样比较富裕的国家，我们要说我们再不能对他人的苦难无动于衷，也再不能肆意消耗世界的资源。世界已经改变，我们必须与时俱进。

　　……"

　　目标语文化语境中的社会、政治意识形态极大地制约着译者对原作内容的取舍。显然，第一段首句中将 fascism 和 communism 相提并论的立场，是中国政府绝对不能接受的。而且，这种带有污蔑意味的言论很容易混淆视听。因此，对于第一段，新华网、新浪网都引用了中国日报网站的译文："**回想先辈们在抵抗法西斯主义之时**，他们不仅依靠手中的导弹和坦克，他们还依靠稳固的联盟和坚定的信仰。他们深知单凭自己的力量我们无法保护自己，他们也深知我们强大并不足以使我们有权利为所欲为。他们明白，正是因为使用谨慎，我们的实力才不断增强；正是因为我们的事业是公正的，我们为世界树立了榜样，因为我们的谦卑和节制，我们才安全。"译文中直接删去了"共产主义"一词，在网易等网站公布的版本中，干脆把这一整段都去除。

　　此处引用的奥巴马演讲的后 2 段，体现了美国一贯的唯我独尊、自命民主与正义的象征和世界各国的救世主并惯于对别国指手划脚的姿态，在新华网和新浪网等媒体的译文中也同样被删除。

而同为中文媒体的香港凤凰卫视和美国纽约《侨报》等，由于处于不同意识形态的社会中，其所奉行的新闻理念和所服务的读者和中国内地读者不同，因此在奥巴马就职演讲的翻译上，做到了一字不落，按照原文进行了完完整整的呈现。

耐人寻味的是，当中国媒体发布了奥巴马演讲的译文之后，马上就引起了西方媒体的反应：美联社在 21 日就以 "China censors Obama's inauguration address" 为题对我国媒体的做法加以攻击：

The *China Daily* Website, the official Xinhua News Agency and popular online portals Sina and Sohu all used a translation of the speech that omitted the word "communism" from the same sentence that tripped up the news anchor.

The translation was also missing Obama's remarks on free speech when he said "those who cling to power through corruption and deceit and the silencing of dissent, know that you are on the wrong side of history."

中国日报网站一名编辑在接受美联社采访时回应得不卑不亢，称这并不是上级的命令，"我们的夜班翻译和编辑会独立作出决定。作为中国人，我们有责任保护国家利益"。这个案例也提醒我们，翻译的责任非常重大，时刻有可能处于各方势力的密切关注之下，在翻译敏感题材时需要严格把握尺度，体现国家意识形态立场，否则稍有不慎就可能授人以柄。

意识形态的差异还体现在一些政治上敏感事务的不同立场和表述，例如西藏问题、台湾问题、人权问题、环境问题等都是新闻翻译工作者在实际中会经常遇到的热点。在我国对外发布的外文新闻中，在遣词用语上要能明确表示我国政府的立场。如提到达赖喇嘛时，我们通常使用的称谓 "达赖集团"，在我国发布的英语新闻中一般译为 "Dalai Clique"，使用 clique 这个带有贬义的单词，就表达了中国政府对达赖及其同党的政治态度。又如，由于西方社会在中国的西藏问题上一直抱着一些成见，西方主流媒体在报道西藏的时候都用到了一些既定的词语。如他们在描绘 1951 年西藏解放时基本用 "入侵"（invade）或 "占领"（occupation）；1959 年中央政府平息西藏叛乱，则被称为"镇压"（repression）或"入侵"，形容中国中央政府和西藏文化关系的词则多用"破坏"（destroy）。这些都需要译者在翻译过程中予以纠正。

　　由于历史的和政治的原因，国外新闻媒体在涉华报道中使用的词句也和我国意识形态有着冲突，需要译者在翻译的过程中加以修正。如西方媒体在提到我国台湾省时，常用 nation 一词来指称，这显然是不正确的，译者在翻译时理所当然不能按字面翻译成，而应改译为"中国台湾"。而国外媒体中常常出现的"Taiwan president"、"Taiwan congress"，在译成中文时也一定要加注引号，表述为台湾"总统"、台湾"立法院"。同样，在将"中国大陆"翻译成英文时也应注意，不能说"mainland China"（大陆中国），其隐含义是还有一个 Taiwan China，这样就意味着有"一中一台"、"两个中国"。这显然是与我国奉行的"一国两制"原则相违背的，同时也给那些爱挑事端的人留下了余地，使他们有空子可钻。正确的译法是"China's mainland"或"the Chinese mainland"。又如"台湾统一"，我们就不能用"unification"，而应用"reunification"，因为台湾历史上就属于中国的一部分。因此，作为一个新闻翻译者，需要有清醒的政治头脑、坚定的政治立场和敏锐的政治洞察力。

　　由于历史和文化背景等造成的意识形态的差异也需要译者加以重视。在对外新闻报道中，要尽量对一些具有我国特色的专有抽象名词进行特别说明。如"三个代表理论"如果只是译成"Three Representatives Theory"，而不加以额外的说明，就有可能让很多外国读者觉得莫名其妙。又如"对外开放政策"，若译作"the open-door policy"，就犯了一个错误，因为"the open-door policy"有其特定的含义，是鸦片战争后，美国为了同欧、日列强争夺在中国的殖民利益而提出的一项侵略政策，即"门户开放政策"。显然我们现行的"对外开放政策"与当年美国政府对华推行的"门户开放政策"是有截然区别的，不能混为一谈。因此，一般译为"the policy of opening to the outside world"，或简译为"the open-up policy"或"the open policy"更为贴切。

意识形态是植根于一定的社会和文化的。任何阶级都不希望引进与本土的意识形态有冲突的异域文化。两种文化的交流，背后都是意识形态的对抗。西方人有着其自身政治文化意义上认同的普遍意义上的价值观念和道德标准，会以西方国家人的眼光来观察、判断和分析中国的事务及其新闻报道，我们也无法强求他们在价值取向上和我们一致，只能是严格细致地在新闻翻译工作中坚持我们自己的尺度和标准，捍卫我们的立场和价值观，不给别人以可乘之机。

总之，译者不是在真空中进行翻译活动的，而是在特定的社会意识形态氛围中进行翻译操作的。译者在翻译过程中，要考虑本国上层建筑的需要，灵活处理有关言辞，以使译文符合本国的社会文化语境，即不与社会的主流意识形态产生冲突。

15.2　批判话语视角

批判/评语言学(Critical Linguistics)这个术语由英国语言学家 Roger Fowler 等学者于 1979 年在其主编的《语言与控制》(*Language and Control*)一书中首次提出。在不到 30 年的时间里，这门学科分支得到了蓬勃发展，它坚持以语言学为主体，以系统功能语法等语言学理论为工具，通过对大众语篇，如电视、广告、报刊、官方文件等的分析来揭示意识形态对语篇的影响和语篇对意识形态的反作用，为社会语言学和话语分析的发展提供了新视角和新方法。批判话语分析(Critical Discourse Analysis; CDA)通过分析语篇的语言特点和它们生成的社会历史背景来考察语言结构背后的意识形态意义，进而揭示语言、权力和意识形态之间复杂的关系，提高人们的批评阅读能力。因此，新闻译者的批判话语视角和本章上一节讨论的意识形态视角密不可分。

批判话语分析特别强调对语篇生成、传播和接受的生活语境和社会历史背景的考察，并把注意力主要放在发现和分析语篇中那些人们习以为常而往往被忽视的思想观念上，以便人们对它们进行重新审视。

带有某种意识形态倾向的意义或信息经常通过语言手段隐含在语篇中成为常识性的背景知识，一方面引导语篇生成者以特定方式来描绘世界，另一方面引导读者以特定方式来理解语篇，从而使意识形态具有了无形的性质。

美国后现代主义理论批评家斯皮瓦克(G. C. Spivak)[1]在"翻译的政治"[2]之"作为阅读的翻译"(Translation as Reading)中指出："翻译是最完整的阅读行为"(Translation is the most intimate act of reading)。接着她进一步指出："世界上某种语言的地位，是你在搞清楚翻译的政治学时必须考虑的问题。"她还特地举例说明，翻译作品中带有孟加拉语的翻译腔会受到大群讲英语或讲英语化的孟加拉语的读者的嘲笑和批判。于是，在后殖民时代，在全球化的今天，"接受观念"(the notion of accessibility)仍然很重要。因此，"如果你想让译本被接受(accessible)，那就努力为写作该文本的人翻译吧。"在"翻译的政治"这章的最后一节"作为翻译的阅读"(Reading as Translation)中，斯皮瓦克有意识地下了一个结论：后殖民女性译者在阅读时翻译白人理论，"她想要利用有用的东西。我再次希望这也能给狭义的译者一些教益"。

这样的语言比较抽象。针对新闻翻译，讲得直截了当些，不论在作为阅读的翻译还是作为翻译的阅读过程中，译者不但要了解源语语言层面上的意义，还要辨别超越语言的种族、性别、阶级、国家等因素的影响和它们在源语文本中的体现，更要考虑这些源语文本信息是否(全部或部分)能为目标语(主流)文化(含社会意识形态、赞助人、诗学观等)所接受。关于后者，批判性话语分析可以给广大翻译工作者提供很多更为具体的启发和帮助。

根据批判语言学的观点(辛斌，2005)，语篇中的意识形态意义并不一定全部是发话人有意识要表达的，相当一部分源于语篇体裁或语篇类型的意义潜势(meaning potential)，这种意识形态意义往往是说话人

---

1 总主编注：斯皮瓦克生于印度，对南亚次大陆、孟加拉民族与文化等颇有研究。

2 总主编注：本文译自 Spivak 的 *Outside in the Teaching Machine*(1993)第 9 章 The Politics of Translation。

由于文化背景、所受的教育、所处的社会阶层或地位、所从事的职业和所代表的利益等因素的影响而不由自主地或无意识地表达出来的。这也恰好反映了意识形态潜移默化塑造人的强大威力，而这种威力首先和主要是在人的社会化过程中通过语言和语篇发挥作用的。

因此，译者在阅读和分析原文时，就要有意识地将这种隐蔽的意识形态意义挖掘出来。具体来讲，新闻翻译工作者可运用新闻语篇的批判性分析方法来解读原文，通过语言分析来揭示新闻话语或语篇中含而不露的意识形态意义及其与社会结构和权力控制的关系。

我们来看美联社基于 2009 年 1 月 30 日的一篇新华社报道而采写的新闻。新华社原稿为：

"鸟巢"未来 3 到 5 年经营项目确定　　以旅游接待为主线

新华网电　30 日，记者从"鸟巢"运营方了解到，未来 3 到 5 年内的重要经营项目已基本确定，将继续以旅游接待为经营主线，对配套商业设施进行整体开发，建成一站式娱乐购物的商业综合体，同时将突出体育赛事及文艺演出。

"鸟巢"的总建筑面积达到 25 万平方米，仅卫生、安全、消防、维护这些直接成本一年就不会少于 6000 万元。按照运营方最初的规划和测算，"鸟巢"的成本回收期大约为 14 年。这对于只有 30 年经营权的运营方来说更是前途未卜。

目前，"鸟巢"运营方已组织起专业化的运营团队，负责"鸟巢"的管理。据介绍，3 至 5 年内，"鸟巢"将继续以旅游接待为经营主线，对配套商业设施进行整体开发，建成一站式娱乐购物的商业综合体。同时，引入体育赛事及文艺演出，进一步培育和提升品牌，并以多种形式扩大无形资产价值。

据悉，按照这一规划，"鸟巢"已接连举办多场大型活动，不久后还有国际知名的体育赛事及具有较高艺术性和欣赏性的大型文艺演出。目前，有三到四场超大型表演活动正在商谈中。

美联社于当日(中美有十几个小时的时差——总主编注)据此发表了一篇新闻：

Beijing's Bird's Nest to anchor shopping complex

Friday, January 30, 2009

BEIJING (AP)—The area around Beijing's massive Bird's Nest stadium will be turned into a shopping and entertainment complex in three to five years, a state news agency said Friday.

Officially known as Beijing National Stadium, the showpiece of the Beijing Olympics has fallen into disuse since the end of the games. Paint is already peeling in some areas, and the only visitors these days are tourists who pay about $7 to walk on the stadium floor and browse a pricey souvenir shop.

Plans call for the $450 million stadium to anchor a complex of shops and entertainment outlets in three to five years, Xinhua News Agency reported, citing operator Citic Group. The company will continue to develop tourism as a major draw for the Bird's Nest, while seeking sports and entertainment events.

The only confirmed event at the 91,000-seat stadium this year is Puccini's opera *"Turandot"*, set for Aug. 8—the one-year anniversary of the Olympics' opening ceremony. The stadium has no permanent tenant after Beijing's top soccer club, Guo'an, backed out of a deal to play there.

Details about the development plans were not available. A person who answered the phone at Citic Group on Friday said offices were closed for the Chinese New Year holiday.

A symbol of China's rising power and confidence, the stadium, whose nickname described its lattice of exterior steel beams, may never recoup its hefty construction cost, particularly amid a global economic slump. Maintenance of the structure alone costs about $8.8 million annually, making it difficult to turn a profit, Xinhua said.

首先要指出的是，由于中外大众媒体运作方式的不同，美联社或《纽约时报》这样的西方媒体几乎不会直接翻译中国新闻机构的稿件，而一般采取引用新闻来源、转述并进行延伸报道，而我国媒体则较多有编译外电的传统。

新华社的这篇稿件本意是为了强调"鸟巢"经营方积极努力探索经营模式来提高这个国家体育场的可持续的运营维护能力，既实事求是地摆出了鸟巢面临的困难，也报道了管理方确定的经营方针，客观上起到了为"鸟巢"吸引更多游客和商业伙伴的宣传作用。而反观美联社的报道，第二段说了该体育馆在奥运结束后就"fallen into disuse"，并用了描述性的语言形容："Paint is already peeling in some areas, and the only visitors these days are tourists who pay about \$7 to walk on the stadium floor and browse a pricey souvenir shop." 报道者在一个句子中就用了 peeling, only, pricey 等词，似乎"鸟巢"呈现的是一片破败荒凉的景象，具有明显的贬义味道。

新华社原稿中称："'鸟巢'已接连举办多场大型活动，不久后还有国际知名的体育赛事及具有较高艺术性和欣赏性的大型文艺演出。目前，有三到四场超大型表演活动正在商谈中。"而美联社新闻中对这些努力着墨甚少，只说"今年唯一确认的活动是普契尼的歌剧《图兰朵》"（The only confirmed event at the 91,000-seat stadium this year is Puccini's opera "Turandot"），以求进一步强调"鸟巢"的使用率已经极为低下，并且前景黯淡。

尤其是该文最后一段称"鸟巢"是"中国崛起的实力和信心的象征"（A symbol of China's rising power and confidence），可见报道者清楚这个场所在中国人心目中的地位和意义所在，而和该文前面的叙述相联系，显然这篇报道并不是一个正面的评价。

转述话语（reported discourse）是新闻语篇中的重要组成部分，它不但可以增强报道的真实感，显示报道的客观性，也可以使读者确信报道并未掺杂个人观点。然而，如果只把转述话语当作转述的主题来研究，"充其量我们只能回答事情的主题和来龙去脉，被转述人真正的用意和态度却要通过分析报道者所采用的报道形式来揭示"[3]。但受新闻

---

3 Volosinov, V. N. *Maxism and the Philosophy of Language.* Translated by Matejka, L. & Titunik, I.R. New York: Seminar Press, 1973.

媒体的政治立场、特定读者群等诸多因素影响，任何新闻报道都很难做到真正的公正客观。因此，新闻报道使用转述话语，往往具有重要的语意重构功能，在哪些地方使用以及如何使用转述话语都隐含了报道者对新闻事件的立场、观点和态度，对此也应引入批判性话语分析，将语篇产生的社会和历史背景与语篇内容有机结合，从动态的角度对语言的内涵进行深入细致的研究。

　　我们再来看《第一财经日报》2007 年 5 月根据美国《华盛顿邮报》的报道而采写的一篇深度新闻节选：

　　美国一家主流报纸《华盛顿邮报》在其 2007 年 5 月 20 日头版刊载了一篇题为"自中国进口的受污染产品渐趋常见"（Tainted Chinese Imports Common）的报道。在第二轮中美战略经济对话举行前夕，这一报道显得颇有深意。

　　上述报道称，光是 4 月份，FDA 就在全美各港口扣押了 107 个批次从中国进口的食品，其中包括用致癌化学品保存的苹果干、含有禁用抗生素的冻鲶鱼、表面布满腐烂物质的扇贝和沙丁鱼、含有禁用杀虫剂的蘑菇等。此外，4 月份 FDA 还扣押了上千批次从中国进口的"遭污染的膳食补充剂"、"有毒的化妆品"和"仿冒药品"。

　　FDA 凭目前的检验检疫力量，只能抽查 1%按法规由其检查的进口货物。报道称，在今年头 4 个月，FDA 退回了 298 个批次从中国进口的食品。与此形成对比的是，同期被 FDA 退回的加拿大食品为 56 批次，而中国和加拿大在前 4 个月对美国的食品出口额分别是 20 亿和 10 亿美元。

　　这篇报道还重点提及了 3 月中旬以来美国发生的多起猫、狗宠物中毒死亡事件与中国食品的关系。（中国国家质检总局本月 8 日就此公布调查结果称，江苏徐州安营生物技术开发公司和山东滨州富田生物科技有限公司以非法检商品名义报关，对美国出口了违规添加有毒物质三聚氰胺的小麦蛋白粉和大米蛋白粉。）

　　……

背后：恐惧中国贸易顺差

　　厦门古龙进出口有限公司一位负责人近日接受《中国质量报》采访时认为，一些国家往往因中国个别地区的个别食品出了问题就全面封杀中国所有的同类产品，而美欧等国家和地区花样不断翻新的技术壁垒也成为中国食品出口必须面对的挑战，一些国家还利用舆论宣传夸大中国食品存在的问题，导致本国消费者对中国食品产生不信任和排斥心理，这严重影响了中国食品的整体形象，给中国食品出口企业造成了信用危机。

　　……

　　对于美国报纸所报道的中国食品遭 FDA 退货、中国禽类屠宰场的食品安全体系等问题，《第一财经日报》将采访国内相关部门和企业，以期还原事实真相。

　　以下是《华盛顿邮报》在 2007 年 5 月 20 日的那篇最初报道的一些相关段落：

Tainted Chinese Imports Common

These were among the 107 food imports from China that the Food and Drug Administration detained at US ports just last month, agency documents reveal, along with more than 1,000 shipments of tainted Chinese dietary supplements, toxic Chinese cosmetics and counterfeit Chinese medicines.

For years, US inspection records show, China has flooded the United States with foods unfit for human consumption. And for years, FDA inspectors have simply returned to Chinese importers the small portion of those products they caught—many of which turned up at US borders again, making a second or third attempt at entry.

Now the confluence of two events—the highly publicized contamination of US chicken, pork and fish with tainted Chinese pet food ingredients and this week's resumption of high-level economic and trade talks with China—has activists and members of Congress demanding that the United States tell China it is fed up.

...

Trading with the largely unregulated Chinese marketplace has its risks, of course, as evidenced by the many lawsuits that US pet food companies now face from angry consumers who say their pets were poisoned by tainted Chinese ingredients.

But after the pet food scandal, some are recalculating.

...

In the first four months of 2007, FDA inspectors—who are able to check out less than 1 percent of regulated imports—refused 298 food shipments from China. By contrast, 56 shipments from Canada were rejected, even though Canada exports about $10 billion in FDA-regulated food and agricultural products to the United States—compared to about $2 billion from China.

Although China is subject to more inspections because of its poor record, those figures mean that the rejection rate for foods imported from China, on a dollar-for-dollar basis, is more than 25 times that for Canada.

...

It is unclear how much of the illegal meat slipped in undetected.

Despite those violations, the Chinese government is on track to get permission to legally export its chickens to the United States—a prospect that has raised concern not only because of fears of bacteria such as salmonella but also because Chinese chickens, if not properly processed, could be a source of avian flu, which public-health authorities fear may be poised to trigger a human pandemic.

Last year, under high-level pressure from China, the USDA passed a rule allowing China to export to the United States chickens that were grown and slaughtered in North America and then processed in China.

...

It is a threat some doubt will be enforced with great vigor, but nonetheless it reveals that China recognizes that the latest scandal has shortened Americans' fuses

英文原稿中，对中国的出口食品受污染事件进行了极力渲染，scandal，illegal，under the high-level-pressure from China，flood，largely unregulated Chinese marketplace 等词句，强调的是"中国食品丑闻"、"非法行为"、美国允许进口中国禽类是迫于"来自中国的高压"、"中国市场非常缺乏监管"，处处显示出对于中国商品和市场监督机构的不满和轻视。这里，我们需要了解，近年来美国对中国的贸易赤字已经引起很多美国人的担心，而美国人一方面需要中国的廉价商品，无力阻挡中国商品占领市场的趋势，另一方面又竭力宣扬少数中国产品存在质量问题的事件，这种又爱又恨、无可奈何还夹杂着点嫉妒的情绪，难免会造成美国媒体在对中国商品的报道中使用大量贬义词汇。

而《第一财经日报》在转述时，择其事实部分进行了客观转述，并对原文报道中提及较多的美方指责中国出口宠物食品造成多起美国宠物死亡事件，以简要话语概括："**这篇报道还重点提及了 3 月中旬以来美国发生的多起猫、狗宠物中毒死亡事件与中国食品的关系。**"同时从我方的立场一针见血地指出："在第二轮中美战略经济对话举行前夕，这一报道显得颇有深意。"并以小标题指出这篇报道所体现的深层原因："**背后：恐惧中国贸易顺差**"。在该报道最后，该报记者表示："对于美国报纸所报道的中国食品遭 FDA 退货、中国禽类屠宰场的食品安全体系等问题，《第一财经日报》将采访国内相关部门和企业，以期还原事实真相。"这样，既显得我们是敢于面对事实承担责任的实事求是态度，又揭露了美方过分的不合理指责以图获取其他方面利益的企图。这是一篇较为成功地通过合理转述英文原稿并为我所用的范例。

根据批判语言观，语言、意识形态、权力三者关系密切，而作为大众传媒骨干力量的新闻语篇也处处体现着这三者的联系。通过对以上例子的分析也可以看出，批判话语分析可以提高新闻工作者的批判阅读能力，从而发现并正确处理新闻翻译中的意识形态问题。

15.3 译者视角

在新闻翻译中，译者是译语新闻的创作者。但新闻译者的角色和文学译者的角色却有所不同。如果说文学译者在翻译中或多或少地会展现个人的品味和特点的话，新闻译者却代表着某个媒体、利益集团，或者国家的视角和立场，至少他们要受到这些集团的约束。文学翻译的译者在作品上署名，对译作享有著作权，而新闻翻译的译者署名与否却不是十分重要，他们的个人身份隐藏在媒体的名头之下。但这并不是说新闻译者的身份完全隐身，译者的视角和个性依然渗透在翻译的全部过程当中，只是最终的翻译结果要受到权力/利话语的修饰和左右。

虽然说翻译是译者带着镣铐在跳舞，而新闻译者的自由度尤其有限，但是译者主体性对翻译的介入和译者自身视角对翻译的影响却是无处不在，不容否认的。在新闻翻译的语境中，译者的自由度相对来说可能会更低，但同样因为新闻翻译的特殊性，对文本总是采取诸如摘要、解释、增删、改编、改写等方法进行翻译，其中语言表述的改变以及文本视角的微妙变化都得依靠具体的译者来完成。从专门转译外媒新闻的《参考消息》来看，我们发现对外语新闻的翻译几乎都是从改变原文的标题开始。以 2008 年 3 月 31 日"时事纵横"版为例，在该版中，所有的新闻标题相对原标题都有了较大的改动："西方人权说教言行不一"之原题为"懦夫的说教"，"巴士拉之战陷入僵局——英报认为会影响美从伊拉克撤兵战略"原为"迈赫迪军坚决抵抗，伊拉克总统把赌注全部押在巴士拉之战上"，"《靖国神社》在日本遭停映 日民众批评侵犯言论自由"之原题是"电影《靖国神社》遭停映引发日本人对言论自由的担忧"，"普京提议修建俄美海底隧道"之原题为"普京希望修建通往美国的隧道"，而"美民主党高层考虑提名戈尔 希拉里表示决不退出竞选"则是综合了一篇来自英国《每日电讯报》网站的文章"美国高层官员考虑提名戈尔"和一则法新社美国宾夕法尼亚州约翰斯敦的电讯"民主党总统参选人奥巴马，今天回绝了让对手希拉里退出选战的呼吁，希拉里的竞选阵营仍将坚持参选"。这几个转译成中文的新闻标题和原文相比，共同的特点就是信息和意义更明确，同时表示出更加鲜明的价值判断，使中文读者从标题中就能立即获知新闻里蕴含的主要内容和观点。

新闻的价值蕴含在新闻事件本身之中，而媒体的立场和特殊风格也具有固定性，译者在新闻翻译中所能发挥的余地受到这两个方面的限制，因此，译者在翻译中的介入更多地表现为他/她对译语读者期望的关照，对于他们的阅读和思维习惯的尊重。苏珊·巴斯内特(辜正坤，史忠义编，2006：160-161)曾经分析过不同媒体翻译审讯萨达姆的法庭记录文本的案例：

> 2004年7月，萨达姆·侯赛因在位于巴格达的一个幽静之处的法庭短暂露面，审讯秘密进行，不允许记者进入法庭采访，但英语媒体仍获得了萨达姆和法官之间对话的一个记录文本……要理解鲁比诺说法官失去对萨达姆审讯之控制这句话意味着什么，我们应该查阅一些公开发表的审讯记录和译本。然而当我自己这样做时，我为这些译本之间的差异感到吃惊。我分析了两个译本，一个发表于《独立报》，一家对伊拉克战争持强烈反对态度的报纸；另一个载于《每日电讯报》，该报在2004年7月2日那天仍支持那场战争。差异是令人吃惊的。两个文本都宣称是经过校订的审讯记录，但两者大不相同。
>
> ……
>
> ……然而伦敦《旗帜晚报》于2004年7月1日刊出的一个更短的译本却将其重点突出。《旗帜晚报》声称它的译本是"完全记录"，但该译本却比笔者分析的那两个译本都短得多。
>
> ……

> 有些内容是所有文本共有的……但各译本之间的差异反
> 映出为了国内读者消费而对文本进行的不同程度的调整。

　　巴斯内特明确指出新闻报道所经历的一系列文本转换的基础全都是同化策略，而针对读者所做的一系列转变显然是同化的重要手段和表现形式。虽然过度的同化或者过分地迎合译语读者可能在特殊情况下走向极端，反而让读者难以确定什么是已经发生的，而什么没有发生过，但是译者对读者期待的满足却是新闻翻译中一个毋庸置疑的真实。

　　如以上案例所示，虽然在有些极端情况下新闻译者会有目的地大幅改变原文的内容，一般情况下，译者对读者的关照体现在尽量用自己认为是最好的方式对新闻内容进行重新表述，即不同的译者难免会用不同的风格和方式来报道同一个事实。《时代周刊》曾经对它的2001年度风云人物做过如下评介，笔者见到此文的两种译文，译者之一叶子南（2003，154-160）专门对自己的翻译做过解读，借此我们可以非常清晰地看出新闻翻译中译者视角的介入。现引用部分原文和译文，以兹说明。

Sept. 11 delivered both a shock and a surprise—the attack, and our response to it—and we can argue forever over which mattered more. There has been so much talk of the goodness that erupted that day that we forget how unprepared we were for it. We did not expect much from a generation that had spent its middle age examining all the ways it failed to measure up to the one that had come before—all fat, no muscle, less a beacon to the world than a bully, drunk on blessings taken for granted.

　　…

For leading that lesson, for having more faith in us than we had in ourselves, for being brave when required and rude where appropriate and tender without being trite, for not sleeping and not quitting and not shrinking from the pain all around him, Rudy Giuliani, Mayor of the World, is TIME's 2001 Person of the year.

(From *Time*, December 31, 2001/January 7, 2002)

新世纪翻译学 R&D 系列著作

【译文一】

9·11 事件同时有震慑也有讶异——攻击本身令人震慑，我们的反应令人讶异——至于哪一项比较关系重大，恐怕永远也争论不完。那天涌现的善行被大书特书，以致我们都忘了自己当时是多么缺乏准备。我们对这一代的期望原本不高：这一代人的整个中年时期都在检讨自己在许多方面比不上上一代——只有肥油没有肌肉，不是照亮世界的灯塔而是个恶霸，沉醉于视为理所当然的福荫中。

……

因为他领导我们学习这个教训，因为他对我们的信心比我们自己还深，因为他该勇敢就勇敢、该鲁莽就鲁莽、温情却不滥情，因为他不眠不休、不放弃，面对周遭的惨痛毫不退缩，全球第一市长朱利安尼获选为《时代杂志》2001 年的年度风云人物。（台湾《Time 时代解读》译文）

【译文二】

9·11 事件既令人感到震惊，也令人感到意外。震惊的是攻击事件本身，意外的是我们对事件的反应。至于说这两者哪个更为重要，人们也许会永远争论下去。对于当天一下子涌现出来的可歌可泣的事迹，我们已经谈得不少了。在一片谈论声中，我们居然忘了，面对这些令人敬佩的行为我们当时是多么意外。因为我们本来就没有对这代美国人抱有多大期望。他们的中年是在自叹不如的心境中度过的，他们和上一代美国人比来比去，总感到自己望尘莫及。他们虚浮有余，坚实不足，根本谈不上是世界的灯塔，倒却是横行的恶霸，沉醉于福荫之中，总觉得受之无愧。

……

由于朱利安尼在这次考验中堪称表率，由于他对我们的信心远胜于我们对自己的信心，由于他该勇敢时就勇敢，该鲁莽时就鲁莽，由于他温情流露，却非应景之俗套，由于他不分昼夜，不停工作，虽被痛苦包围，却能勇敢面对，因此这位天下第一市长当选为 2001 年《时代周刊》的年度风云人物。（叶子南 译）

在分析翻译文本时，叶子南指出，类似于台湾《Time 时代解读》

的第一句译文"9·11事件同时有震慑也有讶异——攻击本身令人震慑，我们的反应令人讶异——至于哪一项比较关系重大，恐怕永远也争论不完"是绝对可以让人接受的译法，在衔接特点、表达方式和思维特征上和原文一模一样。但是他同时指出："保留那个特点又有多大意义？真要处处跟着原文走，恐怕译者就会作茧自缚了。"于是他的译文呈现出一个典型的汉语话语模式："9·11事件既令人感到震惊，也令人感到意外。震惊的是攻击事件本身，意外的是我们对事件的反应。"其次，在词汇的选择上，我们也可以看到两位译者所表现的完全不同的色彩："善行、肥油、肌肉、全球第一"相对于"可歌可泣的事迹、虚浮、坚实、天下第一"等。两种译文在内容和信息方面都很全面、忠实，但篇章的感觉和风格却完全不同。译文本身没有孰优孰劣之分，不同的读者肯定会有不同的偏爱，这也就是译者创造不同风格译文的意义所在。

　　总的来说，译者的立场、译者对某种社会文化价值特别的推崇和关照、译者的职业态度和水平都对翻译活动产生全面的影响。

　　就译文的可接受性和译者的立场来说，图里(Toury，1995：12)指出："毕竟，译文总是要溶入于某种文化环境，总是要符合该文化环境的某些需求，并且/或者要在该环境中占据一定的位置/空间。因此，译者在翻译时总是首先要照顾译入语文化的利益，不管他/她是如何看待那种利益的。"不过，皮姆(Pym，1998：177-178)却是这样看问题的："学者们，即使观点迥异的理论家，都会有相同的认识：译者仅属于一种文化——即目标语文化。……这种假设大体属于翻译理论应偏向目标语因素之因果关系型的。"这是对过去把翻译的所有因果关系偏向于源语因素的观点之矫枉过正。为了纠正这一偏差，皮姆认为译者在翻译时应该不偏不倚地置身于两种文化之间，立足于两种文化的交点。然而，提莫志克(Tymoczko，2003：181-201)却对"置身两种文化之间的"说法提出了质疑，因为"翻译作为一种文化交锋和社会变迁的成功手段——好比大多数政治行为——需要依附于集体的行动"。同时，她指出：

◆新世纪翻译学 R&D 系列著作

译者的忠诚是翻译史上一个常论常新的话题，关于译者的忠诚引发了许多问题，原因不在于译者处于两种语言文化之间或是依附于两种语言文化的交集，而是译者在实际上总是完完全全置身于某个文化体系：或是源语文化，或是译语文化，也可能是此二者之外的第三种文化，抑或是囊括了源语和译语社会的国际文化体系。译者忠诚于一种文化内部的异己意识形态，会成为叛逆者，而若忠诚于文化体系外部的某些联系和议程，则会成为代言人。对于权利的统治中心来说，译者的问题不在于他们处于文化之间或是骑墙于对两种文化的忠诚，而是他们往往置身于不受主流控制的意识形态、变革计划，甚至是意图颠覆主流的议程之中。翻译的意识形态是译者立场的体现，而这一立场绝不是在文化之间。(同上：201，笔者译)

其实译者在具体的翻译活动中有更加细致而灵活的立场和诉求。2003 年，在英国国家通信总局(GCHQ)工作的译员凯瑟琳·岗被逮捕并被指控，罪名是泄漏在美国的间谍送回的最高机密文件。该文件鼓动英国加入旨在找出联合国代表团在伊拉克战争前夕的投票意图的不光彩行动。凯瑟琳认为任何间谍行动都是违法的，因此她决定揭发这个阴谋以拯救士兵和伊拉克平民的生命。[4] 在这个案例中，译者既不属于源语文化，也不属于译语文化，甚至她也不忠诚于自己作为官方译者的使命。译者选择了背叛她的主体文化的利益、职业道德的要求，甚至违背了法律，但她选择了维护正义和道德的立场，正如她自己后来所说的："我像很多人一样，发现自己处在进退维谷的境地：我知道了一些错误的事情，这些事情必须让公众知道，但是法律和规章制度又不允许我说出真相。"作为译者，她陷于一个复杂的网络之中：职业道德、法律与伦理、主体文化的利益、与主体文化相关的利益等矛盾冲突交织在一起。最终，她选择了维护伦理道德与更大范围人群的利益。可以说，译者的立场总体上逃脱不了文化和社会因素的束缚，但却不是

4 参见 http://observer. Guardian.co.uk/comment/story/0,6903,1307863,00 html 和 http://observer. guardian.co.uk/uk-news/story/0,6903,1302592,00.html。

固定不变，他们总是在不同的翻译活动中采取自己最倾向于采用的翻译策略，而这些具体的翻译行为又决定了译文的最终形态和作用。

　　如果说译者的立场和文化价值取向对翻译过程和结果的影响是整体的、方向性的，那么译者的职业态度和水平对翻译的影响更加明显，会体现在译文的篇章布局、行文造句之中。翻译的态度和水平是译者能力的重要表现，直接决定了译文是否达意、有感染力，能否发挥预期的功能。如果译者的工作态度十分草率，在新闻翻译中就有可能出现失真和误导的译作。笔者曾看到这样一个不合格的译例：

Getting the Afghan Air Corps To Straighten Up and Fly Right

US Mentors Confront a Tricky Mission; Oft-Asked Question: Will There Be Lunch?

By MICHAEL M. PHILLIPS

（From The Wall Street Journal, September 9, 2008）

　　KABUL, Afghanistan—In the spring, Afghan air force helicopter door-gunners went on strike over pay and rank. The flight engineers, who sit in the cockpit with pilots, refused to take their place, sniffing that they were officers and shouldn't have to shoot. They went on strike, too.

　　In the end, the Afghans compromised: If there's no gunner on duty, the helicopters would fly unarmed.

　　Such are the birthing pains of the new Afghan National Army Air Corps.

　　The US has spent more than $7 billion training the Afghan National Army, Afghan Border Police and Afghan National Police to beat back the resurgent Taliban and its militant allies. The newcomer is the Air Corps, a vital weapon in a country of soaring mountains and featureless deserts. It has a new fleet of refurbished Soviet bloc aircraft, an $800 million US aid budget for two years and 100 coalition advisers.

　　With US help, the Afghans have turned a shambles of a Soviet-trained air force into an Air Corps that, on a good day, can transport Afghan troops to the battlefield, haul the supplies they need to fight and evacuate the fallen.

　　But the effort has been plagued by red tape, uneven competence and the wide cultural gap between by-the-book American mentors and damn-the-checklist Afghan flight crews.

　　(1) One Afghan pilot flew his Mi-17, an East bloc transport helicopter, to 15,000 feet, unaware that the reduced oxygen at that altitude could cause the crew to lose consciousness.

　　The Air Corps doctor, an Afghan obstetrician, insists on taking the Afghan and American pilots' blood pressure and pulse before every mission. He's worried that the crews, like the Soviets before them, might be drunk.

　　(2) The US flight surgeon advising Afghan medevac crews rarely takes off unless he has arranged for a kebab lunch at their destination. One of the first questions the Afghans ask him when assigned a new mission: Will there be lunch?

　　"They're really good stick-and-rudder pilots—it's not like they don't know anything," said US Air Force Lt. Col. Jeff Robinson, one of the American advisers. The main problems, he said, are "cultural differences." The Afghans have a casual attitude toward flying, while "we fall back on the way we're used to doing things," he said.

　　The American mentors share the cockpit only with what they call the "A team," the 10 or 15 best Afghan helicopter pilots. "You get down to the B team and you're getting into people who taxi into fences," said Lt. Col. Todd Burt Lancaster, one of the three coalition helicopter instructors.

阿富汗直升机飞行员边飞边烤羊肉串　吓呆美国同行

中国网　china.com.cn　时间：2008-09-10

　　据《华尔街日报》2008 年 9 月 9 日报道，2008 年春季，阿富汗空军的武装直升机上的武器操作手们就因薪水和军衔问题举行了"罢工"。但是，阿富汗空军所面临的问题还不止这些，有些更是"耸人听闻"。

飞行员没有发觉氧气泄露导致成员因高空缺氧而昏迷

　　面对阿富汗飞行员的罢工，阿富汗政府只能做出折中的选择：如果他们不能作为武器操作手登机执行任务，武装直升机只能去除武器，

"空飞"执勤。但是，有些问题更令人头痛。

曾经有一名阿富汗空军飞行员驾驶一架苏制运输直升机在1.5万英尺的高度飞行，但是他却没有发觉飞机出现了氧气泄露，结果导致飞机上所有的成员因高空缺氧而昏迷。

更令人称奇的是，一直为阿富汗和美军飞行员检查血压和脉搏的阿富汗空军军医竟然是一名妇产科医生，而且他每天都喝得酩酊大醉，所有的飞行员对此都十分担心。

还有更为"耸人听闻"的事件，据美国空军的医官透露，他的同行——阿富汗医疗直升机机组成员总是在医疗直升飞机上烤羊肉串。他曾一再劝阻这些"高手"，希望他们等直升机降落以后再做午餐，但是这些阿富汗机组成员根本不加理会。

这就是目前新成立的阿富汗空军所面临的尴尬。

飞机大多数都已破旧不堪 无法执行作战任务

现在美军已经打算进行一项总额为70亿的培训计划，用以培训阿富汗陆军、边境警察和国民警察，以便阿富汗政府有足够的力量对付卷土重来的塔利班武装，但是，仅有的这些努力还是远远不够。

阿富汗地形复杂，境内多为连绵起伏的山脉和一望无际的沙漠，陆军的机动受到很大的限制，只有空军可以不受地形的限制快速机动。所以空军受到了阿富汗政府和北约的高度重视。然而，对于阿富汗现政府来说空军是全新的兵种，原有的飞机全部为前苏联制造，大多数都已破旧不堪，无法执行作战任务。为了改变阿富汗政府所面临的军事困境，美国已经打算帮助阿富汗政府更新由苏式飞机组成的阿富汗空军。

美军将用两年的时间帮助阿富汗政府实行一项庞大的空军重建计划，在此期间，美军将派出由100名技术专家和顾问组成的"联合顾问团"指导整个计划的运作，整个计划将耗资8亿美元。

在美国的帮助下，阿富汗空军将摆脱目前的混乱局面，阿富汗空军将从前苏联的模式转变为美军模式。如果计划能顺利实施，那么阿富汗空军就可以承担起向战场快速投送兵力、物资和提供火力支援等任务。

当然，想达到这样的标准，对于那些阿富汗的空军官兵们来说可不是一件容易的事情。由于存在文化差异和一些繁文缛节的官方程序，那些照本宣科的美国指导者可能很难与他们并不喜欢的阿富汗空军进行合作。

　　这是中国网 2008 年 9 月 10 日对前一天《华尔街日报》一则新闻的翻译，该文充斥着最基本的翻译错误：误解、误译，发表在网络上，就成了误传，损害了新闻翻译最基本的真实性。笔者先看到中文译文，觉得实在有些可疑，才去搜索原文比照，一看果然是谬误多多。限于篇幅，只以两处中文标题为例：大标题"阿富汗直升机飞行员边飞边烤羊肉串 吓呆美国同行"纯属子虚乌有，原文中出现"烤肉串"这一信息的只有画线句(2)，意为：负责训导阿富汗救援飞行人员的美方外科医生总是要确保目的地准备好烤肉串作为午餐后才会起飞。因为每当派阿富汗军人执行新的任务时，他们首先问：有午餐吗？而第一个小标题："飞行员没有发觉氧气泄露导致成员因高空缺氧而昏迷"是从画线句(1)演变而来的，这句的意思是：一名阿富汗飞行员将直升运输机升到了 15000 英尺的高空，却不知道这样的高度会使机上人员因缺氧而昏迷。至于中国网的译者是如何将阿富汗飞行员对于午餐的关注演绎为"飞行员边飞边烤羊肉串"的闹剧，又为什么想当然地添加"成员因缺氧而昏迷"的情节。再加上充斥于整篇中译文的错误，笔者只能在此解释为是译者的职业态度草率以及职业水平欠缺而造成的。在此，译者生生地将一则严肃的政治军事新闻翻译成了无厘头的社会笑话，成为一则扭曲事实、令明眼人疑窦顿生的报道，新闻报道的意义在此损失殆尽。

　　译者对翻译的影响是渗透性的，无处不在的。从译者的视角来看，新闻翻译是一项人的活动：新闻译者对原文进行阐释、选择翻译策略、确定翻译方法、权衡与协调各种相互冲突和制约的社会文化因素，以实现预期的翻译功能。

15.4　编辑视角

　　新闻编辑工作就是报纸、广播、电视、期刊、网络等大众传媒对被传播的新闻进行策划、选择、整理，加工的一系列工作。一般认为，新闻编辑工作包括宏观编辑业务和微观编辑业务，具体地说包括策划、编稿和编排三大部分。（王晓宁，2004：2）新闻稿件在其初始形态时未必符合发表或播出的要求，只有经过了编辑人员的审改、整理、加工等一系列工作，才能把它们转换为能够进行传播的产品。新闻编辑的直接对象是已经成文的稿件，其工作就是对稿件进行把关，编排播发，使之符合传播者自身的需要以及各类或特定受众的需要。作为新闻编辑，需要具备一定的修养和能力，这包括"政策理论修养、知识修养、职业道德修养；发现能力、策划能力、创新能力、组织能力、写作能力、现代化操作能力"等（同上，9-19）。

　　新闻翻译中的编辑与翻译过程你中有我，我中有你，密不可分。新闻翻译的工作对象不是原始形态的新闻事件，而是已经发表的源语新闻稿件。在一般的新闻传播过程中，记者和新闻编辑各司其职，通常是记者提供自己创作的新闻稿，然后由编辑根据一定的原则、标准和目的来编辑，之后才能呈现给公众。而新闻翻译中，译者通常同时承担着用目的语出译语新闻稿件并对之进行编辑的任务。在新闻翻译的实践中，编译是被新闻媒体广泛采用的主要方法。有专家认为："新闻编译准确地说应该叫译编新闻。它的含义有两个层次，一个是翻译，一个是编辑，而且两者常常是交织在一起的。"（刘其中，2004：136）在翻译新闻的同时对它进行编辑，最终只有一个目的，就是让它能更好地在译语国家或地区进行传播，让译语读者能更加轻松地进行阅读和理解。我们在第12章中讨论了新闻编译在语言上的具体操作和处理，在本节中，我们将从编辑的视角出发，在宏观层面上讨论新闻翻译中编辑视角对翻译的介入和影响。

　　在新闻翻译中，编辑/译者的视角对新闻翻译的介入主要表现在对源语新闻的选择和在翻译过程中的具体处理上。对源语新闻的选择首先是决定对某则新闻的取舍，即编辑/译者先要判断某条具体的新闻是否具有通过翻译进行二次传播的价值，通常会根据新闻本身的新鲜程度、媒体的具体需要等来进行综合考虑。新闻本身的时效性是重要的标准，但编辑/译者同样也会考虑到新闻的内容、风格等是否与媒体自身的风格和特色相匹配。以播发严肃的时政经济新闻为主要特色的媒体肯定不会花大量的精力去编译一则娱乐性很强的纯软性新闻。在选取了需要翻译的源语新闻之后，编辑/译者进入具体的翻译转换过程，此时需要考虑的是如何根据译语读者的阅读习惯、兴趣焦点来使新闻的中心思想、主要观点和主要信息在译语中有效地重现。

　　以下面一则英语新闻的翻译和编辑为例。

Saving China's Past

For years, Beijing has razed its landmarks to make way for rapid expansion. Now, the ancient center—along with other Chinese cities—is trying to protect what's left.

By IAN JOHNSON

March 15, 2008; Page W1

Beijing

After decades of destruction of ancient landmarks and centuries-old homes, a new movement is taking hold in China: historic preservation.

China's northern metropolis, Harbin, is working to save early 20th-century, Russian-influenced stone and wood buildings, repointing brickwork and reaffixing frieze-work facades. Taicheng, a small city in the Guangdong province, is restoring old family dwellings and ancestral temples. In response to citizen pressure, Jinan, a sprawling agricultural center on the North China Plains, has preserved 18th-century waterfront pavilions and one-story buildings, previously scheduled to be torn down and rebuilt in a pseudo-ancient style.

The newfound interest in preservation is an about-face for a country that for the past three decades has made economic development its absolute priority. In southern Guangzhou, a major urban center on the Pearl River Delta close to Hong Kong, the city has implemented public hearings on urban reconstruction. In the past, whole neighborhoods were razed for commercial development, with homeowners forced to take sometimes substandard apartments on the edge of town. Now, redevelopment plans can be passed only if 70% of an affected area's residents agree.

In many cases, these preservation efforts are focused on attracting tourists to historic areas. Harbin's renovated district, for instance, will include a shopping area with galleries and cafes, while Jinan's restored buildings are now home to new restaurants. The restorations also reflect more than two decades of lobbying—particularly by academics and architects—to preserve what is left of China's architectural treasures, many of which were lost to its "Cultural Revolution" in the 1960s and 1970s or to rapid building and modernization in more recent years.

"The government is much more aware of protection than in the past," says Shu Yi, a Beijing-based writer who has been at the front of historic preservation for the past two decades.

By far the biggest preservation battle in China is in Beijing. As China's capital for much of the past 900 years, it is filled with ancient buildings. But as one of China's most prosperous cities and with a burgeoning population of 15 million, it also faces intense commercial pressures to tear down its historic center. That has made Beijing a national focal point for historic preservation.

When China's century of war ended with the Communist Party's takeover in 1949, Beijing was still a largely medieval city of about 25 square miles, surrounded by an enormous city wall. It had 7,000 hutongs, the distinctive alleys laid out by the city's Mongol conquerors in the 12th century. Hutongs are narrow streets that run between the traditional walled courtyard homes of Beijing. Once made of dirt, they are now paved, but still crammed with hawkers on trishaws, bicyclists and taxis trying to squeeze in between.

About 75% of this old city has now vanished. Starting in the 1950s, the government rejected a plea by scholars to build new administrative offices outside the old city in a new part of town. Instead, they took over palaces in the center of town and knocked down old buildings to build the office blocks required by a modern bureaucratic state. In the 1960s, the city wall was taken down, over protests by locals. But it was only with China's economic takeoff beginning in the 1980s that wholesale leveling of neighborhoods began, leading to the loss of architectural treasures, such as 500 homes from the Ming dynasty that were destroyed to make way for the city's "financial street."

Recently, however, a surprising force for preservation has emerged in Beijing: the 2008 Olympics. Though many critics assumed that the building of new facilities and roads for the Olympics would lead to more destruction and clearing of old neighborhoods, in fact, the opposite has taken place. The city has spent part of its Olympic bonus on renovating its historic areas, anticipating an influx of tourism. Government officials say China has spent $57 million since winning the Olympic bid on improving Beijing. Some of that has gone to helping the old city.

A key improvement has been public transport. One of the most controversial projects in Beijing was Peace Street, a six-lane road built in the 1990s. It bulldozed through the old town to accommodate the new auto-friendly city that Beijing was trying to become, destroying numerous historic homes in the process.

Now, for the first time in decades, the city is building new subway lines, many of them going under the old city. The city will have six lines by the time the Olympics open in August, up from two a few years ago. That has reduced pressure for more highways in the city center.

In preparation for the Olympics, the city is also cleaning and restoring the hutongs. It has been burying telephone wires, fixing potholes and tearing down sheds that have often blocked the crowded hutongs. Due to China's rapid population increase, the hutongs are now about four times as populated as in 1949 when China's civil war ended.

"The hutongs were old, but they were also chaotic," says Wu Ke, head of General Planning Department of Beijing 2008 Environmental Construction Headquarters. "People built what they pleased."

Lushanmen Hutong, for example, used to be crowded with sheds of coal briquets, its asphalt street potholed after years of neglect. Starting late last year, the city tore up the hutong to install electric heating in each of its roughly 200 homes. The coal sheds were emptied and torn down, making the alley easier to walk or bike down (It's still too narrow for cars). The street was also covered with attractive paving stones and the courtyard walls given a coat of gray paint, the standard color of the hutongs.

Upgrading basic services also helps protect the old town. Officials in the Beijing Municipal Environmental Protection Bureau say 30,000 homes have switched from coal to gas heating in the past two years. Another 100,000 homes are slated to make the switch in the coming two years. City officials say they will not tear down homes that have been upgraded, so in theory, 130,000 homes in the old city will be protected.

Officials say they were responding in part to years of lobbying by people like Mr. Shu. His father, the novelist Lao She, chronicled life in the hutongs, and since the 1980s Mr. Shu has fought to keep them from vanishing.

The city is also rebuilding some of its emblematic courtyard homes. These homes usually have four buildings arranged around a courtyard, with a tree in the middle. Some of those being rebuilt are for the rich, but many are targeting lower-income residents.

Mr. Shu and other activists have now launched a campaign to protect individual buildings in areas not officially designated as historic preservation zones. They have persuaded the city to begin putting plaques on buildings where famous people in Chinese history lived, such as 20th-century author Lu Xun. To date, the activists have successfully lobbied the city to designate 500 buildings outside areas that are already protected.

Although most of the old city has disappeared, Mr. Shu tries to put it in perspective. He says Beijing is coming to resemble a European city, with a small medieval core and the rest largely rebuilt. In Europe, those towns are usually centered around a cathedral. In Beijing, it is the imperial city and a few lakes north of it.

"Something I learned from meeting people in other countries is that every city that has protected areas has in the past had great losses," Mr. Shu says. "It's only by having these losses that we are motivated to fight to protect what's left."

华尔街日报：中国古建筑迎来春天

2008-03-17　11:42:09　来源：华尔街日报

几十年来，中国的古建筑和有数百年历史的老宅院屡遭破坏。而如今在中国掀起了一场新的运动，那便是保护历史遗迹。

在广东台城，古老的民居和祠堂正得到修缮。在中国北方，哈尔滨也在大力挽救 20 世纪初叶建造的俄罗斯风格石木建筑，对砖结构进行修补，加固图案精美的外立面。在民众的压力下，山东济南市将 18 世纪的滨水亭台和平房保留下来，放弃了将这些建筑拆除后以仿古"赝品"取而代之的计划。

过去 30 年来，中国一直以发展经济作为绝对的重点，而重新重视历史遗迹的保护可以说是一大转变。在华南，广州市已建立了市区改造听证会制度。在过去，这个城市曾将老居民区整片整片地拆除，用于商业开发，房主们不得不迁至郊区，有时候还要受到房子质量不过关的困扰。而现在，再开发规划只有得到受影响地区 70%以上的居民同意才能通过。

在许多情况下，这类保护措施都着眼于吸引游客到历史名胜区观光。比如哈尔滨修复的街区内便有一片包括画廊、咖啡馆和时装店在内的购物区，而济南的老建筑现在成了新餐馆的所在。中国许多建筑珍品都已毁于 20 世纪六七十年代的"文化大革命"，或是成为近年来飞速建设和现代化的牺牲品。如今这些重建工作也是社会各界，尤其是学术和建筑界在 20 多年来为保护已为数不多的建筑艺术瑰宝而多方奔走的结果。

过去 20 年中一直活跃在历史遗迹保护运动前沿的北京作家、活动家舒乙说，政府的文物保护意识比过去有了很大提高。

北京可以说是历史遗迹保护的主战场。作为中国过去 900 年中多数时候的政治心脏，北京的古建筑为数众多。但作为中国最繁荣的城市之一，北京的人口已逾 1500 万，而且还在膨胀。商业化的冲动正威胁着北京的历史文化中心地位。这也使得北京历史遗迹的保护工作受到全国上下关注。

1949 年新中国成立结束了长达百年的战乱。当时北京还是一个相当落后的城市，面积约 65 平方千米，四周还围绕着高大的城墙，城里有 7000 余条胡同。这些曾经尘土飞扬的胡同如今已铺砌整齐，每天还有大批蹬着三轮车的小商小贩、骑自行车的路人和出租车来来往往，穿梭于其中。

到如今，在这座古老的城市，已有四分之三的老城区被推平。曾有学者在 20 世纪 50 年代建议政府将行政机关布置在老城之外的其他地方，但遭到拒绝。相反，他们将市区中心的老宅院拆除，再以符合现代政府要求的办公楼取而代之。到了 60 年代，古城墙再次在当地居民的反对声中被拆毁。不过大规模地将居民区夷为平地的行动始于中国 80 年代的经济起飞，这一行动[5]导致一批珍贵建筑的损毁，其中包括为了修建金融街(行情论坛)而拆毁的 500 座明代(1368—1644)民居。

---

5 原内地版译文中，这句话有理解和表达上的逻辑错误，总主编已做了修改。

但最近，北京迎来了保护历史遗迹的新契机，那便是 2008 年奥运会。虽然有很多持批评态度的人认为，为奥运会修建新场馆和道路会导致更多老居民区遭到破坏。但恰恰相反的是，为了迎接大批到访游客，北京市将中央政府划拨的部分奥运款项用于修复历史名胜。相关官员称，自获得奥运会主办权以来，北京市和中央政府已经花了 5700 万美元对北京进行改造。其中一部分钱用在了维护老城区上。

公共交通是市区改造的一大重点。平安大街曾是北京最具争议的一个项目。此街建于 90 年代，有 6 条车道，整条街横穿老城区，旨在改善北京的汽车交通状况。在道路铺设过程中，有数不清的历史建筑物被拆毁。现在，北京的地铁建设在冻结十几年后又得以恢复，大部分新线路都将穿过老城区的地下。到今年 8 月奥运会开幕时，北京将开通 6 条地铁线路，而几年前还只有 2 条。这减轻了在市中心修建更多高速路的压力。

在筹备奥运会的过程中，北京也对胡同进行了清理和修复。有关部门将电话线路埋进地下，填平路面凹坑，并将那些加剧小巷阻塞的违章建筑物拆除。由于中国人口迅速增加，胡同内的居民人数已经是新中国成立时的 4 倍。

举例来说，山门胡同曾遍布放煤球的小棚子，沥青路面也因为年久失修而坑洼不平。从去年年底开始，北京市对这条胡同进行了彻底改造，为这里的 200 多户人家都装了电暖气。煤棚被腾空、拆除，使这条胡同便于行人和自行车通行(对汽车来说还是太窄了一点)。路面铺上了漂亮的铺路石，院墙也被刷成了胡同标准的灰色。

北京 2008 环境建设指挥部总规划部主管吴可(音)说，胡同是很古老，但也很乱，人们随意乱搭乱建。

更新基础设施也有助于保护老城区。北京市环保局的官员说，过去两年中，有 30000 户居民已经从烧煤供暖改为天然气供暖，未来两年还将有 100000 户进行这项改造。市政官员表示，不会拆除那些已修缮的住宅，因此，理论上老城区的 130000 座民居将得到保护。

官员们说，舒乙等人多年来的呼声也起到了一定的作用。舒乙之父、小说家老舍在作品中记录了胡同里的生活，自 80 年代以来，舒乙一直力争保护胡同，不让它们消失。

北京也在重建一些四合院，那是这座城市的标志。四合院通常是一个院子，里面有四间房，院子中栽有树木。一部分重建的四合院是给有钱人的，不过许多都是供低收入居民居住。参与重建的工人还使用着以前的一些技术，比如以榫头连接，而不用钉子。

舒乙和其他活动家现在已经发起了一项活动，保护那些官方划定文物保护区之外的单座建筑。迄今，他们已成功说服北京市指定了 500 座这样的文物保护建筑。北京市还同意了一个在中国历史名人故居张挂铭牌的计划，例如鲁迅的故居就有这样的牌子。

虽然北京的老城区已消失大半，但舒乙仍在尽力争取让它们得到合理的对待。他说，北京越来越像欧洲城市，有一个古老的中心区域，其余部分大多经过了重建。在欧洲，老城通常以教堂为中心，而北京的中心地带是故宫及其北面的几个湖。舒乙说，我与其他国家的人交流时所了解到的一点是，每一个有保护区的城市以前都有过惨痛的教训，只有经历了损失，我们才有动力为保护剩下的东西而不懈努力。

（本文来源：《华尔街日报》）

源语新闻是 2008 年 3 月 15 日刊登于《华尔街日报》的一篇文章，题为"拯救中国的过去"报道了中国在保护历史遗迹方面的一些新举动。该文被 3 月 17 日的《参考消息》转译刊登。新闻原文和译文在主要观点和信息方面都相当一致。但是新闻的标题、导语，以及开篇第二段在翻译成中文时却有了较大的改动。原文的导语是"多年以来，因为城市快速扩张，北京夷平了不少标志性的历史建筑。如今，这个古国的中心，正和中国的其他城市一起，努力保存残余的历史建筑"，这段导语在翻译后的新闻中不见了。标题"拯救中国的过去"变成了"中国古建筑迎来春天"。英文稿通过导语和标题所指出的事实，也就是新闻的中心思想"中国的过去（历史建筑）被过度毁坏，目前正在拯救中"，在中文译文中被悄然转换成了"中国的古建筑将会有更好的明天"。虽说从英文原稿中也能解读出"中国的古建筑将不会再遭到任意拆毁"的暗语，但通篇文章还是反映古建筑遭到损毁这一严峻的问题，报道的格调严肃低沉，而翻译稿的标题却明快上扬。这与编辑所主动采取的宣传立场不无关系。

编辑在新闻翻译中的介入还表现在对新闻篇章结构进行修改和编排，使翻译后的新闻在译语当中结构紧凑、重点突出，即符合译语读者的思维和接受习惯。在这个译例当中，原文的第二段列举了三个中国城市哈尔滨、广东台城、济南在拯救古建筑方面的举动，中译文先提到广东台城，其后才是哈尔滨和济南，按照先南后北的顺序列举。而对哈尔滨和济南两个北方城市，又由北往南按照原文的顺序提及，从而表现出思维和叙述上逻辑性。英文原文中的直接引语在中译文中都不见了，变成了间接的转述，这也是翻译当中编辑介入的一个显著体现。苏珊·巴斯内特（辜正坤，史忠义主编，2006：159）指出：

> 在某些语境中，读者期待新闻报道包含有直接引语，从而传递更多的真实意向。这是英国的一种标准惯例，大报小报都习惯采用。而在欧洲其他国家，用直接引语则被认为是媒体失语，所以文中引语多用转述代替。不同的文体习惯意味着往往得进行大量改写，以保证文本适合目的语读者。如意大利的新闻报道好用夸张，这同英国媒体的冷嘲热讽和轻描淡写形成强烈对照；再如法国报刊喜欢在篇首来一段论证充分、讲解透彻的述评，而英美报纸则喜欢在文章开始时藏而不露，最后给你归结出一个有分量的结论，……
>
> （曹明伦译）

在源语语境中独特的报道习惯往往会很自然地被编辑转换成符合译入语语境的陈述方式。从此例新闻报道的翻译中，我们可以看出，中国的媒体有时候更愿意让读者听到他们自己的声音。

此外，从编辑的视角来看新闻翻译，当然还包括对翻译后的新闻进行辞章修饰，从美学的角度考虑文章的篇幅与版面的匹配问题，同时从效果出发斟酌是否保留原文所配的图片等技术方面的问题，因为这些问题具体而微，我们在此不一一展开叙述。总而言之，编辑不仅仅要关注新闻的内容、效果，还要关注新闻报道作为产品在媒体上所展现出来的面貌。

【思考题】

1. 新闻翻译/编译会涉及"四种视角"等诸多十分复杂的问题，因此编译者要时刻注意社会意识形态视角、批判话语分析视角、译者视角和编辑视角。请分别寻找有关这"四种视角"的案例[PT]+[AP]。

2. 新闻编译中的"四种视角"有什么异同？如果你是中国大陆主流媒体的新闻编译者，你会如何综合处理涉及这四种视角的编译问题[PT]+[AP]？

3. CNN 主持人 Jack Cafferty 的辱华事件，为什么中西媒体的观点差异这么大？你读过 Jack Cafferty 的"辱华文本"了吗？你真的读懂了吗？国内报道(完全)符合事实吗[PT]+[AP]？

4. 据说 Sharon Stone 的智商高达 154，对于智商如此之高的名人为什么会说出"有损"中国人感情的话(指她在接受香港娱乐有线新闻记者采访时对 2008 年中国汶川地震和达赖喇嘛所发表的言论)呢？我们的主流媒体的观点呈现出"一边倒"的势头，但被讥讽为"脑残"的名人韩寒为何跟主媒唱反调呢？后来 Sharon Stone 在接受《纽约时报》访谈时，承认自己当时"像个白痴"("she had sounded like an idiot")。谈谈你对这个问题的看法[PT]+[AP]。

5. 假设你是一个翻译专业毕业的"报人"，你会像一位"公共知识分子"那样，努力通过中外媒体用英文发表你对社会、政治、经济、文化等问题的看法吗？如果会，你将如何做？并举出一两个例子加以说明[PT]+[AP]+[A]。

习题参考答案
（部分）

【第三章练习答案】

一、翻译下列句子，注意黑体词的选词。

1. 亚洲市场原油价格在过去 18 个月里首次**降**到每桶 60 美元以下。经过两天的大幅度**下跌**后，亚洲油价后来又**反弹**到 61 美元。

2. 在澳大利亚，汽油价格也出现下降。不过，由于澳元兑美元**走软**，所以澳大利亚汽油降价幅度有限。

3. 格林斯潘称现在这场金融危机和信贷危机是由于对**次贷**支持的证券需求太大而引起的"百年不遇的信贷飓风"。

4. 经济学家们表示，尽管采取了避免金融灾难的努力，但是全球经济今后几个月有可能放缓，特别是在美国和欧洲地区。

5. 加拿大环保活动人士希拉·瓦特-克劳狄尔也有可能**拿下**诺贝尔和平奖项，她在北极圈气候变化方面所做的努力备受赞誉。

6. The announcement by the National Bureau of Statistics in Beijing that its already **red-hot** economy accelerated in the first three months of 2007 confirms that China will continue to shake global markets for years to come.

7. When we strengthen the macro controls, we are alert to the fact that these kinds of measures Should not be drastic ones. We prefer **fine-tuning and making frequent changes**. That is the way to guard against the hard landing of the economy.

8. Chongqing city's 9,000 taxi drivers in early November became the first to go on strike over increased **rental** fees, high fuel prices and competition from private cars.

9. The World Bank cut its 2009 GDP growth forecast from 9.2% to 7.5%, amid concerns that the **sharp downturn** in the export and property sectors is

spreading through the economy.

10. The existing package appears to be concentrated on large infrastructure projects, although some Chinese media are predicting a further **injection** of funds for public services.

二、根据英汉句式结构的差异翻译下列长句。

1. 白宫表示，尽管联邦政府采取了大刀阔斧的措施帮助金融机构化解冻结了的信贷市场，但是经济增长和创造就业依然面临困难。

2. 因为奥巴马的很多信息都强调希望和变革。他的许诺在很大程度上有些宽泛。很明显，他吸引了上千万的支持者，但这些人在希望什么样的变革，以及希望实现哪些目标方面，并不一定都持相同意见。

3. 如果新总统派遣美国部队越过阿富汗边境进入巴基斯坦追剿塔利班和基地分子，有可能引发与巴基斯坦的冲突。

4. 联合国秘书长潘基文说，他正在利用作为联合国秘书长的影响力争取巴、以实现和平，他还说，解决巴、以冲突问题的各种机制都已经到位，包括由欧盟、联合国、俄罗斯和美国组成的国际中东问题四方小组。

5. 英国外长和法国外长动身前往刚果民主共和国和卢旺达，试图阻止刚果东部地区的人道危机进一步恶化，这是由于反叛部队无视停火协议继续进攻，导致刚果东部地区成千上万的人逃离家园。

6. In the future, Chinese urbanization and the need for extra electricity, mostly fuelled by coal, will also be big contributors to energy consumption and emissions.

7. While refusing to allow the Renminbi to appreciate much faster than 4—5 percent a year, Beijing Has taken steps lately to reduce incentives for exports, especially of steel and textiles.

8. In facing this international financial crisis, the Chinese government has stated its position on many occasions, that the international community should maintain confidence, work together, to overcome this difficulty. And the central bank and other Chinese authorities are keeping close communication and contact with other countries' authorities.

9. China's rise has already had a transformational impact on the global economy, bringing benefits o consumers around the world with cheap appliances and clothes, while lifting millions of its own citizens out of poverty.

10. The Chinese Government takes persistently the development of the serve industry as a major orientation for the expansion of employment and encourages the development of community services, catering, commercial and trade circulation, tourism, etc., for the purpose of creating more job opportunities in these industries.

三、运用适当策略将下列段落翻译成汉语。

希拉里：布什应对伊拉克战争负责

希拉里·德汉姆·林顿上周日称，布什总统已经把伊拉克问题弄得一团糟，他在离任前，有责任把美国从这个泥潭中"解救出来"。

希拉里说："把伊战问题留给下任总统是'极不负责任'的行为。"

现任纽约州民主党参议员的希拉里在爱荷华州举行的首次总统竞选活动中说："总统先生做出了这个战争的决定，但整个战争的计划都欠考虑，而且战争策略的实施也非常糟糕。"

这位美国前第一夫人说："我们希望布什在 2009 年 1 月离任前能将美国从这场战争中解救出来。"

白宫谴责希拉里的言论是一种党派攻击，而且还会"误导"美国士兵。

希拉里在爱荷华州举行了一个约有 300 名激进分子参加的市镇厅式论坛，她首先做了一个简短的演讲，之后用了近一个小时的时间回答提问。

希拉里说："我要对大家说实话，总统先生曾说要把伊战问题留给下任总统，我认为这是极不负责任的表现，我十分反感。"

布什总统说伊拉克是"9·11"恐怖袭击后全球反恐的核心地带。他近日接受记者采访时说："反恐战争将是下任总统的一大难题。继我之后的总统都将面临一个可能会再次对美国进行袭击的敌人。"

在市镇厅会议上，希拉里试图向大家说明，她认为自己有足够的意志力来面对美国将面临的各种危险。

希拉里说："我相信，我过去的很多经历可以说明我具备一名总统所需要的品质和毅力。"

四、运用适当策略将下列段落翻译成英语。

China Fears Everest Is Shrinking

China is to re-measure the world's tallest peak, Mount Everest, because of fears it may be shrinking.

A recent survey found the summit had dropped by 1.3 metres (4 ft) because of global warming.

The height of the mountain, which lies on the border between China and Nepal, has long been a subject of controversy.

It was first measured in the 1850s, but a more accurate Indian survey 100 years later calculated the mountain to be 8,848m tall. In 1999, American scientists re-measured the mountain using global positioning satellite technology. They—and the National Geographic Society—concluded that the peak was two metres higher.

But now global warming is melting glaciers on the world's highest mountain, apparently causing it to shrink.

Chinese scientists will map Everest in March to check estimates that it is more than a metre shorter than before.

No matter how big it really is, Mount Everest's height is unlikely to stay constant.

The movement of the earth's tectonic plates is forcing the Himalayas upwards, reportedly causing Everest to grow by about a centimetre every year.

【第四章练习答案】

一、把下列句子译成英语，注意句中黑体部分文字的翻译。

1. Yesterday, the National University of Defense Technology (NUDT) held a public lecture on the brilliant deeds achieved in the *Shenzhou VI* Manned Spaceflight Program. Six alumni who had played important roles in the program talked about the great exploits and moving deeds performed by those involved in the *Shenzhou VI* Manned Spaceflight Program, through which teachers and students of the university received a profound education on **"China's Manned Spaceflight Program Spirit"**.

2. In order to **create an academic atmosphere of stimulating thinking, encouraging innovation, and promoting truth-seeking**, the AMS has made efforts to guide its doctoral students' forum to carry out academic activities close to the reality of the army building.

3. The **weak increase** in the number of students applying to take the entrance examination for graduate schools this year suggests a **turning point**, indicating

that students will be less interested in graduate studies in the future.

4. "This year's slight increase shows that students **are becoming more realistic** in thinking about whether to take the entrance examination or not," said Tian Zhihui, **vice-dean of the Graduate School** of Communication University of China.

5. The China National Tourism Administration, **in conjunction with** the Spiritual Civilization Steering Committee of the Communist Party of China's Central Committee and nine other government departments, **launched the campaign** last August.

6. Last year, there were 34.5 million **overseas trips** and 1.4 billion domestic trips. The World Tourism Organization predicted that the number of Chinese **outbound travelers** would hit 100 million by 2020.

7. **Polite manners** are a reflection of **a country's character**. We will continue to remind travelers to watch their behavior, and explain to them the **social conventions** and etiquette in their destination countries before they depart.

8. This Chinese lunar new year, which starts on February 18, is believed to be an **especially auspicious "golden pig year"** which only comes around every 60 years.

9. In a city of 15 million, jumping ahead in line is common. So is spitting and littering, which officials hope to **restrain** in an effort **to improve** the city's image.

10. One campaign for "civilized behavior" **kicks off** Sunday in the Wangfujing shopping area, located just east of Tiananmen Square. This will be the first "**Queuing Day**," which will take place on the 11th of each month.

11. The survey's goal was to **identify** the lifestyles, attitudes and **pop culture preferences** of young people in major cities.

12. Young people seem to have **increasingly progressive attitudes** towards their diets, with 67 percent ready to buy organic produce, even if it meant paying 25 percent more, reflecting **a keen sense of** the link between **food safety and personal health**. The respondents' favourite foreign cuisine was Japanese, followed by Korean.

13. If you are a **30-plus** plain Jane, or if you are not a **local fresh graduate**, get ready for the **frustrations** in the job market.

14. Appearance, height, gender and marital status are the most **discriminative categories**, the Beijing Morning Post reported.

15. **The polarization** has aroused wide concern among the public in recent years.

The State Development and Reform Commission said **the Gini Coefficient**, a measure of income inequality, had reached 0.47 for China, up from 0.29 two decades ago.

16. More than 70 per cent of the respondents believed that "**the group of special interests**" is the prime reason for the polarization.

17. Despite the measures taken last year **to cool down the overheated real estate market,** fewer people now believe that the prices would stabilize in the near future.

18. Almost all the **respondents** said there was a "**bubble**" in the real estate market, with nearly half being certain that it would **burst** in 10 years. But almost 40 percent believe that the "bubble" would never burst.

19. A whopping 80 percent believe that real estate prices would **continue to rise** this year, and 30 percent fear it would do so **at a greater pace**.

20. Surveys have shown that 60 percent of Chinese would prefer to have two children, but the government has no **plan to relax birth limits**.

二、把下列句子译成中文，注意句中黑体部分文字的翻译

1. 据英国《星期日邮报》报道，威廉王子的女友凯特·米德尔顿日前收到英国王室共度圣诞节的特别邀请，邀请非王室成员共度圣诞在英国王室还是**第一次**。

2. 在食品店买葡萄酒的顾客购买橄榄、水果、蔬菜、鱼、**瘦肉**和奶制品的可能性比买啤酒的顾客大。

3. 这项由**丹麦全国公共卫生研究所**的研究人员展开的调查**为期六个月**。

4. 研究人员开展此项顾客购买食品倾向的调查的灵感**源于**此前丹麦媒体公布的一系列相关研究，这些研究表明，葡萄酒饮用者患**心血管疾病**和某些癌症的可能性要低于啤酒饮用者。

5. 据美国住房与城市开发部介绍，在无家可归的成年人当中，近五分之一的人是**退伍军人**。

6. 当克鲁斯抱着他 10 个月大的女儿出现在彩排现场时，各位**临时演员**和替身大吃一惊。克鲁斯说："这是苏芮……她想和我一起**来参加这个彩排**。"

7. 在**一年一度的伦敦时装季**来临前一周，尼尔森市场调查研究公司公布了 45 个国家的 25000 人对 **T 型台和红地毯上昂首阔步**的女人们外型的看法。

8. 上周五的一项调查显示，英国城市布莱顿拥有**全国最多的私人健身教练、瑜伽馆和健康食品店**，因而被评为英国"最健康的城市"。布里斯托尔和伦敦为仅次于布莱顿的两大健康城市，而**利物浦、格拉斯哥和谢菲尔德**则是英国最不健康的城市。

9. 一项涉及上千人的调查表明**坚持素食**的人智商比**经常吃肉**的人要高出大约 5 分。

10. 英国广播公司日前的一项民意调查显示，由于受**伊拉克战争、关塔那摩湾监狱虐囚事件**的影响，美国的国际形象在过去的一年中**急剧恶化**。

11. 布什政府计划于明年为"**国家安全语言计划**"提供 1.14 亿美元的资金支持。这项计划旨在大幅增加美国会说汉语、阿拉伯语、俄语、印度语和波斯语的人数。

12. 布什政府目前正在采取措施，使**签证申请程序更加**"简单和透明"，以鼓励更多外国学生来美国留学。

13. 蒂莉·史密斯，这个 11 岁的英国女孩，**人气超过**另外两名候选儿童，一名是 6 岁的南非艾滋病孤儿，这个女孩曾经成功逃脱了一名恋童癖者的绑架，另外一名是巴黎少年流行歌手，而被选为**年度风云儿童**。

14. 一直以来，人们认为能在舞池里**大出风头**的人更受异性的青睐，近日科学家们对这一现象作出了解释。随着音乐节奏能够**翩翩起舞**的人似乎身体的平衡性能也较好，而这正是人们寻找另一半的标准。

15. 墓地已经被用得差不多，又不能用火化来解决，再加上法律禁止修建新墓地，所以镇长想出了一个新奇的"解决之道"——**颁布禁死令**。

16. 秘鲁正打算将耶鲁大学告上法庭，**要求其归还**近一个世纪之前一位美国探险家从传说中的印加帝国城堡马丘比丘拿走的 4900 件文物。

17. 耶鲁大学人类学的官员们**没有立即对此事发表评论**。耶鲁大学方面称自己是**这些文物**的合法拥有者，每年都有成千上万游客前来参观。

18. 还有很多其他的海边居住区正在**受到海水上升的威胁**，比如美国的新奥尔良城、意大利的威尼斯，以及北极的一些居住区，由于海冰的融化，海岸暴露出来，**不断受到海浪侵蚀**。

19. 丹尼斯·阿姆斯特朗决定让她的女儿和两个儿子**在家里上学**。因为在她看来，在家里上学，可以把她的价值观更好地**灌输**给两个孩子，而这却是公立学校做不到的。

20. 青少年**辍学问题**在英国**由来已久**。在英国某些地区，17 岁的青少年中有近一半放弃接受全日制教育或培训。

【第五章练习答案】

一、请按顺译法翻译下列长句。

1. 布什总统已拒绝签署该条约,称该条约不公平,因为它允许诸如中国、印度和巴西等发展中国家继续不受限制地排放温室气体,而发达国家却必须减少它们的排放量。

2. 有太多的东西需要庆祝了,因为运动员在这些天里表现得太好了,共打破了 38 项世界纪录,刷新了 80 多项奥运会纪录,这在历史上是空前的。

3. 遍及各大洲的近 10 亿人口在寻求,有时几乎是不惜一切地寻求技术、知识和援助。有了技术、知识和援助,他们就能够运用自己的资源来满足全人类的物质需要。

4. 遗憾地讲,这次新闻机构可信度调查计划结果只获得了一些十分低层次的发现,比如新闻报道中的事实错误,拼写或语法错误(和这些低层次发现)交织在一起的还有许多令人挠头的困惑,譬如读者到底想读些什么。

5. 我认为巨大的并购浪潮背后的最重要的推动力同时也就是促成全球化进程的那方基石:交通运输成本的降低,贸易投资壁垒的逐渐减少,以及市场的大幅度拓展,这些都要求更大规模的经营管理以满足消费者需求。

6. 企业重组的新方法——所有那些重新设计、缩小规模的做法——只是对一个经济的整体生产力作出了一方面的贡献。这种经济还受许多其他因素的驱动,比如在设备和机械上的合资、新技术,以及在教育和培训上的投资。

7. 调查结果与英国最新公布的公共图书馆统计数据结果相一致。该数据显示,在不到 10 年的时间里,英国人已逐渐厌弃传统的家庭爱情故事和浪漫的言情小说,开始迷恋恐怖和犯罪小说,且内容越让人毛骨悚然书就越畅销。

8. 结果,加利福尼亚的人口增长率在 20 世纪 70 年代时下降到了 18.5%——稍高于 60 年代增长率的三分之二,大大低于西部其他各州。

9. 但是,在过去的一年间,软件公司已经开发出工具,使得公司可以直接将信息"推出"给顾客,直接把营销信息传递给目标顾客。

10. 与此同时,美国法律研究所——由一群法官、律师和理论专家组成,他们的建议分量极重——发布了新的民事伤害法令指导方针,宣称公司不必提醒顾客注意显而易见的危险,也不必连篇累牍地一再提请他们注意一些可能会出现的危险。

11. If China maintains strong growth for the next quarter of a century its emissions alone until 2030 will be double that of all other industrialized countries combined.

12. Six hundred years ago Beijing was consisted of narrow streets called hutong. Those that exist today are under government protection in the inner city and must be at least more than 200 years old.

13. Organized collecting and recycling of household waste such as used paper, plastics and metals has been going on in hutongs, thanks in part to the close-knit neighborly relations.

14. In the last three decades, the country's urban per capita residential floor space has enlarged almost four times. And because virtually every household can now afford a washing machine it also means there is more space for large appliances and other items.

15. One more reason not to lose sleep over the rise in oil prices is that, unlike the rises in the 1970s, it has not occurred against the background of general commodity-price inflation and global excess demand.

16. The most exciting thing in the medal round will be seeing China in it for the first time, which will happen unless Germany beats the U.S. Monday night.

17. "At the current stage, different departments and regions are implementing the reduction of energy and pollution emission policies proactively and there are some achievements," said Li Xiaochao, the spokesman for China's statistics bureau.

18. Beijing has been awash with rumours in recent weeks that the government is preparing to announce new headline policies to hasten structural change in the economy, perhaps even at the cost of temporarily slowing growth.

19. Compared with the Asian financial crisis of 1997—1998, China today has larger external surpluses, a more stable banking system and stronger government finances.

20. China's CO_2 emissions per capita remain relatively small, about an eighth of those in Organization for Economic Co-operation and Development countries. But if China maintains strong growth for the next quarter of a century its emissions alone until 2030 will be double that of all other industrialized countries combined, said Dr. Birol.

二、请按改变顺序译法翻译下列长句。

1. 昨天是伊拉克召开决定国家命运的会议的第一天，各种抗议和其他政治活动令人瞩目，让伊拉克人初次瞥见了没有萨达姆的生活会是什么样子。

2. 杭州是魅力无法抗拒的龙井绿茶的故乡。极品龙井茶闻香和品味像是叶绿素香精与奶油榛子的混合。杭州与上海颇近。实际上，由于杭州拥有悠久的历史(中国七大古都之一)和水资源名胜，因此对于初到中国的游客来说，杭州比上海的吸引力更大。

3. 很不幸，这最令人震惊的解释有一点缺陷。一些经济学家认为世界经济结构的强有力的变化已经结束了那个以经济增长和通货膨胀的历史关联为基础的旧的经济模式。

4. 这种发展——以及其对美国政治、经济在未来几年的潜在的强有力的影响——使得南部在全国人口普查中有史以来首次成为美国人口最密集的地区。

5. 环境研究的先驱、斯坦福大学的保罗·厄尔里西认为，科学真正的敌人是那些对支持全球变暖、臭氧层损耗以及工业发展的其他后果的证据提出质疑的人。

6. 能量是生态系统的货币，只有当食物转变为能量，能量再用来寻找更多的食物以供生长、繁殖和生存时，生命才成为可能。

7. 我们更应该具有的是作为美国公民的某种观念，这个公民人物如果不能很恰当地认识到自己的生存和幸福是如何受到自身之外的事物的影响，那么其公民特征就是不完整的。

8. 这种变化通过引入许多的专业因素从而适应了这个新时代的技术要求，并且这种变化防止了效率的降低。这种效率的降低在精力充沛的创业者之后的第二代和第三代人(领导公司)的时候，经常会毁掉那些家族公司的财富。

9. 另外，在我们这么一个大国里，经济延展到这么多的州、涉及这么多的国际公司，因而要按照数量培养出所需的各类专业人员是不大可能的

10. 有些人为了学生的就业前景为教室里放置电脑而辩，有些人为教育的彻底改革中更为广泛的理由为教室里放置电脑而辩，这两群人之间有一条无形的界线。

11. The term "economic zones open to the outside world" as used in these Provisions refers to the special economic zones, the open coastal cities and the coastal economic development areas approved by the State.

12. "The occurrence of incidents across the country in the past shows that any minor

issue could escalate into a more serious one in the absence of a communication mechanism," a commentary said.

13. Where any party counterfeits, or makes, without authorization, representations of a registered trademark of another person, or sells such representations of a registered trademark as were counterfeited, or made without authorization, and the case is so serious as to constitute a crime, he shall be prosecuted, according to law, for his criminal liabilities in addition to his compensation for the damages suffered by the infringee.

14. These Provisions are formulated for the purpose of strengthening the administration of the environment in the economic zones open to the outside world, preventing and remedying environmental pollution and the disruption of ecological balance, safeguarding human health and protecting and creating good investment environment so as to promote economic and social development.

15. The Sellers shall ship the goods within the time as stipulated in Clause (9) of this Contract by a direct vessel sailing from the port of loading to China Port. Transshipment enroute is not allowed without the Buyers' consent.

16. If it's not yet China's time in basketball, this is China's moment with the games in Beijing and Yao Ming in what may be his farewell performance for the national team.

17. Former Olympic champion Angel Matos of Cuba faces a life ban after kicking a referee in the face during his taekwondo bronze medal match in Beijing.

18. Next month, some countries will hold talks in Bali, Indonesia to work on a new pact for climate change to replace the United Nations' Kyoto Protocol, which expires in 2012.

19. Speaking at a ceremony at the Beijing Aerospace Control Center today, Premier Wen Jiabao hailed the Chang'e one's accomplishment as a major step in the "Chinese race's thousand year-old dream" of exploring the moon.

20. According to the IEA, the country—whose economy expanded by 11.1 per cent in the first Quarter—could overtake the US as the world's largest emitter of greenhouse gases this year or in 2008. This is at least 12 months earlier than its recent estimate of 2009.

【第六章练习答案】

一、翻译下列句子，指出各句运用了什么修辞手法，注意修辞手法的翻译。

1. 各方达成一致认为，敌对各方必须停止开火，商谈因为"先后"的问题上而**泡汤**，在黎巴嫩抗议联合国施加压力之后，停火协议就崩溃了。（比喻）

2. 1976 年一支主要由叙利亚士兵组成的阿拉伯兵力，挺进了黎巴嫩。两年后，以色列入侵，**猛烈**炮轰边界乡村，赛立法没有遭遇那次最猛烈的炮轰。（比喻）

3. 州议员尼古拉斯斯帕诺最近在切尔西酒吧场所**晃了一圈**后，说当他看到那些未成年的孩子喝酒、行为狂野的时候非常震惊。（夸张）

4. 杜莎夫人蜡像馆将于 5 月 1 日在上海开张的消息使得这家公司**做好准备**。（双关）

5. 可是有些巴基斯坦裔美国人不排除这种可能性，不难理解，**一点点事**就会让那些恼怒的年轻的穆斯林接受认可自杀性谋杀和大规模谋杀的意念。（比喻）

6. 上个月，随着政府干预遏制经济的措施**开始实施**，不动产投资的发展降速。（拟人）

7. 公平地说，许多年轻妇女对自己的未婚夫**背上像山一样重的债务**感到不安，因为她们也得分担这些债务。可是社会中不成文的规矩和习俗让她们还是那样去做了，否则就是"丢面子"。（夸张+比喻）

8. 我这些良好的愿望只产生想象中的信，从来没有**写在纸上**，从来没有**贴过邮票**。（拟人）

9. 他们非常想压一压那个年轻的**狂妄家伙**的气势。（隐喻）

10. 每个聚会都会有**令人扫兴的人**；苏珊娜就在我的生日聚会上抱怨了一整个晚上。（隐喻）

11. 保护几十万库尔德难民的计划看来要依靠萨达姆·侯赛因的心血来潮，或者必须以多国部队的武力做**后盾**。（借代）

12. 法语国家首脑会议是个**大杂烩**，有来自欧洲、非洲、中东、亚洲、美洲和太平洋地区的 40 个国家的首脑参加。（比喻）

13. "国内环境是疲软的，"D-L-J 公司的曼逊说，"假如持续下去，马特尔玩具商店的销售最终会陷入窘境。但是它应有能力**渡过难关**。这家商店**对付风险的最佳稳定因素**在于它的欧洲消费者。"（隐喻）

14. 对于普莱杰尔，经过三年的**东奔西走，朝夕盼望**，现在又回来干自己的老本

行，真是好极了。(头韵)

15. 起初看来，停播一小时电视的主意似乎过于偏激。如果少了这位电子保姆，做父母的怎么办呢？我们怎么来打发这段时间呢？其实这个主意一点也不偏激……(设问)

16. Han was **caught red-handed** attempting to get the answers from one of her classmates by cell phone during a January English exam. She was expelled soon after that.(转喻)

17. China's trade surplus **swelled** 50 percent in the first half of the year to US$ 61.5 billion, **flooding** the world's fourth-largest economy with cash and complicating government efforts to cool investment.(夸张)

18. Shanghai's second-hand vehicle market has **soared** since government restrictions on heavily polluting cars went into effect in mid-February. A large number of the cars being sold are ending up in neighboring provinces.(拟人)

19. **Kidult**, a newly-coined word composed of "kid" and "adult", refers to an adult who continues to participate in and enjoy youth culture. A few years ago, people turned up their noses at these kinds of people. But recently many so-called 'kids' movies, games and books have become popular among both children and adults. It seems everyone is still young at heart.(仿词)

20. All around the dark clouds **rumbled** noisily in the sky; a streak of yellow zigzagged far away; and she trembled.(拟声)

【第七章练习答案】

翻译下列句子，注意句中黑体部分的翻译，并指出你对黑体部分采取何种译法（直译、直译+解释、直译+注释、意译、意译+直译、音译、音译+解释、注释、音义合译）。

1. 外交官说，伊朗已经暗示会考虑在会谈开始后暂停核浓缩，但不是作为会谈的前提条件。伊朗根本无视制裁的威胁，说制裁只会使目前攀高的油价更高，对工业化国家造成的经济损失比伊朗更大。（意译）

2. 有些人在市中心的停车场裸体出现，其他人则一丝不挂地骑着自行车或在大街上漫步。这个夏天在这个奇特的镇上的少年们以其肆无忌惮的裸体让大家大吃一惊。目前，没有人逮捕他们；在这个人口 13000 人的镇上，公众

裸体是不合法的。（意译）

3. 由于中东占有**最大份额的**石油和天然气的贮备资源，在未来的全球能源需求中，中东将占主要地位。在以后的 20 年内，全球对石油和天然气的需求肯定会继续增长，中东也担负者满足大量需求的任务。到 2020 年，石油仍将是占全球总能源供给的 40%左右，天然气则占 30%。（意译）

4. 路线图的成功可以让黎巴嫩重新回到先前作为"**地中海东部地区的瑞士**"这一美称。出乎大家意料的是，伊拉克战争在 2003 年没有让黎巴嫩的旅游业受损。实际上，2003 年游客人数比前一年还增长了大约 5%。去黎巴嫩的游客中，有 50%是非阿拉伯人，由于黎巴嫩人口的历史，甚至自然的，全球性的特点，这里还继续吸引外国游客，也吸引了外资在旅游部门的投资，这些都有助于促进这个地区整体展现一个更光明、更稳定的未来。（音译+解释）

5. 卡扎菲的利比亚**前途光明**吗？当然。今年他送给美国总统小布什和英国首相布莱尔的圣诞礼物——公开保证放弃大规模毁灭性武器，可能就是个很好的例子。不过，这个宣告也只是目前利比亚政权制度下打算花几个月时间完成的，如果不是几年的话，其中一个进程而已。在这个意义上，这个公开保证就可以说只是个数量上的变化，而不是质的变化了。（意译）

6. 美国田纳西州联邦检察官 27 日说，他们破获了一起谋杀民主党总统候选人奥巴马和袭击更多非洲裔人的阴谋，并逮捕和起诉了两名行凶未遂者。据称，这两人分别是现年 20 岁的考瓦特和 18 岁的舍莱索曼。他们自称"**白人至上主义者**"，原计划打死 88 名黑人，并斩首其中 14 人，将刺杀奥巴马作为"**最后行动**"。（意译）

7. China's bar association has condemned a Japanese court ruling which rejected claims for an apology and compensation by eight Chinese women who said they were forced to act as **sex slaves** for Japanese soldiers during World War Two. （意译）

8. Since Beijing won the bid in 2001 to host the 2008 Olympic Games, my friends, several of them from overseas have asked me about the Games' volunteer programme. Some of them are overseas Chinese who want their children to come and join as volunteers. They believe this is **once-in-a-lifetime opportunity** that their children, as Chinese descendants, should not miss. （意译）

9. An ancient Chinese saying holds that, **while good deeds may be kept within,**

bad news often travels thousands of li (miles). This is even more so now, in the age of information. （直译）

10. Hong Kongers take pride in being cool-headed, savvy consumers. But when it comes to buying their homes, the most important purchase a consumer is likely to make in his lifetime, caution and decorum **are** often **thrown to the winds.** （意译）

11. The mainland's Association for Relations Across the Taiwan Straits President, Chen Yunlin, held talks with the Taiwan-based Straits Exchange Foundation Chairman, Chiang Pin-kung, in Taipei Tuesday morning for their first summit in Taiwan. Chen and Chiang signed agreements on 4 issues concerning direct sea transport, increased chartered flights, direct postal service and food safety cooperation at 2 pm Tuesday, which means the realization of "**the three direct links**" of post, trade and transport services. （直译）

12. Cab drivers in main urban zones of Chongqing stopped work Monday to protest a number of issues, including numerous **unlicensed cabs** and insufficient supplies of compressed natural gas, which powers most taxis. （意译）

13. Promulgated on January 31, 1997, the regulations branded as a "**sunshine project**" have aroused great reactions among the public. （**Sunshine project is the policy to fight corruption by placing under Party scrutiny all major economic activities of leading Party officials.**） （直译+注释）

14. Having been honored by the presence of quite a number of celebrities, the hotel has witnessed so many historical events. **The last emperor of the Qing Dynasty Puyi and his empress Wan Rong**, at the time they stayed in Tianjin, often came to the hotel to have dinner or dance. The love story of **General Zhang Xueliang and Miss Zhao Yidi** happened in the hotel. It was also in this hotel that **General Cai E and the renowned reformer Liang Qichao** discussed strategies of **fighting against Yuan Shikai, the warlord who restored feudal dictatorship.** （直译、意译、直译+解释、音译+解释）

15. **According to Chinese folklore, July 7th is the very day that the Cowherd and the Girl Weaver cross the Magpie Bridge and have a reunion. Now it is named Chinese Valentine's Day**. On this affectionate day, it is very popular for sweethearts and lovers to take wedding photos. Many customers are waiting to take photos in the wedding photo shops in the Yiwu city. （意译、音译+解释）

【第八章练习答案】

1. 采用全译法翻译下列这则消息。

Air surcharge raised as fuel prices increase

China will lift jet fuel surcharges for the second time in a year on domestic flights to help air carriers cope with the impact of soaring oil prices.

Starting from September 1, the surcharge for each passenger flying less than 800 kilometres will rise to 60 yuan (US$7.5) from the current 30 yuan (US$3.7), the General Administration of Civil Aviation of China (CAAC), the industry regulator, said on its website on Friday.

Those flying further will pay a 100 yuan (US$12.5) surcharge, up from 60 yuan, it said.

The move came as the price of aviation fuel has risen 50 per cent since March to more than 5,800 yuan (US$725) per ton.

Mainland airlines posted a combined loss of around 2.5 billion yuan (US$310 million) in the first half of this year, largely due to surging fuel prices, the CAAC said last month. The losses were more than quadruple those in the same period last year.

China Southern Airlines, the country's largest carrier by fleet size, reported a net loss of 835 million yuan (US$104.4 million) for the first half of this year, about level with the loss incurred a year earlier.

Shanghai Airlines posted a net loss of 163.27 million yuan (US$20.4 million) in the first half, compared with a 13.35 million yuan (US$1.66 million) profit last year.

Crude oil prices in the international market have been over US$70 for weeks.

Prices are expected to continue to rise this year, analysts say. High oil prices and the impact of a traditionally slow season for travel in the fourth quarter will hurt airlines' profitability in the second half of the year, they said.

Luo Dewei, financial director of Shanghai-based China Eastern Airlines, said that a 1 per cent increase in jet fuel prices means a 42.45-million-yuan (US$5.23 million) rise in the company's yearly transport costs.

Around 80 per cent of airlines' operational costs are uncontrollable, among which, aviation oil accounts for at least 40 per cent at most domestic carriers, said Liu

Weiming, an aviation expert from the Civil Aviation Management Institute of China.

"Given rising fuel prices, it is reasonable that the government allows airlines to increase fuel surcharges to protect the aviation industry," Liu said.

However, in the long run, airlines should absorb the impact of soaring fuel prices by improving efficiency, saving aviation oil and optimizing their networks. "Increasing fuel surcharges will help, to some extent, offset losses for airlines in the short term, but may also risk losing customers," he said.

China reintroduced surcharges last August and raised them for domestic flights on April 10 after the authorities increased fuel prices.

At that time, the surcharge for passengers flying less than 800 kilometres was raised to 30 yuan from 20 yuan (US$2.5), while that for passengers going further was adjusted to 60 yuan from 40 yuan (US$5).

Hu Xiaobo, an executive at a Beijing-based joint venture who frequently takes flights while on business trips, said: "I have no choice but to accept increased fuel surcharges because my job requires me to fly across the country. But for tourists, they might hesitate to take flights."

2. 采用全译法翻译下列特写。

Li to give a third of $18bn wealth to charity

Li Ka-shing, 78, will bequeathe at least a third of his fortune—which is estimated at $18.8bn and rising fast—to his eponymous charitable foundation, as Asia's richest man follows in the footsteps of his American peers Bill Gates and Warren Buffett.

"The [Li Ka-Shing] Foundation is my third son. Its size will not be less than one-third of my fortune," Mr. Li, a widower with two sons, said on Thursday at a results briefing for his two corporate flagships, Cheung Kong Holdings and Hutchison Whampoa.

"The foundation is set up for charitable work and none of my family members or the Foundation boards are authorized to spend the funds." Li said at the briefing.

Li, sometimes called "Superman" by the Chinese-language press, has built the reputation of being a canny investor. Li became a tycoon by buying Hong Kong real estate in 1967, an unusual year that caused land prices to collapse.

According to Li, 90 percent of the funds will invest in Hong Kong and the mainland though that he had donated his wealth to overseas organizations.

Commenting on his Foundation's operations, Li says that he is not satisfied to donate cash by will. "No matter 20 million dollars, 50 million dollars or 100 million dollars, I will give them as long as the foundation is helpful. Even though 1,000 million, I will not hesitate."

Li who *Fortune* magazine says is the world's 10th richest person follows the trend of several world's richest persons who dedicate themselves to charitable work.

Bill Gates and Warren Buffet pledge to give away a substantial portion of their wealth. Buffet in June pledged $30.7 billion, over many years, to the Bill and Melinda Gates Foundation, the largest charitable commitment in history, according to the Chronicle of Philanthropy.

Li Ka-shing said he has no plans to retire.

"I am healthy so that I will not quit," says Li, adding that one day if he would not be that smart, he would continue to contribute to the foundation and charitable work instead of retirement.

3. 采取全译法翻译下列社论。

展望 2020：中国创新之路

2020 年的世界将会是怎样的世界？我相信那时将会出现一个生机勃勃和激动人心的区域，其中中国经济很可能会成为全球创新的平台。为什么呢？因为中国面临的独特机遇和挑战赋予了中国成为世界创新主宰者的潜质。在全球整合的经济条件下，我们会发现许多重要的创新活动来自中国，有些是由中国企业主导，有些则是由在中国的跨国公司主导。

汽车工业提供了一个很好的例子。根据高盛的"金砖四国与全球市场研究报告"（The BRICS and Global Markets，2004 年 10 月）的描述，2005 年中国和印度的汽车保有量大约在三千万辆。如果经济持续增长恰如预期，到 2040 年，这个数字会激增到七亿五千万辆。如此预期，在我看有两种可能的结果，要么原材料供给和制造工艺不能支撑汽车行业的急速增长，要么我们将会看到从车用能源到制造工艺，以及汽车设计领域出现日新月异的创新局面。明天汽车行业的领军企业会是上海汽车、丰田，还是大众？这恐怕很难预测。也许 2020年汽车行业的佼佼者会兼具国内企业和跨国企业的特质。

目前中国在诸多重要领域面临机会与挑战，主要包括：能源、环境、基础建设、人口密度、老龄化、生物技术，以及移动设备等，中国应重点以此开展创新活动。当然，挑战的形势与欧美所面临的挑战截然不同，这种不同至少体现在挑战的规模上，但是它们仍然形成了非同凡响的创新机遇。

举例来说，中国拥有六亿移动电话用户，这是世界之最，也是中国的特色。这也就为微软和谷歌提供了在诸多领域施展最新科技的非凡机遇，例如：移动设备的操作系统、移动搜索、移动银行，以及其他形式的移动数据服务。在微软、谷歌和其他公司在中国进行创新的同时，他们也会把这些创新成果运用到世界其他地区。

当今的跨国企业巨头，如宝洁、IBM、思科，以及诺基亚，也许在2020年仍然会保持强势，届时来自中国和其他新兴经济体的新秀企业也会在列强中占有一席之地。但是2020年的强者不能像今天的中国企业一样，他们一定要成为明天的中国企业。像任何明天成功的企业一样，明天的中国企业不应仅仅是中国企业，也应同时是部分的美国企业、部分的欧洲企业和部分的印度企业。

我的意思是说，作为2020年世界的赢家，中国企业不能仅仅依靠国内输出，还需要在世界各地的研发中心展开研发活动，对于生产制造、市场销售，及服务活动也应如此。如果你有大量的核心业务活动在中国之外，那么你就不再是传统意义上的中国企业了。

联想的形态就是一个非常具有说服力的例子。诚然，联想的根是在中国，总裁是中国人，但他的办公地点却在美国的北卡罗莱纳州，它的首席执行官是美国人却在新加坡上班，首席财务官的办公室设在了香港，首席市场官是一位印度裔美国人，并且它的全球市场营销中心设在了班加罗尔。

于是，联想同时成为了中国公司、美国公司和印度公司。这就是中国的商业领袖们将要创造的未来中国企业的形态，也是中国政府需要大力提倡和鼓励的方向。当我们谈及全球化的中国企业，我们描述其分布在全球不同地理区位的商业活动。主要的管理层人员可以由许多不同国籍的人组成，来自不同的时区，具有不同的语言和文化背景。中国文化崇尚层级制度、国家大同，中国商业领袖们的文化基因使他们不能自然而然地培育出在多样性环境下工作的技巧，这恰恰是中国商业领袖们需要克服的学习的挑战。中国不缺乏资本，也不缺乏硬能力，然而需要积累和培育的是实现超越的软能力。

现在对于中国的创业者和创新者来说是绝佳的时机。旧的商业模式、产品及工艺流程正在迅速衰落，新生事物总要代替腐朽没落的事物。正在运行的组织总是在创新方面步履维艰，于是本地创业者有了优势。值此大好时机，创业者应当着重为中国独特的问题来创造解决方案，同时着眼于在其他国家应用自己的解决方案，以至最终对全世界产生影响。

4. 采用摘译法翻译下列特写。

日本：朝鲜的核试验将构成威胁

东京——日本星期五讯：朝鲜的核试验将对东北亚构成缓慢的威胁，据报道，东京观察到有车辆进入可疑试验点后，就加强了对朝鲜的监视。

主要内阁大臣新左阿部说，因为情报方面的原因，他不能评论日本现在所了解到的信息，他也不能证实这篇报道的真实性，但是他催促平壤回到关于裁减核武器的六国谈判中来。

星期四，韩国的主要核武器谈判代表春云武警告说，各个国家用来说服朝鲜解除武装的时间已经消耗得差不多了，但是，他同时说明恢复国际裁减核武器协定谈判的机会很小。

朝鲜声称他们拥有核武器，但是还没有通过任何已知的试验来证实这一说法。许多专家相信朝鲜具有足够的放射性材料来建造至少半打的核武器。

自从 11 月起，朝鲜就拒绝参加六国谈判，直到华盛顿停止因为限制所谓的伪造和洗钱，而把持有朝鲜共和国的账户的银行列入黑名单。

华盛顿希望朝鲜无条件地回到谈判中来，这六国包括了韩国、朝鲜、中国、日本、俄罗斯和美国。

5. 采用摘译法翻译下列消息。

派拉蒙与汤姆·克鲁斯分道扬镳

洛杉矶——据电影制片公司主席向《华尔街日报》记者透露，派拉蒙电影公司已经宣布与汤姆·克鲁斯制片公司结束 14 年伙伴关系，原因是汤姆·克鲁斯荧屏外的出格的行为。

维亚康姆公司主席桑姆纳·雷史东的这段评论暗示着由杰出的好莱坞明星掌控的最能赚钱的电影制作，同时也暗示着克鲁斯的形象被他在过去的一年中的所作所为毁掉了。

尽管克鲁斯今年在《福布斯》杂志世界百位明星权力榜上排名第一，但他的最新影片《碟中谍 3》，在 5 月份上映后票房惨淡。他的名声也大不如前了。

"虽然我们很喜欢他这个人，但我们还是认为，继续与他合作下去是不合时宜的，"维亚康姆公司主席桑姆纳·雷史东对《华尔街日报》记者说。"派拉蒙不能接受他近期的个人行为。"

根据杂志报道，汤姆克鲁斯的代理人的透露，他的制作公司——1992年就已经在派拉蒙影片公司占有份额，将会成立一个新的运作公司，并将在另外两家著名的投资公司资助下独立运营，但他们拒绝透露这两家公司的名字。

6.　采用编译法翻译下列消息。

长期受难的黎巴嫩人民处境亟待改善

黎巴嫩敌对状态停止后的过去几天已经证明了黎巴嫩人民的复原。在枪声平静后的几分钟后，难民已经开始想办法回家，并且开始了重建他们的城市和村庄的过程。

世界上几乎没有人比黎巴嫩人民更能忍受这么多的战争、冲突和紧张局势，能已如此非凡的韧性做到现在这样的更少。

事实上黎巴嫩人经常会被他们自己的政客欺骗，这些政客们生活在国家的蜜罐里。数十年来，政治精英们从国家保险箱里窃取了大量金钱并挪移了几十亿的政府公款。每年都从窃取的几千万美元中获益的黎巴嫩黑手党受到国会和内阁政客的保护。

腐败的宗派主义体制火车已经驶到了终点。已经忍受太久毫无目的的痛苦旅程的黎巴嫩人民，已经无需测试他们的韧性，应该飞向一个新的并充满希望的目的地了。

【第九章练习答案】

翻译下列新闻标题，并说明你采用的翻译技巧以及采用该技巧产生的效果。

1. 打品牌还是打广告？
2. 7人死亡：中国西南省份水电厂发生事故
3. 官方认为中国贫困线标准太低
4. 保护环境　从家做起
5. 心中无惧　放心消费
6. 女孩：为我们竖起榜样
7. 陷落得越深　反弹得越快
8. Dangerous to Enjoy the Cool on the Trestle
9. August 22: Iran Declined Project by Six Countries
10. Production Group of *Great Flag* Say Sorry to the Public

11. Fast Culture PK Literary Classic: Secondary Students Far from Classics

12. Self-discipline or Self-show: Disputes over Oath against Corruption

13. Support of Schooling Loan in "Post Zhang Baoqing" Age

14. Buried in Dirt, Saved in 12-min.

15. Farewell Good Salary, Hello Distant Village

16. Second Thought of Piracy: Great Breakthrough or Academic Foam

17. Look! The Pose He Wants You to Have!

18. Lovely Children Voice, Music and Applause, Happy Kids, Youngsters and the Old

19. More Pigs, More Manures, More Grains and More Pigs

20. Assistant Mayer Determined to Cut Down Medicine Prices

【第十章练习答案】

思考题答案:

1. 文体类型见每篇译文的括号部分。

2. 略,可参看本章中的文体翻译分析部分。

3. 略,可参考各原文后的"提示"。

译文:

新闻 1:(硬新闻)

Major Translation Forum Gets Underway in Beijing

From: china.org.cn

Availing himself of the pulpit provided by a professional translating forum in Beijing, President of the International Federation of Translators (FIT) Peter W. Krawutschke said that annual output of the global translation and interpretation industry could be <u>worth US\$13—14 billion</u>.

FIT President Krawutschke that the translation and interpretation industry formed a crucial segment of the emerging "knowledge industry". He added that although no method existed to accurately judge the scale of the industry at present, <u>his estimate had been conservative</u>.

Krawutschke was speaking on Friday at the opening session of a forum seeking to <u>address</u> various issues relating to translating Chinese into foreign languages. This initial forum, labeled "Forum on Translating from Chinese into Foreign Languages—A Bridge to the World", will close on Saturday.

Cai Wu, minister of the Chinese State Council Information Office, also spoke at the forum: "Since the late 19th century, Chinese intellectuals have promoted the country's modernization through translating western works; today we need to place more emphasis on introducing Chinese culture to the rest of the world. The 5,000-year-old Chinese culture not only belongs to China but the whole world. China should play its part in helping build a global cultural landscape in the new century."

"The work of translators will determine the success or failure of this goal," said Cai.

Experts gathered for the forum echoed one another in stressing the need of informing foreign audiences about China given the speed of the country's development and the rapidity in which this same development is grabbing the world's attention. A key component of the country's international communication array, translating Chinese content into foreign languages must be given its dues as part of the national cultural strategy and thus be improved.

Topics to be discussed at the forum—all from the perspective of translating from Chinese into foreign languages, include the translating of official documents, news reports, classical works, industry-specific texts as well as expressing creativity in cross-cultural communication.

Organized by the China International Publishing Group and the Translators Association of China, the forum has brought together 200 participants, including illustrious names from Chinese ministries, national media and the Beijing Organizing Committee for the 2008 Olympics as well as translators and researchers from every continent.

The forum is part of a series of events leading up to the 18th World Congress of the International Federation of Translators to open on August 4, 2008 in Shanghai.

新闻 2：（硬新闻）

中信银行即将首发筹资 60 亿美元

英国《金融时报》森迪普·塔克(Sundeep Tucker)香港报道

2007 年 4 月 23 日　星期一

据知情人士称，中国内地第七大银行——中信银行(China Citic Bank)将通过首次公开发行(IPO)筹资 60 亿美元，创今年全球 IPO 之最。

中信银行将于本周在香港和上海两地同步上市，成为最新一家利用空前的投资者兴趣的内地银行。投资者将内地银行板块视为中国经济两位数增幅的代表。

熟悉此次 IPO 的人士称，中信银行在香港发行的 48.85 亿股 H 股定价为每股 5.86 港元，将筹资 286 亿港元(合 37 亿美元)。

作为"绿鞋"机制的一部分，预计中信银行本月晚些时候将向散户投资者配售更多股票，届时将再筹集资金 43 亿港元。

中信银行还将 23 亿股上海 A 股股票价格定为每股 5.80 元人民币，将筹资 133.4 亿元人民币(合 17 亿美元)。

此次股票发行得到投资者踊跃认购，突显出投资者对内地银行类股仍抱有浓厚兴趣。

据知情人士称，中信银行 H 股境外机构配售部分获得逾 90 倍超额认购，面向香港散户投资者发行的部分获得 230 倍左右的超额认购。

据《上海证券报》(*Shanghai Securities News*)报道，中信银行网上申购冻结资金的规模接近 1.2 万亿元人民币，创下中国内地 IPO 的历史最高纪录。

这是迄今为止中国内地银行第二次在香港和上海两地同时上市。去年 10 月中国最大的银行中国工商银行(ICBC)两地上市，IPO 筹资规模为 219 亿美元。

中信银行将是过去两年来第六家在香港上市的内地银行。

中信银行的 IPO 承销商是花旗集团(Citigroup)、雷曼兄弟(Lehman Brothers)、汇丰(HSBC)、中信证券(Citic Securities)和中国国际金融有限公司(China International Capital Corp)。

新闻 3：(中间类新闻)

9·11 事件回顾
雷文凯

三年前的今天，世界目睹了对文明世界史无前例的攻击行动。9·11 事件让举世震惊，和我一样看到攻击行动的人们，到今天依然对那些画面记忆犹新。

那天，卡伊达[1]的劫机者，毁灭了将近 3000 名无辜者的生命和前途，让他们的家人和朋友陷入痛苦的深渊。

---

1 总主编注：原文为《联合早报》特约稿件，作者是美国驻新加坡大使，译者叶琦保(Yap Gee Poh)。"卡伊达"为该译者的音译法，我们则意译为"基地组织"。

今天，我们要向受害者致敬，也要为还受到事件折磨的受害者家人和亲人祈祷。

在 2001 年 12 月，如果不是因为警卫人员的效率和警觉性，新加坡也可能遭受一系列类似 9·11 事件的致命恐怖袭击。这一点我们应该谨记在心。

美国人很清楚，恐怖主义早在 9·11 事件前便已经存在。许多国家已经忍受恐怖分子的袭击长达几十年，甚至几百年。

星期四雅加达发生的炸弹攻击案、上个星期俄罗斯学童被冷血杀害、两名法国记者最近被绑架和尼泊尔工人在伊拉克惨遭谋杀的事件，在提醒我们国际恐怖主义可以带来的祸害。恐怖分子将竭尽所能，在全球各地制造破坏。

过去三年，国际间通过锲而不舍的执法行动、交换军事情报和外交及经济上的努力，已经大大削弱了卡伊达的实力。

在共同对付恐怖分子方面，美国和新加坡已经取得紧密和有效的合作。

卡伊达进行大规模屠杀的目标并没有改变。当一些不合法的政权制造或者取得大规模杀伤力武器，并同恐怖组织维持联系，它得逞的危险性便会大大加强。

我们还没有脱离危险，也必须坚决面对这些新的威胁。我们不能对威胁置之不理，或者等到新的攻击事件发生才作出反应。

国际间的打恐行动，目的是提供一个安全的国际环境，让爱好和平和自由的国家，可以追求它们发展社会、文化和经济的目标。

在民主和成功的社会，人们不会以大规模屠杀他人为国家政策。他们会通过教育和努力工作，把心思放在为自己和家庭开创更美好的生活。

民主政府不会庇护恐怖分子营地，也不会杀害无辜的人民和孩童。它们会提供人民良好的成长环境，让他们致力促进法治精神，寻求贸易和其他交流的机会。

今天，美国人将与世人一起回顾同 9·11 事件有关的悲惨事故和英勇行为。

新加坡人在 9·11 事件发生时，对居住在这里的美国人，流露出感同身受的震惊、悲哀和关心。对此，我非常感激，也会永远铭记在心。

9·11 事件的三周年纪念日，让我向你们说声谢谢。

新闻 4：（中间类新闻）

Uphold high standards of medical ethics

Zhu Chongke (2003-06-07)

Renowned French philosopher Michel Foucault (1926—1984) hits the nail on the head when he wrote in his book *The Birth of the Clinic* that a doctor is not able to look at the various physical signs in a patient and immediately know what disease the patient is suffering from. He can only do his best to give an assessment and diagnosis based on his "clinical gaze".

Yet by virtue of his exalted status, the doctor is endowed with much power over his patients. In Foucault's view, a clinic is a place where knowledge is power.

Let's not go into the complex details of Foucault's theory. Recent reports of unrelated incidents of unethical medical practices here are enough to set us thinking.

The first case that comes to mind is a clinical research project by the National Neuroscience Institute on Parkinson's disease which was accused of breaching rules of ethics. The researcher conducted drug testing on 127 Parkinson's patients without their informed consent. Worse still, some patients experienced a drop in blood pressure, difficulty in moving and discomfort.

In another incident, a dental surgeon at an NTUC Denticare clinic refused to attend to a Tan Tock Seng Hospital executive.

These episodes may, in a way, well serve as examples of the negative consequences of the knowledge-power relationship elaborated by Foucault.

We can point the finger at the researcher and dentist for lacking in professional ethics or even question whether they subscribe to these ethics at all in the first place. We can also accuse the dental surgeon of being unsympathetic and the researcher of being unscrupulous for selfish reasons. They have both failed in their duty.

As I see it, their conduct is just a manifestation of the preoccupation of modern medicine with the development of scientific knowledge and equipment which inadvertently or otherwise, overlooks the importance of human elements.

This is not suggesting that the present health care system should be rejected or abolished. There is, however, a need to be mindful of the shortcomings in this man-made and highly-institutionalised system in order to improve it.

An over-emphasis on scientific knowledge, modernisation, equipment and high technology may blind us to the fundamental fact that the system is created to serve human needs. Ignore this and we are likely to see unethical conduct similar to the cases mentioned earlier repeat itself.

The research project may have good scientific and medical reasons. Still, the manner in which it was carried out was objectionable—the researcher was experimenting with precious human lives.

The dentist could argue that he acted in the interests of the majority of patients. But there is no denying that he has forgotten that his duty as a doctor is to help patients who are in need regardless of race, occupation, political affiliation or the fact that they may have diseases other than the one they seek treatment for. Without this strong sense of duty, behaviour like selfishness (turning away patients) and avoidance (the recent untimely resignations of some Taiwanese doctors) will become inevitable.

Doctors should not be equipped only with the knowledge and skills required of the profession, they should always bear in mind the need to care for and feel a sense of compassion for patients. Of course, doctors are only human and are not spared from unpleasant feelings and the ups and downs in life. Patients also need to be understanding, reasonable, and cooperative for a healthy doctor-patient relationship to develop.

新闻 5：（中间类新闻，杂议）

Traditions should be enduring yet adaptive

Han Tan Juan（2003-01-25）

On Chinese New Year's Eve, while many will gather for the reunion dinner, others will head for the airport or train station to "flee" from such festivities.

With a growing number of Singaporeans going on overseas tours during this time—some to give Chinese New Year celebrations a miss—the Chinese New Year holiday which used to be a <u>lull period</u> for travel agents has in recent years become a peak season.

Isn't Chinese New Year the most important traditional festival for the Chinese? Well, for those who choose to take flight, it means an opportunity to enjoy a holiday out of the country. The concern is, if even Chinese New Year can be ignored, what other traditional festivals cannot be disregarded?

Why do we need to preserve traditional festivals?

Firstly, they are inseparable from our ethnic identity. The Chinese, Malays and Indians all have their own traditional festivals from which they derive "a sense of belonging to a particular community". So if any Chinese does not see himself as one, there is no need for him to celebrate any Chinese festivals.

True, everyone has the right to reject traditions. The problem is: You cannot deny your ethnic origins or change your skin colour. We are born with a certain skin colour which cannot be "bleached"—if one has a "yellow face" and yet refuses to identify with the Chinese, who else can he or she identify with?

Secondly, the fundamental spirit of the more than 2000-year-old Chinese New Year is closely intertwined with the traditional culture and values of the Chinese. At its core is the Confucian value of "仁" or "<u>benevolence</u>"—to be "<u>benevolent is what makes humans truly human</u>". The word "仁" also means two persons or person-to-person when you break it up. In today's language, it can be described as interpersonal relations.

Traditional Chinese festivals invariably centre on maintaining and improving human relations.

Reunion dinner helps to deepen family ties while the exchange of gifts and greetings enhances relations between friends. To skip the reunion dinner and stay away from Chinese New Year means losing many great opportunities to forge stronger kinship and friendship ties.

On the other hand, people who grieve over and lament the loss of traditions would do well to do some re-thinking.

Are there elements in our traditions that have become outdated? Should we be more concerned about the meaning of a tradition or the form it takes?

To keep up with the fast-changing times, we can change the way a tradition is observed without it losing its meaning.

A tradition must be capable of being passed down from one generation to another. Yet this does not mean traditions cannot be changed. Over the years, the way Chinese New Year is celebrated has always been changing. The most obvious example is: We no longer light firecrackers.

Many found the ban hard to accept when it was first imposed here years ago. Without the sound and fury of firecrackers, they felt that Chinese New Year just seemed to have lost its festive atmosphere. But the lighting of firecrackers is by no means a must. Many big cities in China have introduced a similar ban.

As for the reunion dinner, it can be eaten at home or a restaurant. The venue is immaterial—the important thing is the presence of all family members.

To adapt a tradition to changing circumstances does not signal the demise of that tradition. On the contrary, it is by adapting that we can preserve and safeguard traditions. Of course, this must not be done at the expense of the true spirit of any traditions.

<u>Even for people who prefer to take a holiday during the Chinese New Year period, some may do so only after having the reunion dinner and may visit places like China, Hong Kong, Macau and Taiwan which also celebrate the festival. They are not shunning Chinese New Year as such, just spending it in other places. But those who do not even bother to have the reunion dinner may be "overdoing things a bit".</u>

The sad thing is that some will deliberately pick some destinations with few or no Chinese at all. Well, if some people are determined to have nothing to do with traditions, <u>there is not much that we can do.</u>

【第十二章练习答案】

请用摘译或编译的方法翻译下列新闻。

1.   微软展示手机化电脑原型

周四，微软展示了由手机改造成的电脑原型，将来某一天可能作为一种便宜的 PC 来适应新市场。

这种手机化电脑起源于 1 月份召开的世界经济论坛，为了制造这种电脑，微软公司把它的 Windows CE 操作系统和一个电话联系起来，这个电话可以接到电视和键盘上。

一直以来，微软都因为没有帮助制造一台低成本的 PC 来适应市场需求而受到指责。Mundie 说，即使在较贫困地区，许多人拥有电话和电视，将这些部件改造成一台电脑，要比制造一台低成本的 PC 容易。

Mundie 用因特网浏览器和 Windows 媒体播放器的简化版本，展示了如何在这样的电脑上进行文字处理、媒体播放、网页浏览，他认为，由于操作简便，这种设置和电脑已经没有什么区别。

微软制造商还没有开始制造这样的产品，Mundie 说："我们将观望一下，将这种产品推向市场，能否给我们带来收益。"

2.
迪斯尼公司利用网络获得成功

一位沃尔特·迪斯尼公司的经理周一说道，公司利用网络播放电视节目的实验获得成功。Disney-ABC 电视制作组的经理 Anne Sweeney 说道，今年秋天，ABC 会继续通过更新的多媒体播放器提供免费的、由广告费用承担的电视节目。她谈到，这种免费的、由广告费来承担的节目吸引了许多年轻人，他们认为在电脑上看节目，比在父母的眼皮底下看节目要舒服得多。

她说道："去年，我们利用迪斯尼公司的网页作为一种拓展市场的工具，现在，网页已经成为一种应用程序。"自从迪斯尼的节目在网络上放映后，已经拥有了 3700 万的下载量，平均每天有一百万的访问者。

除此之外，ABC 正在尝试着把一些电视节目如 "失踪者"、"绝望主妇"、"爱丽丝"和"总司令"传到网上，实验期为两个月。Sweeney 说道，在这两个月其间，拥有 560 万的下载量，而且 87%的观看者记得他们所看的广告。

3. ### China, US conclude 4th Round of Strategic Economic Dialogue

ANNAPOLIS, the United States, June 18（Xinhua）—[2] China and the United States wrapped up the fourth round of Sino-US Strategic Economic Dialogue, or SED, Wednesday in Annapolis, Maryland. Visiting Chinese Vice-Premier Wang Qishan and US Secretary of Finance Henry Paulson co-chaired the meeting as special representatives of the state leaders of both countries. The dialogue highlighted advancing joint opportunities for cooperation in energy and environment. China and the United States also signed a 10-year cooperation agreement on energy and environmental protection.

（总主编提供编译文本）

4. ### The Minority Women and Sex Study Training
Base Is Established in China

BEIJING, August 29（Xinhua）—With the development of society, gender equality and women's development is greatly concerned by the whole world. The Chinese government has paid much attention to women's development, especially the minority women. The Minority Women and Sex Study Training base has been

---

2 总主编注：若用于口播文本，该下画线部分应予以删除。

established in Beijing in August 29.

The fast development of China's socio-economic development requires a deep research into some links dealing with women's development. The establishment of the training base provides a more open and effective stage for the study of minority women issues and the training of the women cadres and women talents. It is said that the training base will train the minority women cadres for the long run and short run and also organize some experts to undertake some research on the issues of minority women.

In the opening ceremony, an official of the National Civil Committee said that China did plenty of effective work in ensuring that the minority women have equal rights in taking part in the political, economic and social development activities, in improving women's educational and cultural level and training the women cadres, in strengthening women's health and preventing women's poverty and so on.

5. **CAS and Beijing Further Promotes Their Cooperation**

BEIJING, September 26(Xinhua)—Lu Yongxiang, President of Chinese Academy of Sciences, and the Beijing government have signed an agreement of all-around cooperation on September 26 and the two parties begin a new round of technological cooperation. Therefore the technological achievements of the CAS will be applied to production in Beijing.

Directed by the demand of Beijing's development, the two parties will mainly rely on enterprises by funds and together promotes the construction of the new organism of combining the producing, studying and researching by the way of coordinating the knowledge innovation and technology innovation. They also decide to reconstruct the traditional industries and the high-technological industries. They will work together on the implementation of China's important projects of science and technology such as super-large-scale integration, wideband wireless mobile communication, the research of new medicine, high-ended versatile chip.

The Beijing Government and Chinese Academy of Sciences will research and develop together a series of skills about conserving the resources and restoring ecology. Meanwhile they will also promote the application technology of the urban information—based management and the proper technology of serving new villages.

Therefore they will solve the key problem preventing the urban management of Beijing and the harmonious development of the city and countryside.

【第十三章练习答案】

一、内容的遴选。

1. 翻译下面这篇新闻，注意将中国读者熟知的内容删去。

世界经济版图出现新丝绸之路

在关注全球贸易和资本流动问题时，人们通常把目光聚焦在美国外债的规模以及如何买单上。但是，随着亚洲经济的发展，能源价格高企对中东的影响日益显现，新的贸易和资本流动正在形成。海湾地区石油输出国和亚洲(特别是中国)之间的经济和金融联系，使人想起古老的丝绸之路。但如今，这些联系建立在碳氢化合物和石油美元的基础上。这种新型关系既提供了商机，也对全球经济提出了严峻的挑战。

今天，人们正在编织新的战略图景，使用的丝线是流向东方的石油、天然气、石化产品、水技术、石油美元和银行专业知识，以及沿着古老的丝绸之路流向西方的廉价消费品、能源和交通基础设施、新技术、流动工人和武器装备。

自 2000 年以来，海湾国家和亚洲之间的贸易额增加了一倍以上，现已达约 2400 亿美元。中国是向海湾地区出口最多的国家，也是与该地区保持广泛贸易平衡的唯一大国。2005—2006 年，海湾国家已经宣布在亚洲投资近 1600 亿美元，但这只是冰山一角。中国和沙特阿拉伯之间的投资方案已经提出和商定，内容涉及碳氢化合物和电力的勘探与开发，以及中国的战略石油储备。此外，中国一直积极试图与伊朗达成贸易和投资协定，内容涉及管线、长期天然气供应以及在伊朗进行基础设施建设。

石油美元流入从巴基斯坦到印度尼西亚等各个国家的金融和房地产市场，对中东投资者来说，这类投资所占比重可能越来越大。自 2000 年首发以来，伊斯兰债券的发行已猛增至 400 多亿美元，其中面向中东投资者的份额越来越大。亚洲拥有世界上大约一半的穆斯林人口，而且海湾地区的基础设施项目非常适合这种融资方式，因此金融和投资联系可能进一步增强。

所以，可以将全球化、能源和地缘政治的变化视为亚洲重新实行一体化的动力。这对全球经济提出了重要的问题：在实现一体化的过程中，西亚和东亚经济体是否仍会坚持自愿积累美元资产？如果不是，全球货币体系无疑将

◆新世纪翻译学 R&D 系列著作

受到影响。

从制度的角度看，中国正在检讨自己的外汇储备管理方案。而计划从 2010 年起实行单一货币的海湾国家，必须解决如何控制通货膨胀的问题。但是，海湾地区经济发展加快(该地区已是世界第七大"新兴市场")，以及亚洲所占世界产值的份额日益增大很可能意味着，金融财富将越来越多地在亚洲累积。这很可能导致世界金融市场出现一段时间的不稳，美元贬值的势头加剧。当然，关键在于美国的实力不断衰落，任何国家的国际收支状况只是其次。

21 世纪的丝绸之路有可能像古老的丝绸之路那样，在商业上硕果累累。但是，如果想存在下去，当代丝绸之路也需要政治稳定或处理政治变革的能力。这就意味着需要成立各种泛亚机构，以此从内部并与西方一道处理发生的变化。反过来，西方也必须适应全球经济力量的变化。(《参考消息》2006.12.25)

2. 翻译下面这篇新闻，根据内容的重要性做一定节略。

俄罗斯人道精神缓慢复兴

中产阶级人士自发为孤儿送温暖

当慈善机构"穆尔济基"的汽车在雷宾斯克 72 号孤儿院门口停下时，孩子们欢笑着，挥舞着双手从里面跑出来。他们能叫得出这些从莫斯科远道而来的大人的名字。孩子们争先恐后地帮着卸下车上的物品。车上装满了一箱箱的玩具、运动器材和衣服，此外还有餐具、一台崭新的录像机和动画片录像带，这些都是孩子们缺少的东西。

"穆尔济基"的成员对孩子们说，他们来自于一个神话中的国度。实际上，他们是一群自发组织起来的中产阶级人士。这样的人在俄罗斯很少见，一个世纪以来，志愿者精神已经快要在这个国家灭亡了。

格尔曼·皮亚托夫是莫斯科的一位外科医生，他 1998 年建立了"穆尔济基"这个组织。

该组织目前拥有约 700 名志愿者，这些志愿者通过因特网保持联系。其中，数十名莫斯科志愿者是该组织的中间分子，他们定期驱车数百英里，前往伏尔加河流域几个贫困市镇的孤儿院。

15 年来，俄罗斯的孤儿人数急剧攀升，边远地区的情况尤其如此。雷宾斯克以前是一座国防工业城市，1991 年时这里只有 1 家孤儿院，现在已经有 6 家孤儿院了。

72 号孤儿院目前有 52 名孤儿，其中 40 名孤儿的父母在世，但他们都不肯或无力照顾这些孩子。

俄罗斯教育部称，目前大约有 76 万孤儿。而社会公共机构几乎没有给予这些孩子任何帮助。

皮亚托夫说："在离开孤儿院后，约有 45%的孩子在五年内锒铛入狱，35%的孩子吸毒或酗酒，10%的孩子丧命于各种事故或自杀身亡。"

皮亚托夫说，"穆尔济基"现在开始跟踪从他们帮助过的孤儿院中"毕业"的孩子的情况，给他们找工作，帮助他们解决问题。

他说："'穆尔济基'中的大多数人是专业人士和商业人士，这就形成了一个很实用的关系网。我们已经做成了几件事。"

俄罗斯教育部公布的数据显示，2005 年新登记的孤儿中，得到领养的不到 1/4，其中一半是被外国人领养的。

有些人说，最好的方法是国家充当"穆尔济基"等民间组织的后盾。虽然俄罗斯的慈善捐助在不断增加，但 2005 年的捐助总额仍不到 15 亿美元，其中大部分款项是大型企业捐助的。相比之下，美国 2005 年慈善捐助的总额约为 2600 亿美元。

72 号孤儿院的孩子们很高兴"穆尔济基"为他们带来欢乐。14 岁的尼古拉·谢尔盖耶夫说："他们经常来这里帮助我们，给我们带东西。我在这里已经 6 年了，现在孤儿院的条件看起来好多了，我们有了电脑和电视，这里变得有趣多了。"

16 岁的谢尔盖·索科洛夫来孤儿院已经 5 年了。他说："他们给我们办实事，我想这会对我们的将来有好处。"（《参考消息》2007.1.4）

3. 将下面这篇报道翻译为约 150 个词左右的英文报道，着重向国外读者传达"2008 奥运开幕前最后一次歌曲征集活动，活动的截止日期，揭晓日期，为残奥会征集歌曲，北京 2008 奥运会的具体日期"等内容。

Beijing Seeks Theme Song for 2008 Olympic Games

Beijing Olympic organizers on Sunday kicked off another round of campaign to solicit a theme song for the 2008 Games.

The deadline to submit candidate songs is March 10, 2008, and a cash reward of 20,000 yuan (about US$2,565) will be given to each of the 25 winners selected by a panel of professional musicians, the Beijing Organizing Committee for the 2008 Olympic Games (BOCOG) said in a press release.

The worldwide solicitation, which has entered the fourth edition of its kind, also targets a theme song for the 2008 Paralympic Games as well as theme songs for torch relay and ceremonies events.

The theme song for the 2008 Olympics, to be picked from all the entries of the four editions, will be unveiled 100 days before the opening ceremony of the Games, said BOCOG.

The Beijing Olympics take place from Aug. 8 to 24, 2008. (Xinhua，Jan. 22, 2007)

二、翻译方法的选择(注意下画线部分的翻译)。

1. 自 2000 年以来，海湾国家和亚洲之间的贸易额增加了一倍以上，现已达约 <u>2400 亿美元</u>。(《参考消息》2006.12.25)

2. 据经济学家介绍，<u>体重指数(测量体重与身高比例的指标)</u>上升 10%，男性 的实际收入就会下降 3.3%，女性则会下降 1.8%。(*China Daily*，2007.2.16)

3. 只要 MSN 用户使用带有 <u>I'm 的昵称</u>开始聊天，参加此项活动的九个社会公 益组织就能获得捐款，而微软则可获得此活动的部分广告收益。(*China Daily*，2007.3.19)

4. 这部新片将重点讲述这位英国前首相光辉政治生涯中的一个重要事件，即 1982 年与阿根廷的<u>马岛战争(又称"福克兰群岛战争")</u>。(*China Daily*，2007.3.21)

5. He cited <u>Ningbo in East China's Zhejiang Province</u> as an example. The city's rate of birth defects was 23.1 per thousand last year, an increase of nearly 4 per thousand over the previous three years' average. (*China Daily*，Mar. 13, 2007)

6. Twelve-year-old Luo Xiaofeng refused to have dinner with his parents on <u>the 15th day of the first lunar month, the last day of the Chinese lunar new year.</u> (*China Daily*，Mar. 14, 2007)

7. This Valentine's Day, Shanghai banker Richard Fan will be buying his wife a <u>40,000 yuan (US$5,100)</u> Cartier wrist watch. (*China Daily*，Feb. 12, 2007)

8. 希拉里·罗德汉姆·克林顿上周日称，布什总统已经把伊拉克问题弄得一团 糟，他在离任前，有责任把美国从这个泥潭中"解救出来"。……白宫谴责 <u>希拉里</u>的言论是一种党派攻击，而且还会"误导"美国士兵。(*China Daily*，2007. 1. 29)

9. <u>The splitting up of families</u> poses a challenge to traditional household structures

and approaches to child-rearing, said Xie Guangxiang, deputy secretary-general of Anhui Provincial Government. (*China Daily*，Mar. 14, 2007)

10. 对于很多夫妻来说，有了孩子之后，家务活就更多了。而很多女性则承担起了其中的<u>大部分</u>。(*China Daily*，2007. 3. 8)

三、译者的态度与措辞(注意下画线部分的措辞)。

1. <u>反美武装</u>比美军更了解伊拉克人是如何消费信息的。(《参考消息》2007.1.12)

2. 有关专家在接受《朝鲜日报》的采访时说，这一现象说明，人们对朝鲜 10 月 9 日的核试验感到不安，所以很多人在<u>激情</u>中寻找安慰。(*China Daily*，2006.10.30)

3. 而正在临近的 2008 年夏季奥林匹克奥运会当然可算是中国发生巨变的一个<u>契机</u>。(《参考消息》2006.12.20)

4. 然而，"奥运效应"不仅体现在<u>美化外观</u>的行动上。筹备奥运已成为举国上下进行自我反省和自我完善的行动。(《参考消息》2006.12.20)

5. 吴每月挣大约 100 美元，她所在的乐器公司是世界上最大的小提琴制造商，<u>低矮的厂房</u>占据了这个东南小镇的中心位置。(《参考消息》2006.1.15)

6. 现在,美国<u>攻入</u>伊拉克的一个本来可能出现的胜利结局却由于那里的严酷现实而大打折扣。(《参考消息》2006.12.31)

7. Though the absolute number of students signing up to take the examination is increasing, the rate of increase <u>dropped precipitously</u> this year compared with last year, according to data provided by the Ministry of Education. (*China Daily*，Feb. 2, 2007)

【第十四章练习答案】

1.—4. 参考答案略。

5. 分析下列广播新闻的特点并翻译成汉语。

(1)**分析**

　　1)这是一则硬新闻，经搜索，是 VOA 慢速英语口播类简明新闻；

　　2)全文共 6 段，句子结构基本为简单句；

　　3)其中 3 句为复杂句，却是 S-V-O 这样的简单结构；

　　4)有直接引语；

5)总字数未超过 190 个单词(不含标题)，可以全译。

6)译成汉语时，注意保留原文的风格。

7)似乎没有背景知识需要加以补充，向中文读者交代。

(2)译文

距大选还有四个月的现今，最新调查结果显示参议员奥巴马领先参议员麦凯恩三至六个百分点。

经过 8 年以布什为首的共和党执政后，民主党因有望今年夺回白宫而深受鼓舞。

尽管公众普遍对经济、伊战和布什的任期表示不满，结果相近的竞选仍让一些共和党人惊喜交加。

格林尼治大学的民意调查者克莱·理查兹说，很明显，大部分选民已决定好在 11 月支持哪一位候选人。

他解说道，鉴于 75%—80%的选民已做好决定，这次尚处于初期的选举可说是一场 20%—25%的选民之间的战争，因为剩下的已做出承诺。

格林治就 11 月三大决定性州的最新民意调查结果表明，经济议题正促使更多的工薪阶层选民支持奥巴马。这些州分别是俄亥俄、宾夕法尼亚和佛罗里达，均是在 11 月的大选中被视为极富竞争力的州。

6. 分析下列报刊新闻的特点并翻译成汉语。

(1)分析

1)这是一篇比较正式的书面语新闻，经搜索，出自英国的《金融时报》；

2)全文共 280 多个单词(不含标题)，句子结构较为复杂，用词不如口播类新闻通俗易懂；

3)第一段导语很长，43 个词(上一个口播类新闻的导语是 27 个)，第 2、3、5 段比较长，篇章结构比前一则硬新闻复杂得多；

4)因是分析型新闻，普通中国读者读起来未必轻松；

5)因该新闻属于特稿，可以考虑全译介绍给中国读者。

6)译成汉语时，既注意保留原文的风格，同时考虑目的语读者的特定需要(如背景知识的补充等)。

(2)译文

美国经济第 3 季度出现负增长

对美国陷入衰退的担忧昨日加剧，数据显示，今年第 3 季度美国消费者支出大幅削减，导致美国经济折合成年率收缩 0.3%。这是 7 年来美国经济的最糟糕表现。

这是美国大选前最后一项重要数据，虽然它比预期略好，但如实反映出 7 至 9 月美国全国经济活动明显放缓，以及下届政府面临的挑战。美国经济第 2 季度保持了相对强劲的增长，折合年率为 2.8%，经济学家曾预测，第 3 季将收缩 0.5%。现在分析师认为，美国经济在第 4 季将出现超过折合年率 2% 的降幅。

另一方面，遭遇冻结的信贷市场昨日出现更多解冻迹象。美联储(Fed)发布的数据显示，商业票据发行过去 7 周来首次增加。这表明美联储对市场提供的支持在一定程度上重新推动增长。截至周三的一周里，对公司和金融机构来说至关重要的短期融资市场，总量增加 1005 亿美元。

然而，在 9 月雷曼兄弟(Lehman Brothers)破产后的 6 个星期里，商业票据市场蒸发了 3660 亿美元。与此相比，1005 亿美元的增量仅恢复不到三分之一的损失。

周三美联储减息至 1% 后，全球股市昨日出现不同程度的上升。亚洲股市升幅明显。针对一篮子货币，美元仍处于守势。金价出现 2% 跌幅，油价下跌 3 美元，至每桶近 64 美元。

7. 分析下列网络新闻的特点并翻译成英语。

(1)分析

1)把主题涉及国事的汉语新闻译成英文，是一项看似简单，但实则难以把握原则、难以就事论事操作的翻译实践。我们从归纳法的视角对原文(ST)和译文(TT)做一简明的对比分析。

2)ST 是一篇典型的中文新闻，既适合口播，也适合书面阅读；TT 也是一篇典型的英语硬新闻，兼具口语、笔语风格。但两者的谋篇布局存在明显的不同。

3)ST 约 400 多字，共 4(大)段(不含标题)；TT 约 218 个词，共细分为 7(小)段(不含标题)，可见 ST 和 TT 的段落安排差异明显。

4)ST 第 1 段是导语(34 个汉字)；第 2 段是一大段(194 个汉字)，整个为中国主席贺电的主要内容；第 3 段(71 个汉字)是汤加国王的贺电大意；第 4 段是关于中汤外交关系史的简述(这对中国读者很有必要)，约 90 个汉字。TT 第 1 段是导语(27 个词)；第 2—5 段构成 ST 第 2 段的内容——这样分段是按照英语硬新闻"一段一句"的原则处理的；第 6—7 段构成 ST 的第 3 段；TT 中没有 ST 第 4 段的内容，因对外似乎无此必要。

5) ST 和 TT 的语言风格不是很难把握，比较容易模仿。

6) 根据上述的对比分析，读者可以试着按照英语硬新闻的结构、使用新闻英语的表达方式将 ST 编译成 TT。

(2) 译文

Chinese president, Tongan king exchange messages to celebrate 10th anniversary of diplomatic ties

BEIJING, Nov. 2 (Xinhua)—Chinese President Hu Jintao and Tongan King Taufa'ahau Tupou V exchanged congratulatory messages on Sunday to celebrate the 10th anniversary of the establishment of bilateral diplomatic relations.

Hu said in the message that the establishment of diplomatic ties between the two countries on Nov. 2, 1998 opened a new chapter in bilateral relations.

Over the past 10 years, the bilateral ties have been continuously solidified and strengthened, he added.

Hu said the establishment and development of bilateral ties have brought real benefits to the two peoples and promoted the stability and development of the Pacific Islands Region.

China is willing to make joint efforts with Tonga, on the basis of the Five Principles of Peaceful Coexistence, to further strengthen bilateral exchanges and cooperation, boost the two peoples' friendship and understanding and lift China-Tonga friendly and cooperative ties to a higher level, thus making new contribution to the stability, development and progress of the two countries and the region as a whole, he said.

Tupou V said it was farsighted for former King Taufa'ahau Tupou IV to make the decision to build diplomatic ties with China 10 years ago.

The development of the ties has benefited the two peoples greatly, he said, adding the Tongan government will continue to abide by the one-China policy.

主要参考文献[1]

【纸质文献】

1. Alvarez, Roman & Vidal, M. Carmen-Africa.（eds.）*Translation, Power, Subversion*. Clevedon: Multilingual Matters Ltd., 1996.

2. Delisle, Jean. *Translation: An Interpretative Approach*. Ottawa & London: University of Ottawa Press, 1988.

3. Ellis, Roger & Liz Oakley-Brown.（eds.）*Translation and Nation: Towards a Cultural Politics of Englishness*. Clevedon: Multilingual Matters Ltd., 2001.

4. Fowler, Roger, Bob Hodge, Gunther Kress & Tony Trew. *Language and Control*. London: Routledge & Kegan Paul, 1979.

5. Gutt, Ernst-August. *Translation and Relevance: Cognition and Context*. Manchester: St. Jerome Publishing, 2000.

6. Hardwick, Lorna. *Translating Words, Translating Cultures*. London: Gerald Duckworth & Co., Ltd., 2000.

7. Hatim, Basil & Ian Mason. *Discourse and the Translator*. Shanghai: Shanghai Foreign Language Education Press, 2001.

8. Hermans, Theo. *Crosscultural Transgressions*. Manchester: St. Jerome Publishing, 2002.

9. Hermans, Theo. *Translation in System: Descriptive and Systemic Approaches Explained*. Manchester: St. Jerome Publishing, 1999.

10. Hewson, Lance & Jacky Martin. *Redefining Translation: The Variational Approach*. London: Routledge, 1991.

---

1 "主要参考文献"分为两大部分：【纸质文献】和【网上文献】。还有一些文献未一一列出。我们对所有这些文献的中外作者深表谢忱。

◆新世纪翻译学 R&D 系列著作

11. Hickey, Leo. (ed.) *The Pragmatics of Translation*. Shanghai: Shanghai Foreign Language Education Press, 2001.

12. Katan, David. *Translating Cultures: An Introduction for Translators, Interpreters and Mediators*. Manchester: St. Jerome Publishing, 1999.

13. Kenny, Dorothy. *Lexis and Creativity in Translation: A Corpus-based Study*. Manchester & Northampton: St. Jerome Publishing, 2001.

14. Lefevere, André. *Translation, Rewriting, & the Manipulation of Literary Fame*. London: Routledge, 1992.

15. Leppihalme, Ritva. *Culture Bumps: An Empirical Approach to the Translation of Allusions*. Clevedon: Multilingual Matters Ltd., 1997.

16. Mencher, Melvin. *News Reporting and Writing* (9th ed.). Beijing: Tsinghua University Press, 2009.

17. Neubert, Albrecht & Gregory M. Shreve. *Translation as Text*. Kent & London: The Kent State University Press, 1992.

18. Nord, Christiane. *Translating as a Purposeful Activity: Functionalist Approaches Explained*. Shanghai: Shanghai Foreign Language Education Press, 2001.

19. Nord, Christiane. *Text Analysis in Translation: Theory, Methodology, and Didactic Application of a Model for Translation-Oriented Text Analysis* (2nd ed.). Beijing: Foreign Language Teaching and Research Press, 2006.

20. Pérez, María Calzada. (ed.) *Apropos of Ideology: Translation Studies on Ideology—Ideologies in Translation Studies*. Manchester & Northampton: St. Jerome Publishing, 2003.

21. Pym, Anthony. *Method in Translation History*. Manchester: St. Jerome Publishing, 1998.

22. Robinson, Douglas. *Translation and Empire: Postcolonial Theories Explained*. Manchester: St. Jerome Publishing, 1997.

23. Schäffner, Christina. (ed.) *Translation and Norms*. Clevedon: Multilingual Matters Ltd., 1999.

24. Spivak. G. C. *In Other Words: Essays in Culture and Politics*. New York/London: Routledge, 1987.

25. Spivak, G. C. *Outside in the Teaching Machine*. New York/London: Routledge,

1993.

26. Toury, Gideon. *Descriptive Translation Studies and Beyond*. Amsterdam & Philadelphis: Benjamins, 1995.

27. Tymoczko, Maria. Ideology and the Position of the Translator: In What Sense is a Translator "In Between"? *A Propos of Ideology: Translation Studies on Ideology—Ideologies in Translation Studies*. Ed. María Calzada Pérez. Manchester: St. Jerome Publishing, 2003. 181-201.

28. 布鲁克斯等[著]. 新闻写作教程. 唐兰雷, 褚高德[译]. 北京: 新华出版社, 1986.

29. 陈红梅. 新闻编辑. 武汉: 武汉大学出版社, 2005.

30. 陈宏薇. 新实用汉译英教程. 武汉: 湖北教育出版社, 2000.

31. 陈宏薇, 李亚丹. 新编汉英翻译教程. 上海: 上海外语教育出版社, 2004.

32. 陈茂新. 新编英汉翻译教程. 北京: 旅游教育出版社, 1996.

33. 陈明瑶, 卢彩虹. 新闻英语语体与翻译研究. 北京: 国防工业出版社, 2006.

34. 陈小慰. 新编实用翻译教程. 北京: 经济科学出版社, 2006.

35. 陈新. 英汉文体翻译教程. 北京: 北京大学出版社, 1999.

36. 陈作平. 新闻报道新思路. 北京: 中国广播电视出版社, 2000.

37. 程道才. 西方新闻写作概论. 北京: 新华出版社, 2004.

38. 程世寿. 选析新闻评论典范. 武汉: 华中理工大学出版社, 1993.

39. 甘惜分等(主编). 新闻学大辞典. 郑州: 河南人民出版社, 1993.

40. 方延明. 新闻写作教程. 北京: 高等教育出版社, 2005.

41. 冯庆华. 实用翻译教程. 上海: 上海外语教育出版社, 1997.

42. 复旦大学新闻系采访写作教研室. 新闻采访与写作. 上海: 复旦大学出版社, 1984.

43. 福克斯·沃尔特. 新闻写作. 北京: 新华出版社, 1999.

44. 高钢. 新闻写作精要. 北京: 首都经济贸易大学出版社, 2005.

45. 耿洪敏. 实用英汉翻译. 上海: 复旦大学出版社, 2005.

46. 辜正坤, 史忠义[编]. 国际翻译学新探. 天津: 百花文艺出版社, 2006.

47. 赫利尔德·罗伯特[著]. 电视广播和新媒体写作(第7版). 谢静等[译]. 北京: 华夏出版社, 2005.

48. 郝吉环. 权利与话语理论与翻译理论和实践. 语言与翻译, 2004(2).

49. 华先发, 邵毅. 新编大学英译汉教程. 上海: 上海外语教育出版社, 2004.

50. 黄忠廉. 翻译变体研究. 北京：中国对外翻译出版公司，2000.

51. 贾文波. 汉英时文翻译. 北京：中国对外翻译出版公司，2000.

52. 蒋晓华. 意识形态对翻译的影响：阐发与新思考. 中国翻译，2003(5).

53. 邝云妙. 高级新闻写作(上、下册). 广州：广东高等教育出版社，2003.

54. 雷跃捷. 新闻理论. 北京：北京广播学院出版社，1999.

55. 李本乾. 对国内有关"硬新闻"和"软新闻"的界定及其依据的质疑. 国际翻译界，1999(2).

56. 李德民. 新闻评论写作. 北京：中国广播电视出版社，2000.

57. 李林原. 新闻英语阅读指导. 台北：台湾商务印书馆，1998.

58. 李希光. 转型中的新闻学. 广州：南方日报出版社，2005.

59. 李中行，张健. 新闻英语. 天津：南开大学出版社，1993.

60. 李运兴，英汉语篇翻译. 北京：清华大学出版社，2003.

61. 连淑能. 英汉对比研究. 北京：高等教育出版社，1993.

62. 林永年. 新闻报道形式大全(修订版). 杭州：浙江大学出版社，2003.

63. 刘根生. 新闻评论范文评析. 北京：新华出版社，2001.

64. 刘洪潮. 怎样做新闻翻译. 北京：中国传媒大学出版社，2004.

65. 刘宓庆. 文体与翻译. 北京：中国对外翻译出版公司，1998.

66. 刘明华，徐泓，张征. 新闻写作教程. 北京：中国人民大学出版社，2002.

67. 刘明华. 西方新闻采访与写作. 北京：中国人民大学出版社，1993.

68. 刘其中. 新闻翻译教程. 北京：中国人民大学出版社，2004.

69. 刘夏塘. 比较新闻学. 北京：北京语言文化大学出版社，1997.

70. 马建国，马桂花. 新闻英语写作：从实例到实践. 北京：外语教学与研究出版社，2005.

71. 秦秀白，英语语体和文体要略. 上海：上海外语教育出版社，2002.

72. 饶立华，杨钢元. 电子媒介新闻广播教程——广播与电视. 北京：中国人民大学出版社，2000.

73. 时统宇. 消息写作. 北京：中国广播电视出版社，2001.

74. 孙致礼. 新编英汉翻译教程. 上海：上海外语教育出版社，2004.

75. 王东风. 一只看不见的手——论意识形态对翻译实践的操纵. 中国翻译，2003(5).

76. 王晓宁. 现代新闻编辑学. 郑州：郑州大学出版社，2004.

77. 王振业. 广播电视新闻评论. 北京：北京广播电视出版社，1997.

78. 魏志成. 英汉比较翻译教程. 北京：清华大学出版社，2004.

79. 叶子南. 英汉翻译对话录. 北京：北京大学出版社，2003.

80. 辛斌. 批评语言学：理论与运用. 上海：上海外语教育出版社，2005.

81. 许明武. 新闻英语与翻译. 北京：中国对外翻译出版公司，2003.

82. 薛国林. 当代新闻写作. 广州：暨南大学出版社，2005.

83. 尹德刚，周胜. 当代新闻写作. 上海：复旦大学出版社，2002.

84. 玉国. 新编新闻写作技巧与范例. 北京：蓝天出版社，2005.

85. 曾诚. 实用汉英翻译教程. 北京：外语教学与研究出版社，2004.

86. 张浩. 新编新闻传媒文书写作格式与范本. 北京：蓝天出版社，2005.

87. 张健. 新闻英语文体与范文评析. 上海：上海外语教育出版社，2004.

88. 张威. 对国内有关"硬新闻"和"软新闻"的界定及其依据. 国际翻译界，1998（4）.

89. 张雪珠. 从功能翻译论角度看新闻翻译的信息转换. 安徽工业大学学报，2005（3）.

90. 张子让. 当代新闻编辑. 上海：复旦大学出版社，2005.

91. 郑思礼，郑宇. 现代新闻报道：理解与表达. 昆明：云南大学出版社，2004.

【网上文献】

http://www.dionews.com/article-500-9.html

http://wenku.baidu.com

http://www.zaobao.com/bilingual/pages1/bilingual220203.html

http://www.chinadaily.com.cn/language_tips

http://gb.cri.cn/11344/2006/10/20/2005@1265299.htm

http://bbs.sunhomo.com/archive/index.php?t21914.html

http://www.dionews.com/article-500-9.html

李明文. 新时期新闻语言的变化特点. 人民网，2006. [http://media.people.com.cn/GB/22114/42328/73416/4985692.html]

后　　记

　　"新世纪翻译学 R&D 系列著作"之《新闻翻译：理论与实践》的出版，本人比该系列的主打产品《翻译学入门》的出版还要感到高兴！高兴的理由完全可以用"好事多磨"、"善始善终"来形容。本人的"心路历程"是这样的：

　　首先，齐心协力，保质保量。对写作班子，本人深表满意。

　　其次，山重水复，柳暗花明。该书"写作大纲"的实施曾有一番"周折"。原来，本人策划、设计的"大纲"交给某写作班子实施，但那位主编感到"为难"——因要求不低。而他们提交的"大纲"离我们的期望值有距离。于是，我们决定由现任主编之一与本人联手具体实施，成立了一个新的写作班子。在全面铺开之际，其中一位因工作调动而"荣归故里"。由于新的班子均由各单位的教学、科研骨干组成，其中不少还担任党政领导工作，加之不少新的教学、科研项目甚至"紧急任务"不断地压在各位参编者头上，尤其是主编头上，使得原定计划不得不一再"推迟"。之后，在新任主编的身体力行、积极推动下，整个写作过程有条不紊，稳扎稳打。

　　再次，喜出望外，尽善尽美。由于跟主编之一曾经共事若干年，主持翻译学研究所的党政管理工作，作为总主编的我对其良好的学术品质深信不疑，其力邀的"干将"一定"富有创意"、"出手不凡"。跟新主编的一席谈，更坚定了本人对这部实践型 + 研究型教材的品质抱有信心，尽管写作大纲有所调整。

　　最后，精益求精，百密一疏。从参编者的治学态度看，大家均是百忙之中，竭尽全力。然而，有时为了"赶稿"，或习惯所致，难免存在诸多个体差异。正如古语所云："百密一疏。"（清·魏源《庸易通义》）尽管主编通读了原稿，但总主编在对全文进行审读时，仍然发现不少在形式和内容上的"疏漏"，涉及专业、学术、规范、文字、编辑、出版、统一等方面的问题。本人由于担任"新世纪翻译学 R&D 系列著作"的总主编、主审，所以对此系列任何分册的出版要负第一责任，这起码涉及总体策划、理念更新、语言文字、相关内容、格式设计等诸多方面——这也是该书力求精益求精的具体要求与表现。针对《新闻翻译：理论与实践》，本人的具体做法如下：

　　学术、专业类细节问题。本人逐字、逐行、逐页审读，并进行必要的查证、修改。本人虽已全力以赴，查了漏补了缺，但难免挂一漏万。

　　学术规范类问题。因参编者对该问题存在不同的理解，因本人要求尽可能与国际接轨，所以为避免"学术失范"，避免"学术官司"，避免"学术诟病"，本人对书稿中的"借用"、"引注"、"参考文献"等部分进行了必要的严格把关，甚至对个别地方直接进行了选择性的删节、重写和/或补充。

　　数据类问题。个别章节的数据之引用，说服性不够，甚至出现"常识性"语言、文化等问题，本人便"越俎代庖"（也没有时间跟"远隔千里"的参编者直接交流），自负修改、重写之责任；增补了最近一两年的例子，尽可能做到"自圆其说"；增补了部分思考习题，重编了目录和参考文献，使各个组成部分"完整无缺"；……这些"越俎代庖"，大部分融入原作之中，小部分以"总主编注"的形式出现，便于"问责"。

　　提交文本的门槛问题。这个"门槛"特指书稿的基本品质问题，其中包括美观和排版问题。本人对此要求近乎"苛刻"。其实，21 世纪已走过 10 个年头，这样的"苛刻"是理所应当的。试想，现代人的语文品质不是更高了，而是有所下降。仅就此而言，编辑和总主编可谓花费了不少心血。换言之，没有基本的语文品质，书稿是不应该出版的，否则势必误人子弟。尽管本人的要求和标准离出版社的仍有不小的差距，但本人的"内心门槛"是普通学者亦难以想象的。对那类"门槛低"的书稿，本人不提交，优秀出版社也不（会）接受。一是产品规格问题，二是职业操守问题，三是书稿品味/位问题，四是作者"面子"问题。殊不知，那些所谓"大家"的书稿，因文字和格式问题不仅给编辑们造成极大的不便——不知如何编辑、修正，更不知"加工"、"处理"后是否会带来"方向性"问题，而且会最终退稿、返工。有鉴于此，本人对书稿中存在着大量的文字字体、字号、标点、斜体、行距之类的"不和谐"现象，对那些有欠"美观"的排版等类似问题进行了排查、调整，其中一些总主编本人还无能为力呢！这些学术/出版规格、字体、编辑、布局类的所谓"小事"，不少学者都是"视而不见"、"不屑一顾"的（其实这属于一个不争的书稿基本品质问题和作者基本素质问题），但处理这类问题是需要实实在在地付出时间、精力和毅力的，尽管本人在审读其他分册时也早已习以为常了。当然，这也涉及我们教师如何培养学生及其他人才的问题。

审读修改日程安排问题。加班加点，夜以继日，是本人的家常便饭。另外还特地向学院请了学术假，以确保审读书稿的时间之充裕和品质之优良。不过，由于大家都希望该书早日跟读者见面，早日投入教学科研，所以本人在"赶日程"的过程中或多或少存在一些不尽如人意的问题，因此总主编和主编的一些（学术）愿望难以在此书初版时实现。

学术高度、全球化意识类问题。编写"新世纪翻译学 R&D 系列著作"的初衷之一，是为了翻译学科之发展，为了学术之昌明，为了专业之进步，因而新闻这个特殊领域的翻译实践和研究著作本可以编得更为开放、更为专业化、更为学术化、更为有"争议"，使读者对全球化语境下的新闻翻译有一个更为清晰的认识与行动。本来，总主编真的想增加章节，写出这些更富学术性并富现实性的案例。考虑到编书的进程，本人仅以"思考题"形式出现，希望读者会对此有所洞察、有所讨论、有所批判(特指学术批评)、有所长进。也希望该书会继续"好事多磨"，"尽善尽美"。

特别需要值得一提的是：本书责编以及负责三审的编辑们为书稿的质量做出了不可或缺的贡献。新闻翻译的专著、教材，在文字、逻辑、意识形态等方面有较高的要求。在提交三审之前，我们对全书的这类问题进行了"地毯式搜查"，并做出了专题修改。本来春季出版的书，看来不得不推迟了。鉴于新闻是一门不断变化的学科，新闻翻译理应与时俱进，因此本人对一些"过时"的提法、案例、练习等作了必要的调整，做到既重于现实也兼顾历史。

也正是利用这次不可或缺的专题修改的机会，本人认真思考责编提出的每项问题，再次对全书进行了宏观与微观的修改(包括学术规范，对译例和练习题的更新、补缺、重做、改译等)，以认真、严谨的学术态度和专业精神，对六十几万字的书稿进行了"彻查"、"加工"、"修补"……

事实证明，这个工夫值得花，这个品质必须保，推迟出版是正确的。否则，我们定会抱憾终身！当然，出版社是定会严格把关的。

书终于杀青了，终于可以跟其作者和读者见面了！希望她不会"杀风景"，而是为我们的翻译学科、新闻事业的未来增加一道新的美丽的风景。

总主编

修改于 2011 年春及 2011 年夏

新世纪翻译学 R&D 系列著作

图书在版编目(CIP)数据

新闻翻译：理论与实践 / 吴波，朱健平主编. —杭
州：浙江大学出版社，2011.10(2024.1 重印)
新世纪翻译学 R&D 系列著作 / 陈刚总主编
ISBN 978-7-308-09200-5

I. ①新… II. ①吴… ②朱… III. ①新闻—翻译—
教材 IV. ①G210

中国版本图书馆 CIP 数据核字(2011)第 209485 号

新世纪翻译学 R&D 系列著作(总主编、主审　陈　刚)
新闻翻译：理论与实践 News Translation: Theory and Practice
吴　波　朱健平　主编

责任编辑	张颖琪
封面设计	刘依群
出版发行	浙江大学出版社
	(杭州天目山路 148 号　邮政编码 310007)
	(网址：http://www.zjupress.com)
排　　版	杭州中大图文设计有限公司
印　　刷	广东虎彩云印刷有限公司绍兴分公司
开　　本	880mm×1230mm　1/32
印　　张	18.5
字　　数	585 千
版 印 次	2011 年 10 月第 1 版　2024 年 1 月第 5 次印刷
书　　号	ISBN 978-7-308-09200-5
定　　价	42.00 元